ZU DIR HIN

Über mystische Lebenserfahrung
Von Meister Eckhart
bis Paul Celan

Herausgegeben von
Wolfgang Böhme

Insel Verlag

Erste Auflage 1987

Quellenhinweise am Schluß des Bandes
Druck: Thiele u. Schwarz
Printed in Germany

Inhalt

KNÜPFTE ES NEU
Von Johann Wolfgang von Goethe bis Paul Celan

Anhang

Du sei wie Du, immer.

Stant up Jherosalem inde
erheyff dich

Auch wer das Band zerschnitt zu dir hin,

inde wirt
erluchtet

knüpfte es neu, in der Gehugnis,

Schlammbrocken schluckt ich, im Turm,

Sprache, Finster-Lisene,

kumi
ori.

Paul Celan

Wolfgang Böhme
Zu dir hin
Einführung

I.

ZU DIR HIN – In diesen Worten drückt sich eine Bewegung aus, sie zeigen eine Richtung an, sie klingen wie Worte eines Liebenden, der von sich weg und zum andern hinkommen will, der sich nach Vereinigung sehnt.
Wir haben diese Worte aus einem Gedicht von Paul Celan als Titel dieses Buches gewählt, weil sie ausdrücken, worum es hier gehen soll. Um diese Bewegung nämlich, um die Sehnsucht nach Gott und die Erfahrung der Erfüllung dieser Sehnsucht. Liebe, so hat Simone Weil gesagt, ist »eine Richtung der Seele«[1]. Das Herz des Mystikers ist ganz auf Gott hin gerichtet; es will alles aufgeben, um zu ihm zu gelangen, sich mit ihm zu verbinden.
Das hat nichts mit einem Gefühlsrausch zu tun. Sicher haben viele Mystiker auch besondere Erlebnisse und Visionen gehabt, aber es war für sie nicht das Entscheidende. Entscheidend war, Gott zu erfahren, sich mit ihm in der »unio mystica« zu vereinen. Johannes vom Kreuz hat sogar betont, daß »Visionen und sinnliche Wahrnehmungen« kein Mittel sein könnten, »zur göttlichen Vereinigung« zu kommen, »da sie in keinem Verhältnis zu Gott«[2] stünden. Auch ist Mystik nichts Verschwommenes und Irrationales, wie Rudolf Otto meint.[3] Sie ist vielmehr ein klarer Weg zu einem klaren Ziel. Diejenigen, die diesen Weg gegangen sind, gehören zum Teil zu den bedeutensten Denkern, die wir haben. Sie haben – wie Meister Eckhart – philosophische Systeme von einem hohen Schwierigkeitsgrad entworfen, die die ganze Aufmerksamkeit des Lesers erfordern.
ZU DIR HIN – Die Mystiker wußten, daß sie als die Gott Liebenden zuvor die von Gott Geliebten waren. Sie waren überrascht, wie groß die Liebe Gottes ist. Er ist ihnen entgegengekommen, hat sich zu ihnen, den Sündern herabgeneigt, bevor sie sich

selbst auf den Weg machen konnten. Immer verstanden sie ihre Liebe als die Antwort auf die von Gott her empfangene Liebe. So bringen sie, soweit es sich um christliche Mystiker handelt – und von ihnen soll in diesem Buch in der Hauptsache die Rede sein –, den für das Christentum entscheidenden Gedanken von der »Maximalität der Liebe Gottes« zum Ausdruck, daß uns nämlich Gott in Jesus Christus ein »Übermaß an Liebe entgegenbringen will«[4]. Die Erfahrung geschenkter Liebe ist es, die das Herz des Mystikers verwandelt, die sein Leben neu werden läßt und ihn selbst zu einem Liebenden macht. Nichts kann ihn – wie es schon Paulus ausgedrückt hat – von der Liebe Gottes trennen, »weder Tod noch Leben, weder Engel noch Fürstentümer noch Gewalten, weder Gegenwärtiges noch Zukünftiges, weder Hohes noch Tiefes noch keine andere Kreatur« (Römer 8, 38).

II.

ZU DIR HIN – Das DU ist wichtig. In der ersten Zeile des Gedichtes von Paul Celan bleibt offen, wen er anredet. »DU SEI WIE DU, immer« – Wer ist da gemeint? Ist es ein anderer Mensch? Ist es Gott? Die nächsten Zeilen sprechen von Jerusalem. Jerusalem soll aufstehen, es soll sich erheben. So steht es im sechzigsten Kapitel des Propheten Jesaja und so las es Celan in der Predigt »Surge illuminare« Meister Eckharts. Jerusalem – das ist das irdische Jerusalem, das zum himmlischen werden soll. So wird man wohl, mit Otto Pöggeler, der sich in diesem Band noch näher mit Celans Gedichten beschäftigen wird, annehmen dürfen, daß der Dichter Gott meint.[5] *Er* soll er selber bleiben – gemäß seinem Wesen, das der Gottesname des Alten Testamentes ausdrückt: »Ich bin, der ich bin« (2. Mose 3, 14). »Kumi ori« – diese Worte am Ende des Gedichtes wiederholen die Anrede an Jerusalem, nun auf hebräisch. Wir kennen das Wort »kumi« aus dem Neuen Testament. Jesus gebraucht es bei der Auferweckung der Tochter des Jairus. »Talitha kumi!«, heißt es da, »Mägdlein, ich sage dir, stehe auf!« (Markus 5, 41). Gott ist ein Du. Er ist nicht das All oder das Nichts, in das hinein sich der Mensch verliert. Er ist ein Du schon im Alten Testament, und er ist es noch einmal deutlicher und sichtbar im Neuen Testament, indem er sich in einem Menschen, in Christus, offenbart. Liebe ist nur möglich, wo es ein Du gibt, *zu dem hin* wir uns bewegen können, das uns anredet, mit dem wir ein »Liebesgespräch« führen können, wie es Bettina von Arnim so schön ausgedrückt hat[6]. So tief und innig auch die Vereinigung sein mag, die den Mystiker mit Gott verbindet, in der westlichen Mystik löst sich im Gegensatz zur östlichen die Person nicht auf. »Auch in der innigsten unio mit Christus«, schreibt Gerhard Ebeling, »bleibt die Unterscheidung gewahrt. Denn wahre Liebe vereint wohl; sie hebt aber die Zweiheit nicht in eine unterschiedslose und dann auch kommunikationslose, sprachlose Einheit auf.«[7]

Auch für Martin Buber darf es kein Aufgehen des Ich im Sinne einer Alleinheitsmystik östlicher Prägung geben. Alle »Versenkungslehre« gründet für ihn »auf dem gigantischen Wahn des in sich zurückgebogenen menschlichen Geistes«. Sie führe den Menschen nicht zu Gott, sondern nur immer neu zu sich selbst. Erst in der Beziehung zum Du Gottes, dem »wahren Du« des menschlichen Lebens, werde der Ring durchbrochen und wahre Mystik als Beziehungsmystik zu Gott möglich.[8]

Auch wenn diese Definition nicht umfassend genug ist, um alle Formen der Mystik zu umgreifen,[9] für den jüdisch-christlichen Raum bringt sie einen wichtigen Gedanken zum Tragen. Da ist das Du Gottes der eigentliche Bezugspunkt, da gibt es kein Aufgehen, kein Verschwinden im All, sondern nur ein ZU DIR HIN. Da ist für den Christen Christus selbst das Gegenüber seiner Liebe, und zwar nicht nur in seiner ewigen, überzeitlichen Wesenheit und Göttlichkeit, sondern gerade auch als der geschichtliche Mensch Jesus, dessen am Kreuz besiegelte Liebe zu uns der Grund unserer Liebe zu ihm ist. Teresa von Avila war es, die mit besonderer Eindringlichkeit die Notwendigkeit hervorhob, sich nicht nur auf die Gottheit, sondern gerade auch auf die Menschheit Jesu zu beziehen, den *Menschen* Jesus zu lieben. In ihrer Lebensbeschreibung »Libro de la vida« heißt es:

Es ist also wichtig, daß wir, solange wir leben und Menschen

> sind, den Herrn als Menschen vor Augen haben ... Da ist nun Christus ein sehr guter Freund für uns; denn wir sehen ihn als Menschen, wir sehen ihn in Schwachheiten und Leiden, wir haben ihn also zum Genossen.[10]

III.

Christliche Mystik gründet nicht allein auf innerer Erfahrung, ist keine reine Innerlichkeit. Immer muß auch ein Impuls von außen hinzukommen, ein Anruf »in irgendeiner irdischen Gestalt«[11]. Sie bedarf des Wortes der Offenbarung als eines »verbum externum« (eines »äußeren Wortes«), um vor der Illusion einer falschen Unmittelbarkeit zu Gott bewahrt zu bleiben.

An der Frage des Verhältnisses von Mystik und Wort entzündeten sich in der Vergangenheit konfessionelle Streitigkeiten, die dazu führten, daß die Mystik im Raum der evangelischen Kirche weitgehend abgelehnt und als Form typisch katholischer Frömmigkeit verstanden wurde. So kann man es bei Adolf von Harnack und insbesondere auch bei dem Schweizer Theologen Emil Brunner lesen. Er schreibt in seinem Buch »Die Mystik und das Wort«:

> Mystik ist geraubte Unmittelbarkeit, darum geht sie vorbei am Wort ... Sie ist die Tochter der Magie und teilt mit ihr die Ehrfurchtslosigkeit ... Christliche Mystik ist ein Gemisch aus Glaube und Mystik, aus Heidentum und Christentum, wie es der Katholizismus als Ganzes ist.[12]

Solche Sätze würde heute niemand mehr schreiben. In ihnen stimmt weder das, was über den Katholizismus, noch das, was über Mystik gesagt ist. Das Klima zwischen den Konfessionen hat sich inzwischen wesentlich verbessert, das gegenseitige Verständnis ist gewachsen. Auch die Stellung zur Mystik hat sich gewandelt. Evangelische wie katholische Christen, aber auch viele andere Gott suchende Menschen haben sie als eine Möglichkeit entdeckt, Gott nicht nur mit dem Intellekt zu erkennen, sondern auch im Herzen zu erfahren. Sie versuchen, das Band neu zu knüpfen, »in der Gehugnis« – wie Paul Celan in seinem Gedicht sagt – und das heißt: es neu zu knüpfen »in der Erinnerung« an die alte mystische Tradition. Auch die Beiträge dieses Buches sind ein Zeichen für die neue Einstellung zur Mystik. Sie gehen auf Vorträge zurück, die in der Evangelischen Akademie Bad Herrenalb gehalten wurden. Hier wirkten katholische wie evangelische Redner zusammen und machten deutlich, daß es die alten Trennungen und Streitigkeiten nicht mehr gibt. Mystik ist heute geradezu zu einem Band geworden, das Menschen verschiedener Konfession, aber auch über die Konfessionen hinaus, verbindet.

Eine Kirche der Zukunft wird sichtbar, in der es zum Wesen des Christseins gehört, aus einer unmittelbaren Erfahrung Gottes heraus zu leben. »Man hat schon gesagt«, schreibt der vor kurzem verstorbene katholische Theologe Karl Rahner, »daß der Christ der Zukunft ein Mystiker sei, oder nicht mehr sei.« Und er fährt fort:

> Wenn man unter Mystik nicht seltsame parapsychologische Phänomene versteht, sondern eine echte, aus der Mitte der Existenz kommende Erfahrung Gottes, dann ist dieser Satz sehr richtig und wird in seiner Wahrheit und seinem Gewicht in der Spiritualität der Zukunft deutlicher werden.[13]

ZU DIR HIN – Das ist eine Aufforderung, die Richtung des Lebens zu ändern, auf Gott hin zu leben. In der Mystik geht es nicht in erster Linie um theoretische Erörterungen, sondern um eine neue Lebenserfahrung und eine neue Lebensführung. Ein »Lebemeister«, nicht nur ein »Lesemeister«, wollte Meister Eckhart sein. Auch der Leser ist eingeladen, seine Erfahrungen zu machen mit dem DU, das »immer« ist.

DU, IMMER

Westen und Osten

Willi Massa

Logos und Mysterium

Einheit und Verschiedenheit westlicher und östlicher Mystik

Mystik baut sich aus zwei Elementen auf: einerseits geht es in ihr um die innere Öffnung für den gegenwärtigen Gott und in ihm um das Finden des jedem Menschen von Gott zugedachten Weges. Andererseits ringt wahre Mystik um die aus der Einheit mit dem göttlichen Willen zu vollziehende Gestaltung der Welt. Die Suche nach dem Urgrund und Weg und nach dem göttlichen Gestaltungsauftrag verdichtet sich in den beiden griechischen Ausdrücken »Logos« und »Mysterion«. Sie bringen die beiden Grundbewegungen menschlicher Existenz ins Wort, die Bewegung auf *Verstehen* hin und die Bewegung auf *Hingabe* hin. Neugier und Ehrfurcht nennt William Haas sie in seinem Buch »Ost und West. Eine Kulturmorphologie.« Zwei Ausdrucksformen der einen Wirklichkeit des Menschen in ihrem doppelten Bezug: auf den göttlichen Ursprung und auf den Auftrag in der Welt. Von ihnen soll daher hier die Rede sein.
Blicken wir dabei zunächst einmal auf die Lebenserfahrung und die innere Dynamik, die sich im Ausdruck »Mysterium« verdichtet. Welche Daseinserfahrung und Lebensdynamik ist damit ausgesprochen?

Mysterium:
Das Schweigen vor dem Unnennbaren.
Die Unverstehbarkeit des Verstehbaren.

Seit den *griechischen Tragikern* weist der Ausdruck »Mysterion« (lateinische Form: Mysterium) auf eine Wirklichkeit hin, vor welcher der Mensch verstummt. Er verstummt vor ihrer Macht, die erlebt wird als Befreiung des Menschen. Was ihm hier begegnet, kann er nicht in Worte fassen. Jedes menschliche Wort erweist sich als unfähig, das Grenzenfreie, alles Umfangende und alles Tragende auszudrücken. Jedes Wort über dessen Widerfahrnis wäre Verrat an dem, was sich jedem Begreifen und Erfassen entzieht. Das Erleben des Unaussprechlichen verbindet sich mit der Hemmung, darüber zu sprechen, in der sicheren Ahnung, daß die Unmittelbarkeit seiner Präsenz im Griff des Denkens sich entzieht. Diese Erfahrung führt zur Entwicklung der Mysterien, die den Menschen einweihen in eine Haltung, kraft derer er Kontakt mit der letzten Wirklichkeit findet, aus der heraus er die Kraft zur Gestaltung seines menschlichen Daseins bezieht. Da die Begegnung mit dem Letzten und Unaussprechlichen dem Neugierigen versagt bleibt – diese Wirklichkeit spricht nicht vor dem sich neugierig Nahenden –, wurde den Eingeweihten, den Mysten, verboten, darüber zu reden. Selbst die Riten, mit denen die Menschen versuchten, Kontakt und Einssein mit dieser letzten Wirklichkeit zu finden, blieben geheim. Verschweigen als Anerkennung der Realität, daß die tiefste Wurzel des Lebens verborgen bleibt dem erfassenden Verstand, doch erreichbar der verehrenden Hingabe des Tiefsten im Menschen, seinem Herzen.

Für *Plato* ist darum der Weg zum Mysterion das Erkennen des unwandelbaren Seins im Akt der Hingabe und Verehrung. Existentielles Erkennen als Weg der wahren Weihe des Menschen an das unnennbare Geheimnis der Wirklichkeit. Hier bleibt der denkerische Vorstoß des Menschen in die Tiefe der von ihm erlebten Wirklichkeit der Welt nicht bei ihr als begriffenem Objekt stehen, sondern dringt weiter bis an den Rand eines Bezirkes, an dem er die Gebärde des Zugreifens aufgibt – im biblischen Bild: die Schuhe auszieht – und sich dem weiht, was ihm hier an der äußersten Grenze seines Erkennens begegnet.

Für Plato ist darum Erkennen und Hingabe – ich möchte sagen: Wissenschaft und Religion – eins. Für ihn gibt es keinen wahrhaft Erkennenden ohne Hingabe; denn das tiefste Erkennen erwächst nach seiner Erfahrung aus Hingabe an die erkannte Wirklichkeit.

Im gleichen umfassenden Sinn wird im *Alten Testament* »Erkennen« verstanden: es erwächst aus Hingabe, aus Einswerdung. Kein Mensch erkenne Gott, wenn er sich nicht Ihm eine, indem er Ihn hört, Ihm folgt und Ihn als Herrn über sein Leben bestimmen läßt. Das ist Erkenntnis Gottes.

Das Wort »Mysterion« taucht natürlich erst in den griechisch verfaßten Schriften des *Alten Testamentes* auf, vor allem in der *Weisheitsliteratur.* Manche werten diese als Dokument einer Bewegung zur Innerlichkeit innerhalb der jüdischen Frömmigkeit.

Die Weisheit, dem Verfügen-wollen des Menschen unerreichbar, lockt ihn zugleich im tiefsten seiner Seele und schenkt sich dem, der sich ihr hingibt. Auf dem Bergesgipfel steht das Haus der Weisheit, nicht unten im Ort. Im Ort wohnt die verführende Dirne, profane Vernunft, allen zugänglich, bar jeden Geheimnisses. Die Weisheit aber hat ihr Haus ganz oben (Gipfelerfahrung) und lädt den Menschen zu Tisch, zum Fest des Lebens. Daher kann bei Daniel »Mysterion« als intimes Gespräch mit Gott verstanden werden, das dem Menschen seinen Weg in die Zukunft mit Gott erhellt.

Die Weisheitstheologie des Alten Testamentes hat ihre Auswirkung im *Neuen Testament* und verbindet sich hier mit dem Mysterium der Inkarnation, der Fleischwerdung Gottes. Dieses Mysterium ist für die Jünger Jesu die Erfüllung dessen, was die Weisheitstheologie meinte, daß nämlich Gott herabkommt auf diese Erde, um sie als Braut mit sich zu vereinen. In Jesus Christus ist für die Jünger der verborgene Urgrund, das Mysterium, leibhaft geworden und nimmt den Menschheitsleib hinein in das ungebrochene göttliche Leben.

Das Ereignis der Inkarnation ist darum das zentrale christliche Mysterium. Das Mysterium, die unfaßbare Wirklichkeit, zeigt sich paradox in der Gestalt des Menschen Jesus. In IHM, den wir als den inkarnierten Logos verehren, läßt sich das Unnennbare nennen, zeigt sich das nie Schaubare, enthüllt sich das Verborgene. Jedoch gerade hier ist Bereitschaft zur Hingabe und verehrenden Anerkennung die Voraussetzung, daß das Verborgene gesehen wird, daß der Schweigende gehört wird, daß der Gestaltlose Gestalt annimmt. Damit wird das, was bereits bei

Plato deutlich wurde, mitvollzogen, daß die Anerkennung des schlechthin Verborgenen durch den Menschen Voraussetzung ist, daß dieses Verborgene zu ihm spricht, sich ihm zeigt und damit sein Dasein gründet und entfaltet.

Das Verständnis des Lebens Jesu als Inkarnation des Mysteriums, als »in Erscheinung treten« des Unzugänglichen, Unbegreiflichen, setzt sich in Theologie- und Frömmigkeitsgeschichte der Christenheit fort im Bild vom »mystischen Leib Christi«, dem neuen Mysterium Gottes. Aus der von Schöpfung und Menschheit getrennten göttlichen Sphäre tritt hier die letzte verborgene Wirklichkeit mitten in den Raum menschlicher Wirklichkeit und bestimmt Schöpfung und Menschheit als Ganzes als Ort seiner Gegenwart. Aus diesem Erfassen unserer menschlichen Wirklichkeit als Raum des Mysteriums erwuchsen die Sakramente, die Mysteria, die in ihrem Vollzug dem Menschen zu seiner Realität verhelfen möchten, nämlich Tempel des Heiligen zu sein. »Der Tempel Gottes, der seid ihr!« (1. Korinther 6, 19)

Das Wort »Mysterium« meint also die Suche des Menschen nach dem Unnennbaren, in dem unser Dasein sich ahnend gründet und aus dem heraus unser Leben sich gestaltet und zur Ganzheit rundet, d. h. zum Heil findet.

Die Erfahrung des Mysteriums im Osten

Versuchen wir das existentielle Korrelat im Osten zu finden und es in wenigen Linien zu umreißen. Ich möchte dabei einen Blick tun auf die Erfahrung im *Taoismus* und im buddhistischen Zen. Das Verstummen menschlichen Begreifens, das Aufbrechen der Hingabebereitschaft an das unfaßbar alles Fassende bildet die Grundströmung taoistischer und buddhistischer Lebenshaltung.

Die Wirklichkeit ist für den *Taoisten* Mysterium schlechthin und fordert den Menschen ein zur Hingabe, zur Bereitschaft, sich sein Lebensgesetz geben zu lassen jenseits jeden objektiven Begreifens.

Ich möchte als Dokument – nicht als Beweis, sondern als

Chiffre dieser Grundhaltung – einen Text aus dem Tao te King von Laotse (6.–4. Jh.v.Chr.) zitieren. Dort heißt es:

Halte danach Ausschau –
  du siehst es nicht;
horche darauf –
  du hörst es nicht;
fasse danach –
  du ergreifst es nicht;
begegne ihm –
  du siehst kein Gesicht;
folge ihm –
  du siehst keinen Rücken;
aufgehend ins Helle –
  ohne Licht;
sich bergend im Dunkeln –
  ohne Nacht;
gestaltlose Form –
zeichenloses Bild –
  Ursprung: TAO.
Nur wer den Ursprung erfährt,
  kann ganz im Augenblick sein;
ewig durchfließt ihn der Lebensstrom,
  TAO.
Strömend hierhin, dorthin –
  alles stammt aus ihm;
nichts ist ohne TAO.[1]

Wenn der Taoist leer geworden ist, d.h. gereinigt von sich, seinen Gedanken und Leidenschaften, dann erst kann Tao ihn bewohnen. Fritz Vos sagt dazu: »Hier finden wir die taoistische *unio mystica*, die die Anstrengung eines ganzen Lebens verlangt. Nachdem der Eingeweihte die Gegenwart des Tao in sich selbst verwirklicht hat, bemerkt er, daß er nicht verschieden ist vom Tao, sondern daß er mit ihm eins ist, daß er selbst Tao ist, daß er selbst Mysterium ist.«[2]
Die Ein-sicht in den Mysteriencharakter unserer menschlichen Existenz verlangt die Anstrengung eines ganzen Lebens: die Bereitschaft, von sich frei zu werden. Darum ist das Finden des

Tao der Höhepunkt der Befreiung aus der Gefangenschaft unserer selbst.

Werfen wir einen Blick auf *Zen.* Der Zen-Buddhist teilt mit dem Taoisten die Scheu, das Unnennbare allen Lebens zu benennen. Das kommt vor allem in der Praxis des Zazen (Sitzmeditation), des Koan, des Mondo, in der Haiku-Dichtung und in der Zen-Malerei zum Ausdruck.

Im *Zazen,* dem Sitzen in Stille mit entspanntem Geist ohne Gedankenverlauf, ausgerichtet auf das Grenzenlose, läßt sich der Mensch ein in die intuitive Mitte seines Geistes, läßt die spirituelle Kraft sich entfalten, kraft derer die Grundeinheit aller Wirklichkeit dem menschlichen Geist aufgeht. Eine Erfahrung, die z. B. bei Paulus zur Formulierung drängt: »Das Pneuma bezeugt meinem Pneuma, daß wir Kinder Gottes sind.« (Römer 8, 16). Die absolute Lebensbewegung manifestiert sich in meiner ureigensten Lebensbewegung und läßt mich der unmittelbaren Einheit beider inne werden. »Wir heißen Kinder Gottes und wir sind es wirklich.« (1. Johannes 3, 2). In dieser christlichen Erfahrung liegt eine Grunderfahrung vor, die an das rührt, was im Zen geschieht, wenngleich – und das darf nicht übersehen werden – der Kontext der paulinischen Erfahrung ein anderer ist; nämlich das Erfassen der Christusgegenwart im Menschen kraft Seines Geistes.

Kehren wir zurück zum Zen. Im *Koan* ringt der Zen-Übende um das Verstehen einer über-logischen Geschichte. Als Koan wird ihm z. B. die Frage gegeben: »Wer bist du, bevor Vater und Mutter waren?« Biologischer Unsinn! Doch der Zen-Übende beschäftigt sich mit seiner ganzen Kraft mit diesem Wort, um seinen Sinn zu verstehen. Und im gleichen Moment, wo er verzweifelt am Sinn dieses unsinnigen Satzes das Verstehen-wollen aufgibt, geht er ihm auf. Er versteht den inneren Sinn des scheinbar Unsinnigen. Er erfaßt die Einheit; er erfaßt die überraum-zeitliche Existenz seiner selbst, um es in westlichen Ausdrücken zu beschreiben. Er arbeitet so lange mit dem Koan, bis seine rationale Einstellung zusammenbricht und sich ihm der sich rationalem Verstehen entziehende Sinn öffnet. Die Koan-Praxis will den Schüler auf den Weg der Entdeckung setzen und nicht mit Auskünften über die Wirklichkeit abspeisen. Darum gibt kein Zen-Meister eine konkrete Antwort auf eine Frage; denn dann würde der Schüler verführt, die Antwort zu glauben, und hörte mit seinem Suchen auf, da er glaubt, eine gültige Antwort auf seine Frage bekommen zu haben; doch er würde nicht zum existentiell Suchenden. Dem Zen-Meister geht es gerade darum, daß sein Schüler sich auf die Suche macht, zu entdecken, daß das, was der Meister lebt und ihm in Geschichten vermittelt, Realität ist, so daß er immer mehr in die Autonomie seiner Erfahrung gelangt und weiß, wovon der andere im Gleichnis und Bild spricht.

Dem gleichen Ziel dient der Dialog mit dem Meister, *Mondo* genannt. Der Schüler kommt, stellt eine Frage und erhält schußartig eine Antwort, die jeden westlichen Menschen überrascht, weil sie Antwort und zugleich keine Antwort ist. Doch der Schüler wird durch sie existentiell getroffen und verläßt den Meister mit der bohrenden Frage im Herzen, die ihn nicht mehr losläßt, weil er spürt, daß darin etwas von seinem Tiefsten angerührt ist.

Die Dichtform des *Haiku* in der strengen Form von 5 + 7 + 5 Silben ist Ausdruck der gleichen Geisteshaltung angesichts der Wirklichkeit des Lebens in seiner vielfältigen Konkretheit und Alleinheit zugleich.

Hier ein Haiku von Meister Matsuo Basho (1644–1694): (Wir müssen die Worte jetzt innerlich schauen und aufmerken, ob uns der Sinn dabei entgegenspringt!)

> Ein alter Weiher –
> ein Frosch plumpst in ihn hinein;
> Geräusch des Wassers.

Genaue Beobachtung dessen, was geschieht; bildhafte Formulierung des Vorgangs in Sprache; aber das, worum es geht, ist das Zwischen-den-Zeilen. Ähnlich der berühmten Geschichte von Rad: Das, was das Rad tauglich macht, ist der Ort, wo die Speichen nicht mehr sind. Das, was das Gefäß tauglich macht, ist die Leere des Gefäßes. Die Leere zwischen den Zeilen enthält das, was in der Beobachtung aufging und was die dichterische Sprachform vermitteln möchte. Es verlangt von uns einen Geist, genauso offen wie der Raum zwischen den Zeilen.

Es geht hier um das Mystische des Lebens, um die Tiefe, das Unfaßbare, was sich im faßbaren Vordergrund vergegenwärtigend nahebringt.
Den gleichen Charakter dieses andeutenden Vergegenwärtigens finden wir in der *Zen-Malerei* mit ihrem durchsichtig angedeuteten Vordergrund, der eigentlich nur da ist, um den unsichtbaren Hintergrund zu vergegenwärtigen.

Logos: Die Verstehbarkeit des Unverstehbaren

Welche Daseinserfahrung, welcher Antrieb zum Weltverstehen ist im Ausdruck »Logos« eingefangen? Spiegelt sich die Erfahrung der Ganzheit der Wirklichkeit im Ausdruck »Mysterium« unter dem Aspekt ihrer Unaussprechlichkeit und Unantastbarkeit, dem die Haltung der Ehrfurcht korrespondiert, so spiegelt sich im Ausdruck »Logos«, der gleichfalls griechischem Sprachgeist entstammt, die Zugänglichkeit des Mysteriums aufgrund seines Gestaltcharakters, die Verstehbarkeit des Unverstehbaren, dem die Haltung der geistigen Suche entspricht.
So wird der Ausdruck »Logos« zum Schlüsselbegriff griechischen Denkens und griechischer Lebenshaltung und verbindet kraft seiner großen inhaltlichen Spannweite die ganzen Bereiche menschlichen Erkennens und Suchens, die Bereiche wissenschaftlicher Forschung und Theologie. Meint »Mysterium« das Verstummen angesichts des letzten Unsagbaren verbunden mit Hingabe, so meint »Logos« zunächst menschliches Suchen nach Erfassen des allem Vielfältigen zugrundeliegenden Einen. Dies ist eine existentielle Bewegung im Menschen aller Zeiten. Heute lebt sie besonders ausgeprägt in den Naturwissenschaften, z. B. in den Bemühungen um die Welteinheitsformel oder um die Erkenntnis der letzten Bausteine der Materie und der kybernetischen Formel unseres biologischen Daseins. So steckt hinter diesen Bemühungen genau das gleiche, nämlich zu finden, aus welchem letzten Grund, welchem Grundmuster, welcher Grundstruktur und welcher Grunddynamik alles Entfalten erwächst. Diese geistige Dynamik im Menschen wurde »Logos« genannt. Zunächst war damit die Erfahrung eingefan-

gen, daß der Mensch von selbst immer nach Ordnung sucht und Ordnung gestaltet.

Aber bereits bei Heraklit wird sichtbar, daß der *menschliche Logos* nur Widerschein eines *absoluten Logos* ist. So wird für ihn »Logos« zur Struktur des Weltganzen, zum Beziehungspunkt, zum Sinn und zur Wahrheit der Wirklichkeit. Immer scheint die gesamte Bandbreite durch, wenn er das Wort Logos verwendet. Er bezieht den Menschen mit ein in seiner Fähigkeit, Sinn zu erfassen und Sinn zu gestalten; aber Sinn fassend nur, weil er aus der Sinnstruktur des Kosmos erwachsen ist, und Sinn gestaltend nur, insofern er an der gestalterischen Kraft des kosmischen Logos teilhat. Es ging Heraklit darum, die Einheit der ganzen Weltwirklichkeit mittels der einer dauernden Veränderung zugrundeliegenden Ordnung der Strukturen und Proportionen zu erfassen und sich in Übereinstimmung mit dieser Wirklichkeit als Mensch zu verhalten. Damit ist das ethische Element des Logos angesprochen, die Verantwortung vor der Grundordnung des Daseins, insbesondere des menschlichen Daseins.

Wie vorhin das Mysterium nur dem zugänglich ist, der sich hingibt, sich weiht, so ist auch hier wahres Erkennen des kosmischen »Logos« durch Gebrauch des menschlichen Logos nur möglich, wenn der Mensch sich dieser Wirklichkeit gegenüber verantwortlich verhält. Deutlich wird auch hier die Einheit von Erkennen und Verhalten, von Vernehmen und Gehorchen. Der Logos hat Mysteriumscharakter. In diesen Zusammenhang gehört der Ausspruch eines modernen Naturwissenschaftlers: »Ich muß mich erst als Mensch in Ordnung bringen, um klar denken zu können.« Hier wird die ethische Konsequenz für das Erfassen der Tiefenstrukturen der Wirklichkeit gespürt.

In diesem allumfassenden Verständnis von Logoswirklichkeit ist aber bereits der Keim des Auseinanderbrechens enthalten. Bereits bei Parmenides bricht die Gott, Mensch und Universum zusammenfassende Fülle des Logosbegriffs auseinander und wird eindimensional bezogen auf die subjektive Fähigkeit des Menschen, Sinn zu erfassen und logisch zu denken. Diese eindimensionale Sicht setzt sich kulturhistorisch fort bis in unsere formale Logik als Ausdruck reinster Denkstruktur ohne Bezug zur konkreten Wirklichkeit oder zur existentiellen Einheit von Denkendem und Bedachtem mit ihren ethischen Konsequenzen.

Die ethische Verpflichtung des Sinn suchenden Menschen wird dann vor allem in der *Stoa* deutlich erkannt und formuliert in der Frage: Wie muß ich leben, um glücklich zu sein? Die Antwort lautet: Dem Logos entsprechend. Nicht sinnwidrig gegen seinen inneren Daseinssinn verstoßend leben. Logos wird wieder verstanden als Ausdruck der erkennbaren Geordnetheit und Zielgerichtetheit der Welt, der göttlichen, den Kosmos konstituierenden Kraft, die Einheit in aller Entfaltung schenkt. So kann schließlich der Neuplatonismus Logos und Leben identisch setzen.

In der *christlichen Tradition* werden diese Gedanken aufgegriffen, mit dem Mysterium Christi verbunden und so zur Botschaft vom befreienden Logos Gottes in Christus Jesus. Das Suchen der griechischen Menschheit »Wie muß ich leben, um glücklich zu sein?« findet eine Antwort. »Wer den Logos aufnimmt, dem gibt er die Kraft, Kind Gottes zu werden«, d.h. glückselig, erfüllt und heil zu sein (vergleiche Johannes-Prolog).

Die Suche nach dem Weg des Menschen in Entsprechung zur kosmischen Ordnung verdichtet sich – wie vorhin schon ausgeführt – in der *jüdischen Weisheitsliteratur.* Sie vertritt gegenüber der herrscherlichen Forderung prophetischer Botschaft mehr das Element der Einsicht in die Grundordnung der Welt und den Weg des Menschen verbunden mit der Forderung nach innerem persönlichen Gehorsam in Hingabe; also mehr die mystische Komponente der Religion, so daß diese Texte im Mittelalter als Sprachform für christliche mystische Erfahrungen verwendet werden. Ähnlich dem griechischen Logos, der sowohl göttliche wie menschliche Züge trägt, ist die »Weisheit« des Juden göttlich und menschlich zugleich, geradezu das Band zwischen beiden. Ja, Weisheit ist dem Menschen nur gegeben kraft seiner Teilhabe an der schöpferischen, alles gestaltenden Weisheit Gottes. Damit ist Weisheit das Zeichen für die Verankerung des Menschen in Gott.

Im *Neuen Testament* verdichtet sich die Weisheitserfahrung

und Theologie in der Person Jesu. Hier enthüllt sich in neuer Zusammenschau das Geheimnis des Menschen und der Welt zugleich. Der Mensch Jesus wurde so zum Schlüssel des Weltgeheimnisses, zum Weg und zum Schrittmacher der ihm Folgenden.

In hymnischer paradoxer Rede – der einzig möglichen Art, das Unfaßbare zu verkünden und zugleich die Hingabe als Antwort zu vollziehen – verdichtet sich im Prolog des Johannesevangeliums die Realität von Mysterion und Logos auf den Menschen schlechthin, auf Jesus Christus. In dem Hymnus, mit dem Johannes sein Evangelium beginnt, heißt es:

> »Im Anfang war der Logos,
> und der Logos war bei Gott,
> und Gott war der Logos.
> Schon im Anfang war er bei Gott.
> Durch den Logos ist alles geworden,
> und nichts, was geworden, ward ohne ihn.
> In ihm war das Leben,
> und das Leben war
> das Licht der Menschen . . .
> Er, das wahre Licht, das jeden Menschen erleuchtet,
> war in die Welt gekommen . . .
> Und dieser Logos ist Fleisch geworden
> und hat unter uns sein Zelt aufgeschlagen.«
> (Johannes 1, 1 ff)

So verbindet der Prolog das Suchen der vorausgegangenen Menschheit mit der Gestalt des Christus. Er anerkennt dieses Suchen als gültig, läßt es aber aufgipfelnd sich erfüllen im inkarnatorischen Geschehen, in Jesus von Nazareth. Für ihn ist der Logos die Gestalt- und Werdedynamik der Welt. Johannes erklärt das Unheil des Menschen als Folge der Weigerung, den Logos aufzunehmen. Er kündet die Befreiung durch existentielles Sich-verbinden mit dem Logos, so daß ein neues Leben aus göttlicher Dimension erwächst. Er zeigt aufgipfelnd, daß dieser Logos Jesus von Nazareth ist. Er ist für ihn Verkörperung des letzten Mysteriums aller Mysterien, Verkörperung Gottes im Leib der Menschheit.

Das Mysterium des Lebens, nach dem der Mensch immer sucht aus der Ahnung, daß von dorther ihm Befreiung wird und die göttlich gestaltende Kraft ihm entgegenkommt, verkörpert sich im hinduistisch-buddhistischen Ausdruck *Dharma*.

Dharma meint Seinsgesetz, Grundordnung des Kosmos und des Menschen. Darum ist Dharma Weg. Weg eröffnet sich für den Menschen dort, wo er das Gesetz allen Daseins erkennt und anerkennend sich der Lebensordnung unterordnet und einfügt. So erwacht in ihm selbst das Dharma, und er erfaßt sich selbst als ihm zugehörig, erfüllt mit dem geordneten, dynamischen, absoluten Leben. Dadurch gelangt der Mensch auf den Weg zu seinem wahren Menschsein, das sich in seiner Fülle und Vollendung im Dharma konkretisiert. Die drei buddhistischen Grundsäulen des Lebens: Buddha, Dharma, Sankha, decken sich strukturell mit der christlichen Erfahrung.

Buddha bringt die Botschaft und verkörpert sie in seinem vorbildhaften Leben. Wer ihm folgt, entdeckt in der Nachfolge das *Dharma*, das innerste Gesetz, das Mysterium des Seins und seiner selbst, entdeckt seine Wahrheit und findet Gemeinschaft mit denen, die auch das Dharma verwirklichen, die neue Gemeinschaft der in der Wahrheit vereinten: *Sankha*. Buddhistische Theologen definieren heute Sankha als Gemeinschaft der Menschen, die sich vom Absoluten her ansprechen lassen und darum im Absoluten, im Umgreifenden vereint sind. Sankha ist die Gemeinschaft, die ihre immer bestehende Einheit existentiell manifestiert im gemeinsamen Gestalten der kommenden menschlichen Gemeinschaft. Buddha ist das Licht, Dharma die Dynamik der Lebensordnung und in allem wirksam die Kraft der Einheit in allem Erscheinenden: die Sankha. Sachlich kommt es dem christlichen Verständnis vom »mystischen Leib« sehr nahe. Die Christen sehen in Jesus den Offenbarer des göttlichen Logos, der das innerste Lebensgesetz (Dharma) und darum der Weg schlechthin ist (Licht), und der den Menschen, die ihm folgen, die Gemeinschaft des Geistes schenkt (Sankha/Kirche/mystischer Leib).

Wir haben bisher zwei Realitätsfelder im Spiegel der Sprache betrachtet, den Bereich des »Mysteriums«, in dem das Verlangen des Menschen nach dem unfaßbaren Grund aller Dinge sich sprachlich verdichtet, und den Bereich des »Logos«, in dem die Suche des Menschen nach Erfassen der Weltstruktur und nach Begreifen seiner eigenen Sinnhaftigkeit zum Audruck kommt, und fragen nun nach den Gemeinsamkeiten und Unterschieden der Erfahrungsweisen in West und Ost.

Differenz und Einheit

Die Ausdrücke »Westen« und »Osten« sind nicht als geographische Größen gemeint, sondern als Chiffre für geistige Grundhaltungen. Westen ist hier Chiffre für eine Tendenz der Menschheit, die sich besonders im abendländischen Bereich durchgesetzt hat, und Osten eine Chiffre für eine Haltung, die sich mehr im östlichen Teil der Menschheit entfaltete. Es soll nicht gesagt werden, daß alle Menschen im Westen und Osten diese Haltungen verkörperten, sondern es geht um jene Grundhaltung, die kulturbestimmend sich auswirkte.
Betrachten wir es so, können wir feststellen, daß die Entwicklung des abendländischen Geistes auf *Trennung von Logos und Mysterium* hinauslief, auf Trennung von Erkenntnis und Verehrung, von Wissenschaft und Religion. Im profanen Raum erwuchs daraus der auf seine Erkenntnis stolze Mensch, der sich als autonomen Herrn dieser Welt versteht und sich das Recht nimmt, die Welt für sich auszubeuten. Das Ergebnis ist ein Mensch, der glaubt, nur dann exakt zu erkennen, wenn er alles zum Objekt macht. Heute erkennt man, daß diese Art objektiver Erkenntnis eine Täuschung ist. Sie wird als Illusion erkannt, gerade auch auf naturwissenschaftlichem Gebiet. Letztlich findet der Mensch in allen Ergebnissen, die er glaubt, objektiv zu finden, sich selber. Der Kreis schließt sich wieder: Der Mensch trifft wieder auf das Geheimnis seiner eigenen Existenz.
Dennoch triumphiert heute die Trennung von »Logos« und persönlicher Hingabe, von Wissenschaft und Mystik, Wissen-

schaft und Religion. Wir wissen noch nicht, wie beide sich begegnen können. Jedoch gibt es auch heute Menschen, die in ihrem eigenen Leben die Realität beider Bereiche zugleich leben.
Auch im religiösen Raum vollzog sich die Trennung von Wissenschaft und Kult, von Theologie und Mystik, von Logos und Mysterium. So gibt es eine Theologie, die dem Anspruch des menschlichen Logos Genüge tun will. Der Verlust ist jedoch groß; sie weckt im Menschen kaum mehr den Impuls zur Anerkennung des »Mysteriums«, zur Hingabe des Herzens und zur Wandlung der Existenz. Dabei bedeutet das Wort »Theo-lo-gia«, den im Mysterium sich zeigenden Logos zu entdecken, auf dem Weg der Bereitschaft dem Vernommenen sich zu beugen, sich einzufügen und zu folgen. Andererseits hat sich die Mystik zurückgezogen in die Provinz und in reine Innerlichkeit. Eine Gefahr, der die Mystik immer ausgesetzt und schon manchmal erlegen ist. Mystische Erfahrung des Unaussprechlichen erhebt sich nicht mehr in die Helle des Logos, und somit entbehrt die Wissenschaft der integrativen Kraft für die kommende Generation. Mystische Erfahrung, die nicht der Logos-Helligkeit standhält und sich nicht lebendig damit verbindet, trägt nicht in die Zukunft. Ein Dag Hammerskjöld lebte beispielhaft diese Verbindung.
Doch nicht nur der Westen entwickelte sich einseitig. Im Osten zeigt sich der Hang zum gegenteiligen Defizit. Die einseitige Entwicklung des menschlichen Sensoriums für das Mysterium, für die Unaussprechlichkeit der letzten Wirklichkeit bewertete die Logoskomponente geringer, das Gestalthafte des Gestaltlosen, das Einsichtige des Unanschaulichen, die schaffende Dynamik des Unwandelbaren. Alles Gestalthafte wurde als große Täuschung, als große Illusion erklärt, weil es ja dem gestalterischen Logos des Menschen entsprungen sei und eben darum nicht Repräsentant des »Mysteriums« des Allumfassenden sein kann. Eine Lähmung des Welt-Gestaltungsdranges war nicht selten das Ergebnis. Doch heute findet man Zen-Meister auf den Chefetagen der Kliniken und Industrien. Mysterium und Logos finden zusammen.
Das Gemeinsame, trotz dieser tiefgreifenden Unterschiede, ist

in der Grundüberzeugung zu finden, daß die Wirklichkeit aller Wirklichkeiten sich dem zugreifenden Geist des Menschen entzieht, nicht von ihm gehandhabt werden kann, nicht unter seine Verfügung gestellt ist, sondern sich ihm und seinem Verfügungswillen grundsätzlich verbirgt, und daß der Mensch gerade aus dieser überraumzeitlichen Wirklichkeit lebt, zwar in der Welt, aber nicht von der Welt, um ein Wort Jesu aus den Abschiedsreden zu gebrauchen.

Gerade durch die Einseitigkeit, durch den Hang zur Betonung des Mysteriums des Unaussprechlichen im Osten und durch den Hang nach dem Verstehbaren, dem logisch Erfaßbaren, dem Strukturellen, dem Logos im Westen besteht heute die Chance einer Begegnung, in der nicht etwas grundsätzlich Neues, sondern etwas Ganzheitlicheres in der Menschheit entsteht.

Der westliche Mensch, gerade auch der christliche, entdeckt die unfaßbare Tiefe dessen, den seine religiösen Worte meinen. Durch die östliche Daseinserfahrung und deren sprachlichen Ausdruck werden seine Gottesbilder, seine Menschenbilder und seine Weltbilder aufgesprengt in eine grenzenlose Dimension hinein, herausgerissen aus einem verhängnisvollen Anthropomorphismus, aus einer individualistischen oder personalistischen Sicht geöffnet in die Unendlichkeit der tatsächlichen Realität. So wird neu seine Hingabefähigkeit geweckt und realisiert.

Umgekehrt kann der Westen dem Osten seine Erfahrung von Wirklichkeit vermitteln, nämlich die Erfahrung der Präsenz des Mysteriums mitten in der irdischen und menschlichen Realität. Vielleicht wird dadurch auch das Verständnis wach für die unüberbietbare Präsenz des Mysteriums in der Person des Jesus von Nazareth.

Für den Christen ist in der Person des Christus beides verbunden: der ewige Logos als Prinzip der Sichtbarkeit, Verstehbarkeit, als Prinzip allen Werdens und gleichzeitig das Mysterium, die Präsenz des Unnennbaren, Unfaßbaren. So ist Christus Mysterium und Logos in einem. »Im Anfang war der Logos, und dieser Logos war bei Gott, und Gott war der Logos.« Mysterium ist somit Charakteristikum des christlichen Logos.

Dies neu zu entdecken und neu zu leben, könnte uns eine fruchtbare Begegnung mit dem spirituellen Osten als Basis einer menschenwürdigen Zukunft ermöglichen. Die Gottesgeburt im Menschen, von der christliche Mystik so viel sprach, würde zur Geburt des Menschen in Gott hinein werden, wovon der Osten so beredt Zeugnis gibt.

Wolfgang Böhme

Christus in uns

Biblische Grundmuster mystischer Frömmigkeit

Wer nach den mystischen Grunderfahrungen in den verschiedenen Religionen fragt, wird sich im Hinblick auf das Christentum und die christliche Mystik zunächst einmal der Heiligen Schrift selbst zuwenden müssen. Sie enthält in der Tat Texte, die mystisch verstanden werden können und in der Geschichte der Kirche auch so verstanden wurden. Dazu gehört im Alten Testament vor allem das Hohelied Salomos, ursprünglich wohl eine Sammlung von Liebesliedern, die aber dann als Schilderung des Verhältnisses der Seele zu ihrem Bräutigam Christus aufgefaßt wurden. Im Neuen Testament sind es das Johannesevangelium und die Briefe des Apostels Paulus, die entscheidend auf die Entwicklung mystischer Frömmigkeit eingewirkt haben.

Wir wollen uns hier mit Paulus beschäftigen. Ob er freilich als Mystiker angesehen werden kann, wie es z. B. Albert Schweitzer in seinem Buch »Die Mystik des Apostels Paulus« tut, ist umstritten. Wir brauchen uns hier dieser »endlos diskutierten Frage«[1] nicht zuzuwenden, weil es uns ja nicht auf eine Charakterisierung paulinischer Theologie ankommt, sondern darauf, jene Gedankengänge aufzuzeigen, an denen sich später mystisches Denken entzünden und von denen her es sich auch biblisch begründen konnte. Es geht uns also um die Anknüpfungspunkte, die Paulus bietet, um das »Grundmuster« sozusagen, in das dann der einzelne Mystiker seine je eigenen Einsichten und Erfahrungen eintragen konnte. Im übrigen ist das Wort »mystisch«, wie Hans Urs von Balthasar mit Recht bemerkt hat, kein biblisches Wort – »die Schrift redet nur vom objektiven *Mysterion* Christi«[2] –, so daß es sich ohnehin nur mit Vorbehalt auf biblische Texte und Verfasser biblischer Schriften anwenden läßt.

Wir wählen für unsere Überlegungen drei Erfahrungsbereiche des Apostels aus. Es soll uns zunächst um die Erfahrung der absoluten Ferne und Trennung von Gott, dann um die Erfahrung der Einwohnung Christi im Herzen und endlich um die Erfahrung der Leidensverbundenheit mit Christus gehen.

Gottferne

Die Erfahrung der Gottferne ist noch nicht eigentlich eine mystische Erfahrung, und doch kann es ohne sie mystische Erfahrung nicht geben. Der Schmerz um die eigene Unzulänglichkeit, das Bewußtsein der eigenen Nichtigkeit und Verlorenheit, quälen den Mystiker um so mehr, je mehr er sich nach der Vereinigung mit Gott sehnt, ja, sie vielleicht sogar erfahren hat. Bei Paulus ist dieser Schmerz tief ausgeprägt. Er schreibt im Römerbrief: »Denn ich weiß, daß in mir, das ist in meinem Fleische, wohnt nichts Gutes. Wollen habe ich wohl, aber vollbringen das Gute, finde ich nicht . . . Ich elender Mensch! Wer wird mich erlösen von dem Leibe dieses Todes?« (Römer 7, 18; 24).

Hier wird die Erfahrung der Gottferne, der Finsternis und Nacht, der Ohnmacht gegenüber dem Bösen angesprochen, die alles menschliche Leben kennzeichnen. »Sie sind allzumal Sünder«, heißt es einige Kapitel vorher im gleichen Brief, »und mangeln des Ruhmes, den sie bei Gott haben sollten.« (Römer 3, 23). Wer seine Schuhe nicht auszieht, kann das Heiligtum nicht betreten. Bevor man auch nur daran denken kann, etwas über die Verbindung mit Gott, gar über eine »unio mystica« (mystische Vereinigung) mit ihm zu sagen, muß von der tiefen Kluft gesprochen werden, die den Menschen vom heiligen Gott trennt. Es gibt keine Hoffnung, von uns aus zu ihm zu kommen, den Abgrund zu überwinden. Auch die »Meditation«, so wichtig diese Form des Stillewerdens und der Versenkung auch in einer Zeit ist, in der der Anruf Gottes im Wortgeklingel und Wortgetöse unterzugehen droht, kann nur das Herz auf das Kommen Gottes vorbereiten, es aber nicht selbst herbeiführen oder gar erzwingen. »Wenn es ihm (Gott) paßt, so *zeigt* er sich; und er kann sich (doch auch) verbergen, wenn er will«[3], sagt Meister Eckhart.

Je mehr wir versuchen, von uns aus die Kluft zu überwinden, die uns von Gott trennt, je glühender wir begehren, uns mit ihm zu vereinen, desto deutlicher fühlen wir das eigene Unvermögen und die eigene Unwürdigkeit. Paulus litt darunter auf die schmerzlichste Weise. Kein Mystiker, der nicht darum gewußt hätte und diese Finsternis durchschreiten mußte. Johannes vom Kreuz schildert sein Leiden in dem Buch »Dunkle Nacht«:

> Die unreine Seele leidet unendlich, wenn das göttliche Licht sie voll trifft. Denn während es in seiner Lauterkeit einströmt, um die Unlauterkeit zu vertreiben, fühlt sie sich so unrein und elend, daß sie meint, Gott sei ihr Feind und sie stehe ihm entgegen.[4]

Freilich, gerade auch in der Erfahrung der Unfähigkeit, zu Gott zu kommen und vor seiner Heiligkeit zu bestehen, wird noch immer eine Verbindung mit Gott festgehalten, insofern *er* es ja ist, zu dem hin wir von uns aus nicht gelangen können, von dem wir uns getrennt wissen, und dessen Heiligkeit uns den Verlust der eigenen Lauterkeit erfahren läßt.

Paulus weiß: Nur in Christus, durch sein Opfer am Kreuz, sind die Sünden vergeben, ist die Kluft überbrückt, die Gottferne aufgehoben. Nicht der Mensch kann zu Gott kommen, sondern Gott ist zum Menschen gekommen, ja selbst Mensch geworden. »In unser armes Fleisch und Blut verkleidet sich das ewig Gut«, wie Luther in seinem Weihnachtslied »Gelobet seist du, Jesu Christ« dichtet. »Das hat er alles uns getan, sein groß Lieb zu zeigen an«, heißt es im gleichen Lied am Ende.

Der wunderbare Tausch

Damit aber stehen wir vor dem zweiten großen Erfahrungsbereich des Apostels. Im Brief an die Galater schreibt er: »Ich lebe; doch nun nicht ich, sondern Christus lebt in mir. Denn was ich jetzt lebe im Fleisch, das lebe ich im Glauben an den Sohn Gottes, der mich geliebt hat und sich selbst für mich dargegeben.« (2, 20).

Eugen Biser hat die Formel »Nicht mehr ich – er in mir« als den

»Schlüssel zum Allerheiligsten der paulinischen Christusmystik« bezeichnet.[5] Der Satz klingt wie ein Freudenruf, den Paulus ausstößt. Eine seltsame Freude ist das! Wo wir uns freuen, selbst zu leben, und uns selbst zu verwirklichen, freut Paulus sich über das Gegenteil. Er freut sich darüber, daß nicht er selbst, sondern ein anderer in ihm lebt. Ein wunderbarer Tausch findet statt: zwischen dem Ich und Christus, der zu seinem eigentlichen Ich wird, der die Kammer im Innersten seines Herzens einnimmt, in ihm »wohnt«.

Der Mensch verliert damit nicht seine Identität, er bleibt er selbst. Und doch ändert sich etwas: Ein anderer, Christus, tritt in ihm die Herrschaft an. Die Richtung seines Lebens ändert sich, aus dem »alten Adam« ist ein anderer, ein neuer Mensch geworden, an die Stelle des »steinernen Herzens« ein »fleischernes Herz« getreten (Hesekiel 36, 26), das lieben kann, das sich hinzugeben vermag, das nicht mehr »in sich selbst gekrümmt« ist, sondern sich zu Gott und zum Mitmenschen hin zu öffenen vermag.

Zwei Subjekte, so erläutert Gerhard Ebeling den geheimnisvollen Vorgang, sind nun »zu einem Leben« verbunden. Allerdings: »Obwohl Christus in mir lebt, bin ich doch nicht Christus. Aber als das verbleibende Ich bin ich auch nicht Herr meiner selbst, sondern habe den Grund meines Lebens außerhalb meiner selbst.« Man spürt, wie schwer sich alles in Worte fassen läßt, daß man sich in der Tat einem zentralen Geheimnis nähert, das im »Schema der Substanzmetaphysik« nicht interpretiert werden kann. Es handle sich bei Paulus, so gesteht Ebeling zu, um eine »von der Mystik durchsetzte und ... dadurch bereicherte Sprache«.[6]

Ohne eine Verwandlung des Herzens, ohne diesen Tausch zwischen Christus und dem Ich des Menschen, ist kein Christsein möglich, schon gar nicht mystische Frömmigkeit. Denn in ihr wird dies nun besonders tief empfunden und radikal gelebt. »Wenn ich tausend Jahr in die Kirchen gehe«, schreibt Jakob Böhme, »auch alle Wochen zum Sakrament, lasse ich mich auch gleich alle Tage absolvieren, habe ich Christus nicht in mir, so ist's alles falsch ...«[7] Dabei bleibt immer deutlich bewußt, das solches Einwohnen Christi kein »Besitz« des

Menschen wird, daß es auf Gnade gründet und nicht auf Verdienst des Menschen, und daß es darum immer neu im Glauben an Christus festgehalten und bewahrt werden muß. Der Glaube ist die Brücke zwischen Christus und uns, er ist »das Mittel auch der vom Mystiker erlebten Einwohnung«[8]. Wo Glaube an das Evangelium ist, kann Christus in uns wohnen, kann er das Leben des Menschen mit seiner Kraft durchdringen. Gerade weil für Martin Luther der Glaube das Wichtigste und Entscheidenste war, konnte er dann auch so lebendig und klar vom Leben Christi in sich sprechen:

> Christus also, sagt Paulus, der in mir sein Wesen hat, mir verschmolzen ist und in mir bleibt, lebt dieses Leben, das ich habe, in mir; ja, das Leben, das ich so lebe, ist Christus selbst. Daher sind Christus und ich in dieser Hinsicht schon eins ... Man muß richtig von dem Glauben lehren, durch den du so mit Christus zusammengeschweißt wirst, daß aus dir und ihm gleichsam eine Person wird, die man von ihm nicht losreißen kann, sondern beständig ihm anhangt und spricht: Ich bin Christus; und Christus wieder spricht: Ich bin jener Sünder, der an mir hängt und an dem ich hänge ... so daß dieser Glaube Christus und mich enger verbindet als Gatte und Gattin verbunden sind ... Es ist da ein zweifaches Leben: mein natürliches oder leiblich beseeltes Leben und das fremde Leben, das Christus in mir lebt. Nach meinem leiblich beseelten Leben bin ich tot, und ich lebe schon ein fremdes Leben. Ich lebe nicht als Paulus, Paulus ist tot, wer lebt dann also? Der Christ.[9]

Der Mensch, der sich als Sünder soeben noch von Gott unüberbrückbar getrennt glaubte, findet ihn nun im eigenen Herzen vor, fühlt sich mit ihm durch die Einwohnung Christi tief »verschmolzen« und »eins«, weiß sich – geliebt. Die Stimme des Gewissens, des »Über-Ich«, wie man heute sagt,[10] die ihm sein Elend vor Augen stellte, verstummt und gibt der guten und tröstenden Stimme Christi Raum. Ein Dialog beginnt, der ein ganzes Leben hindurch nicht mehr aufhört, ein »Liebesgespräch«, wie Bettina von Arnim es ausgedrückt hat.[11]
Gerade auch die Mystiker haben um diesen Dialog gewußt, ihn

als einen wesentlichen Teil ihrer Existenz empfunden. Wie mit einem Freunde pflegt Teresa von Avila »Zwiesprache« mit Gott, »von dem wir wissen, daß er uns liebt«[12]. Und in ihrer unnachahmlich direkten Weise ruft sie aus: »O Du mein Herr und Gott! . . . Man kann sich mit Dir einfach über alles unterhalten.«[13]

Immer ist es dabei Christus, der das erste Wort spricht, sein barmherziges und vergebendes Liebeswort. Solche »vorgängige Liebeserfahrung«[14] ist es, die unser eigenes Lieben hervorruft, unsere Liebe in Gang bringt. »Denn was ich jetzt lebe im Fleisch, das lebe ich im Glauben an den Sohn Gottes, der mich geliebt hat und sich selbst für mich dargegeben«, schreibt Paulus an der schon zitierten Stelle. »Für mich dargegeben« – das ist sein Grunderlebnis, aus dem er alle Kraft zieht. Jesu Liebe will er zurückgeben, mit allem was er sagt, tut und leidet. Von seiner Liebe ist er überwältigt, ihm singt er sein Hoheslied der Liebe im 13. Kapitel des 1. Korintherbriefes: »Wenn ich mit Menschen- und mit Engelzungen redete und hätte der Liebe nicht, so wäre ich ein tönend Erz oder eine klingende Schelle.« Um seinetwillen nimmt er vielfältige Leiden auf sich.

Sich geliebt wissen und selber lieben, sich umarmt wissen und selber umarmen, sich mit Christus und Gott ganz und gar eins wissen, aber doch so, daß er der Schenkende bleibt, von dem alles ausgeht, – darum geht es den Mystikern, da schlägt ihr Herz, hier haben ihre Extasen und Verzückungen, wenn es sich um christliche Mystik handelt, ihre Mitte. Dabei ist Liebe niemals nur als Gefühl verstanden, schon gar nicht im Sinne einer erotischen Begegnung. Nur die Vokabeln, die Bilder sind gleich. Aber das, was hier vorgeht, entzieht sich, wie die Mystiker wußten, im Grunde der menschlichen Sprache, kann nur eben angedeutet, muß umschrieben werden. Selbstverständlich soll damit nicht geleugnet werden, daß auch erotische Töne mitschwingen. Aber wer sie allein heraushört, wer nicht durch sie hindurch etwas anderes, einem andern Bereich Zugehöriges erkennt, mißversteht, was gemeint ist.

Die Liebe des Mystikers will nicht bei sich selbst bleiben. Als christliche Liebe richtet sie sich an Gott, aber bezieht gleichermaßen auch den Nächsten ein. Je mehr der »innere Mensch« wächst und stark wird (Epheser 3, 14), je mehr Christus im Herzen seine Herrschaft antritt, seine Stimme vernehmbar wird, je mehr in der Erfahrung der Liebe Gottes auch das eigene Lieben in Gang kommt, desto mehr wird auch der Mitmensch in den Kreislauf des Liebens einbezogen. Mit der Liebe zu Gott »steigert sich auch die Liebe zum Nächsten. Beide entspringen ja derselben Quelle«[15], schreibt Johannes vom Kreuz.

Erfahrene Liebe weitergeben – darin weitet sich das Geschehen zwischen Gott und der Seele zum Ganzen der Menschheit hin aus. Auch wenn es so aussieht, als lebe der Mystiker zurückgezogen, nur für sich – und manche möchten ihm das zum Vorwurf machen –, in Wirklichkeit weiß er sich allen Mitmenschen verbunden und will ihnen durch sein Leben, sein Gebet, nicht zuletzt durch seine Leiden dienen.

Leidensmystik

Zur Liebesverbundenheit mit Gott gehört die Leidensbereitschaft. Paulus hat auch hierin das große Grundmuster geliefert, auf dem später mystische Frömmigkeit aufbauen konnte. Er fürchtet die Leiden nicht, er flieht sie nicht, er freut sich ihrer sogar. Aus dem Gefängnis in Ephesus schreibt er an die Kolosser: »Nun freue ich mich in den Leiden, die ich für euch leide, und erstatte an meinem Fleisch, was noch mangelt an den Trübsalen Christi, seinem Leibe zugut, welcher ist die Gemeinde.« (1, 24). Dieser Vers ist einer der Hauptbelege für das, was man die Leidensmystik des Apostels Paulus nennt. Für ihn sind Leiden nicht sinnlos. Er weiß sich in ihnen an die Seite Christi gerückt, in einer »mystischen Passionsgemeinschaft«[16] mit ihm verbunden. So wie Christus sich am Kreuz für die Menschen geopfert hat, so will er seine Leiden für seine Brüder auf sich nehmen. Sie schalten ihn nicht aus dem Kreislauf des Lebens aus, sondern er weiß sich in ihnen zu einem besonderen Dienst im Rahmen des Liebesplanes Gottes gerufen. Das ist der Grund seiner Freude.

Ähnlich haben auch viele Mystiker – vor allem im Spätmittelalter – empfunden. Für sie waren Leiden Zeichen der Auserwählung, der besonderen Nähe zu Gott. So läßt Heinrich Seuse die »ewige Weisheit« sprechen:

> Sieh, die gute Seele blüht auf im Leid, wie die schöne Rose im Tau des Maien ... Es ist der enge Weg, der da herrlich hinaufführt zur Pforte des Himmels ... Leiden kleidet die Seele in ein Rosengewand von Purpur, sie trägt der roten Rosen Kränzlein ... Um es kurz zu machen: die Leidenden heißen vor der Welt die Armen, ich heiße sie die Seligen, denn sie sind meine Auserwählten.[17]

Weil Leiden mit Christus verbindet, weil es das Siegel wahrer Christusliebe ist, versuchen Männer, aber vor allem auch Frauen dieser Zeit, Jesu Leiden nachzuahmen und sich selbst Leiden zuzufügen, um ihm ganz nahe zu sein. Auch hierfür ist Seuse ein Beispiel. Er schreibt in seinem Lebensbericht über sich selbst:

> Vor allen andern Übungen begehrte er darnach, irgendein Zeichen empfindlichen Mitleidens mit dem peinvollen Leiden seines gekreuzigten Herrn an seinem Leibe zu tragen. Also machte er sich selbst ein hölzernes Kreuz, das war eines Mannes Spanne lang und hatte dazu seine ordentliche Breite, und darin schlug er dreißig eiserne Nägel, womit er sonderlich alle seine (Christi) Wunden und seine fünf Liebeszeichen meinte. Das Kreuz spannte er auf seinen bloßen Rükken zwischen die Schultern auf das Fleisch und trug es acht Jahre beständig Tag und Nacht, dem gekreuzigten Herrn zum Lobe ...[18]

Meister Eckhart hat solche Auswüchse mystischer Frömmigkeit in den Klöstern, die seiner Seelsorge anvertraut waren, scharf bekämpft. Auch Seuse wendet sich in seinem vierzigsten Lebensjahr von den selbstgemachten Leiden ab und erkennt, daß sich nicht der Mensch seine Leiden selber auferlegen, sondern daß er die von Gott auferlegten Leiden tragen soll. Diese Leiden sind, wie ihm klar wird, keineswegs die leichteren, sondern in Wahrheit die schwereren. Denn während er bei den selbstzugefügten Leiden im Grunde doch selber bestimmen konnte, wann sie aufhören und wie stark sie sein sollten, mußte er sich nun in Gottes Hände geben und ohne zu fliehen ertragen, was Gott ihm zumaß. Da heißt es im Lebensbericht:

Er begann bei sich selbst mit sich selbst zu reden und sprach also: ›Blick eifrig einwärts in dich, so findest du dich selbst erst eigentlich und merkst, daß du noch mit allen deinen äußeren Übungen, die du dir selbst aus deinem eigenen Grunde antatest, ungelassen bist, fremde Widerwärtigkeit zu empfangen. Du bist noch wie ein erschrockenes Häslein, das in einem Busch verborgen liegt und vor jedem fliegenden Blatt erschrickt. So geht's auch dir: Vor dir zufallenden Leiden erschrickst du alle deine Tage; vor dem Anblick deiner Widersacher entfärbst du dich; so du untergehen solltest, fliehst du; so du dich nackt darbieten solltest, verbirgst du dich; so man dich dann lobt, lachst du; so man dich schilt, trauerst du. Es mag wohl wahr sein, daß du einer hohen Schule bedarfst.‹[19]

Die Bereitschaft zu leiden ist ein wesentlicher Teil mystischer Frömmigkeit. Hier liegt wohl für Menschen unserer Zeit die Hauptschwierigkeit, wenn sie sich mit Mystik nicht nur beschäftigen, sondern sie ein Stück weit zum eigenen Lebensmuster machen möchten. Dabei geht es nicht um die in mancher Hinsicht zeitgebundene Form, in der christliche Mystiker des Mittelalters mit dem Leid umgingen. Es geht vielmehr um die grundsätzliche Frage, wie wir zum Leiden stehen. Wir sind gewohnt, es als sinnlos anzusehen, es zu fliehen, es mit allen Mitteln zu bekämpfen. Was aber geschieht, wenn das nicht mehr möglich ist? Es gibt viele Menschen, die leiden müssen, ohne etwas dagegen tun zu können, und denen oft auch niemand helfen kann: unheilbar Kranke gehören dazu, Gefangene und Unterdrückte, Arme, Menschen in unglücklichen Ehen und viele andere.

Ihnen allen könnte die Einsicht helfen, daß Leiden, die im Glauben an Christus, die in seiner Nachfolge, die *mit ihm* getragen werden, nicht sinnlos sind, daß sie nicht von Gott weg, sondern zu ihm hin führen. Hinter jedem solchen Kreuz scheint schon die Sonne des Ostermorgens auf, kündigt sich der »Morgenglanz der Ewigkeit«[20] an. In solcher Haltung kann Leiden nicht nur ertragen, es kann – wenn Gott hilft – in Freude

»transformiert« werden. Nicht nur Paulus spricht von der Freude im Leiden, sondern auch Jesus nennt in seiner Bergpredigt die Leidtragenden »glückselig« (Matthäus 5, 4).
Als Martin Luther in seiner Vorlesung über den Römerbrief beim 8. Kapitel, Vers 28 angelangt ist (»Wir wissen aber, daß denen, die Gott lieben, alle Dinge zum besten dienen, denen, die nach dem Vorsatz berufen sind«), denkt er auch über das Verhältnis von Liebe und Leiden nach und sagt:

> Aber es ist richtig: Süß ist die Liebe, die lauter Wohlgefallen (am andern) ist, weil sie des Geliebten genießt. Eine solche Liebe aber schenkt Gott seinen Auserwählten in dieser Welt nur für Augenblicke und nur mit Maßen . . . So sagt die Braut im Hohenlied (2, 5): »Ich bin krank vor Liebe.« So muß man unter dem Worte »Liebe« immer Kreuz und Leiden verstehen.[21]

Johann Maier
Kabbala
Jüdische Mystik des Mittelalters

Die Schwierigkeiten, die einer allgemein anerkannten Definition von »Mystik« entgegenstehen, brauchen hier nicht gesondert erörtert zu werden, sie sind durch eine Behandlung jüdischer religiöser Richtungen auch nicht zu vermindern. So sei nur darauf verwiesen, daß sich ein Sprachgebrauch eingebürgert hat, der zu einem guten Teil auf die Werke des maßgeblichen Erforschers der jüdischen Mystik, Gerhard Scholem, zurückgeht, der unter dem Titel »jüdische Mystik« eine ganze Reihe von religiösen Richtungen von der Antike bis zur Moderne zusammengefaßt hat[1]. Von diesen brauchen hier nur die antiken Voraussetzungen der mittelalterlichen Mystik (Kabbala) in Südfrankreich und Spanien knapp beschrieben zu werden[2].

Die talmudisch-frühmittelalterliche Esoterik

Das erste literarisch eindeutig belegte Stadium der »jüdischen Mystik« (im Sprachgebrauch Scholems) fällt in die talmudische Zeit (ca. 70 n.Chr. bis ca. 638 n.Chr.). Dabei ist umstritten, ob der Ausdruck »Mystik« wirklich am Platz ist, vorzuziehen ist die neutralere Bezeichnung »Esoterik«[3]. In einer ersten Phase stand im Zentrum dieser Traditionen die Beschreibung des thronenden Gottes, dargestellt im Anschluß an biblische Thronvisionen wie Ez 1–3, Jes 6 und Dan 7, aber auch mit Hilfe allegorischer Hohelieddeutung. Die Erscheinung des thronenden Gottes, hebräisch *Kabod* (»Herrlichkeit«, Gottes Gegenwart im Tempel, hier eben im himmlischen Heiligtum), auf dem Thronwagen – hebräisch *Märkabah* – von Ez 1–3 wird als eigene Lehrdisziplin, als *Ma'aseh märkabah*, vorausgesetzt. In einer späteren Phase verlagert sich das spekulative Interesse etwas mehr auf die himmlische Umgebung des Gottesthrons und insbesondere auf den Weg zu diesem hin, durch 6 Himmel hindurch bis in den 7. *Hekal* (hebräisch ursprünglich Palast, im Tempel die Halle vor dem Allerheiligsten, hier Bezeichnung für »Himmel«), weshalb man von Hekalot-Traktaten und Hekalot-Mystik spricht. Diese Texte sind aber von früh an mit liturgischen Überlieferungen verquickt gewesen, deren Wurzeln wohl noch in die Zeit des Tempels und seiner Liturgie zurückreichen[4], jedenfalls gipfeln viele dieser liturgischen Stücke im Trishagion (Jes 6, 3). Nach der Kulttheologie fielen im Tempel irdische und himmlische Wirklichkeit in eins, den synagogalen Gottesdienst hat man dann in Anknüpfung daran als eine Art von Simultanveranstaltung Israels zur himmlischen Liturgie der Engel gedeutet, und die Teilnahme an dieser himmlischen Thronliturgie war das Hauptanliegen der Esoteriker jener Zeit. Was für G. Scholem dabei den Ausdruck »Mystik« rechtfertigte, war der Erlebnischarakter, der in der Berichtform vieler Texte zutage tritt. Es wird von Rabbinen berichtet, daß sie in diese himmlischen »Hallen« eingetreten seien, oder einer schildert seine eigene Himmelsreise. Dabei wird stets vorausgesetzt, daß es sich um eine sehr gefährliche Unternehmung handelt, denn wie im Tempel die abgestuften Heiligkeitsbereiche nur durch Befugte betreten werden durften, die sich im jeweils angemessenen rituellen Reinheitszustand befanden[5], so gilt auch für das himmlische Heiligtum, daß nur die dienenden Engel Zutritt haben, nicht aber »Weibgeborene« (wie es oft etwas verächtlich aus dem Mund der Engel heißt), Menschen aus Fleisch und Blut. Und wie die inneren Bereiche des Tempelheiligtums nur von den diensthabenden Priestern, das Allerheiligste überhaupt nur einmal im Jahr (zum Großen Versöhnungstag) durch den Hohepriester betreten werden durfte, so gilt auch im Himmel eine strenge liturgische Ordnung und Hierarchie. Es handelt sich in den älteren Texten nicht um eine Himmelsreise der Seele, der Esoteriker steigt vielmehr in Person empor, beweist an jedem Hekal-Tor seine Würdigkeit durch Rezitieren von Texten (Formeln) und durch Vorweisen von Siegeln und wird dabei der himmlischen Feuersubstanz der Engel angeglichen, um zuletzt unter die Throndiener im 7. Hekal treten zu dürfen, wo er auf dem

Vorhang vor dem Thronraum den göttlichen Weltenplan aufgestickt sieht und »die Schönheit des Königs schaut«, wie es in Aufnahme eines alten Ausdrucks für Tempelbesuch heißt. Und nach der Teilnahme an der himmlischen Liturgie kehrt der Esoteriker wieder zurück in die irdische Welt. Ein »Sitz im Leben« – wenn auch nicht der einzige – wird in den Texten deutlich. Solche »Berichte« spielten eine gewisse Rolle in der Konkurrenz um Prestige und Autorität einzelner Rabbinen oder rabbinischer Schulen. Sind also solche Berichte auch als Niederschlag »mystischer Erfahrung« zu verstehen? Man muß sich wohl vor falschen Alternativen hüten, denn unabhängig von der Frage, ob wirklich einzelne Rabbinen von sich solche »Erlebnisse« behaupteten, bleibt ja unbestreitbar, daß man den Berichten einen Erlebniswert zumaß – jedenfalls im meditativen Nachvollzug, denn sonst hätte man dergleichen nicht so gern überliefert, ausgeschmückt und spekulativ überhöht.

In dieser Esoterik (Geheimüberlieferung) werden zwei gegenläufige Tendenzen spürbar. Einerseits das Bestreben, der Gottheit möglichst konkret nahezukommen, andrerseits eine Betonung der Erhabenheit Gottes. Er thront hoch über den Himmlischen, selbst die Thronengel ertragen seinen Anblick nicht, und eine Mischung aus Hofstaat und Priesterschaft, die himmlische Engelhierarchie, schirmt ihn in sieben Hekalot von der unteren Welt ab. In einer späten Ausformung dieser Esoterik, im sogenannten *Schi'ur Qomah* (»Maß der Größe«)[6], wird die Gestalt des Thronenden mit phantastisch anmutenden Maßangaben bis zu den einzelnen Körperteilen hin beschrieben, ebenfalls ein Symptom dieser Widersprüchlichkeit zwischen Nähe und Ferne Gottes. Diese übersteigernde Tendenz hat ihren Grund in dem bereits biblischen Bewußtsein von der völligen Überweltlichkeit und Andersheit Gottes, wofür aber in alter Zeit im Hebräischen noch keine abstrakten Begriffe vorhanden waren. Man mußte sich daher mit der Übersteigerung von Bildern begnügen, wobei diese aber immer noch der Gegenständlichkeit verhaftet blieben, somit einen zwiespältigen Eindruck hinterließen. Zugleich wirkte aber eine andere biblische Linie weiter, die gerade in dieser Gegenständlichkeit die Gewähr für Gottes Nähe sah. Es sind die sogenannten Anthropomorphismen und Anthropopathismen, die einerseits Gottes Nähe und Wirksamkeit deutlich machten, aber mehr und mehr auch fragwürdig erschienen. Die Auffassung von der menschlichen Gestalthaftigkeit Gottes hatte aber noch einen weiteren starken Rückhalt, nämlich in der Deutung des Schöpfungsberichtes im 1. Buch Mose (»als Bild und nach Ähnlichkeit« – 1, 26f.). Zu Beginn des Mittelalters war es für viele Juden eine unverzichtbare Grundanschauung, daß die Annahme der menschlichen Gestalthaftigkeit Gottes jüdische Tradition sei. Demgegenüber hatte man zugleich oft das Gefühl einer gewissen Unangemessenheit des Ausdrucks, man schwächte manchmal biblische Anthropormorphismen ab, übertrug Tätigkeiten Gottes auf Engel, so zum Teil auch die Schöpfung auf einen *»Jotzer be-reschit«*.

Das Judentum vor dem Schisma

Nach der arabischen Eroberungswelle wurde das Judentum, vor allem seine gebildeten und auf Umweltkontakte angewiesenen Kreise, mit einer völlig neuen Lage konfrontiert. Wie schon das Christentum von der Antike her eine systematische Theologie entwickelt hatte, so entfaltete auch der Islam mit den Mitteln der allmählich durch arabische Übersetzungen bekannt gewordenen antiken Philosophie eine anspruchsvolle Theologie. Beide Religionen traten zudem gegenüber dem Judentum mit einem heilsgeschichts-theologisch begründeten Überlegenheitsanspruch auf, alle früheren Offenbarungen in Christus abschließend bzw. mit Mohammed als Propheten ersetzend. Dieser Herausforderung konnte das Judentum nun nur mit gleichen Waffen begegnen, also mit einer ebenfalls systematisch gesichteten, in sich schlüssigen religiösen Vorstellungswelt, und da dies anhand philosophischer Begriffe geschah, war die strenge Transzendenz Gottes dabei eine selbstverständliche Voraussetzung – in krassem Gegensatz zur verbreiteten traditionellen Auffassung von Gottes Menschengestaltigkeit. Der Streit erreichte seinen Höhepunkt im 13./14. Jh., nachdem

Mose b. Maimon (Maimonides, gest. 1204) in seinen 13 Glaubensgrundsätzen als dritten Grundsatz (nach Existenz und Einheit Gottes) auch die Unkörperlichkeit und damit völlige Unvergleichlichkeit Gottes zu einer Art Dogma erhoben und die »Anthropomorphisten« mehr oder minder schroff als Häretiker gebrandmarkt hatte. Der Streit ging bald um die grundsätzliche Berechtigung profaner und vor allem philosophischer (speziell aristotelischer) Bildung überhaupt und gipfelte in Bann und Gegenbann. Dabei ging es nicht um bloße Lehrmeinungen. Die »Anthropomorphisten« sahen Gottes Nähe und Wirksamkeit in Frage gestellt, Gott auf einen Gedanken reduziert, somit letztlich auch Gottesbeziehung und Gotteserfahrung gefährdet. Die philosophierenden Theologen hingegen fürchteten, das Judentum könnte in christlichen und islamischen Augen als rückständige Religion eingestuft werden, und waren zudem fest überzeugt, daß nur die Anerkennung der Transzendenz Gottes wahre Gotteserkenntnis und damit auch Gotteserfahrung bezeuge. In diesem schier heillosen Zerwürfnis trat in zunehmendem Maß die Kabbala als neutralisierender Faktor in den Vordergrund. Sie hatte zur Philosophie ein eigentümlich zwiespältiges Verhältnis[7]. Manche Kabbalisten kamen von der Philosophie her und sahen in der Kabbala deren Vollendung, alle bestritten jedoch den Anspruch der Philosophen, von sich aus das Optimum an Erkenntnis erreichen zu können, und die meisten lehnten auch profane Bildung ganz entschieden ab. Alle schrieben sie in der »heiligen Sprache« oder in Aramäisch, nicht wie die Philosophen in Arabisch, was freilich auch geographisch bedingt war, da die Kabbala vor allem in Südfrankreich und im christlichen Spanien aufkam.

Die kabbalistische Gotteslehre

Zum Verständnis des folgenden ist der Sprachgebrauch in bezug auf »Torah« (Gesetz) zu beachten. In der Überlieferung des Judentums bedeutet Torah im engsten Sinn den gesetzlichen Inhalt der 5 Bücher Mose, in der Regel aber diese 5 Bücher (Pentateuch) als »schriftliche Torah«. Daneben steht mit glei-

cher Offenbarungsautorität die »mündliche Torah«, die Mose ebenfalls am Sinai empfangen hat, sei es als mündliche Lehre neben der schriftlichen, sei es in der schriftlichen implizit und somit durch Torah-Auslegung erhebbar. Diese »mündliche Torah«, die ergänzende und aktualisierende Überlieferung, wurde um 200 n. Chr. in einer autoritativen Auswahl als »Mischna« schriftlich fixiert, auf ihr beruht die im Talmud enthaltene weitere Diskussion und Aktualisierung aus der Zeit bis ins 5./6. Jh. In einem weiteren Sinn bezeichnet Torah aber auch die ganze, auch die spätere religionsgesetzliche Überlieferung, die ja laufend den wechselnden Lebensbedingungen angepaßt werden mußte, und schließlich heißt Torah auch »Lehre« allgemein.
In der Polemik gegen die Anti-Anthropomorphisten klangen die Stimmen der Kabbalisten auf den ersten Blick überraschend verhalten, und dies nicht zufällig. Auch sie waren ja zutiefst davon überzeugt, daß Gott selbst absolut unerkennbar und unerfaßbar bleibt, auch nicht als Person bestimmt werden kann, weshalb sie von der Gottheit als dem *En Sof* (Unendlichem) sprachen. So galt auch für die Kabbalisten, daß nur die Wirkungen Gottes erkennbar sind, nur gingen sie dabei eigene Wege, mehr oder weniger bewußt auf der Basis des neuplatonischen Weltbildes mit der Annahme von Mittelwesen zwischen transzendenter Gottheit (Einheit, Geist) und der Welt (Vielheit, Materie), aus der Gottheit entströmend (emanierend), nicht etwa erschaffen. Die Kabbala baute dies mit Hilfe traditioneller jüdischer Vorstellungen und Begriffe aus, vor allem in Anlehnung an die 10 Worte Gottes bei der Schöpfung im 1. Buch Mose, Kapitel 1, sprach von 10 emanierten Wirkungskräften Gottes, den *Sefirot*, die gegen 1300 im Buch *»Zohar«* in ein Schema gefaßt wurden, das als »klassisch« anzusehen ist, wenngleich die Spätkabbala auch hier Veränderungen mit sich gebracht hat. Diese 10 Sefirot stehen nun nicht bloß in einem emanatorischen Wirkungszusammenhang von oben nach unten hin, im Sinn einer Selbstentfaltung der göttlichen Kräfte von der Einheit in die Vielheit, sie stehen untereinander in einer Wechselbeziehung, und außerdem gibt es auch eine gegenläufige Bewegung von unten nach oben, die eng mit den Vorstel-

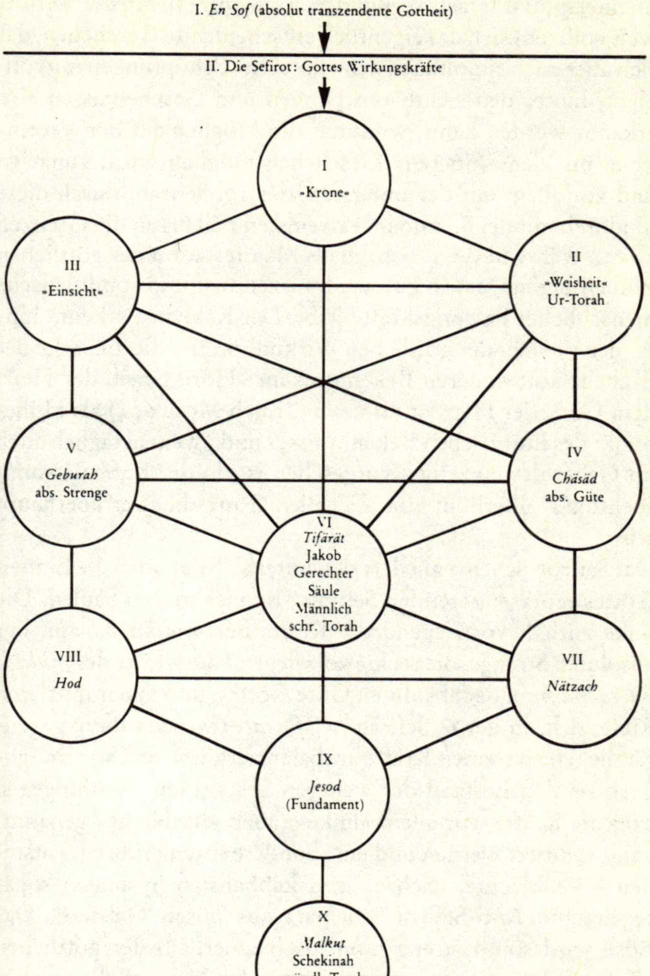
I. *En Sof* (absolut transzendente Gottheit)
II. Die Sefirot: Gottes Wirkungskräfte
I
»Krone«
II
»Weisheit«
Ur-Torah
III
»Einsicht«
IV
Chäsäd
abs. Güte
V
Geburah
abs. Strenge
VI
Tifärät
Jakob
Gerechter
Säule
Männlich
schr. Torah
VII
Nätzach
VIII
Hod
IX
Jesod
(Fundament)
X
Malkut
Schekinah
mündl. Torah
Kenäsät Jisr.
Weiblich
III. Welt der Geister/Engel/*Märkabah*
IV. »Untere« Schöpfung, materielle Welt

lungen vom Seelenschicksal und mit der Wirkung der Frömmigkeitspraxis Israels verbunden erscheint. Hier in der Sefirotwelt vollzieht sich das eigentlich entscheidende Geschehen, das sich aber auch simultan in den »unteren« Schöpfungen mitvollzieht, hinter den sichtbaren Dingen und Geschehnissen also erkannt werden kann, wodurch die Möglichkeit der Verbindung mit dem »oberen« Geschehen möglich wird, zunächst und vor allem mit der untersten, der 10. Sefirah, durch diese hindurch mit der 6., und im extremsten Fall bis an die Grenzen zur 2., während die 1. Sefirah als Manifestation der göttlichen Einheit bereits fast so gut wie transzendent und somit jenseits menschlicher Fassungskraft bleibt. Der Kabbalist erkennt hinter der Vielheit der göttlichen Wirkungskräfte die Tatsache der Einheit Gottes, deren Bekenntnis im »Höre Israel, der Herr, dein Gott, der Herr ist EINER« (5. Buch Mose 6, 4) als Höhepunkt des liturgischen Bekenntnisses und zweimal täglich auch im Gebet des einzelnen vorgesehen ist, in der Kabbala somit spektulativ überhöht zum Ziel allen Gottesdienstes überhaupt wird.
Das Sefirot-Schema gliedert sich unterhalb der noch die Einheit Gottes repräsentierenden Sefirah »Krone« in drei Säulen. Die linke enthält vorwiegend die Kräfte der *middat ha-din*, der absoluten Strenge, die rechte vorwiegend die Kräfte der *middat ha-rachamim*, der absoluten Güte Gottes, und in der mittleren Säule, d. h. in der 6. Sefirah *(»Tif'ärät«)* werden diese gegensätzlichen, extremen Kräfte ausbalanciert, und erst so ermöglichen sie den Bestand der weiteren Seinsstufen. Wo hingegen extreme Kräfte, vor allem »linke« (auch »weibliche« genannt) verabsolutiert werden und eine Sonderexistenz führen, entstehen böse Mächte, nach einigen kabbalisten Systemen sogar regelrechte Anti-Sefirot-Schemata aus bösen Geistern. Das Böse wird somit streng monistisch innerhalb der göttlichen Wirkungskräfte eingebunden und für den Normalfall dank der vermittelnden Sefirah *Tif'ärät* neutralisiert. Aber der Einfluß menschlicher Sünde von unten stört diese Ausgewogenheit und bewirkt eben die Abspaltung böser Potenzen, die wiederum nach unten weiterwirken und neue Sünde verursachen. Die 6., zentrale Sefirah *»Tif'ärät«*, die den Ausgleich der Extreme

schafft, wird auch als schriftl. Torah, als Jakob und als »Gerechter«, als »Säule«, die die Welt trägt, bezeichnet, und sie ist mit massiver männlicher Sexualsymbolik verbunden. Sie steht in engstem Wirkungszusammenhang mit der 10. Sefirah, der *Schekinah«. Schekinah* bedeutet in der talmudischen Literatur die Gottesgegenwart, vor allem die kultische Gottesgegenwart (in der Bibel *Kabod,* »Herrlichkeit«), hier aber bezeichnet das Wort die äußerste untere Wirkungskraft der Gottheit, die gewissermaßen im »Exil« weiter nach unten in die Welt der Geister und in die Welt der Materie weiterwirkt, aber auch die positiven und negativen Impulse von unten hinaufvermittelt zur Sefirah *Tif'ärät,* zu der sie als weibliche Sefirah in einem Verhältnis steht, das als sexuelle Beziehung veranschaulicht wird. Sie ist zugleich *Kenäsät Jisra'el,* die himmlisch-innergöttliche Repräsentanz Israels. Diese Sefirot, nicht die verborgene Gottheit (das *'En Sof*) selbst, sind die Adresse menschlichen Betens und menschlicher Frömmigkeit, nur mit ihnen vermag sich die höhere Seele zu einer Art unio mystica zu verbinden, zumal der Ursprung der Seele in der Sefirotwelt liegt. Das oben abgebildete Schema war nicht die einzige Möglichkeit zur Veranschaulichung der Sefirotwelt, man hatte für sie viele Bilder, z. B. den Weltenbaum, mit den Wurzeln nach oben und somit herabwachsend, oder, wie noch erwähnt werden soll, auch die menschliche (männliche) Gestalt *('Adam qadmon).*
Man war sich der Tatsache wohl bewußt, daß hier eine Lehre vorliegt, für die es in Bibel und Talmud keine Belege gibt, wenn auch die meisten Einzelausdrücke der Tradition entstammen. Die Kabbalisten behaupteten daher, es handle sich um »die« *qabbalah* (Tradition) schlechthin, um den eigentlichen, aber nur geheim überlieferten Sinn des Judentums überhaupt, und so kann es z. B. im Buch *»Ma'aräkät ha-'älohut«* zu Anfang des Kap. VII heißen: »Wisse, daß das *'En Sof,* das wir erwähnt haben, nicht einmal angedeutet ist – weder in der Torah noch in den Propheten noch in den Schriften und auch nicht in den Worten der (talmudischen) Weisen, ihr Andenken zum Segen! Jedoch empfingen in bezug darauf die *Ba'ale ha-'abodah* (Träger des Dienstes = Kabbalisten) einen gewissen Hinweis.« Und der Kabbalist Josef ibn Gikatila (gest. ca. 1325) schrieb in der

Einleitung zu seinem Werk *»Scha'are 'Orah«:* »Eine große Maxime: Wisse, daß die Beschaffenheit des Wesens des Schöpfers, gepriesen sei Er, nur von Ihm selber erfaßt wird, und daß niemand unter allen himmlischen Scharen Seinen Ort kennt, um so weniger die Beschaffenheit Seines Wesens . . . und um so weniger (vermögen es) die Unteren.«
Im Weiteren wird skizziert, welche Möglichkeiten der Gotteserfahrung sich für den Kabbalisten unter dieser Voraussetzung boten. Dabei wird deutlich werden, daß diese doch sehr spekulative und komplizierte Konstruktion gleichwohl imstande war, die Frömmigkeit in einer kaum vergleichbaren Weise zu motivieren, nicht nur gedankliche Leistungen, sondern auch extreme gefühlsmäßige Wirkungen zeitigte.

Wege der Gotteserfahrung in der Kabbala

Emanation und Seelenlehre

Grundvoraussetzung der Gottesbeziehung in der Kabbala ist die neuplatonische Emanationslehre mit der Vorstellung, daß die Seele ihren Ursprung in der oberen Welt hat, in die materielle Welt gerät und in einen Leib inkorporiert wird, der sie bis zum natürlichen Tod gefangenhält, und die danach entweder bestimmungsgemäß gereinigt und von sinnlichen Banden befreit wieder zu ihrem Ursprung zurückkehrt oder im Fall der Selbstvergessenheit der Materie verhaftet bleibt, gegebenenfalls im Sinn der Seelenwanderung nach und nach geläutert wird. Die Kabbalisten sahen den obersten Seelenursprung in der 2. Sefirah »Weisheit«, unterschieden aber über die gängigen drei Seelenkräfte (anima vegetativa, animalis, rationalis-vegetative, tierische, vernünftige) hinaus noch so etwas wie einen aristotelischen angeborenen Intellekt, der nur Israel gegeben ist, und durch dessen Aktualisierung die Kabbalisten die höchste Seelenkraft, eine Art erworbenen Intellekt, erlangen, was den kontemplativen Kontakt mit den Sefirot, die Erkenntnis der Einheit hinter der Vielheit, die höchste Form der Gotteserfahrung, gewährleistet. Wie der Neuplatonismus insgesamt, so war auch die Kabbala prinzipiell asketisch gefärbt, dazu kam der streng ritualistisch-gesetzliche Zug aus dem Erbe der talmudischen Esoterik und die besondere Nuancierung dieses Weltbildes durch die Torah-Theologie.

Sprach- und Torah-Symbolik[8]

Wie die 10 Schöpfungsworte aus dem 1. Buch Mose mit den Sefirot verbunden wurden, so erhielt das Hebräische als Sprache der Schöpfung bis zu den einzelnen Buchstaben des Alphabets den Charakter von schöpferischen Potenzen, die in der Torah als Gottes Offenbarung in einer ganz bestimmten Weise »verbunden« sind, und zwar den verschiedenen Seinsstufen entsprechend (»Ur-Torah« in der 2. Sefirah, obere »Schriftliche Torah« in der 6., obere »Mündliche Torah« in der 10. Sefirah, materialisierte Torah in dieser Welt). Die Buchstaben werden also in Aufnahme und Überhöhung der antiken Buchstaben-Symbolik bzw. Buchstabenmagie zu Selbstmanifestationen der göttlichen Schöpferkraft und damit zugleich zum Mittel der Selbsterhebung der Seele im Rahmen des kontemplativen Torahstudiums und der kabbalistischen Gebetspraxis. Auch diese Gebetspraxis überhöht traditionelle Vorstellungen: Ist in der Erbauungsliteratur sonst die *Kawwanah* die Ausrichtung des Herzens, die volle Konzentration auf den Sinn der Gebete, so gilt sie in der Kabbala der aufgebauten Sefirot-Symbolik, zielt auf die Verbindung mit der 10. Sefirah, um durch sie mit höheren Sefirot, vor allem mit der vermittelnden 6., in Beziehung zu treten[9]. Die Buchstaben der »heiligen Sprache« sind nach dem Buch *»Zohar«* I, 16b–17a (zu 1. Buch Mose 1, 3: »Es werde Licht«) zunächst aus dem Urpunkt des Lichts (= Sefirah »Weisheit«), der Idee der Torah sozusagen, aufgeleuchtet, in bestimmten Gruppen des Alphabets, ohne zunächst feste Form zu gewinnen (sie blieben »feucht«, heißt es). Erst im »Firmament« (= Sefirah VI, *Tif'ärät,* obere schriftliche Torah) erstarrten sie zu (geistigen) Lettern: »Und es bildete sich dort die Torah heraus, um nach außen zu leuchten.« Oder wie es im *»Sefär ha-Temunah«* in der Einleitung heißt, wo die Kleider in

Prediger Salomo 9, 8 auf die 8 Pristerkleider und diese wieder überhöhend auf die 8 unteren Sefirot gedeutet werden: »Sie sind die Wirkungsattribute und sie sind in Wirklichkeit die 22 Buchstaben der oberen Torah und die oberen Ur-Buchstaben, aus denen sie abgezeichnet und eingraviert wurden auf die Gebotstafeln durch Gottes Kraft.« Bibeltext und Gebetstexte erhalten dadurch bis zum kleinsten Buchstaben hin eine unüberbietbare Bedeutung, was die kabbalistische Frömmigkeit mit einem außerordentlichen Ernst erfüllte, gerade auch dort, wo der uneingeweihte Außenstehende nur rituelle Zeremonien wahrnimmt.

Gottesnamen- und Torah-Symbolik

Eng mit der Sprach- und Buchstabensymbolik verbunden ist die kabbalistische Ausdeutung der talmudischen Überlieferung über die verschiedenen biblischen Gottesnamen, wobei ebenfalls allgemein-antiker Namenglaube mit im Spiel war. Wieder werden die Sefirot mit einzelnen Gottesnamen verbunden, ja die ganze Torah wird im Extrem als ein System, als ein »Gewebe« von Gottesnamen verstanden, deren rechter oder unrechter Gebrauch positive bzw. unheilvolle Wirkungen zeitigt[10]. Ziel der Kontemplation ist das Bekenntnis des EINEN Namens hinter den vielen, aber dieser Erkenntnis- und Bekenntnisprozeß ist gleichzeitig ein Sefirot-Prozeß, effektive Rückführung der Vielheit auf die Einheit, wie ein Text zur Gebets-Kawwanah im Buch »Zohar« II, 56b–57a zeigt: »Deine Rechte, Herr, herrlich in Kraft« (2. Buch Mose 15, 6); R. Simon sagte: Wenn der Morgen aufzuleuchten beginnt und die »Gazelle« (= Morgenröte, Symbol der 10. Sefirah) an ihrem Platz verharrt, wird sie innerhalb ihrer Bereiche geschwängert und tritt in die 200 Hallen des Königs (d. h. sie verbindet sich mit der 6. Sefirah). Ein Mensch, der sich zur Mitternacht mit der Torah beschäftigt, wenn der Nordwind (= Wirkung der 5. Sefirah) aufkommt und das Begehren jener »Gazelle« erwacht, in der Welt zu walten, dieser Mensch tritt mit ihr (der 10. Sefirah) ein, um vor dem König (= 6. Sefirah) zu stehen. Wenn der Morgen aufzuleuchten beginnt und dieser Mensch verrichtet sein Gebet und bekennt den Heiligen Namen geziemend als Einen, dann zieht sich auf ihn hin ein Faden (Emanationsstrom) der Gnade (Chäsäd), und betrachtet er das »Firmament« (6. Sefirah), so läßt sich auf ihm eine Erleuchtung der »Weisheit« nieder, der heiligen Erkenntnis, und der Mensch wird mit ihr gekrönt, und alle empfinden Ehrfurcht vor ihm. Dann wird dieser Mensch Sohn des Heiligen, gepriesen sei Er, genannt, Sohn der Halle des Königs (der 6. und 10. Sefirah also). Er tritt durch alle ihre Tore ein und keiner hindert ihn, wenn er zur Halle des Königs ruft. Über ihn steht geschrieben: Nahe ist der Herr allen, die ihn anrufen in Wahrheit (Ps 145, 18); was heißt Wahrheit? – Wie wir erklärt haben: Gib Wahrheit dem Jakob (Micha 7, 20), der es versteht, den Heiligen Namen geziemend als Einen zu bekennen in seinem Gebet (NB: Jakob ist auch die 6. Sefirah!). Das ist der Dienst des Heiligen Königs (= 6. Sefirah). Und wer es versteht, den Heiligen Namen geziemend als Einen zu bekennen, der richtet das Eine Volk in der Welt auf, wie es geschrieben steht: Und wer ist wie Dein Volk Israel ein Volk auf der Erde (2. Sam 7, 23). Darum haben wir gelehrt: Jeder Priester, der es nicht versteht, den Heiligen Namen geziemend als Einen zu bekennen, dessen Dienst ist kein Dienst, denn alles hängt daran, oberer Dienst und unterer Dienst, er muß sein Herz und seinen Willen ausrichten *(kawwen)*, damit Obere und Untere gesegnet werden.

Mikrokosmos, Torah und Sefirot

Nach talmudischer Tradition ist die Torah nicht nur Lebensordnung, sondern auch Schöpfungsordnung, Weltgesetz, ja sogar Schöpfungsmittel. Die Kabbalisten haben dies durch eine weitere Nuance bereichert. Die schriftliche Torah hat man schon in talmudischer Zeit in 613 Gebote und Verbote eingeteilt und dies wieder mit anthropologischen und kosmologischen Gegebenheiten verbunden, 248 Gliedmaßen hat demnach der Mensch entsprechend 248 positiven Geboten, und 365

Sehnen entsprechend 365 Verboten, entsprechend der Anzahl der Tage des Jahres und damit kosmischer Einrichtungen; im Extremfall wurden solche Zuweisungen bis auf jedes einzelne Körperglied festgelegt, um so den ganzen Menschen in Pflicht zu nehmen. Dabei war von der Antike her, vor allem aber in neuplatonischer Tradition, die Vorstellung weit verbreitet, daß der Mensch in Analogie zum Kosmos gebaut sei, ein Mikrokosmos sei, was in der talmudischen Tradition also durch die Gebots-Symbolik auch auf die Torah als Weltgesetz und Lebensordnung bezogen werden konnte. Die Kabbala hat dies alles in ihr System des Wirkungszusammenhangs zwischen »oben« und »unten« eingebaut, indem sie die Gottesebenbildlichkeit von 1. Buch Mose 1, 26f. aufgriff, sie aber nicht wie die Anthropomorphisten auf Gottes Gestalthaftigkeit bezog oder wie die Philosophen auf die Seele oder auf den Intellekt etc., sondern auf die Struktur der Sefirotwelt: Man zeichnete sie als menschliche (männliche) Gestalt und nannte dieses Urbild der Menschenschöpfung 'Adam qadmon (Urmensch), wohl zu unterscheiden vom *'Adam ri'schon*, dem ersten Adam der Bibel. Die biblischen Aussagen über Gottes Gestalthaftigkeit werden also auf diese Sefirot-Struktur bezogen und brauchen nicht wie in der philosophischen Theologie und Exegese in ihrem Wortsinn ganz aufgehoben zu werden, denn sie beschreiben ja eine – himmlische – Realität, während die Thronwagenerscheinung von den Kabbalisten meist noch tiefer, unterhalb der Sefirot, in der Welt der Engel und Geister, angesetzt wird. Dieses Menschenbild ergab zusammen mit der Torah- und Sefirot-Symbolik eine kaum überbietbare Motivation für die praktische Torahfrömmigkeit[10]; nicht nur die Seele, auch die figürliche Erscheinung des Menschen, sein Leib in allen seinen einzelnen Gliedern, werden so zu Trägern der Gotteserfahrung, nicht nur im passiven Sinn, sondern als mit-wirkende Faktoren – bis hin zur geringfügigsten Verrichtung.

»Oberes« und »Unteres« im Wirkungszusammenhang

Aus dem bisherigen wird bereits deutlich, daß sinnenfällige Gegebenheiten und Vorgänge »unten« die »oberen« Geschehnisse nicht bloß transparent machen, daß vielmehr eine Wechselwirkung zwischen ihnen besteht. Das gilt auch für Begebenheiten, die in der Bibel erzählt werden. Was über Jakob und Lea berichtet wird, bezieht sich zwar im irdischen Seinsbereich auch auf den Erzvater und seine Frau, es stellt aber zugleich eine Beziehung zwischen zwei Sefirot dar, und durch die richtige kontemplative Betrachtung des Textes wird der Mystiker sogar in die Lage versetzt, aktiv in diesem wechselseitigen Wirkungszusammenhang mitzuwirken, weil ja schon Aussprache und Betrachtung der Torah bzw. ihrer Buchstaben(symbolik) schöpferische Potenzen freisetzen. Das gilt natürlich auch für Gebotserfüllungen, Gebotsunterlassungen und Gebotsverletzungen: Auch das kleinste Detail hat kosmisch-transkosmische Wirkung, verborgene Folgewirkungen, weil irdisches Tun und Sefirotprozesse miteinander zusammenhängen, etwa wie in kommunizierenden Gefäßen schon der geringste Druck an einer Stelle das Ganze beeinflußt. Daher auch das starke Selbstbewußtsein der Kabbalisten, das das normale jüdische Erwählungsbewußtsein noch weit übertrifft, denn alles hängt von ihrer *Kawwanah* und von ihrem Tun ab. Wie gesagt, betrifft dieser Wirkungszusammenhang alle Vorgänge, auch die sexuellen Vorgänge werden daher für die Symbolistik herangezogen, und wie die Beziehung zwischen v. a. der 6. und 10. Sefirah mit solchen Bildern beschrieben wird, so wird auch dem in der richtigen *Kawwanah* vollzogenen ehelichen Akt, speziell der Sabbatnacht, eine symbolistische Bedeutung zugemessen. Dergleichen ist aber nicht mit dem zu verwechseln, was heute gern unter (mißverstandener) jüdischer Bejahung von Welt und Leiblichkeit kolportiert wird, denn alles steht unter dem Vorzeichen einer im Grunde asketischen Frömmigkeit. So heißt es im *»Zohar chadasch«* zu 1. Buch Mose 19: »Die Gottlosen haben, da sie in Frechheit und in Vorwitz nur zum Zwecke der Unzucht zeugen, lediglich jene animalische Seele, welche die Tiere haben . . . aber die Gerechten, die sich zu heiligen wissen, über die steht geschrieben: Und ich pflanze Dich als edle Rebe, die ganz echter Same ist (Jeremia 2, 21).« Wie alle Mystiker haben auch die Kabbalisten ihre Gotteserfahrung gern als (geistliche) Liebe bezeichnet, doch auch die philosophierenden Theologen sprachen so[11]. In der Kabbala freilich bleibt die Verbindung mit dem realen Dasein enger, da letzteres ja auch Mittel zur Erlangung des kontemplativen Ziels ist. Überall, wo die neuplatonische Emanations- und Seelenlehre zugrunde liegt, weiß sich der Mensch in seinem eigentlichen Selbst dem Göttlichen verwandt, und durch die Mikrokosmos-Vorstellung fühlt er sich als Abbildung der Schöpfung. Welterkenntnis und Gotteserkenntnis sind darum immer auch in gewissem Sinn durch Selbsterkenntnis zu erlangen, und daher ist mystische Gottesliebe auch bis zu einem gewissen Grad Selbstliebe, etwas wie geistlicher Narzißmus, wie ja auch die in der Mystik und eben auch in der Kabbala so hoch veranschlagte Demut keineswegs ein ausgeprägtes Selbstbewußtsein ausschließt, ja sogar mit einer besonders hochgezüchteten Überheblichkeit Hand in Hand gehen kann.

Nur kurz sei darauf verwiesen, daß es neben der Kabbala im mittelalterlichen Judentum auch noch andere »mystische« Strömungen gab. So hat der sogenannte »aschkenasische Chasidismus« (nicht zu verwechseln mit dem neuzeitlichen osteuropäischen) eigene Spekulationen und eigene Frömmigkeitsstrukturen hervorgebracht, wenn sich auch im Spätmittelalter eine Verschmelzung mit der Kabbala ergab. Auch die islamische Mystik, Sufismus genannt, hat sehr früh auf jüdische Kreise eingewirkt, zuerst vor allem über die Literatur der »Lauteren Brüder«, z. B. auf den spanisch-jüdischen Theologen Bachja ibn Paquda (11. Jh.), dessen »Buch der Herzenspflichten« eines der am meisten gelesenen Erbauungsbücher geworden ist[12], die Notwendigkeit der Erfüllung der »Herzenspflichten« als Voraussetzung für rechte Erfüllung der äußeren Pflichten betonend, wie überhaupt die jüdische Erbauungsliteratur meist in neuplatonischer Färbung auf Verinnerlichung der religiösen Praxis dringt. Während aber der Sufismus im Islam sich zum Teil anti-institutionalistisch und anti-nomistisch entwickelt hat, blieb die von ihm beeinflußte jüdische Mystik torah-gebunden und vor extremer Askese bewahrt[13].

Schlußbemerkungen

Gotteserfahrung ist in der traditionellen jüdischen Frömmigkeit vorrangig an die Torah, an den Torah-Vollzug gebunden, wobei die heilsgeschichtliche Sicht überwiegt: Die Torah ist Israels kollektive Erwählungsverpflichtung, deren Erfüllung oder Nichterfüllung den Lauf der Heilsgeschichte mitbestimmt, insofern auch die Weltgeschichte, nicht nur die Geschichte Israels. Das Individuum, der einzelne Jude, findet dabei sein Heil eingebunden in das kollektive. Unter dem Einfluß des Neuplatonismus ist allerdings das individuelle Seelenschicksal und unter dem Einfluß des Aristotelismus der individuelle Erkenntnisprozeß mehr in den Vordergrund getreten, so daß die philosophierenden Theologen es nicht leicht hatten, die Spannung zwischen ihrem allgemein-menschlichen Ansatz und der kollektiv-heilsgeschichtlichen Linie des Judentums zu überbrücken. Die Kabbala hingegen integrierte alle Widersprüche mit Hilfe der aufgezeigten Wege der Gotteserfahrung, und wie schon dort durch sie die aufgegriffenen Vorstellungen überhöht wurden, so überhöhte sie auch die traditionelle, heilsgeschichtstheologische Torah-Symbolik und das individuelle Seelenschicksal: Es geht nicht mehr um das Schicksal einer Seele und nicht nur um das Ziel der irdischen Geschichte Gottes mit den Menschen bzw. mit Israel, es geht um innergöttliche Vorgänge zugleich, um die Wiederfindung der Einheit aus der Vielheit.
Diese strikte Bindung der Gotteserfahrung an die Torah-Symbolistik bewahrte die an sich asketisch gefärbten Kabbalisten vor einer extremen Askese, vor Vereinzelung, denn die Torah, die ja alle Lebensbereiche regelt und somit auch die sozialen Belange, kann nur in und mit dem Körper und innerhalb der Erwählungsgemeinschaft erfüllt werden. Dazu kommt natürlich auch, daß das Fortpflanzungsgebot Teil der Torah ist.

Schicksalsträchtig war eine mögliche Verbindung der Wechselwirkung zwischen »Oberen« und »Unteren« mit messianischen Erwartungen. Dies lag nahe, weil ja innerhalb der Sefirot die Gottheit sozusagen aus sich selber, aus ihrer Verborgenheit in der Transzendenz, in Form der Sefirot heraustritt, bis an den unteren Rand, in die 10. Sefirah, und von da aus sogar noch weiterwirkt in die untere Welt, weshalb man vom Exil der Schekinah sprach. Das, aber auch der Fall der Seele aus der Welt der Sefirot in die Materie, konnte mit Israels Exilschicksal in Analogie und schließlich auch in einen Wirkungszusammenhang gesetzt werden. Dies geschah im ausgehenden Mittelalter und im 16./17. Jh., freilich mit dem katastrophalen Ergebnis der pseudomessianischen Bewegung des Sabbatianismus[14]. Dadurch wurde die Kabbala, inzwischen zur jüdischen Volkstheologie geworden und frömmigkeitsbestimmend, schwer diskreditiert. Die enttäuschten Rabbinen machten sie wieder zu einer Art Arkandisziplin, nur zugänglich für solide Gesetzesgelehrte über 40 Jahren, und so wird Kabbala in orthodoxen Zirkeln auch bis heute betrieben. Im osteuropäischen Chasidismus lebte in einer sehr popularisierten Gestalt die spätkabbalistische Frömmigkeit weiter, und in manchen chasidischen Richtungen wurde und wird auch kabbalistische Theologie getrieben. Im Westen hingegen hat die Aufklärung die Kabbala für die meisten Juden ganz in Verruf gebracht, sie galt im 19. Jh. als Ergebnis von Aberglauben und Fremdeinfluß, bis durch die Forschungen G. Scholems in unserer Zeit ein sachgemäßeres Verständnis ermöglicht wurde, was noch nicht heißt, daß die Kabbala über orthodoxe und chasidische Zirkel hinaus eine wirklich maßgebende Rolle im religiösen Leben des modernen Judentums spielen könnte.
Zuletzt noch einmal ein Blick zurück in die Streitigkeiten des 13./14. Jh. Die Mehrheit des Judentums hat es den philosophierenden Theologen übelgenommen, daß sie die Transzendenz so hervorhoben und damit eine unmittelbare, persönliche Gottesbeziehung bestritten. Die Kabbalisten vertraten nun prinzipiell dieselbe Meinung, beschränkten die Gotteserfahrung auf die Beziehung zu den Sefirot, doch die Gemeinden empfanden dies kaum als anstößig. Der Grund lag im Erlebniswert des be-

schriebenen Wirkungszusammenhangs zwischen »Oberen« und »Unteren«, im Bewußtsein, in einen alles übergreifenden, ja sogar die göttlichen Wirkungskräfte mitbetreffenden Prozeß eingebettet zu sein und in diesem Prozeß mit jedem Tun und Lassen, vor allem auch kontemplativ, mitzuwirken. Auch vermochte die Kabbala das Böse in der Welt in diesem Zusammenhang so zu deuten, daß das Theodizeeproblem entschärft wurde. Das Böse als Macht (die *Sitra' »achra«*, die andere, linke Seite), entsteht ja durch Verselbständigung von extremen göttlichen Wirkungskräften, sofern diese infolge der Einwirkung der Sünde nicht in der mittleren Säule der Sefirotstruktur ausgewogen werden. Das Böse ist Gottes Wirken eingeordnet, aber so, daß die menschliche Verantwortlichkeit in höchstem Maß gewahrt bleibt. Das Leiden – und dies war in einer Zeit der Verfolgungen und Vertreibungen ungemein bedeutsam – wird nicht verniedlicht oder einem Wirken böser Geister und menschlicher Feinde allein zugeschrieben, es wird als Teil eines kosmisch-transkosmischen Prozesses verstanden und insofern als auch aktive Mitwirkung in diesem, vor allem das Leiden um der Torah willen; als gestörte, wiederherzustellende Harmonie in den Sefirot und damit auch »unten«, wie auch die Ausgewogenheit in der Seele Ziel kabbalistischer Frömmigkeit ist. Kontemplation und Torahvollzug haben somit zugleich eine Art von therapeutischer Funktion.

Die Darstellung kabbalistischer Frömmigkeit vermag auch einige Anliegen zu verdeutlichen, die im Blick auf das christlich-jüdische Verhältnis zu beachten sind. Es ist ja nicht möglich, die traditionelle jüdische Torah-Frömmigkeit als »äußerlich«, als bloße Befolgung von zeremoniellen Vorschriften zu kennzeichnen, ohne die Grundabsicht geradezu zu verkehren, und dies gilt für die kabbalistische Frömmigkeit noch mehr. Der Unterschied zum Christentum kann also sicher nicht darin liegen, daß die christliche Frömmigkeit »innerlicher« oder qualitativ eben besser sei. Die zentrale Bedeutung, die der Torah in allen Wegen der Gotteserfahrung im kabbalistischen Denken zukommt, zeigt vielmehr, daß es um zwei konkurrierende Heilswege geht: Im Judentum ist es einzig und allein die Torah (bzw. ihr Vollzug), der zum Heil führt (und was mit »Werkgerechtigkeit« nur unzulänglich, weil polemisch abwertend beschrieben wird), im Christentum ist diese Heilswegfunktion an Christus allein gebunden. Gleichwohl bleibt für die Christen die so ihres Heilswegcharakters entkleidete Torah als »schriftliche Torah« Teil der Heiligen Schrift, und dies erfordert eine umsichtige theologische und vor allem religionspädagogische Behandlung, denn die Bestreitung der Heilswegfunktion muß keineswegs mit einer Abwertung verbunden sein. Im übrigen kann gerade der Blick auf die eindrucksvolle Torah-Frömmigkeit der Kabbalisten in dem Punkt hilfreich sein. Diese Einbindung des Frommen bzw. der Frömmigkeit in einen menschen- und weltübergreifenden Prozeß, diese Mitwirkungsmöglichkeit dank der Erwählung, schließt auf Schritt und Tritt eine – freilich auf die Torah bezogene – Meditationspraxis mit ausgefeilten Meditationsmethoden ein, sie ist hier, in dieser Torahgebundenheit, mit Teil des Heilswegs. In diesem Sinn gewertet wäre also eine Übernahme in christliche Frömmigkeitspraxis nicht möglich, ohne daß die Meditation – wie die Torah – zu Christus als dem alleinigen Heilsweg in Konkurrenz tritt. Die christliche Botschaft, speziell der paulinischen Ausprägung, verkündete als das eigentliche Neue die Freiheit von solchen Heilswegen dank der Erlösung in und durch Christus. Welches Gewicht dies hat, wird in der Konfrontation mit der imposanten kabbalistischen Frömmigkeit besonders klar, damit aber auch die Frage, wozu diese Freiheit verwendet wird. Diese Hinweise sollen nicht bloß Fragen an die Theologie im Blick auf Christentum und Judentum andeuten, sie gelten auch mit Rücksicht auf das Verhältnis zwischen christlichem Glauben und Meditationstechnik. Ihnen könnte – wie der Torah – ja kein Heilswegcharakter zugestanden werden, wohl aber eine Heilwirkung auf der Grundlage eines psychotherapeutischen bzw. seelsorgerlichen Konzepts, nur nicht mit dem Ziel der Abhängigkeit vom Heilmittel, sondern mit dem Ziel der Wiederherstellung der Unabhängigkeit. Auch hier ist eine Aberkennung der Heilswegfunktion nicht mit einer Abwertung im Sinne von Geringschätzung notwendig verbunden.

ZU DIR HIN

Von Meister Eckhart bis Zinzendorf

Karl Albert

»Das Sein ist Gott«

Zur philosophischen Mystik Meister Eckharts

Von einer Philosophie Meister Eckharts zu sprechen, ist durchaus nichts Selbstverständliches. In dem Sinne, in dem Platon und Aristoteles, Descartes und Kant, Heidegger und Jaspers Philosophen genannt werden, kann man Eckhart jedenfalls nicht als Philosophen bezeichnen. Eckhart war ein Mann der Religion: Mönch, Prediger und Lehrer der Theologie.

Dennoch war er nicht etwa ein philosophischer Außenseiter wie etwa Jakob Boehme, der philosophierende Schuhmacher. Eckhart hat, wie das im mittelalterlichen Universitätsstudium üblich war, einen mehrjährigen philosophischen Kursus durchlaufen und auch als Lehrer der Theologie immer wieder Texte der griechischen und der christlichen Philosophen studiert und interpretiert. Dabei hat er sich an eine bestimmte philosophische Tradition angeschlossen: an die des Platonismus. Eckhart ist Platoniker, Philosoph im Sinne Platons.

Wohl erst gegen Ende seines Lebens faßte Eckhart den Plan, ein großes philosophisches Werk zu schreiben, in dem er alle seine ins Gebiet der Philosophie fallenden Gedanken zusammenfassen wollte. Dieses Werk ist aber nicht erhalten und wahrscheinlich auch niemals ganz vorhanden gewesen. Wir wissen aber, daß der Grundsatz dieses Werks, auf dem alles andere aufbauen sollte, die Identität des Seins mit Gott behauptete. Er lautete ganz einfach: »Das Sein ist Gott« (esse est deus).

Den Sinn dieses Satzes möchte ich erläutern, indem ich das heranziehe, was ich für den Grundgedanken der Eckhartschen Philosophie halte. Zuvor jedoch noch einige wenige Bemerkungen über Leben und Werk Eckharts, die für das Verständnis des folgenden wichtig sind.

Eckhart ist etwa 1260 geboren (und übrigens wohl kein Adeliger; wenn er als Eckhart von Hochheim erscheint, so ist damit lediglich sein Geburtsort im Thüringischen genannt, vgl. Anselm von Aosta [nach seinem Geburtsort], Anselm von Canterbury [nach seiner Wirkungsstätte]). Er war Mitglied des Predigerordens der Dominikaner und als Prediger berühmt. Der Beiname »Meister« bezieht sich aber auf seine Professur an der Pariser Universität: »Meister« ist die deutsche Form für »magister«. Eckhart hat als Baccalaureus und zweimal als Magister in Paris gelehrt (1302/3 und 1311/13: aus dieser Zeit stammen die Pariser Quaestionen, von denen gleich die Rede sein wird). Zwischendurch war er Provinzial der neuen Ordensprovinz Saxonia (Nord- und Mitteldeutschland). Seit 1314 wirkte er in Straßburg, seit 1323 in Köln. 1326 wurde ein Inquisitionsprozeß in Köln gegen ihn eröffnet, der am päpstlichen Hof Avignon fortgesetzt wurde. Ende 1327 oder Anfang 1328 ist er gestorben. Nach seinem Tode wurden 26 Sätze (meist aus den deutschen Predigten) als häretisch klingend verurteilt.

Es gibt von Eckhart viele deutsche Predigten, die nur in Mitschriften erhalten sind. In deutscher Sprache ferner Traktate, das Trostbüchlein und die Predigt »Vom edlen Menschen« (die wir in Eckharts Wortlaut vor uns haben). Sodann aber hat Eckhart als Lehrer an der Universität Paris auch lateinische Werke geschrieben (sie waren lange verschollen, aber 1886 hat der Dominikaner H. Denifle zuerst, nachdem er eine Reihe wichtiger lateinischer Schriften entdeckt hatte, große Teile davon veröffentlicht). Die uns erhaltenen Werke sind vor allem die Pariser Quaestionen, die lateinischen Predigten und Reste eines geplanten riesigen dreiteiligen Werkes (Opus tripartitum). Dieses sollte enthalten: philosophische Thesen (Opus propositionum), philosophische und theologische Probleme (Opus quaestionum), Bibelkommentare und Predigten (Opus expositionum). Erhalten sind davon aber nur die Prologe zum Opus tripartitum (allgemeines Vorwort, Vorwort zum Werk der Thesen, Vorwort zu den Schriftauslegungen) sowie vom Opus expositionum: zwei Genesiskommentare; Kommentare zu Exodus, Sapientia und zum Johannes-Evangelium. Weiterhin sind von Eckhart eine Einleitungsvorlesung zu einer Kommentierung der Sentenzen des Petrus Lombardus und eine Rechtfertigungsschrift (erst 1926 entdeckt) überliefert.

Das zweifache Sein der Dinge

In der Vorrede zum Opus propositionum, die uns glücklicherweise erhalten ist, nennt Eckhart zwei wichtige Voraussetzungen für das Verständnis seines Satzes »das Sein ist Gott« (esse est deus).

Die erste Voraussetzung ist, daß mit dem Begriff des Seins (esse) nichts anderes gemeint sei als das reine Sein eines Seienden und alles andere am Seienden nicht mitgemeint sei:

> Wie nach dem Philosophen (d. h. Aristoteles) ›weiß‹ allein die Qualität bezeichnet, so bezeichnet ›seiend‹ allein das Sein.[1]

Die zweite Voraussetzung besteht darin, daß man zwischen dem Begriff des Seins im allgemeinen Sinne und dem es Dies-und-das-Seins (esse hoc et hoc) einen Unterschied macht:

> Man muß anders denken über das Seiende und über das Dies-und-das-Seiende. Ebenso anders über das reine und einfache Sein ohne jegliche Hinzufügung als über das Sein dieses und jenes Seienden.[2]

Wenn ich sage: »die Rose *ist*«, so ist das *ist* im Sinne des Seins im strengen Sinne gebraucht. In dem Satz »das ist eine *Rose*« rede ich nicht mehr vom Sein, sondern vom Rose-Sein eines Seienden, also vom Dies-und-das-Sein eines Seienden.

Eckharts Satz »das Sein ist Gott« gilt nun allein im Sinne des reinen Seins. Die Rose oder der Stein sind als solche nicht göttlich, sondern geschöpflich, ihr Rose-Sein oder Stein-Sein ist geschöpflich. Daß sie aber *sind,* ihr Sein, das ist göttlich an ihnen. Das Sein jedes Seienden, wenn es als reines und unvermischtes Sein verstanden wird, ist göttlich, ja Gott.

Das klingt nun wirklich pantheistisch, auch wenn klar abgewiesen ist, der Stein sei als solcher Gott (wie es überhaupt einen solchen Pantheismus niemals gegeben zu haben scheint: der Fetisch-Anbeter betet nicht den Stein an, sondern die in ihm verborgene göttliche Kraft oder die Gottheit – das hat besonders Hegel schon sehr deutlich gesehen).

Gegen eine pantheistische Mißdeutung seines Satzes (schließlich hatte es bei den Anhängern des Amalrich von Bena im 12.

Jhdt. deswegen Todesurteile gegeben) hat Eckhart sich auf eine bestimmte Auffassung der Lehre von der Seinsanalogie, der »analogia entis« berufen.

Das reine Sein des Steines ist Gott: aber nur im analogen Sinne. Was heißt das? Ich orientiere mich an einem von Eckhart gebrauchten Beispiel, das im Kern schon auf Aristoteles zurückgeht. Wenn ich sage: »Fritz ist gesund«, so meine ich, daß sein Körper in seiner Substanz gesund ist. Wenn ich aber sage: „Salat ist gesund«, so meine ich nicht, daß der Salat nicht krank ist, sondern daß er für die Gesundheit des Menschen förderlich ist. Das heißt: »gesund« ist hier nur im analogen Sinne zu verstehen. Gesund ist der Salat nur in seiner Bezogenheit auf den Menschen. Ähnlich verhält es sich, wenn der Arzt nach einer Harnuntersuchung dem Patienten sagt: »Ihr Harn ist gesund.« Der Harn ist nämlich weder gesund noch krank, sondern lediglich Anzeichen der Gesundheit des Körpers. Auch hier ist »gesund« im Sinne der Analogie zu verstehen. Im Harn ist in Wirklichkeit nicht mehr Gesundheit als in einem Stein.

Das reine Sein der Geschöpfe ist Gott, aber eben nur im Sinne der Analogie. Nur das Sein Gottes ist im strengen Sinne Gott. Die Geschöpfe haben als Geschöpfe in sich so viel Göttlichkeit wie der Stein Gesundheit: gar keine. Aber sofern die Geschöpfe *sind*, ist ihnen das Sein Gottes gegeben worden, stehen sie in Beziehung zum Sein Gottes, haben sie teil am Sein Gottes, aber gewissermaßen nur geliehen. Das Sein Gottes selbst wird nicht ihr Eigentum.

So gibt es im Geschöpf ein zweifaches Sein (»duplex esse«): einerseits das Dies-und-das-Sein vom Charakter der Geschöpflichkeit (das Stein-Sein des Steines) und andererseits das Sein schlechthin, das mit Gott identisch ist, dem Menschen aber nicht eigentlich zugehört.

Wir können uns Eckharts Lehre von der Identität des Seins mit Gott auch noch unter einer mehr theologischen Blickrichtung vor Augen führen.

Augustinus hatte ja die Platonischen Ideen in den Geist Gottes verlegt. Das heißt: das eigentliche und wahre Sein aller Dinge, d. h. also die Schöpfung, war immer schon im Geist Gottes, war Gedanke in Gott und hatte also vor aller Zeit in Gott ein geistiges Sein. Dieses geistige, dieses *ideale* Sein der Dinge in Gott ist aber selbst göttlich: denn alles, was in Gott enthalten ist, ist Gott (Gott kann nichts ihm Fremdes in sich haben). Dagegen ist das *reale* Sein der Dinge geschöpflich und nichtgöttlich. Das ideale Sein der Dinge in Gott ist Ursache für das reale Sein in der Welt.

In seinem ersten Genesiskommentar schreibt Eckhart:

> Jedes Geschöpf hat ein zweifaches Sein. Das eine in seinen ursprünglichen Ursachen, und zwar im Wort Gottes, und das ist ein festes und beständiges Sein . . . Das andere ist das Sein der Dinge in der äußeren Wirklichkeit, das sie in der ihnen eigentümlichen Form haben.[3]

Das »Wort Gottes« aber ist nach theologischer Lehre der Sohn Gottes. Der Sohn wiederum ist die Idee aller Dinge. Eckhart beruft sich in diesem Zusammenhang auf Augustinus, der gesagt haben soll: »Wer die Ideen leugnet, leugnet den Sohn Gottes« (qui negat ideas, negat filium dei).[4]

Das Sein der Dinge im Geist Gottes, in den Ideen, ist also das Sein schlechthin (das in sich selbst geistig ist); das Sein der Dinge in der Welt aber ist ein Dies-und-das-Sein.

Im Johanneskommentar heißt es in diesem Sinne:

> Das Universum, Himmel und Erde, ist in dem Sohn des ersten Wirkenden hervorgebracht worden, und das ist nicht Dies und Das, sondern das Seiende und das Sein selbst, welches Gott ist.[5]

Und damit haben wir eine neue Erläuterung zur These: »das Sein ist Gott«. Gott ist das ideale Sein der Dinge, das Geschöpf besitzt das reale, konkrete Sein der Dinge.

Eckharts Rechtfertigung in thomistischer Terminologie

Eckharts Satz »das Sein ist Gott« wurde, wie schon erwähnt, im Kölner Inquisitionsprozeß (mit Eckharts fünf Argumenten) auf die Liste der zu beanstandenden Sätze gesetzt. Eckhart hatte Gelegenheit, sich schriftlich dazu zu äußern. Er hat dies in seiner Rechtfertigungsschrift folgendermaßen getan:

Wenn es heißt: Das Sein ist Gott, so ist zu sagen, daß dies wahr ist hinsichtlich des absoluten Seins, nicht aber hinsichtlich desjenigen Seins, das (dem Seienden) als Form innewohnt. Auch wird die in Rede stehende These mit fünf Argumenten bewiesen, denen man, wenn man sich an die Wahrheit hält, nicht widersprechen kann. Gott selbst nämlich, der ja die Wahrheit ist, sagt: ›Ich bin, der ich bin‹, (und:) ›Der da ist, hat mich gesandt‹, wie das Bernhard im 5. Buch »Von der Betrachtung« ausführlich abhandelt.

Die Ankläger waren offensichtlich mit dieser Antwort zufriedengestellt, denn in der Verurteilungsbulle aus dem Jahre 1329 tritt der Satz von der Identität des Seins mit Gott nicht mehr auf. Interessant ist aber, daß Eckhart hier eine etwas andere Terminologie verwendet. Und diese Terminologie läßt uns verstehen, warum die Ankläger Eckharts Verteidigung gelten ließen. Eckhart sagt, daß sein Satz »esse est deus« sich nur auf das absolute Sein beziehe (esse absolutum), nicht aber auf das »esse formaliter inhaerens«, d. h. das Sein, das dem einzelnen Seienden innewohnt und ihm sein konkretes Sein gibt (als Stein, als Blume, als der und der Mensch). So konnten die Ankläger annehmen, Eckhart meine mit dem absoluten Sein das Sein Gottes, mit dem formgebenden Sein aber das Sein der Geschöpfe. Das ist ganz die orthodoxe thomistische Lehre und Terminologie. Die mittelalterliche Metaphysik hat nämlich aufgrund der Stelle im 2. Buch Mose (Exodus) 3, 14, wo Gott dem Mose seinen Namen »ich bin, der ich bin« nennt, Gott als den Seienden verstanden und so die antike Metaphysik übernommen. Die mittelalterliche Metaphysik ist daher mit Recht als »Exodusmetaphysik« bezeichnet worden.

Es gibt (meist katholische) Eckhart-Interpreten, die Eckharts Lehre für korrekt thomistisch ansehen und sich dabei auf die Rechtfertigungsschrift berufen. Sie vergessen dabei allerdings, daß Eckhart in seiner Rechtfertigungsschrift auf den gefährlichsten Aspekt seiner Lehre nicht eingeht. Wohl gilt das »esse est deus« nur vom absoluten Sein. Aber: das absolute Sein ist auch im Geschöpf. Es entspricht dem reinen Sein (esse absolute) des Opus tripartitum, das dem Seienden »als Form innewohnende Sein« (esse formaliter inhaerens) dagegen dem

Dies-und-das-Sein (esse hoc et hoc) des Opus tripartitum. Von diesem formgebenden Sein lehrt Eckhart keinesfalls, daß es Gott sei (das wäre Pantheismus). Wohl aber lehrt er, daß das Sein schlechthin eines jedes Seienden (wenn auch nur analog) Gott sei. Das *Sein* des Steins ist göttlich (nicht das Stein-Sein). Eckhart hatte keinen Anlaß, seine Ankläger auf den schwierigsten Punkt seiner Lehre aufmerksam zu machen: auf die Lehre vom zweifachen Sein der Geschöpfe, dem geschöpflichen Dies-und-das-Sein und dem göttlichen Sein schlechthin (das dem Geschöpf aber nur geliehen ist). Zu seiner Rechtfertigung bediente er sich lieber der thomistischen Terminologie.

Überhaupt ist Eckhart in seiner Terminologie nicht eng oder starr. Das wird uns noch deutlicher, wenn wir uns jetzt den frühen Pariser Quaestionen zuwenden.

Gott und der Intellekt

Eine ganz andere Terminologie als die bisher besprochene erscheint nämlich in den Pariser Quaestionen Eckharts, die übrigens erst 1927 gleichzeitig von Grabmann und Longpré entdeckt wurden. Sie stammen aus zwei Lehrperioden: einige aus den Jahren 1302/03, die anderen aus der Zeit von 1311–13. Die früheren Quaestionen vertreten die These, Gott sei Intellekt, Geist, aber nicht seiend oder Sein.

Manche marxistische Interpreten (so H. Ley) haben sich mit Begeisterung auf derartige Äußerungen gestürzt und behauptet, Eckhart bestreite damit, »daß Gott irgendein Sein zukomme«.[6] Eckhart ist nach dieser Auffassung deshalb Atheist. Schon Grabmann habe Eckhart »richtig dahingehend verstanden, daß dem Jenseitigen und der sogenannten ersten Ursache die Existenz abgesprochen und damit der Boden entzogen wird«.[7] Nur die »Refaschistisierung Westdeutschlands« und das »Wiedererwachen seines Imperialismus« habe dazu geführt, daß Grabmanns Deutung nicht genügend beachtet worden sei.

Aber so einfach ist die Sache wirklich nicht. Bei Eckhart heißt es allerdings:

Ich sage, daß Gott das Sein nicht zukommt und daß er kein Seiendes ist.[8]

Und das klingt wie das genaue Gegenteil der späteren These »das Sein ist Gott«. In Wirklichkeit liegt aber nur eine andere Terminologie vor. Was Eckhart hier mit Sein (»esse«) bezeichnet, heißt später »esse hoc et hoc«, Dies-und-das-Sein. Das, was er später »Sein im absoluten Sinne« nennt (esse absolute), heißt in den frühen Pariser Quaestionen »Erkennen« (intelligere) oder »Intellekt«, »Geist« (intellectus).

Das möchte ich durch einige Texte belegen. Was versteht Eckhart unter dem Sein? Das konkrete, partikuläre Sein der Dinge. So lesen wir: »Das Sein ist etwas Bestimmtes« (ens est aliquid determinatum). Oder, unter Bezugnahme auf einen Satz aus dem neuplatonischen »Liber de causis« (Buch von den Ursachen): »Sobald wir zum Sein kommen, kommen wir zum Geschöpf.« Dieses geschöpfliche einzelhafte Sein darf man in der Tat nicht von Gott aussagen. Aber das will nicht behaupten, es gebe keinen Gott.

Eckhart meint nur, Gott müsse über dem Sein stehen. Deshalb ist für ihn Gott »etwas Höheres als das Sein«. Dieses Höhere aber ist der Intellekt. Eckhart lehrt deshalb: »Gott ist Intellekt (intellectus) oder Erkennen (intelligere).« Im Gegensatz zum Seienden ist der Intellekt »weder hier noch jetzt noch ein Diesesda« (intellectus nec est *hic* nec *nunc* nec *hoc*). Aber auch damit ist natürlich nicht gesagt, es gebe keinen Gott. Denn den Intellekt gibt es ja. Und ganz ausdrücklich bemerkt Eckhart gegen ein atheistisches Mißverständnis seiner Lehre in einer deutschen Predigt:

Daz ich aber gesprochen han,	Wenn ich aber gesagt habe,
got ensî niht ein wesen	Gott sei kein Sein
und sî über wesene,	und sei über dem Sein,
hie mite enhân ich im niht	so habe ich ihm nicht
wesen abegesprochen,	das Sein abgesprochen,
mêr: ich hân es in im	vielmehr habe ich es in ihm
gehoehet.	erhöht.[9]

Man muß schon Marxist sein, um in diesen Sätzen Atheismus zu finden.[10] Daß Gott das Sein nicht eigentlich abgesprochen werden soll, sondern daß es Eckhart darum geht, einerseits das göttliche Sein vom geschöpflichen Sein zu trennen und andererseits im Geschöpf etwas Göttliches zu finden, ergibt sich auch daraus, daß Eckhart nicht unbedingt an der gewählten Formulierung festhält. So ergänzt er seine Ausführungen durch den Zusatz:

> Willst Du aber das Erkennen ›Sein‹ nennen, so habe ich nichts dagegen.[11]

Es soll ja nur die Unvermischtheit des göttlichen Seins betont werden:

> Gott kommt also nicht das Sein zu, es sei denn, du wolltest eine solche Lauterkeit Sein nennen.[12]

Schließlich noch ein Wort über das Göttliche im Menschen, das vielleicht erklärt, warum Eckhart das Sein Gottes als Erkennen charakterisiert: »Das intellektuelle Erkennen ist eine gewisse Gottförmigkeit oder ein gewisses Gottförmigwerden, weil Gott das intellektuelle Erkennen und nicht das Sein ist.« D. h.: Im geistig schauenden Erkennen gleicht der Mensch Gott.

Widersprüche im Werk?

Was bedeutet diese dreifache Terminologie? Über die Begriffe »esse absolutum« und »esse formaliter inhaerens« habe ich schon gesprochen. Diese Terminologie ist offensichtlich bestimmt durch die Absicht der Rechtfertigung gegen den Häresieverdacht. Dagegen ist schwerer zu erklären, wie es dazu kommt, daß Eckhart in den Pariser Quaestionen und in seinem »Opus propositionum« z. B. sich so sehr voneinander abweichender Grundbegriffe bedient: »Gott ist *kein* Sein« einerseits steht gegen »Gott *ist* das Sein« andererseits. Ich hoffe, deutlich gemacht zu haben, daß beide Sätze dasselbe beabsichtigen: sie wollen das göttliche Sein weit über das geschöpfliche Sein erheben (allerdings auch dem Geschöpf, insbesondere dem Menschen, Anteil am göttlichen Sein geben). Es gibt zwei Erklärungen der Verschiedenheit der Eckhartschen Terminologie: nach der einen handelt es sich um eine terminologische Änderung (wie ja auch die frühen Pariser Quaestionen von Eckhart selbst in diesem Sinne verstanden werden), nach der

anderen Erklärung bestehen beide Terminologien nebeneinander in einer Art Dialektik: Gott ist sowohl das Sein als auch nicht das Sein (im Zeitalter einer neuen Hegel-Renaissance ist diese Auffassung besonders beliebt).
Mir persönlich scheint eine mittlere Lösung naheliegender: die nämlich, daß Eckhart zwar tatsächlich einen Wechsel in der Terminologie vorgenommen hat (nach den frühen Pariser Quaestionen jedenfalls), daß er aber dennoch auch später das Sein Gottes als Intellekt deutet. So heißt es im ersten Genesiskommentar (der grundsätzlich auf der These »Gott ist das Sein« basiert): »Die Natur Gottes ist der Intellekt, und bei ihm ist das Sein Erkennen« (»natura dei est intellectus et sibi esse est intelligere«).[13]
Die These »das Sein ist Gott« (esse est deus) tritt nur in den *lateinischen* Schriften Eckharts hervor. Die Umkehrung der These, der Satz »Gott ist das Sein« (deus est esse), findet sich dagegen gelegentlich auch in den *deutschen* Predigten, wenn es etwa heißt: »Gottes Eigenschaft ist das Sein« (gotes eigenschaft ist wesen).[14] Oder: »Gott ist ein reines Sein« (got ist ein lûter wesen).[15] Aber dieses lûter wesen, dieses reine Sein Gottes hat den Charakter des Intellekts.
Nun hat aber auch der Mensch einen Intellekt. Wie steht dieser menschliche Intellekt zum göttlichen Intellekt und damit zum Sein Gottes? Dazu heißt es in einer lateinischen Predigt: »der Intellekt (gemeint ist der menschliche Intellekt) ernährt sich allein durch das Sein und ernährt sich so im eigentlichen Sinne durch Gott« (»intellectus pascitur solo esse et sic deo proprie pascitur«).[16]
In den deutschen Predigten finden sich dazu Parallelen. Ich nenne dazu einige Texte: »Vernunft fällt in das reine Sein« (Vernünfticheit diu vellet in das lûter wesen)[17] dieses »lûter wesen« ist Gott. Oder: »Vernunft dringt in das Sein empor ... Sie versinkt in das Sein und erfaßt Gott, insofern er reines Sein ist« (Vernünfticheit dringet ûf in daz wesen ... sie versinket in daz wesen und nimet got, als er ist lûter wesen).[18] Oder: »Vernunft dringt empor und erfaßt Gott, insofern er Sein ist« (verstantnisse diu dringet ûf und nimet got, als er wesen ist).[19]
Eckhart nennt diese höchste Erkenntniskraft also manchmal

»vernunft« oder »vernünfticheit«, manchmal aber auch »verstantnisse«. Daneben verwendet er noch eine Anzahl anderer Ausdrücke. So spricht er auch ganz allgemein von einer edlen »kraft der sêle« und sagt von ihr, sie sei so hoch, »daß sie Gott in seinem reinen eigenen Sein erfaßt« (daz si got nimet in sînem blôzen eigenen wesene).[20]
Solche Texte haben (neben Eckharts theologischer Lehre von der Gottesgeburt in der Seele, von der hier nicht die Rede sein soll) dazu geführt, daß Eckhart auch zu den philosophischen Mystikern gerechnet wird. Die Seinserkenntnis durch den Intellekt ist für Eckhart unmittelbare und mystische Gotteserkenntnis.

> Sol ich wesen waerlîche bekennen, sô muoz ich ez bekennen, dâ wesen ist in im selber, nicht dâ es geteilet ist: in gote. Dâ bekennet sie *ganz wesen.*[21]

(Soll ich das Sein wahrhaft erkennen, so muß ich es dort erkennen, wo das Sein in sich selbst ist, nicht dort, wo es geteilt ist: [ich muß es erkennen] in Gott. Da erkennt sie [d. h. die Seele] das ganze Sein.)
Das »wesen, daz geteilet ist«, entspricht wieder dem »esse hoc et hoc« (Dies-und-das-Sein), während der Ausdruck »wesen in im selber« und »ganz wesen« dem »esse ipsum« (Sein selbst) oder »esse plenum« (Sein im vollen Sinne) entspricht. Diese Unterscheidung zweier Seinsarten ist das Fundament der Eckhartschen Philosophie und insbesondere seines Satzes von dem mit Gott identischen Sein.

Zur Beurteilung Meister Eckharts

Wie ist Eckharts Satz vom Sein zu beurteilen? War er Pantheist und Häretiker oder war er Thomist? Beides ist behauptet worden, beides trifft nicht zu. Eckhart war sicher kein Häretiker, der in Abweichung von der Lehre der Kirche Gott mit der Schöpfung gleichsetzen wollte: das zeigt seine Analogielehre, aber auch sein Wort, er könne zwar irren, aber kein Häretiker sein (denn der Irrtum sei Sache des Verstandes, die Häresie aber Sache des Willens). Eckhart war aber auch kein Thomist (selbst wenn er sich in der Rechtfertigungsschrift *gelegentlich* thomistischer Terminologie bedient). Er neigte vielmehr der platonischen Tradition zu (während Thomas stärker – wenngleich nicht ausschließlich – Aristoteliker war).

In dieser platonischen Tradition stand auch Augustinus, den Eckhart regelmäßig studiert hat und von dem er starke Anregungen für seine Unterscheidung des »Seins selbst« vom »Dies-und-das-Sein« erhielt.

Wie alle mittelalterlichen Denker hat Eckhart sich darum bemüht, seine Lehre als in der Tradition begründet darzustellen (wie ja überhaupt das Mittelalter und auch die Antike eine ganz andere Vorstellung von der Originalität eines Denkers hatten als wir). Aber die Eigenart der Eckhartschen Lehre, die übrigens in der Theologie seiner Predigten am stärksten zum Ausdruck kommt, liegt in der Konsequenz, mit der er Gedanken seiner Vorgänger zu Ende dachte, und in der Eigenwilligkeit seiner provozierenden Formulierungen. Diese sind ihm dann auch zum Verhängnis geworden. Im Kern war er orthodox, und auch die Verurteilungsbulle zweifelt das nicht an.

Über Eckhart wird (nach langen Jahren eines geradezu peinlichen Schweigens) in letzter Zeit wieder viel geschrieben und nachgedacht. Und erneut geschieht das, was auch früher schon geschah und die Eckhart-Forschung schwer belastet hat: Fast jeder Interpret findet in Eckhart seine eigenen Gedanken wieder.

Tatsächlich ist der Grundgedanke der Eckhartschen Philosophie von der Art, daß er von verschiedenen Seiten her betrachtet werden kann. Die Versuche marxistischer Ideologen, ihn als atheistischen Materialisten und sozialen Revolutionär hinzustellen, haben aber keine Grundlage in dem, was wir von Eckhart an Texten besitzen.

Ob man ferner Eckhart so ohne weiteres zum Vorläufer Hegels machen kann, scheint mir ebenfalls fraglich. Die Hegelsche Dialektik findet sich jedenfalls bei Eckhart nicht (wohl aber eine Trinitätstheologie, in der auch Hegels Dialektik gründet). Ich sehe vom philosophischen Standpunkt aus Eckharts Bedeutung anderswo: Er hat den Seinsgedanken, den ältesten philosophischen Gedanken des Abendlandes, lebendig gehalten und ihn in Verbindung gebracht mit der menschlichen Vernunft. Diesem Gedanken hat Eckhart religiöse Würde verliehen und in seinen Predigten versucht, ihn für das religiöse Leben seiner Mitmenschen fruchtbar zu machen. Das scheint mir nicht wenig zu sein.

Der Gedanke des Seins kann aber auch »dem suchenden Menschen unserer Zeit« etwas bedeuten. Unser Unheil liegt doch in unserer Leere, unserem Realitätsverlust, unserer Ferne vom Sein, unserer Wurzellosigkeit, die uns nur noch Zuschauer sein läßt. Von Eckhart könnten wir lernen, in uns das Sein, das Sein schlechthin, wieder zu entdecken und so seiender, wirklicher zu werden, wieder ansässig zu werden im Sein.

Josef Zapf

Die Geburt Gottes im Menschen

Nach Johannes Tauler

Geburt Gottes im Menschen ist ein großes Wort. Zu groß für viele moderne Menschen, denen Gott zur Leerformel geworden ist. Sie fragen skeptisch: Ist Gott nur Utopie? Ist er ein Wunschtraum, um die Widersprüchlichkeit des Lebens für kurze Augenblicke zu vergessen? Greift dieses Thema »Gottesgeburt« nicht zu hoch? Denn Gott ist selbst für Fromme abwesend. Kann Gott in einem Menschen heute geboren werden?

Viele Menschen heute haben nicht nur Gott verloren. Sie haben sich selbst verloren. Sie haben den Sinn des Lebens verloren. Sie haben auch den Mitmenschen in dieser Sinnlosigkeit verloren. Dieser dreifache Verlust verdunkelt den Blick in die Zukunft. Die Lichter der Hoffnung erlöschen mehr und mehr. Zu viele Ängste treiben uns heute in innere und äußere Not bis zur Verzweiflung: Naturkatastrophen, Wettrüsten, Arbeitslosigkeit, Streiks, Terror, Hungersnöte, Kriegsbrände, Übervölkerung, Umweltverschmutzung, Vernichtungsgefahr durch einen dritten Weltkrieg. Von diesen Ängsten gepeinigt ertragen viele Menschen das Leben nicht mehr. Sie flüchten in die Automatik einer Betriebsamkeit, in den Alkohol, in die Droge, in den freigewählten Tod.

Wie weit liegt unsere komplizierte moderne Welt entfernt von der Welt der deutschen Mystik im Mittelalter. Für Eckhart, Tauler, Seuse, Ruisbroec und viele andere Gottsucher ist die Gottesgeburt zum Lebensinhalt ihrer Sehnsucht geworden. Wir bewältigen heute kaum den Reifungsprozeß, der zum echten Menschsein führt. Gibt es dennoch Brücken zwischen diesen beiden Welten? Kann sich Gottesgeburt auch heute, auch in uns vollziehen?

Die Vertiefung in die Lehre Taulers sucht nach einer Antwort. Wir präzisieren dieses Suchen durch drei Fragen. Erstens: Wie entwickelt sich das Thema der Geburt Gottes im Menschen in der Zeit vor Tauler? Zweitens: Wie entfaltet Tauler die Lehre von der Geburt Gottes im Menschen? Drittens: Wie läßt sich Taulers Lehre heute leben?

Wie entwickelt sich das Thema der Geburt Gottes im Menschen in der Zeit vor Tauler?

Drei Geburten werden unterschieden: die ewige Geburt des Logos in Gott, die historische Geburt Jesu aus Maria und die mystische Geburt Gottes in der Seele[1].
Die antike Psychologie sieht im Herzen des Menschen den lebenspendenden Mittelpunkt. Die Kirchenväter interpretieren diese Sicht symbolisch: Das Herz gebiert unsere Gedanken und Wünsche. Analog dazu deuten die Kirchenväter das Trinitätsgeheimnis: Der ewige Vater gebiert aus seinem Herzen den Logos. Tatian (* 120) bezeichnet die Taufe als Nachbildung der Logosgeburt. Hippolyt († 235) betrachtet die Taufe als Nachgestaltung des mystischen Logos-Leibes. Es gibt nur ein Gotteskind aus dem Hl. Geist und aus der Jungfrau. Einzelseele und Kirche gelten in dieser geistigen Geburt jeweils als Mutter Christi. Origines († 253/54) betont, daß diese geistige Geburt des Logos im Herzen des Gläubigen abhängig bleibt von dem sittlichen Wachstum durch die guten Werke.
Im vierten Jahrhundert greift man auf die Lehre von der Ebenbildlichkeit des Menschen zurück. Die Geburt Christi ist die Wiederherstellung dieses Ebenbildes. Nach Cyrill v. Alexandrien († 444) geschieht dies in der Seele des Begnadeten vor allem durch das Wirken des Heiligen Geistes. Bei Gregor v. Nyssa († 394) wandelt sich die Gottesgeburt zum mystischen Vollkommenheitsideal. In Maximus Confessor († 662) vollendet sich diese mystische Theologie durch Einschmelzung der Lehren des Pseudo-Dionysius zum System. Die Menschheitsgeschichte formt sich in zwei Grundbewegungen: im Herabsteigen Gottes zu den Menschen und im Aufstieg des Menschen zu Gott. Die Formkraft dieser Doppelbewegung ist die Liebe. Maximus Confessor unterscheidet zum ersten Mal zwei

Geburten: »die Geburt aus der Taufgnade und die Geburt im mystischen Erlebnis«.
In der ostkirchlichen Theologie bleibt die Lehre der Gottesgeburt dogmatisch-mystisch geprägt. Die lateinische Theologie gibt der Gottesgeburtslehre mehr einen asketischen Grundzug. Diese asketische Richtung beginnt mit Ambrosius († 397). Er betont ihr marianisches Element. Augustinus († 430) hebt die Herzensinnerlichkeit und die guten Werke hervor. Gregor der Große († 604) bezieht die Nächstenliebe mit ein. Sie zielt darauf, Christus im Herzen des Mitmenschen zu formen und zu gebären. Hugo von St. Viktor († 1141) entwickelt das asketische System eines Aufstieges des Glaubens bis zur Schau. Bernhard von Clairvaux († 1153) durchleuchtet die Gottesgeburtslehre mit leidenschaftlicher Liebe. In Liebe Glühen erscheint ihm weit besser als in Klarheit Wissen. Skotus Eriugena († 877) übersetzt die Ambigua des Maximus Confessor. Auch Skotus Eriugena faßt die Gottesgeburtslehre in ein mystisches System. Dessen Kern ist die Vergöttlichung des Menschen durch die Menschwerdung des Logos. Skotus Eriugena wirkt stark auf Eckhart († 1328). Eckhart entfaltet die Geburt Gottes in der Seele in seinen deutschen Predigten. Die Seele nimmt voll teil an dem innergöttlichen Geschehen: Sie ist eins mit dem einigen Ein der Gottheit, »dreifaltig« mit Vater, Sohn und Geist. Infolgedessen wirkt der göttliche Mensch mit Gott das göttliche Werk der ewigen Zeugung und der irdischen Schöpfung.
»So geht die geschichtliche oder besser metageschichtliche Linie dieser geheimen Wahlverwandtschaft von Origines über Gregor von Nyssa zu Maximus, und von da aus zu Skotus Eriugena und Eckhart.«
Tauler († 1361) ist mit den Eckhartschen Grundgedanken vertraut. Er bemüht sich, die Extreme Eckharts zu vermeiden, um den Kerngehalt der Gottesgeburt für die Seelsorge fruchtbar zu machen.

Wie entfaltet Tauler die Lehre von der Geburt Gottes im Menschen?

Tauler ist Seelsorger. Sein Anliegen ist die spirituelle Lebenshilfe. Als Dominikanermönch leistet er diesen spirituellen Dienst vor allem durch seine Predigten. In dieser Form ist uns sein geistliches Gedankengut überliefert[2]. Anhand einiger Fragen möchten wir tiefer in seine Lehre von der Geburt Gottes im Menschen eindringen.

Welches Menschenbild hat Tauler?

Wie Eckhart, Seuse, Ruisbroec und andere deutsche Mystiker unterscheidet Tauler im Menschen drei Wesensschichten: den äußeren-irdischen Menschen, den geistig-vernünftigen Menschen und den gottförmigen Menschen. Diese drei Schichten sind in sich verschieden. Sie bewirken daher viele schmerzvolle Spannungen.

Der äußere und irdische Mensch trägt in sich das Gesetz der Sinne, der Triebe, der Leidenschaften. Er wendet sich nach außen. Er will teilhaben an der Fülle des Lebens. Das Auge wird nicht satt vom Sehen. Das Ohr bleibt offen für stets Neues und Überraschendes. Die Hände fassen nicht die unendliche Vielfalt der Dinge. Das Habenwollen treibt in immer fernere Horizonte.

Der Geist greift mit allen Sinnen nach diesem unerschöpflichen Reichtum der Außenwelt. Er verlangt nach Ordnung und Gestalt. Er fragt nach Wahrheit und Wesen. Was liegt allem zugrunde? Wie wirkt alles zusammen? Mühsam und doch unentwegt baut sich so der vernünftige Mensch seine eigene geistige Welt nach innen.

Taulers Blick reicht noch tiefer. Er tastet nach der letzten Wesenstiefe im Menschen. Er ringt um den Überschritt in den göttlichen Grund. Dort vollzieht sich die Geburt Gottes im Menschen.

Wie beschreibt Tauler die Geburt Gottes im Menschen?

In einer Weihnachtspredigt legt Tauler das Geheimnis der Gottesgeburt aus auf dreifache Weise: »Die erste und oberste Geburt ist die, daß der himmlische Vater seinen eingeborenen Sohn in göttlicher Wesenheit, doch in Unterscheidung der Person gebiert. Die zweite Geburt, deren man heute gedenkt, ist die mütterliche Fruchtbarkeit, die jungfräulicher Keuschheit in wahrhafter Lauterkeit zuteil wird. Die dritte Geburt besteht darin, daß Gott alle Tage und zu jeglicher Stunde in wahrer und geistiger Weise durch Gnade und aus Liebe in einer guten Seele geboren wird.«

Dem Prediger Tauler liegt die dritte Geburt Gottes in der Seele am Herzen. Der Mensch muß sich für die Geburt bereiten. Gott Vater und die jungfräuliche Mutter Maria sind ihm dafür die besten Vorbilder. Was lernt der Mensch von Gott Vater?

Der Vater »kehrt mit seiner göttlichen Erkenntniskraft in sich selbst zurück und durchdringt für sich selber in klarer Einsicht den wesenhaften Abgrund seines ewigen Seins«. Dann spricht er sich gänzlich aus in seinem ewigen Wort, dem Sohn. Nun wendet sich der Vater »wieder in sich selbst zurück in vollkommenem Wohlgefallen seiner selbst; dieses Wohlgefallen strömt als unaussprechliche Liebe aus, das ist der Heilige Geist. So bleibt Gott in sich selbst und strömt sich aus und kehrt wieder in sich zurück«.

Der Mensch ist sich selber entfremdet, ins Äußere zerstreut. Doch soll er die Eigenart des Vaters nachahmen, indem er sich nach innen kehrt und zu seinem Ursprung zurückfindet. Dort soll der Mensch diese doppelte Bewegung des göttlichen Lebens auf seine Weise nachvollziehen: ausströmen ins Werk und zurückfließen in den Grund und Ursprung.

Wie soll das geschehen? Der Mensch ist Abbild der Dreifaltigkeit. Die Seele besitzt drei edle Kräfte: Gedächtnis, Erkenntniskraft und freien Willen. Wenden sich diese Kräfte nach außen, so partizipiert die Seele zwar an der Zeitlichkeit, aber sie verliert das Ewige. Sammelt die Seele die drei Kräfte zur Einheit, so wird sie fähig, Gott in sich aufzunehmen. Denn ihr tiefstes Wesen ist reine Empfänglichkeit. Darin gleicht die Seele der jungfräulichen Mutter Maria. Maria ist losgelöst vom Irdischen, in sich gekehrt und hat nur fürs Göttliche Empfindung. Alles selbstsüchtige Verlangen schweigt in ihr. So kann Gott sein Wort in sie hineinsprechen durch seinen Heiligen Geist. Dies soll der Mensch von Maria lernen, um auf geistige Weise Mutter des Sohnes zu sein.

In einer Dreifaltigkeitspredigt vertieft Tauler diese Gedanken. Für alle Geschöpfe ist die heiligste Dreifaltigkeit Beginn und Ende. Ihr göttliches Bild »findet man eigentlich, wahrhaftig und unvermischt in seinem natürlichen Zustand in der Seele, aber doch nicht so erhaben, wie es an sich selbst ist«. »Gott ist in diesem Bild, und er (selbst) ist dieses Bild.« Er will und kann sich nicht vom Grund der Seele trennen, damit die Seele alles durch Gnade besitze, was Gott von Natur hat. Gottes Geburt im Menschen geschieht nicht »nach Art der Vernunft, sondern in wesenhafter Weise, in der Wahrheit, nicht im Reden, sondern im Sein«. Darum ist es besser, diese Geburt zu erfahren, als darüber zu sprechen.

Seltsam bleibt, warum so wenige Menschen dieses Geheimnis der Gottesgeburt tatsächlich in sich erfahren, obwohl Gott in allen Menschen dieses Werk wirken will. Was mag der Grund dafür sein? Die Menschen sind für diese Geburt nicht bereitet. Sie hindern sich selbst.

Welche Hindernisse hemmen diese Geburt?

Tauler predigt meist Ordensschwestern. Sie legen die Gelübde der Armut, der Keuschheit und des Gehorsams ab. Tauler paßt sich diesem Lebensstile an. Er behandelt vor allem zwei Hindernisse der Gottesgeburt im Menschen: erstens die Anfechtungen durch die Welt, das eigene Fleisch und den Teufel; zweitens die inneren Schwächen der Habgier und Selbstliebe.

Das Kloster hat zwar eine Klausur. Aber die weltlichen Neigungen wurzeln im Herzen. Nur äußerlich wird die Welt zurückgelassen. Innerlich flammt der Kampf mit den irdischen Neigungen immer wieder auf. »Die Welt ficht dich an mit geistlicher Hoffart, daß du gesehen, beachtet und erhoben sein, daß du Gefallen erregen willst durch deine Kleider, deine Lebensart, durch erhabene Worte, dein Benehmen, deine Gelehrsamkeit, deine Freunde und Verwandten, durch Gut und Ehre und derlei Dinge.«

Die Lauterkeit des Herzens wird gefährdet durch die Unkeuschheit des Geistes. Sie ist die Frucht des Stolzes und eitler Selbstüberhebung. Ihre Schuld wiegt schwerer als die Unkeuschheit des Leibes.

Der böse Feind sucht den Menschen zu verwirren »mit bitteren Erinnerungen, mit Argwohn, bösem Urteil, mit Haß- und Rachegefühlen«. Der Teufel forscht nach den Charakterschwächen des Menschen, um ihn von der schwächsten Seite her anzugreifen. Die angeborene Selbstsucht des Menschen bietet dazu die beste Gelegenheit.

Nach Tauler richtet die Habgier den größten Schaden in der Welt an. Sie »verblendet zuerst das Urteil und die Einsicht, sodann verlöscht sie das Feuer der Liebe . . ., schließlich verdirbt und verbaut sie die Wege des inwendigen Zuganges zu Gott«. So wird die Habgier zur Quelle vieler unnützer Sorgen. Sie wurzelt in der Eigenliebe. Diese ist das größte Hindernis für die Geburt Gottes im Menschen.

Die Eigenliebe bindet den Menschen an den Gegenstand seiner Liebe fester als jedes andere Band. Dadurch werden die Beziehungen zu den Dingen, zu den Menschen und zu Gott verdorben.

Will der Mensch Gott zwingen, ihm den eigenen Willen zu erfüllen, so muß sich Gott aus Liebe und Selbsttreue verweigern. So verhindert der Eigenwille des Menschen in blinder Selbstliebe die Gottesgeburt.

Bedenkt man, wie sehr uns Menschen Habgier, Selbstsucht und Eigenwille fesseln, so ist es leichter zu verstehen, daß nur wenige Menschen die Geburt Gottes zur Reife bringen. Um so notwendiger ist es, die Mittel kennenzulernen, die uns von uns selber befreien, damit wir uns für die Gottesgeburt bereiten können.

Wir erbsündliche Menschen sind durch die selbstsüchtige Eigenwilligkeit verbogen. Tauler vergleicht uns mit einem krummgewachsenen Stock, den man in entgegengesetzter Richtung zurechtbiegen muß. Dies geschieht auf zweifache Weise: durch ein Gottsuchen und durch ein Gotterleiden. Auf diese Weise vollzieht sich im Menschen eine wesentliche Umkehr.

Die Gottsuche beginnt mit einer Abkehr von der falschen Anhänglichkeit an die Kreaturen. Das führt zu einer Ordnung der inneren Kräfte durch die Vernunft. Der Mensch findet sich selbst. Er formt sich am Vorbild Christi, indem er Jesu Tugenden nachahmt. Eine tiefe Demut ist das geeignetste Mittel, um Gott zu finden. Demut befreit von der Egozentrik, bewirkt Gelassenheit auch gegenüber menschlichem Urteil. Gottes Ehre und sein heiliger Wille werden zum Maßstab des Handelns. Diese Motivation vertreibt die Menschenfurcht und erlöst vom Erfolgsdenken und von den Zwängen zur Selbstbestätigung. So sucht der Mensch auf äußere Weise nach Gott: in guten Werken, vor allem in der Übung der Tugenden.

Wichtiger als die äußere Suche nach Gott ist für Tauler die innere. Die innere Gottsuche geschieht im Grunde der Seele. Voraussetzung dafür ist die wesentliche Umkehr. Durch sie vollzieht sich eine zweite Umformung. Die Vergeistigung des Menschen vollendet sich in seiner Vergöttlichung. Diese ist mehr das Werk Gottes als das Werk des Menschen. Darum muß der Mensch lernen, Gott zu erleiden.

Im Gotterleiden besitzt Tauler eine sehr tiefe Erfahrung. Er vergleicht dieses Erleiden mit einer Treibjagd. Gott jagt den Menschen wie ein edles Wild. Diese Jagd hat in den Kämpfen des inneren-geistlichen Menschen gegen den äußeren-weltlichen Menschen ihr Vorspiel. Nun soll auch der innere Mensch geläutert werden von aller geistlichen Selbstsucht. Darum nimmt ihm Gott alle Gaben und Geschenke. Andacht und innerer Trost, die Freude der göttlichen Liebe und das beseligende Gefühl der göttlichen Gegenwart, der Geschmack am Tugendleben: alles verwandelt sich in Dunkelheit, Trostlosigkeit und Verlassenheit. Der Mensch meint, er sei für immer von Gott verstoßen. So süß wie vorher Gottes Nähe erlebt wurde, so bitter ist nun seine Abwesenheit. Dann ist es dem Menschen schwer auszuharren, ohne nach Trost zu suchen. Wie durch ein geistiges Sterben hindurch nimmt der Mensch teil an Christi Sterben, Tod und Auferstehung. »Je tiefer dieses Zunichtewerden ist, um so wesentlicher und wahrer ist die Vereinigung.« »Soviel der Entäußerung, soviel des Gottwerdens.« Darum rät Tauler dem Menschen, sich immer tiefer in das eigene Nichts zu versenken. Aus dieser leidvollen Vernichtung des selbstverhafteten Geistes entsteht die gnadenhafte Überformung des menschlichen Geistes mit dem göttlichen Urbild. So wird die Erkenntnis des eigenen Nichtsseins zum »nächsten, kürzesten, geradesten, sichersten Weg zur tiefsten Wahrheit«.

Gerade weil dieser enge und einsame Weg zur Gottesgeburt so schwer zugänglich ist, verweist Tauler insbesondere auf zwei entscheidende Hilfen: die Stärkung auf dem Weg durch die heilige Eucharistie und die Führung auf dem Weg durch den Heiligen Geist.

Die umwandelnde Kraft der heiligen Eucharistie beschreibt Tauler mit einem Zitat des heiligen Thomas: »Alle die Gnade, die unser Herr Jesus Christus der (ganzen) Welt brachte, als er Mensch ward, die bringt er einem jeglichen Menschen mit seinem heiligen Leib, und alle Frucht, die uns sein heiliger Tod, seine Auferstehung und Himmelfahrt, seine Verklärung und die Seligkeit seines heiligen Leibes und seiner heiligen Seele und seine Gottheit haben zuteil werden lassen, bringt er einem jeglichen Menschen.«

Sobald und sooft sich der Mensch Gott zukehrt, teilt sich der Heilige Geist dem Menschen mit. Er schenkt dem Menschen seine sieben Gaben und alles, was ihm zu eigen ist. Diese Gaben bereiten den Menschen zur Gottesgeburt und vollenden diese Geburt.

Das Geheimnis der Gottesgeburt im Menschen ist wohl das größte Geschenk auf dieser Erde. Es verwandelt den Menschen ins Göttliche, ohne das Geschöpfsein aufzuheben. Nur ganz wenige Menschen dürfen diesen Weg zu Ende gehen. Er ist der steilste, aber auch der gefährdetste Weg. Darum ist es so schwer, die echte Verwandlung von der falschen Erleuchtung zu unterscheiden. Diese Unterscheidung gehört aber wesentlich zum Weg selber. Auch Tauler stellt sich dieser Frage.

Welche Kriterien bezeugen die Echtheit dieses Erlebnisses der Gottesgeburt?

Kriterien für die Echtheit sind notwendig, aber nur bedingt möglich. Denn eine entscheidende Schwierigkeit bleibt, ohne beseitigt werden zu können. Die Gottesgeburt im Grunde der Seele entzieht sich dem menschlichen Erkennen. Sie führt über das Erkennen hinaus. Der Geist dringt ein »in die verborgene Dunkelheit des weiselosen Gutes«. Dort verliert er alles Unterscheidungsvermögen. Der Mensch verliert sich und alle Dinge und weiß nur noch um »den lauteren, einfachen Gott«.
In diesem Vereinigungszustand geht der Mensch nicht in die Irre. Das geschaffene Nichts versinkt in das ungeschaffene Nichts. Im Abgrund der Gottheit entsinkt sich der Mensch ins Bildlose und Weiselose. Doch ist dieser Zustand selten und nur von kurzer Dauer. Kehrt der Mensch aus dieser Versunkenheit in Gott zurück zum Tagesbewußtsein, so kann die Vernunft nicht verstehen, was geschehen ist. Will die Vernunft trotzdem erklären und verstehen, was unerklärbar ist, so besteht die Gefahr, das Erlebnis zu verfälschen. Dennoch bleibt eine dunkle, allgemeine Erkenntnis. Sie ist wie eine leuchtende Finsternis. Ihr dunkles Licht erleuchtet das Umfeld dieser Gottesgeburt. Daher sind zwei Erkenntnisse möglich. Es besteht ein großer Unterschied zwischen jener Entrückung des Geistes in den Abgrund der Gottheit und dem Zustand des Geistes vor und nach dieser Vereinigung. Ferner verwandelt die Vereinigung in der Gottesgeburt den Menschen zum gottförmigen Menschen. Die Echtheit dieser Verwandlung läßt sich an bestimmten Kriterien erkennen. Daher fragen wir, welche Unterscheidungen und Kriterien Tauler mitteilt.
Die Differenzierung der drei Wesensschichten im Menschen erleichtert Tauler das Unterscheiden. Er spricht von geübten und ungeübten Menschen. Er klassifiziert zweierlei Knechte

und dreierlei Gotteskinder: erzwungene Knechte und gedungene Knechte; Kinder Gottes nach eigenem Geschmack, Kinder Gottes nach Gottes Geist und Kinder Gottes nach der Reife des Grundes. Diesen drei Arten der Gotteskinder entsprechen drei höhere Wege zur Gottesgeburt: ein guter, ein besserer und ein ausgezeichneter Weg. Die falsche Erleuchtung führt von diesem Weg ab. Ihr fehlen die echten Tugenden der Demut, Gottesfurcht, Sanftmut und Gelassenheit. Falsche Erleuchtung verzichtet zu früh auf die Hilfe der Bilder und Vorbilder. Sie versinkt in »falsche Willensträgheit« und »falsches Behagen«. Sie bleibt voller Eigenwilligkeit und ungeordneter Freiheit. Darum wurzelt sie in einem falschen Grund. Im wahren und echten Seelengrund wohnt Gott und mit ihm der gottförmige Mensch für alle Ewigkeit. Sein mystisches Leben entfaltet sich in drei Graden: Offenbarungen der verborgenen Güte Gottes, die den Zustand der »iubilatio« auslösen; die quälende Entblößung geistiger Armut und das gottförmige Leben der Vereinigung.

Eine schwierige Versuchung dieses mystischen Lebens ist die Verlockung der Süßigkeit göttlicher Liebe. Wer sie festhalten will, möchte wie Petrus auf dem Tabor Hütten bauen. Das selige Genießen allein bewirkt aber nicht die Geburt Gottes, sondern die Geburt eines Gefühles. Diese falsche Geburt wird als solche offenbar, sobald sich Gottt entzieht.

Die echte Geburt kernt sich aus in den schrecklichen Läuterungen des Geistes. Aus den Qualen der Gottverlassenheit reift »der allein wahre Friede, bleibend und von Dauer«.

Die Fähigkeit zur paradoxen Existenzweise ist das stärkste Kriterium der Echtheit nach Tauler. Sie bezeugt nicht nur die Echtheit der Geburt Gotttes im Menschen, sondern sie befähigt auch den Menschen zum Zeugnis für Gottes Wirken in ihm: ». . . Freude in Trauer suchen, Gelassenheit in Unbeständigkeit und Trost in Bitterkeit; so wird man Gottes Zeuge in Wahrheit.« »Dieser Friede folgt der wesentlichen Umkehr.« Er ist geboren aus dem Verzicht auf allen Eigenwillen. Darum lebt die göttliche Liebe voll auf als Zeugnis der lebendigen Gotteskindschaft. Und dieses Zeugnis des Heiligen Geistes spiegelt der göttliche Grund im Menschen wider. Nun lebt der gottför-

mige Mensch auf irdische Weise jenes Leben, das sich in Fülle erst in der Anschauung Gottes vollendet.
Dies ist Taulers Lehre. Kann sie auch unserer Zeit eine Hilfe werden? Und worin soll diese Hilfe bestehen?

Wie läßt sich Taulers Lehre heute leben?

In den letzten Jahren macht sich in der westlichen Welt ein überraschender Wandel im spirituellen Leben bemerkbar. Immer mehr Menschen öffnen sich der Sehnsucht nach Selbstverwirklichung und Gotteserfahrung. Die Begegnung mit der Mystik in Hinduismus, Buddhismus und Islam verstärkt die Sehnsucht. Wir Christen erleben das Engagement indischer und japanischer Meister, die in Europa und Amerika Zentren gründen. Dort schulen sie mit ihren speziellen Methoden spirituell suchende Menschen.
Diese Entwicklung ist für uns Christen eine Herausforderung und eine Chance. Wir Christen besinnen uns neu auf unsere christlichen Mystiker. Tauler zieht uns an als Lebensmeister. Seine spirituelle Anweisung läßt sich in wenige Sätze zusammenfassen: Gib deine Selbstsucht auf. Forme dich am Leben und Leiden Christi. Über Christus kannst du nicht hinausgelangen. Im Zweifelsfall entscheide dich für das, was deiner Natur schwerer fällt. Kehr ein in deinen Grund. Versenke dich in Gottes Willen und in dein eigenes Nichts. Und übe so deinen inneren Grund »voll Ernst . . ., mit schlichter, lauterer, göttlicher Gesinnung«. Dann wirkt Gott in dir alle deine Werke. Darum begib dich alle Tage in jenen göttlichen Abgrund und nimmt mit dir alle, die dir anbefohlen sind.
Solange Menschen leben, werden solche spirituellen Lebensweisungen ihre Geltung haben. Sie sind überzeitlich. Zwei Erfahrungen Taulers haben eine aktuelle Bedeutung. Die asiatische Lehre einer Identität des Menschen mit Gott würde Tauler als eine Versuchung bezeichnen. Der Mensch bleibt Geschöpf, auch in der Vereinigung mit Gott.
Die eingangs erwähnten Bedrängnisse unserer komplizierten Moderne können in der Sicht Taulers als Teilnahme an dem

Geheimnis des gottmenschlichen Leidens und Sterbens verstanden werden. Theologisch sehen wir Karfreitag und Ostern als Einheit. Lebensmäßig bleibt die Geburt des Kreuzes Vorbedingung für die Geburt Gottes im Menschen.

Wir hoffen auf eine neue Zeit, auf einen neuen Menschen. Heute erleiden wir die Geburtswehen dieses Neuen in besonderer Weise. Taulers Erfahrung kann uns im Aushalten aller Spannungen stärken. Wenn wir davor zurückschrecken, weil uns der Weg zur Gottesgeburt zu schwer scheint, mahnt uns Tauler zur Geduld.

> »Der Mensch tue, was er wolle, und fange es an, wie er wolle, er kommt niemals zu wahrem Frieden, noch wird er dem Wesen nach ein Mensch des Himmels, bevor er an sein vierzigstes Lebensjahr kommt. Bis dahin ist der Mensch mit so vielerlei beschäftigt, und die Natur treibt ihn hierhin und dorthin, und manches ist, was die Natur (in ihm) oft beherrscht, während man wähnt, es sei ganz und gar Gott, und er kann nicht zu wahrem, vollkommenen Frieden kommen noch ganz des Himmels werden vor jener Zeit. Dann soll der Mensch noch zehn Jahre warten, ehe ihm der Heilige Geist, der Tröster, in Wahrheit zuteil werde, der Geist, der alle Dinge lehret.«

Wenn wir an uns selbst zweifeln, ob wir fähig sein werden, den Weg der Gottesgeburt zu Ende zu gehen, so begegnet Tauler solchen Zweifeln mit demütiger Aufrichtigkeit.

> »Glaubt nicht, daß ich in eigenem Erleben bis dahin gelangt sei. Gewiß sollte kein Lehrer von solchen Dingen sprechen, die er nicht selbst erlebt hat. Doch zur Not genügt, daß er liebe und das im Sinn habe, wovon er spricht, und ihm kein Hindernis bereite. Doch wisset, daß es nicht anders sein kann.«

Roland Pietsch

Die innerste Geburt der Gottheit

Zur Mystik und Metaphysik Jakob Böhmes

Die Mystik und Metaphysik Jakob Böhmes hat ihren Ausgangspunkt in einer geistigen Schau der höchsten und letzten Wirklichkeit Gottes. Diese göttliche Wirklichkeit kann aber nicht vom menschlichen Ich als solchem erkannt werden, sondern eigentlich nur von jenem Funken aus dem Licht und der Kraft Gottes[1], der geheimnisvoll in der innersten Mitte des Menschen verborgen ist. In seinem tiefsten Wesen, d. h. in seinem Geist ist ja der Mensch mit der göttlichen Wirklichkeit eins. Das Erlebnis dieser Einheit macht im wesentlichen auch den Inhalt der geistigen Schau aus, die Jakob Böhme im Jahre 1600, im knappen Zeitraum einer Viertelstunde als einen blitzhaften Durchbruch des Geistes erfahren hat, eines Durchbruchs durch die Begrenztheit seines irdischen Ichs bis hin in die Tiefen der Gottheit.

Im 19. Kapitel seines ersten, unvollendet gebliebenen Werkes »Aurora oder die Morgenröte im Aufgang« schildert Böhme sein Erlebnis. Er spricht zunächst von der tiefen Schwermut, die ihn angesichts der Übermacht des Bösen in der Welt bedrückt hat. Dann schreibt er weiter:

> »Als sich aber in solcher Trübsal mein Geist (dann ich wenig und nichts verstund was er war) ernstlich in GOTT erhub als mit einem großen Sturme, und mein gantz Hertz und Gemüthe, samt allen andern Gedancken und Willen sich alles darein schlos, ohne nachlassen mit der Liebe und Barmhertzigkeit GOTTES zu ringen, und nicht nachzulassen, Er segnete mich dann, das ist, Er erleuchtete mich dann mit seinem H. Geiste, damit ich seinen Willen möchte verstehen, und meiner Traurigkeit los werden; so brach der Geist durch. Als ich aber in meinem angesetzten Eifer also hart wider GOTT und aller Höllen Porten stürmete, als wären meiner Kräften noch mehr vorhanden, in willens das Leben daran zu setzen (welches freylich nicht mein Vermögen

wäre gewesen ohne des Geistes GOttes Beystand,) alsbald nach etlichen harten Stürmen ist mein Geist durch der Höllen Porten durchgebrochen bis in die innerste Geburt der Gottheit, und alda mit Liebe umfangen worden, wie ein Bräutigam seine liebe Braut umfähet. Was aber für ein Triumphiren im Geiste gewesen, kan ich nicht schreiben oder reden: es läst sich auch mit nichts vergleichen als nur mit deme, wo mitten im Tode das Leben geboren wird, und vergleicht sich der Auferstehung von den Todten. In diesem Lichte hat mein Geist alsbald durch alles gesehen, und an allen Creaturen, so wol an Kraut und Gras GOtt erkant, wer der sey, und wie der sey, und was sein Wille sey: auch so ist alsbald in diesem Lichte mein Willen gewachsen mit großem Trieb, das Wesen GOttes zu beschreiben.«[2]

Diese wunderbare Schilderung hat Böhme zwölf Jahre nach dem Erlebnis seiner geistigen Schau niedergeschrieben. Die Zeit zwischen Erlebnis und Niederschrift war von einem ständigen Ringen um Ausdruck, um die möglichst getreue Auseinanderlegung der erlebten Gotteserfahrung erfüllt. Sein Werk ist ja im Grunde nichts anderes als der Versuch, diese Gotteserfahrung sprachlich auszudrücken und von ihr zu künden. Wer Jakob Böhmes geistige Schau verstehen will, der muß vor allem die Sinnbildlichkeit seiner Sprache betrachten.

Das Durchbrechen

Das Wort »durchbrechen« steht mit der Sinnbildlichkeit und dem Vorgang des Gebärens in engem Zusammenhang. Es zeigt einen Vorgang an, den Böhme im wunderbaren Emporwachsen einer Pflanze aus der dunklen Erde, im Treiben frischer Zweige aus einer festen harten Rinde nachdenklich beobachtet haben mag. Dieses Wachsen und Durchbrechen in der äußeren Natur ist ihm zu einem Gleichnis für den inneren geistigen Durchbruch der Seele in das Licht der Gottheit geworden, wobei nicht der äußere Mensch von sich aus dorthin gelangen kann, sondern einzig und allein kraft des göttlichen Funkens oder Geistes, der ihm geheimnisvoll innewohnt. In der geistigen Schau erkennt sich letztlich Gott selbst. Die Erleuchtung, die Jakob Böhme zuteil wurde, war insofern ein blitzhafter Einblick in die ewige göttliche Selbsterkenntnis und Selbstoffenbarung, die er mit den Bildern der göttlichen Selbstgebärung oder der Geburt Gottes zu beschreiben versucht hat. Seinen Einblick bis in die innerste Geburt der Gottheit und in alles, was Gott aus sich selber ausgebärt, vermochte der Görlitzer Schustermeister aber erst allmählich und in immer wieder neuen Ansätzen zum Ausdruck zu bringen. Einundzwanzig Jahre nach der entscheidenden Viertelstunde seines Lebens schreibt er an seinen Schüler und Freund Caspar Lindner:

> »Dann ich sahe und erkante das Wesen aller Wesen, den Grund und Ungrund: Item, die Geburt der H. Dreyfaltigkeit, das Herkommen und den Urstand dieser Welt, und aller Creaturen, durch die Göttliche Weisheit: Ich erkante, und sahe in mir selber alle drey Welte, als (1.) die Göttliche Englische oder Paradeisische; Und dann (2.) die finstere Welt, als den Urstand der Natur zum Feuer; Und zum (3.) diese äußere, sichtbare Welt, als ein Geschöpf und Ausgeburt, oder als ein ausgesprochen Wesen aus den beyden inneren geistlichen Welten. Ich sahe und erkante das gantze Wesen in Bösem und Guten, wie eines von dem andern urständete, und wie die Mutter der Gebärerin wäre, daß ich mich nicht allein hoch verwunderte, sondern auch erfreuete. Und fiel mir zu hand also starck in mein Gemühte, mir solches für ein Memorial aufzuschreiben: Wiewol ich es in meinem äussern Menschen gar schwer ergreiffen, und in die Feder bringen konte; ich muste gleich anfangen in dieser sehr großen Geheimniß zu arbeiten, als ein Kind das zur Schule gehet. Im Inneren sahe ich es wol, als in einer grossen Tieffe, dann ich sahe hindurch als in ein Chaos, da alles inne lieget, aber seine Auswickelung war mir unmöglich.«[3]

Als Böhme diese Zeilen schrieb, drei Jahre vor seinem Tod, war die Auswickelung oder Auseinanderlegung seiner Gotteserfahrung nahezu vollendet. Der überquellende Reichtum seiner Wort- und Begriffsbildungen, die vom Erlebnis jener entscheidenden Viertelstunde ausgelöst wurden, scheint aber eher zu verwirren als zu erhellen. Dennoch muß mit Nachdruck festgestellt werden, daß dem ganzen Denken Jakob Böhmes der eindeutige Wille zu einer zusammenhängenden Darstellung zugrunde liegt. Unüberhörbar kommt dies zum Ausdruck, wenn er an Abraham von Sommerfeld schreibt und ihm bekennt:

> »Und ob ich wol könte etwas zierlicher und verständiger schreiben, so ist dis die Ursache, daß das brennende Feuer ofters zu geschwinde treibet, deme muß die Hand und Feder nacheilen, dann es gehet als ein Platzregen, was es trift das trift es; wäre es möglich alles zu ergreiffen und zu schreiben, so würde es wol dreymal mehr und tiefer gegründet, aber es kann nicht seyn; und darum werden mehr als Ein Buch gemacht, mehr als eine Philosophie, und immer tiefer, also daß dasjenige, was in Einer nicht hat mögen ergriffen werden, in der andern gefunden werde. Und wäre gut, daß endlich aus allen nur Eines gemachet würde, und würden die andern alle weggethan, dann die Vielheit macht Streit und Wiederwärtigkeit wegen des zähen Begriffs der Leser, welche nicht wissen den Geist zu unterscheiden der also wunderlich Sprache führet, da die Vernunft ofters meinet, es sey ihr wiederwertig, und ist doch in der Tieffe nicht wiederwertig.«[4]

Das eine Buch, von dem Böhme hier spricht, ist die Gesamtheit seiner geistigen Schau, der er sich im Denken nur dialektisch anzunähern vermag. Diese dialektische Annäherung oder Auswickelung soll im folgenden kurz aufgezeigt werden. Notgedrungen werden dabei die einzelnen Phasen oder Momente der göttlichen Selbstgebärung oder -offenbarung nacheinander dargestellt werden. In Wirklichkeit bilden sie eine Einheit und sind, jenseits von aller Zeit, gleichewig.

Der Ungrund

Wenn Böhme im entscheidenden Augenblick seiner Erleuchtung durch alle Dinge dieser Welt und auch durch und an sich selber die innerste Geburt Gottes erkennt, beschreibt er Gott als den Einen, der gegenüber der Kreatur »als ein ewig Nichts« ist.

»Er ist das Eine gegen der Creatur, als ein ewig Nichts, Er hat weder Grund, Anfang noch Stätte; und besitzet nichts, als nur sich selber.«[5] Diese Grundlosigkeit, Unbehaustheit Gottes, dieser Gott ohne Grund und Ort wird von Böhme als Ungrund bezeichnet. Zugleich wird dieser Gott als Wille bestimmt. »Er ist der Wille des Ungrundes, Er ist in sich selber nur Eines: Er bedarf keinen Raum noch Ort: Er gebäret von Ewigkeit in Ewigkeit sich selber in sich.«[6]

Damit sind wir in jenem Tiefenbereich der Gottheit, wo es gilt, zu sinnen »vom Grunde und Ungrunde, wie beyde gegen einander verstanden werden«[7], wo es darum geht, wie sich Gott »in sich selber fasset und findet, und GOTT aus GOTT gebieret«[8]. Der ewige Ursprung dieses innergöttlichen Gebärens ist der Wille des Ungrundes. Dieser ungründliche Wille drängt und treibt hinaus. Wohin? Er weiß keine Richtung, denn außer ihm ist nichts da, und so richtet er sich auf sich selbst. Der Wille des Ungrundes wirft sich dem Ungrund entgegen[9]. Oder mit anderen Worten: Der Ungrund faßt sich in Grund (Abb. 1, S. 96). Dieser Selbstgebärungsprozeß Gottes wird von Böhme mit Hilfe der Trinitätssymbolik zu verdeutlichen versucht, wobei jedoch betont werden muß, daß sich Böhme teilweise vom christlichen Dogma entfernt. So wird der Wille des Ungrundes als Vater bezeichnet, die Selbstfassung des Willens symbolisiert den Sohn, und das Ausgehen, das Aushauchen, Aussprechen ist endlich der Geist und die Weisheit. In der Formulierung Böhmes lautet das so:

»Also (1) heisset der ungründliche Wille Ewiger Vater; (2) und der gefundene, gefassete, geborne Wille des Ungrundes heisset sein geborner oder Eingeborner Sohn, denn er ist des Ungrundes Ens, darinnen sich der Ungrund in Grund fasset. (3) Und der Ausgang des ungründlichen Willens, durch den gefasseten Sohn oder Ens, heisset Geist, denn Er führet das gefaste Ens aus sich aus in ein Weben oder Leben des Willens, als ein Leben des Vaters und des Sohnes: (4) und das Ausgegangene ist die Lust, als das Gefundene des ewigen Nichts, da sich der Vater Sohn und Geist innen siehet und findet; und heisset GOTTes Weisheit oder Beschaulichkeit.«[10]

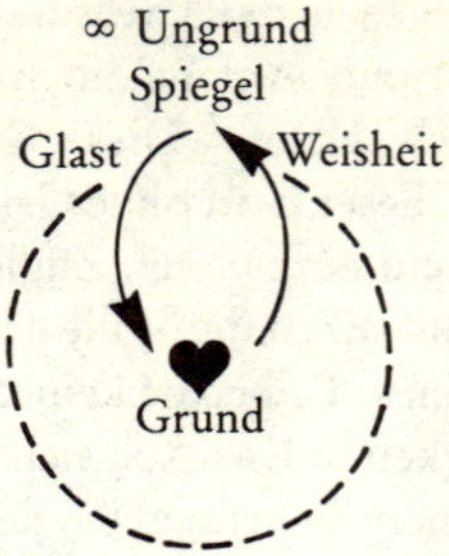

Abb. 1

Der gefaßte Grund als Sohn wird von Böhme auch als das Herz des Vaters bezeichnet. Den ganzen Vorgang der Selbstgebärung Gottes in dieser ersten Phase der klaren Gottheit können wir mit Böhmes Worten so zusammenfassen:

> »Und das In-sich-gehen zum Centro des Grundes ist Geist, denn es ist der Finder, der da von Ewigkeit immer findet, da nichts ist; dieser gehet wiederum aus dem Centro des Grundes aus, und suchet in dem Willen. Jetzt wird der Spiegel des Auges, als des Vaters und Sohnes Weisheit, offenbar. Und stehet die Weisheit also vor dem Geiste GOTTES, der den Ungrund in ihr offenbaret.«[11]

Wir können also zwei Bewegungen unterscheiden: die Ausgangsbewegung als Voraussetzung der Selbstfassung und dann die Einwärtsbewegung, die Rückwendung zu sich selbst (Abb. I).

Diese erste Gebärung ist die Phase der klaren Gottheit, genauer die klare Gottheit als freie Lust (vgl. Übersichtsschema u. Abb. 2: a). Lust ist in diesem Zusammenhang die Ein- und Auswärtsbewegung des ungründlichen Willens. Was bedeutet aber Lust als *freie* Lust? Mit dem Beiwort »frei« möchte Böhme unmißverständlich zum Ausdruck bringen, daß trotz Ein- und Auswärtsbewegung des Willens keine Gegensätzlichkeit in dieser Phase des Selbstgebärungsvorgangs Gottes waltet. »Weil die klare Gottheit das ›Ja‹ ist, das kein ›Nein‹ vor sich hat (BgO 3, 10) ist sie licht jenseits von Licht und Finsternis, ist sie Wonne (Lust) jenseits von Freude und Pein, ist sie, in Böhmes

prägnanter Terminologie, als ›die ewige lichte Freiheit eine stille lichte Wonne‹ (3fL 3, 8) oder ›die freie Lust des Nichts‹ (Sti II 145).«[12]
Vom Ungrund unterscheidet sich die klare Gottheit dadurch, daß in ihr Momente herrschen, die freilich jenseits aller Gegensätzlichkeit ein spannungsloses Ja bilden.

Die Finsterwelt

Aber bei diesem freien spannungslosen Ja bleibt es nicht. Der Wille des Ungrundes ruht nicht, sondern drängt weiter. Dieses Herausdrängen, Hinauswallen des ungründlichen Willens war im Bereich der klaren Gottheit als Selbstfassung sichtbar geworden. Im Weiterdrängen und Wallen des ungründlichen Willens über das spannungslose Ja hinaus zeigt sich eine neue Selbstfassung, die eigentlich eine Wiederfassung oder eine Wiedererfassung ist, da sich der Wille auf die ganze erste Phase der göttlichen Selbstgebärung richtet. Dadurch erscheint aber der ungründliche Wille, der Wille des Ungrundes, den Böhme auch als Vater bestimmt hat, in Gestalt der finsteren Begierde.
Vergleichen wir diese Aussagen kurz mit der Darstellung der ersten Phase der Selbstgebärung. Was im Bereich der klaren Gottheit der Ungrund war, ist hier finsterste Begierde. Und was wir als Selbstfassung bezeichnet haben, erscheint hier als Infassung und Einpressen. Aushauchen wird zum Ziehen, Fliehen, zum Stachel; die freie Lust, das spannungslose Ja verdunkelt sich zu einem Angstrad. Im Unterschied zur ersten Phase der Gottesgebärung bricht in der Phase der Finsterwelt (vgl. Übersichtschema und Abb. 2 : b) eine gewaltige Spannung auf, weil jene in der klaren Gottheit freien und spannungslosen Momente nun verselbständigt werden und gegeneinander streben. Durch den Prozeß der Verselbständigung entstehen die ersten Eigenschaften. Beim Selbstfassen bzw. beim Einpressen bildet sich alles Gepreßte, Harte, Rauhe und Herbe. Im Ausgang entstehen jene bereits erwähnten Stachel. Ein- und Auswärtsbewegungen stehen auf diese Weise in einer ungeheuren Spannung zueinander.

»Die herbe Begierde die fasset sich, und zeucht sich in sich, und macht sich voll, hart und rauhe; so ist das Ziehen ein Kind der Härte. Die Härte ist haltend, und das Ziehen ist fliehend; Eins will in sich, und das Ander will aus sich: So es aber nicht voneinander weichen oder sich trennen kann, so wirds ineinander gleich einem drehenden Rade; Eins will über sich, das ander unter sich. Denn die Härte gibt Wesen und Gewichte, und der Stachel gibt Geist und das fliegende Leben: Dis drehet sich miteinander in sich und aus sich, und kann doch nirgends hin. Was die Begierde, als der Magnet, hart macht, das zerbricht das Ziehen wieder, und ist die größte Unruhe in sich selber, gleich einer wütenden Unsinnigkeit, und ist in sich eine erschreckliche Angst.«[13]

Hier muß vor möglichen Mißverständnissen gewarnt werden. Wenn hier von Härte, Herbe und Angst die Rede ist, dann handelt es sich um die Urformen dieser Sinnesqualitäten, und nicht um irdisch greifbare Qualitäten und wirklich psychische Angst, denn mit der Finsterwelt sind wir ja im Bereich der ewigen Natur. Wenn nun auch die ewige Natur von der zeitlichen Natur abgehoben werden muß, so darf ewige von zeitlicher Natur nicht getrennt werden. Böhme selbst gebraucht deutliche Worte, wenn er den Leser darauf aufmerksam machen will, daß er mit Natur die ewige Natur meint:

»Leser, merck es recht: Ich verstehe alhier mit Beschreibung der Natur die ewige, nicht die zeitliche. Ich weise dir nur die zeitliche darunter, denn sie ist aus der ewigen ausgesprochen, darum setze mir nicht Kälber, Kühe, oder Ochsen darein: wie die Unvernunft zu Babel pfleget zu thun.«[14]

»Aber das ist bei Böhme keine Abschwächung der realen Naturwirklichkeit, sondern dient lediglich der Abwehr einer billigen Naturvergötzung, die die Wirklichkeit der Natur und Gottes verkennt, indem sie beides pantheistisch verschwimmen läßt. Vielmehr tritt in der Abgrenzung sowohl gegen eine naturlose Geist- und Buchstabentheologie wie gegen einen Naturalismus, der alle persönliche Wirklichkeit auslöscht, erst voll ans Licht, welchen wirklichen Rang die Natur bei Böhme

hat, deren Eigenrealität ihm gerade in der Ergründung ihres Verhältnisses zu Gott aufgegangen ist. Ersten: In Gegensatz zu der ganzen antik-mittelalterlichen Tradition mit ihrer Betonung des Logos-Geisthaften als des allein göttlichen Prinzips wird bei Böhme die Natur zum ewigen Prinzip in Gott selbst. Gott ist also nicht reiner Geist, sondern er bedarf einer ›ewigen Natur‹, um lebendiger, persönlicher Gott zu sein. Sonst wäre er nur eine ›Stille ohne Wesen, ein ewiges Nichts‹. In kühner, ungewöhnlicher Konzeption, die ganz sein Eigentum ist, faßt Böhme so den Gedanken einer ›Natur in Gott‹.
Zweitens: Diese Natur rückt damit jedoch nicht ins Jenseits, sondern sie ist nichts als die ewig in der endlich-zeitlichen Natur wirkende Realkraft Gottes. Die ›gantze Natur‹ selbst ›stehet . . . in großem Sehnen und Aengsten, immer willens zu gebären die Göttliche Kraft‹. Sie ist der ›Leib Gottes und hat alle Kraft wie die ganze Gebärung‹. So kann Böhme von den ›Quellgeistern‹ Gottes sprechen, die in der Erde sind und gebären, ›und gehöret alles miteinander zu einem Leib‹. Er verweist den gottsuchenden Menschen, der da wähnt, ›Gott wohne allein über dem blauen Himmel der Sterne‹, nicht nur auf das eigene Herz, sondern auf die sichtbare Naturwelt.«[15]
Kehren wir nun aber wieder zur Finsterwelt der ewigen Natur als der zweiten Phase des göttlichen Selbstgebärungsvorgangs zurück. Das Entstehen gegensätzlicher Spannungen gehört unleugbar zum Wesen Gottes selbst, denn Gott will nicht ein unempfindliches Wesen sein. In der klaren Gottheit waltete noch keine Empfindlichkeit, kein Fühlen, Riechen, Duften, Schmecken, keine Spannung. In der Finsterwelt erst wird sich Gott selbst fühlbar. In diesem Zusammenhang soll kurz auf eine für Böhme eigentümliche Wortprägung hingewiesen werden, auf das Wort »Qual«.
Dieses Wort kann zunächst als Abkürzung von Qualität ganz einfach Eigenschaft bedeuten. Eine weitere Bedeutung kann diesem Wort zukommen, wenn es für Quallen und Quellen steht. Endlich klingt in diesem Wort auch der Sinn von Qual und Pein.
Wenn der ungründliche Wille über die Phase der leidlosen, quallosen klaren Gottheit hinausquillt, entsteht im Bereich der

zweiten Phase als Finsterwelt Feindschaft, Qual und Pein. Bei diesem Vorgang entstehen auch die ersten Qualitäten.
Der durchgehende Quellvorgang von der ersten zur zweiten Phase im göttlichen Selbstgebärungsprozeß, an dessen vorläufigem Ende die Entstehung der ersten Qualitäten liegt, läßt die Schlußfolgerung zu, daß die in der zweiten Phase entstandenen Qualitäten bereits in der klaren Gottheit angelegt sind. Zugleich wird damit klar, was Böhme im Zusammenhang der Darstellung der klaren Gottheit mit dem Auge der Weisheit gemeint hat.
Für Gott bedeutet nämlich die erste Phase der göttlichen Selbstgebärung, daß er den Reichtum der angelegten Qualitäten, die Kräfte, Farben und Tugenden mit dem Auge der Weisheit sehen kann, während er in der zweiten Phase diesen Reichtum bereits zu fühlen vermag. Die Qual in der Finsterwelt hat also nichts mit Sünde oder Schuld zu tun.
Kommen wir zur dritten Phase (vgl. Übersichtsschema u. Abb. 2 : c).
War die klare Gottheit ein spannungsloses Ja, die Finsterwelt als ewige Natur von feindlichen Spannungen erfüllt, so bereitet sich die dritte Phase der göttlichen Selbstgebärung des bereits sehend und fühlend gewordenen Gottes dadurch vor, daß sich zwischen der klaren Gottheit als freier Lust und der Finsterwelt ein gegenseitiges Begehren entwickelt.
Wie sieht dieser Vorgang im einzelnen aus?

Finstere Begierde

Die klare Gottheit als freie Lust begehrt die finstere Begierde der Finsterwelt, um sichtbar zu werden, offenbar zu sein, mit anderen Worten, hier waltet ein Streben und Begehren, vom Sehen zum Fühlen zu gelangen. Zugleich strebt aber die finstere Begierde auf die freie Lust der klaren Gottheit hin, denn sie sehnt sich aus ihrer Angst und in ihrer Angst nach der spannungslosen Freiheit zurück. Hier waltet also zugleich eine rückwärtsgerichtete Sehnsucht. Dieses Gegenüberstehen und gegenseitige Begehren von freier Lust und finsterer Begierde

steigert sich in einem solchen Maße, daß es zu einer Entladung kommt, zum Aufgang des Feuers. Böhme formuliert diesen Vorgang so: »Wenn der Blitz oder Schrack aufgehet, so ists im Punct, und machet im Blicke einen Dreyangel ⅄.«[16] »So ists im Punkt.« Mit dieser Symbolik möchte Böhme zum Ausdruck bringen, daß im Aufgang des Feuers der Ungrund selber in Erscheinung tritt, oder anders gesagt, das Eine entfaltet sich in eine Dreiheit. »An diesem von Böhme mit dem metaphysischen Terminus ›Punkt‹ belegten Zentrum des ganzen Systems treffen Ungrund, Freiheit im Sinn der klaren Gottheit und die Freiheit am Scheideziel des Feuers zusammen. Hier liegt das Krisenmoment letzter Ernsthaftigkeit, wo Gott sich vor sich selber bestätigend sich selber wählen muß.«[17]
Der Ungrund, der hier in Erscheinung tritt, ist freilich nicht der unanfänglich gebärende, sondern ein verzehrender, denn

> »Wenn der Blitz aufgehet, so gehet aus dem Feuer die Scheidung, der Feuer-Schrack ist verzehrlich, der greift das gefassete Wesen an, beydes das in der freyen Lust, und das in der Rauhigkeit, und verzehrt es augenblicklich, denn alhie in dem Feuer wird der ewige Wille, der kein Grund ist, offenbar, vor deme mag kein Wesen bestehen, er verschlingt alles in sein Nichts.«[18]

Im Aufgang des Feuers wird also das Nichts des Ungrundes sichtbar, und der Ungrund kehrt gleichsam zu sich selbst zurück. Aber damit ist noch kein Ende erreicht. Vielmehr ist der verzehrende Feuer-Schrack Ansatz zu neuen Gebärungen.

Das Freudenreich

Indem nämlich der Feuer-Schrack die freie Lust und auch die Rauhigkeit, die finstere Begierde verzehrt, bleibt eine wäßrige Eigenschaft als Verbrennungsrückstand übrig. Dieses Wasser ist für Böhme im Sinn der Alchemie ölig und wird vom Feuer als Speise angenommen. Damit gewinnt das Öl bzw. das Wasser aber Einfluß auf den Feuerquall und mildert die verzehrende Hitze, ja wandelt diese Hitze in ein sanftes Lichtfeuer um. Dieses sanfte Lichtfeuer ist aber die neue Form und Gestalt des gebärenden Ungrunds. Damit sind wir bei der vierten Phase der göttlichen Selbstoffenbarung, bei der Lichtwelt als Freudenreich (vgl. Übersichtsschema u. Abb. 2: d). Dieses Freudenreich ist voller Spannung oder, noch deutlicher, voller Spannung in Harmonie. Im Freudenreich walten die Kräfte und Qualitäten in einem harmonisch-spannungsvollen Ineinanderqualieren. Die Kräfte und Qualitäten sind fühlbar, jedoch nicht mehr in Feindschaft wie im Finsterreich, sondern als Liebesbegierde. Zu diesem Fühlen, Schmecken und Riechen tritt im Lichtreich besonders das Hören, der Schall hinzu. Im Lichtreich steht alles im spannungsvollen Streben und Weben,

> »das ist, in der Liebe-Begierde, da eine Kraft die andere im Schmacke, Ruche, Fühlen, Sehnen und Hören, in der Essentz und Qual der Eigenschaft erkennet, davon das grosse sehnliche Begehren entstehet. In denen Eigenschaften wird der geoffenbarte GOTT verstanden, als in einer feurigen Flamme der Liebe-Begierde, da ein eitel Wolschmecken, Wolriechen, gern Hören, lieblich und freundlich Sehen, und sanft Wohlthun oder Fühlen innen ist; und ist doch nur ein geistlich Wesen, da nur die Kräfte, welche sich durch die Impression haben in Eigenschaft eingeführet, und durchs Feuer im Lichte offenbaret, also in einem Liebe-Spiel in und mit einander ringen, gleich einem lieblichen Gesange, oder gebärenden Harmonie oder Freudenreich. Dieses ist also nur des geoffenbarten GOTTes Geists-Wesen, wie sich das kräftige allwesende Wort, in seinem eigenen Selbst-Gebären, aus sich offenbaret, darinnen das Spiel der Göttlichen Weisheit verstanden wird.«[19]

Diese Hochstimmung im göttlichen Selbstgebärungsprozeß wäre freilich ohne die vorhergehenden Stadien der Gottesgeburt nicht möglich geworden. Aus dem Feuer-Schrack gebiert sich aber nicht nur die Lichtwelt als Freudenreich, sondern auch eine Finsterwelt als höllisches Reich (vgl. Übersichtsschema u. Abb. 2: e). Dieses höllische Reich hat einen ausgesprochen negativen Charakter. Es ist jener Bereich mißratener Bewältigung, unfruchtbarer Möglichkeiten, jene Welt der Lüge und des Gaukelspiels. Dieses höllische Reich ist im Aufgang des Feuers von den Möglichkeiten fruchtbringender Spannungen abgetrennt und ausgeklammert worden, denn »die herbe strenge Finsterniß, welche eine Kälte ist, erschricket vorm Lichte und vor der grossen Sanftmuth der freyen Lust, und wird in sich ein Schrack des Todes, da die Grimmigkeit und kalte Eigenschaft zurück in sich gehet, und sich als einen Tod verschleust. Denn im Schrack wird das finstere Gemüth wesentlich, es raffet sich in sich, als ein Eigenes, als eine große Furcht vor dem Lichte, oder eine Feindschaft des Lichtes: Und das ist der wahre Urstand der finstern Welt, als des Abgrundes, in welchen die Teufel sind verstossen worden; welchen wir Hölle nennen.«[20]

Streit in der Seele des Menschen

Nun kommen wir endlich zu unserer zeitlichen Welt (vgl. Übersichtsschema u. Abb. 2: f). Diese unsere zeitliche Welt ist zusammengespannt aus der Lichtwelt und aus dem höllischen Reich. Unsere Welt ist ein Gemisch aus Böse und Gut, aus Göttlichem und Widergöttlichem. Den Mittelpunkt in dieser Welt bildet der Mensch (Übersichtsschema u. Abb. 2: m). Er trägt Himmel und Hölle in sich und kann sich frei entscheiden. Darum kann Böhme sagen, daß ein jeder Mensch sein eigener Gott und sein eigener Teufel sein kann: »zu welcher Qual er sich neiget und einergibt, die treibet und führet ihn, derselben Werckmeister wird er«.[21]

So wie sich im göttlichen Selbstgebärungsvorgang die erste Phase und die zweite Phase im gegenseitigen Begehren in der dritten Phase als dem Feuerblitz entluden, so liegt in der Seele des Menschen die himmlische Welt mit der höllischen im Streit. Und in dieser streitgefüllten Spannung eröffnet sich der Seele des Menschen die Möglichkeit, von einem verzehrenden Feuerblitz ergriffen zu werden, der den Menschen endgültig zur Bosheit entscheiden läßt, der dem Menschen aber auch die Verbindung mit dem gebärenden schaffenden Ungrund verheißt. Auf diese Weise erscheint im ganzen Selbstgebärungsprozeß der Mensch als jene Stelle oder jener Ort, ja jene entscheidungsfähige Instanz, von der aus unfruchtbare Absonderungen und Vereinzelungen zum Ganzen zurückgebogen werden können.

Mit dem Blick auf den Menschen kehren wir nun aber zurück zu jener entscheidenden Viertelstunde, in der dies alles einem Schuhmachermeister in Görlitz vor mehr als 480 Jahren offenbar wurde. Das Durchbruchserlebnis des Jahres 1600, das Böhme als ein Hindurchbrechen durch den Himmel und ein Ergreifen Gottes bei seinem heiligen Herzen beschrieben hat, geschieht im Glauben an Gott und eröffnet eine Erkenntnis, die den Menschen in einer Weise trifft, daß er »wie der gantze GOtt ist«[22], und diese Erkenntnis vollzieht sich unmittelbar. Böhme schreibt: »Es ist aber der Geist des Menschen nicht allein aus den Sternen und Elementen herkommen, sondern es ist auch ein Funcke aus dem Licht und Kraft GOttes darinnen verborgen. Es ist nicht ein leer Wort, das in Genesi (cap. I: 21) stehet, GOtt schuf den Menschen ihm zum Bilde, ja zum Bilde GOttes schuf er ihn: denn er hat eben den Verstand, daß er aus dem gantzen Wesen der Gottheit ist gemacht worden.«[23] Der Geist des Menschen wurzelt so unmittelbar in Gott, »weil der H. Geist in der Seelen creatürlich ist, als der Seelen Eigenthum«[24]. Wird nun die Seele vom Heiligen Geist angezündet, »so siehet sie, was GOtt ihr Vater machet, gleichwie ein Sohn im Hause wo siehet, was der Vater machet; sie ist ein Glied oder Kind in des himmlischen Vaters Haus. Gleichwie das Auge des Menschen siehet bis in das Gestirne, daraus es seinen anfänglichen Ursprung hat; also auch die Seele siehet bis in das Göttliche Wesen, darinnen sie lebet.«[25] Nun ist die Seele des Menschen ja nicht nur so beschaffen, daß in ihr allein der Heilige Geist herrscht, sondern sie hat auch aus dem Quell der Natur ihren Ursprung, und da in der Natur »Böses und Gutes ist, und sich der Mensch auch hat durch die Sünde in die Grimmigkeit der Natur geworfen, daß also die Seele täglich und stündlich mit Sünden befleckt wird; so ist ihre Erkenntniß nur stückweise: denn die Grimmigkeit in der Natur herrschet nun auch in der Seelen«.[26] In diesem von der Grimmigkeit beherrschten Bereich der Seele kann sich der Heilige Geist Gottes nicht offenbaren, sondern nur in jenem Teil, wo das Licht Gottes herrscht. Damit wird der Mensch aber nicht nur zu einem passiven Schauplatz für den Kampf guter und böser Kräfte, sondern der Mensch ist vor allem ein Spiegel und Gleichnis der ganzen göttlichen Selbstgebärung. Der Gott, der sich selber gebiert, offenbart sich dem Menschen entweder als Gott der Liebe oder als Zorn. Die Entscheidung darüber fällt der Mensch, denn:

> »Ein jeder Mensch ist frey, und ist wie ein eigener GOtt, er mag sich in diesem Leben in Zorn oder ins Licht verwandeln: Was einer für ein Kleid anzeucht, das verkläret ihn; und was der Mensch für einen Corpus in die Erde säet, ein solcher wird auch aufwachsen.«[27]

Übersichtsschema

KLARE GOTTHEIT ALS FREIE LUST	a) Willengeist, Herz, Spiegel der Weisheit
FINSTER WELT ALS EWIGE NATUR (I. Prinzip)	b) finstere Begierde, Angst, Vervielfältigung
FEUERS AUFGANG IM PUNKT (Scheideziel)	c) Blitz, Blick, Schrack
LICHTWELT ALS FREUDENREICH (II. Prinzip)	d) Liebebegierde, Tinktur, Liebesspiel
FINSTER WELT ALS HÖLLISCHES REICH (I. Prinzip)	e) Lüge und Haß, Gaukelspiel
UNSERE ZEITLICHE WELT (III. Prinzip)	f) aus d + e
DARIN: DER MENSCH	m) zwischen Zerbrochenheit und Wiedergeburt

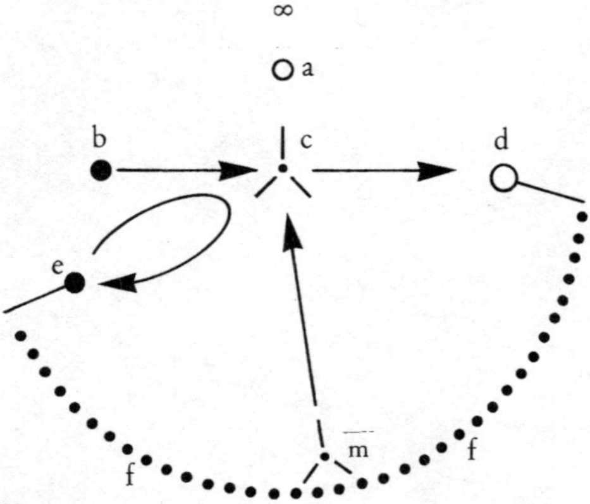

Abb. 2

Otto Langer

Liebe und Leiden

Zur Spiritualität der Dominikanerinnen im Spätmittelalter

So alt und allgegenwärtig wie das Leiden sind die Leidensdeutungen und Leidenstechniken, mit denen der Mensch ihm begegnet. In unserer Geschichte sind in der Hauptsache drei entgegengesetzte Wege eingeschlagen worden. Erstens der Weg des aktiven Kampfes, wie ihn vor allem die abendländische Zivilisation beschritt – Prometheus und Herakles sind ihre Symbolfiguren –, zweitens der östliche Weg des Nichtwiderstandes, der Duldung, durch den das Leiden von innen aufgehoben werden soll. Beide Wege stimmen trotz aller Unterschiede darin überein, daß sie Leiden für ein *malum* halten, das so oder so beseitigt werden muß. Von beiden hebt sich die christlich-jüdische Deutung ab, die gegenüber dem Leiden nicht nur fordert, es geduldig anzunehmen, sondern es grundsätzlich positiv bewertet.[1] Gott selbst hat nach christlicher Anschauung Leiden erduldet und ihm dadurch unendliche Dignität verliehen. Leiden wird zum Signum der Gottesgemeinschaft.

Im folgenden soll eine konkrete christliche Sinndeutung des Leidens, die Leidensspiritualität der Dominikanerinnen im Spätmittelalter, untersucht werden. Diese Frauen führen die für die christliche Leidenslehre charakteristische Verknüpfung von Liebe und Leid in ihrer religiösen Praxis konkret vor und leben nach dem Zeugnis ihrer Viten eine Frömmigkeit, die die christliche Anerkennung des Leidens bis zu dem extremen Gipfel der Seligkeit im Leiden emportreibt. Nicht pathologische Leidenssucht, wie sich zeigen wird, sondern die Erkenntnis, daß Liebesgemeinschaft mit Gott Leidensgemeinschaft ist, bedingt ihre positive Wertung des Leidens.

Um die christliche Leidensdeutung, wie sie sich in der Leidensmystik der Dominikanerinnen darstellt, deutlicher zu konturieren und um die Unterschiede zwischen christlicher und nicht-christlicher Leidensauffassung zu präzisieren, möchte ich zunächst das griechische Verständnis von Leid und Schmerz am Beispiel Aristotelischer Texte und das christliche am Beispiel Paulinischer Briefe erläutern.

Das griechische und das christliche Verständnis von Leid und Schmerz

Aristoteles unterscheidet in der »Nikomachischen Ethik« im Zusammenhang der Bestimmung der ethischen Tugend drei Phänomene in der Seele: Affekte *(pathe)*, affektische Dispositionen *(dynameis)* und Verhaltensweisen zu den Affekten *(hexeis)*[2]. Als Beispiele für Affekte nennt er z. B. Zorn, Furcht, Neid, Freude, Sehnsucht, Mitleid. Ihr allgemeines Merkmal ist, daß sie von Lust bzw. Schmerz begleitet werden.[3] Zorn zum Beispiel definiert Aristoteles als schmerzvolles Streben nach sichtbarer Rache wegen einer vermeintlichen, ungerechtfertigten Geringschätzung der eigenen Person durch einen anderen.[4] Der Zorn enthält – wie alle Affekte – ein kognitives Element, das sich in unserer Meinung zeigt, daß derjenige, gegen den mein Zorn sich richtet, mich ungerechterweise verletzt hat.[5] Die Affekte erschließen uns in jeweils verschiedener Weise das, was uns in unserer Umwelt begegnet, als förderlich oder abträglich. Lust und Schmerz, die unsere Affekte begleiten, zeigen uns das, wodurch wir uns gesteigert fühlen, als gut, das, wodurch wir uns gemindert fühlen, als schlecht. Wenn wir vom Affekt der Furcht beherrscht werden, fürchten wir, daß uns ein künftiges Übel trifft; wenn wir zornig sind, leiden wir an einer ungerechtfertigten Verachtung, beim Neid können wir nicht verwinden, daß jemand anderem etwas Gutes zuteil geworden ist. Lust und Schmerz der Affekte beruhen auf der Annahme, daß etwas für uns gut bzw. schlecht ist. Im ersten Fall streben wir danach, den Zustand zu bewahren, im zweiten, ihn zu ändern.

Vom Schmerz der Affekte unterscheidet Aristoteles den körper-

lichen Schmerz. Auch für den körperlichen Schmerz gilt zwar, daß er nur dort auftritt, wo das Lebewesen auf ein Hindernis seines Lebensvollzugs trifft oder eine schädliche Einwirkung erleidet, aber im Gegensatz zu den Affekten beruht er nicht auf der Annahme, daß etwas für uns gut oder schlecht sei. Ganz allgemein gilt für Aristoteles, daß Schmerz – körperlicher Schmerz oder Schmerz der Affekte – sich immer dann einstellt, wenn eine Störung bzw. Beeinträchtigung des Lebensvollzugs vorliegt. Umgekehrt zeigt ein Zustand der Lust, des Glücks an, daß das Leben unbehindert verläuft. Obwohl nun Aristoteles die Affekte nicht ausmerzen, sondern auf eine vernünftige Mitte hin formen und in ein vernunftgemäßes Leben integrieren will und deshalb auch Schmerz und Lust der Affekte nicht verwirft, bleibt für ihn doch der Schmerz der Affekte, vom körperlichen Schmerz ganz zu schweigen, etwas, dem man eigentlich nichts abgewinnen kann. Zwar erschließt der Schmerz die Welt, aber er ist keine Möglichkeit des Menschen, die eigene Verlorenheit an die Welt aufzuheben.
Der Befund läßt sich auch aus der positiven Bestimmung dessen, worum es nach Aristoteles dem Menschen eigentlich geht, erheben. Das, wonach der Mensch strebt, ist die *eudaimonia*, das Glück.[6] Sie besteht weder in Reichtum noch in Ehre noch in Lust, sondern in einem Tätigsein gemäß der höchsten Möglichkeit, und das ist die Vernunft.[7] Wenn der Mensch so tätig ist, lebt er auf die bestmögliche Weise. Schmerz und Leid erscheinen nur noch als Signale eines gestörten Lebensvollzugs. Daß sie positiven Sinn haben, scheint Aristoteles kaum zu beachten, im Gegensatz zur Dichtung. In den Tragödien des Sophokles bringen gerade Leiden und unmenschliche Schicksalsschläge den Menschen wieder zu sich und in ein richtiges Verhältnis zur Gottheit. Der Mensch »tauscht für die ›Hybris‹, die ihn hinriß, die Nüchternheit der ›Sophrosyne‹ ein, welche, als eine Art Zusichkommen, der festeste Grund des Menschseins ist«.[8] Das drückt auch die Formel des Aischylos aus: »*pathei mathos*, durch Leiden lernen wir«. Dieser Satz bedeutet nicht bloß, daß wir aus Schaden klug werden, sondern meint

den elementaren Sachverhalt, daß der Mensch durch Leiden seine Grenzen gegenüber dem Göttlichen erkennt und dadurch aus falscher Selbstsicherheit und Verblendung gerissen wird.[9] Vom griechischen Verständnis von Leid und Schmerz unterscheidet sich das christliche tiefgreifend. Terminologisch fällt auf, daß in der urchristlichen Literatur »der griechische Gegensatz von *hedone* und *lype*«, Lust und Schmerz, wie er bei Aristoteles begegnete, fehlt; »denn *hedone* ist hier durchweg nicht der Affekt der Freude, sondern bezeichnet als ethischer Terminus die Weltlust«.[10] Der eine Teil der Dichotomie wird also negativ als falsche Lust, Weltlust bewertet, der andere noch einmal differenziert. Paulus unterscheidet in 2. Korinther 7, 9–11 zwischen einer Betrübnis der Welt und einer Betrübnis nach Gottes Sinn, die er auch als Betrübtwerden zur besseren Einsicht bezeichnet. Diese Unterscheidung ist nach R. Bultmann spezifisch christlich. Was bedeuten nun Betrübnis der Welt und Betrübnis nach Gottes Sinn?

Die Betrübnis der Welt ist der Schmerz, die Trauer des Menschen über die mannigfachen Leiden, die ihm aus der vergänglichen, der Herrschaft des Todes unterworfenen Welt widerfahren. Dieses Leid ist auch für den Glaubenden nicht zu vermeiden, aber es führt nicht wie bei dem, der dieser Welt verfällt und mit ihr zugrunde geht, ins Verderben, sondern ist für ihn die Möglichkeit, die Nichtigkeit der Welt zu durchschauen, die eigene Fixierung auf diese Welt zu brechen und durch die Distanzierung vom Vergänglichen zum Ewigen zu gelangen. Die Leiden dieser Welt bringen also dem Nicht-Glaubenden Tod, den Glaubenden führen sie zum Leben.

Die Betrübnis nach Gottes Sinn ist »die Trauer des Menschen, der seines Verlorenseins an die Welt inne geworden ist, und der sich in der *metanoia* von der Welt zu Gott zurückruft«.[11] Dieses Leid entspringt dem Menschen aus seiner Selbstverurteilung, es bringt ihm ewiges Heil.

Paulus nennt nun selbst mehrmals seine mannigfachen Leiden »Christusleiden« (2. Korinther 1, 5; Philipper 3,10) oder »Christustrübsale« (Kolosser 1, 24). Er leidet mit Christus; die Leidensspuren, die er an seinem Körper trägt, sind Stigmata Christi (Galater 6, 17), er ist mit Christus gekreuzigt (Galater 2, 20), gestorben (Römer 6, 8); er trägt »die Tötung Jesu beständig an seinem Leibe« herum (2. Korinther 4, 10), er ist mit Christus begraben (Römer 6, 4), von den Toten auferweckt (Kolosser 2, 12) und lebt mit ihm (Römer 6, 9). Die Leidensgemeinschaft mit Christus gründet in der Lebensgemeinschaft mit ihm, in einem »Sein in Christus« (vgl. z.B. 2. Korinther 5, 17), das sich nach Römer 6, 1 ff. in der Taufe konstituiert. In ihr wächst der Glaubende mit Christus zu einer Einheit zusammen, die Christusgläubigen bilden den Leib Christi: »Die Christusgemeinschaft ist- ... nach Römer 6, 2 ff. in ihrem tiefsten Wesen eine Todes- und Lebensgemeinschaft ... mit dem getöteten und auferstandenen Christus.«[12] Was Christus erlitt, muß sein Jünger erleiden, wurde Christus gekreuzigt, muß auch sein Jünger gekreuzigt werden, wurde Christus auferweckt, so wird auch sein Jünger auferweckt. Es gilt ganz allgemein das Gesetz, daß der Mensch durch Leiden zum Leben gelangt. Wenn wir mit ihm leiden, werden wir mit ihm verherrlicht werden (vgl. Römer 8, 17).

Die »Christusleiden« werden also von Paulus nicht nur hingenommen, sondern als Gut geschätzt, weil sie die Gleichgestaltung des Glaubenden mit Christus bewirken und ein Unterpfand für die Teilnahme an der Herrlichkeit Christi sind. Aber sie kommen nicht nur ihm selbst, sondern auch dem gesamten Leib Christi zugute. Wenn in ihm der Tod wirkt, gereicht es anderen zum Heil.

> So freue ich mich über die Leiden, die ich für euch trage und ergänze in meinem irdischen Leben, was an den Leiden Christi noch aussteht, zugunsten seines Leibes, der Kirche (Kolosser 1, 24).

Für den Glaubenden ist das Leiden der sinnvolle Prozeß des Mitgekreuzigtwerdens, in dem sich die Ablösung von der Welt und die Auferbauung des Leibes Christi vollzieht.

Wenn ich mich nun der Leidensmystik der deutschen Dominikanerinnen im Spätmittelalter zuwende, möchte ich zunächst, die geistesgeschichtlichen Zusammenhänge durch eine historische Situierung ergänzend, den geschichtlichen Kontext, in dem diese Leidensfrömmigkeit entsteht, kurz beschreiben. Denn nur vor dem Hintergrund des säkularen Aufbruchs der Armutsbewegungen läßt sich der genuine Gehalt der Leidensmystik erkennen. In der bisherigen Forschung wurde sowohl der christliche Traditionszusammenhang als auch die historische Situation weitgehend übersprungen, was die negative Beurteilung des gesamten Phänomens begünstigte. Ich nenne einige Beispiele.

Für J. Quint erschöpft sich die Frömmigkeit der Nonnen im Seltsam-Visionären. Ihre Leidensmystik, das stigmatische Mitfühlen der Wunden Christi, haben ihm zufolge mit Mystik nichts zu tun. Die Ekstase verlaufe mehr traumhaft und erhebe sich nicht zu mystischer Einigung.[13] Scharf verurteilt auch F.-W. Wentzlaff-Eggebert die Nonnenmystik. Sie sei eine Verfallsform, das geistige Erlebnis verwandle sich in ein körperliches, das Gefühl dominiere und ziehe die *unio*, auch die *unio* im Leiden, zur körperlichen Sensation herab.[14] Von einem psychoanalytischen Standpunkt aus interpretierte O. Pfister die »Offenbarungen« der Margaretha Ebner als Krankengeschichte. Er findet überall Hemmungslosigkeit und Anarchie des Triebes. Weil die Nonnenmystik »die gestaute Libido ohne Transformation in Religion«[15] überleitet, brechen »die polymorphen Sexualkomponenten in wilder Anarchie« hervor. Die Frauen seien nur an ihren eigenen Erlebnissen orientiert.

Gegen diese plane Verurteilung läßt sich auf zwei Ebenen argumentieren. Erstens auf der formalen, die literarische Gattung dieser Texte betreffenden Ebene. Die Nonnenmystik, um die es hier geht, ist in den sogenannten »Nonnenbüchern« oder »Nonnenviten« überliefert, die aus Dominikanerinnenklöstern in der Teutonia stammen, z. B. aus Töß, Ötenbach, Katharinental, Adelhausen, Unterlinden. Es sind chronikartige Zusammenstellungen[16] von verschiedenen Viten vorbildlicher Nonnen. Sie dürfen aber, von ganz wenigen Ausnahmen abgesehen, nicht als autobiographische Aufzeichnungen verstanden werden, sondern sind Erbauungsschriften, die die Gegenwart mit dem heiligen Leben verstorbener Schwestern konfrontieren und zur *imitatio* anreizen sollen. Die Nonnenbücher bieten nicht Erlebnisberichte über Gnaden und Ekstasen, sondern »mystische Lehre in legendarischer Form«.[17] Fragen nach der Erlebnisqualität und Erlebnisechtheit zielen an den Eigentümlichkeiten ihrer literarischen Gattung vorbei.

Zweitens auf der inhaltlichen Ebene. Man versteht schwerlich die Spiritualität dieser Frauen und insbesondere ihre uns bizarr anmutende Leidensmystik, wenn man sie nicht vor dem Hintergrund des religiösen Aufbruchs um 1200 mit seiner Wiederbelebung urchristlich-apostolischer Ideale sieht. An diesem Punkt muß ich etwas weiter ausholen und auf die religiösen Frauenbewegungen des Mittelalters, zu denen auch die Dominikanerinnen gehören, eingehen.

Um 1200 traten in verschiedenen Gegenden Europas, in der Lombardei, in Südfrankreich, in den Niederlanden, in Brabant und am Rhein religiöse Bewegungen auf, die sich an den Ideen der evangelischen Armut und apostolischen Predigt orientierten.[18] Auffallend ist, daß sie in den nördlichen Ländern vor allem von Frauen getragen wurden, die als »willige arme« in Gemeinschaften zusammenlebten, ohne einem der approbierten Orden anzugehören. Sie verdienten sich mit Handarbeit, Krankenpflege und anderen karitativen Tätigkeiten ihren Unterhalt. Sie gingen also eine *via media* zwischen Kloster und Welt. Man nannte sie häufig Beginen. Als die Bettelorden nach Deutschland kamen, setzte ein Massenzustrom der Frauen zu deren Klöstern ein, gegen den sich die Dominikaner bis zum Generalkapitel von Florenz 1257 wehrten, indem sie die Inkorporation bzw. Kommission der Frauenkonvente zu verhindern suchten und die seelsorgliche Betreuung durch Ordensbrüder verboten.

Um ein Bild von der Massenhaftigkeit dieser Bewegungen zu geben, möchte ich einige Zahlen aus zwei alten Klosterverzeichnissen von 1277 und 1303 nennen.[19] Die expansive deutsche Dominikanerprovinz hatte 1277 bereits 40 Frauenklöster, im gesamten Orden waren es damals 58. Bis 1303, als die Provinz geteilt wurde, war ihre Zahl auf 74 gestiegen (65 Klöster in der Teutonia, 9 in der Saxonia). Damit lag mehr als die Hälfte aller Dominikanerinnenklöster – insgesamt 141 – in den beiden deutschen Provinzen. Der massenhafte Zustrom der Frauen zu den Bettelordensklöstern war keine lokal bedingte Anomalie, sondern Symptom einer Krise, die in der bisherigen Forschung ganz verschiedene Deutungen erfuhr, zum Beispiel, um zwei Extreme zu nennen, als »Krise des christlichen Lebens und Denkens«, die sich als Traditionsbruch, als Abkehr von der weltlich-profanen Kultur ihrer Zeit manifestiert (Grundmann), oder als Krise des feudalen Gesellschaftssystems (Erbstösser-Werner). Diese Interpretationen leiden offensichtlich an komplementären Einseitigkeiten. Während Grundmann das Moment des Traditionsabbruchs und der Gehorsamsverweigerung gegenüber alten Normen mit Berufung auf das urchristliche Beispiel betont, urgieren marxistische Forscher die strukturellen Schwierigkeiten des feudalen Gesellschaftssystems. Eine Lösung ist nicht in Sicht. Desiderat bleibt eine Untersuchung der Funktion der Armutsbewegungen innerhalb jener »Epoche des Aufbruchs«, in der eine neue Gesellschaft und Kultur die »archaisch-monoforme Welt« (Bosl) des frühen Mittelalters verwandelte.

In den Anfängen der religiösen Bewegungen dominiert das Armutsideal, es ist paradoxerweise ein Ideal der Reichen, wie sich am Beispiel der ständischen Gliederung der Schwestern zeigen ließe. Die religiösen Frauengruppen rekrutierten ihre Mitglieder zunächst jedenfalls nicht aus den untersten sozialen Schichten, sie sind keine Bewegung der Entrechteten und Verarmten, sondern der gesellschaftlich führenden Schichten.

Über die Anfänge des Klosters Ötenbach z. B. berichtet das Nonnenbuch.[20] Die große Heiligkeit der Predigerbrüder, die sich um jene Zeit in Zürich niederließen, war für Gertraut von Hilzingen der Anlaß, sich zusammen mit Mechthild von Woloshofen, die einem angesehenen Zürcher Ratsgeschlecht entstammte, und einer anderen Frau in ein leerstehendes, verfallenes Haus zurückzuziehen, um auch ein »soliches geistliches heiliges leben«[21] zu führen. Die kleine Kommunität wächst schnell, die Dominikaner betreuen sie nur geistlich, *in spiritualibus*, die Frauen müssen sich allein durchschlagen und leben »aller meist« von dem, was vom Tisch der Reichen abfällt. Sie verwirklichen also das Ideal der Armut und verstehen ihre Gemeinschaft nicht als eine höhere Art von Versorgungsinstitut.

Auf das innere Leben der Gemeinschaft in dieser Anfangszeit gibt der Text nur einige knappe Hinweise. Es sei zwar arm an äußeren Gütern, aber reich an Gottesminne gewesen, die sich, wie wir aus den später erzählten Viten der Nonnen wissen, in einer eigenartig ekstatischen Frömmigkeit, in Visionen, Auditionen, außergewöhnlichen Empfindungen und Tröstungen äußerte.[22] Man wird der Eigenart dieser Spiritualität nicht gerecht, wenn man sie als Symptom der Hysterie behandelt oder als abnormen, nur unter Klosterbedingungen möglichen Liebesparoxismus, den die »zumal bey einem einsamen Leben« empfänglichere »Weiberimagination« erzeuge. Die Frauen selbst verstanden sich anders und man tut gut daran, von ihrem Selbstverständnis auszugehen.

Christine Ebner, eine Nonne aus Engelthal, sieht ihre Gegenwart als »Fülle der Zeit«. Die Predigt der Dominikaner führe eine neue Gnadenzeit herauf, in der Gott ein solches Übermaß an Gnade den Menschen schenkt, daß Paulus zu seiner Zeit nicht gewagt hätte, davon auch nur zu predigen.[23] Jetzt, in dieser Zeit, finde eine neue Geistausgießung über die gesamte Erde statt. Auch Elsbet Stagel interpretiert im Prolog der Tösser Viten ihre Zeit als Wiederkehr der apostolischen Zeit. Dominikus habe mit seinem Orden die *vita apostolica* erneuert. Die naheliegende Folgerung, daß damit die Charismen wiederauflebten, zieht sie im Prolog zumindest implizit, die einzelnen Viten führen sie in actu vor. Ganz deutlich spricht sich im Vergleich mit den Nonnenbüchern das charismatische Selbstverständnis bei den Franziskanerspiritualen aus. Auch sie empfinden ihre Zeit »als ein feierliches Ende und einen feierlichen Anfang einer neuen Weltzeit«,[24] in der der Mensch durch die Erfüllung mit dem Geist und die Verwandlung des alten Menschen erneuert werden soll. Jetzt bricht auch eine neue Frömmigkeit durch:

> Wie nämlich in der ersten Zeit sich Gott Vater verwirklichte als ein schrecklicher und furchterregender Gott ... so verwirklichte sich in der zweiten Zeit der Sohn als Lehrer und Enthüller ... So wird sich in der dritten Zeit der Heilige Geist verwirklichen als die Flamme und der Feuerofen der göttlichen Liebe und als der Keller der geistigen Trunkenheit und als die Kammer göttlicher Düfte und geistlicher Salbungen und Salben und als der rauschende Tanz geistlichen Jubels und geistlicher Entzückung, durch welche nicht nur in einer einfachen Erkenntnis, sondern auch in einer schmeck-baren und kost-baren Erfahrung alle Wahrheit der Weisheit des Mensch-gewordenen Wortes Gottes und der Macht Gott-Vaters geschaut wird.[25]

Nicht mehr die intellektuelle Erkenntnis Gottes entspricht dem Status der jetzigen Welt, sondern die »palpativa et gustative experientia« (»die tast- und schmeckbare Erfahrung«). Diese Überzeugung teilen die Nonnen. Sie halten es, wie ihre Viten zeigen, für selbstverständlich, daß »die Teilnahme der Kirche an der Offenbarungsfülle, wie sie in der biblischen Zeit Gestalt gewann, ... auch Teilnahme an den prophetischen und charismatischen Erfahrungen der biblischen Menschen«[26] bedeutet. Wenn es nach Paulus die Geheimnisse der künftigen Welt sind, die Gott durch den Geist in Visionen und Offenbarungen kundgab, dann geht es in diesen neuen, vom Geist erweckten charismatischen Bewegungen um ein experientielles Innewerden der Wirklichkeit Gottes. Die Frauen wollen die »Wahrheiten der christlichen Offenbarung nicht nur geistig ... verstehen ..., sondern in ihrer Gesamtexistenz, auch leiblich«,[27] erfahren. Sie versuchen also jene, nach H. U. v. Balthasar, »verhängnisvolle Vorentscheidung«, zu revidieren, »die seit der Väterzeit ... alles Sinnen- und Phantasiehafte in den mystischen Erfahrungen mit einem grundsätzlichen großen Fragezeichen versieht«.[28] Daß in der Nonnenmystik viel naive Charismatik mitläuft, sollte über diesen Sachverhalt nicht hinwegtäuschen. Historisch betrachtet, bleibt die neue Charismatik der religiösen Bewegungen Episode oder wird, wie im Falle der Franziskanerspiritualen, in die Häresie abgedrängt.

Vor dem Hintergrund der religiösen Frauenbewegungen sollen

hier einige Aspekte der Leidensmystik der Nonnen erörtert werden. Zwei Bereiche sind zu unterscheiden, erstens der des Eigenleidens, zweitens der des Mitleidens, der *compassio.* An beiden läßt sich ein genuin christliches Verhalten zum Leiden feststellen, das man in der Forschung meist nicht wahrnahm. Am ersten Bereich ist insbesondere die christliche Radikalität, mit der die Frauen ihre Bindungen an die Welt lösten, erkennbar, am zweiten der charismatische, experientielle Charakter ihrer Spiritualität.

Leiden und mystische Weltabkehr

In den Nonnenviten bezeichnet der Terminus »lîden« sowohl äußere wie innere, körperliche wie seelische Leiden.[29] Sie sind für diese Frauen nichts Zufälliges, sondern ein Zeichen ihres Bruches mit der Welt. Dies läßt sich besonders deutlich an der Vita der Elsbeth Schefflin aus dem Kloster Töß erkennen.[30] Ihr Leben ist von früh an von Leiden geprägt und dadurch geradezu vorbildlich.

Ihre Leidensgeschichte beginnt noch während ihres Weltlebens.[31] Als sie sich zum geistlichen Leben entschließt und aus ihrer bisher vertrauten Umwelt heraustritt, stößt sie auf den erbitterten Widerstand ihrer Verwandten; sie gerät in Isolation, als sie ein nach ihrer Meinung besseres Leben beginnen will. Der soziale Druck, den sie wegen ihrer Umorientierung zu ertragen hat, ist zunächst ihr Leid, nicht körperliche Krankheit oder körperlicher Schmerz. Im Kampf mit ihren Angehörigen und Freunden erfährt sie ihre bisherige Umwelt als dämonisch verwandelt, sie behauptet sich aber und stößt mit ihrer erfolgreichen Opposition zu einer neuen Lebensform durch.

Die Vita führt vor, wie mit der Umkehr zum christlichen Leben notwendig Leid verbunden ist, da Christsein darin besteht, mit der Welt zu brechen. Die Isolation der Elsbeth Schefflin innerhalb ihres bisherigen Solidaritätskreises und der Haß ihrer ehemaligen Freunde sind das sichere Indiz, daß sie nicht mehr zu dieser Welt gehört und einsam in der Welt ist, weil sie aus der Welt herausgerufen ist.

Im Kloster perpetuieren sich ihre Leiden.[32] Es sind, wie der Text vermerkt, schuldlose Leiden, Hiobsleiden, die Gott aus besonderer Liebe über sie verhängt. Zuerst befällt sie ein ekelhaftes Wurmleiden, das sie innerhalb der Kommunität in üblen Ruf bringt. Sie wird verachtet und in eine Außenseiterposition abgedrängt.

Die Steigerung dieses Leidens im Kloster gegenüber dem ersten in der Welt besteht darin, das Elsbeth, die ihren angestammten Lebenskreis um einer höheren Möglichkeit willen verließ, in der neuen Umwelt wieder an den Rand der Gemeinschaft gedrängt wird und jetzt auch das Zusammenleben mit Gleichgesinnten opfern muß. Die Liebe zu Gott verlangt die Preisgabe menschlicher Anerkennung. Mit dem Leiden wächst die Liebe zu Gott, es ist ein Opfer, durch das sie Höheres gewinnt, indem sie auf Geringeres verzichtet. Sie nimmt im Leiden Abschied von der Welt. Dann folgt eine Zeit der Schrecknisse des Satans.[33] Er jagt ihr Entsetzen ein, belästigt und martert sie. Auch diese Leiden sind schuldlose Leiden; sie erduldet sie nicht als Strafe für ein sündhaftes Vorleben, sondern sie dienen der Läuterung ihres Wesens. Sie sind der Grund ihrer Erhöhung. Würde und Wert des Menschen spiegeln sich im weltlichen Medium verkehrt. Indem Elsbeth das irdische Leben im Leiden opfert, gewinnt sie ewiges Leben.

Adelheid von Frauenberg, eine andere Nonne aus dem Kloster Töß, leidet ständig »bitterkait und . . . bestrafung« und »ainen staetten jamer« nach ihrem einzigen Gut.[34] Die Liebe zu Gott vergällt ihr die Ehren der Welt. Ihre Versuche, sich von der Welt zu befreien, zeigen, daß ihr ganzes Handeln, weltlich betrachtet, negatives Handeln ist, durch das die weltliche Existenz insgesamt und nicht nur zufällig und punktuell betroffen wird. Adelheid ist wegen ihrer Beziehung zu Gott nicht mehr in der Lage, auch das ehren- und würdevollste menschliche Leben zu leben und muß es in langsamem Absterben aufgeben. Die Erfahrung der Inadäquatheit von ewigem Ziel und zeitlicher Existenz begründet ihr Leiden.

Kurz vor ihrem Tod fällt sie in schwere Krankheit.[35] Sie akzeptiert die körperlichen Leiden als Mittel der Läuterung. Zwei Bedeutungen von Leiden liegen also in der Vita vor. Leiden resultiert erstens aus der Disproportion von weltlicher und religiöser Existenz. Adelheid leidet wegen ihres Verhältnisses zum Absoluten und dieses Leiden kann, wie sie meint, nur durch die Vernichtung der weltlichen Existenz aufgehoben werden. Leiden wird zweitens teleologisch verstanden. Es ist Mittel, um den Menschen auf den Empfang der göttlichen Gnade vorzubereiten, indem es den Eigenwillen der Kreatur bricht. Zwischen Leiden und Gottesnähe besteht eine direkte Proportionalität.

Von innerem Leiden handelt die Vita der Elsbeth von Beggenhofen. Diese Nonne kasteite sich zusammen mit Elsbeth von Oye. Gott selbst gibt ihr aber zu erkennen, daß er keine äußere Kasteiung von ihr will. Er legt ihr dafür ein inneres Leiden auf, über das sie nicht einmal mehr sprechen kann. Alle »weis pfaffen«,[36] die sie konsultiert, sind ratlos, bis Meister Eckhart sie darauf hinweist, daß es ein Werk Gottes sei. Die Selbstgeißelung – so muß man wohl interpretieren – fügt äußerliche Schmerzen zu und ist das eigene Werk des Menschen, das innere Leiden dagegen nur noch Werk Gottes. Worin das innere Leiden besteht, sagt die Passage nicht. Die Parallele im selben Kapitel gibt darüber Aufschluß. Sie berichtet, wie Elsbeth eines Tages nach einer ekstatischen Erfahrung damit begann, alles wegzugeben, was sie nicht unbedingt brauchte. »Und do si von ir het geben, was si het und ir ir meisterschaft nit mer erlauben wolt, do ward ir leiden . . .groß«.[37] In beiden Fällen muß sie gehorsam auf ein vermeintlich gutes Werk verzichten. Aber sie leidet nicht so sehr am Verzicht auf das gute Werk als am Verzicht auf den eigenen Willen, der sich selbst durch das Werk als gut bestätigen will. Das Leiden entspringt in beiden Fällen dem Akt der Selbstvernichtung in der Preisgabe des Eigenwillens. Inneres Leiden tritt also hier zumindest partiell an die Stelle äußerer Leiden. Es ist nach dieser Vita das höhere Leiden, das Absterben der natürlichen Selbstsucht.

Eine andere Form des inneren Leidens liegt in der Vita der Sophia von Klingnau vor. Es ist das Leid, das aus der Selbstverurteilung, aus der Reue entspringt und das, wie sich bei Paulus zeigte, wesenhaft zur christlichen Existenz gehört. Um das in weltlicher Sicht skandalöse christliche Verständnis von Reue plastischer vor Augen zu führen, stelle ich einige Sätze Nietzsches an den Anfang, die das Zweideutige der Reue ansprechen.

> Mit einem Erlebnis nicht fertig werden ist bereits ein Zeichen von décadence. Dieses Wieder-Aufreißen alter Wunden, das Sich-Wälzen in Selbstverachtung und Zerknirschung ist eine Krankheit mehr, aus der nimmermehr das »Heil der Seele«, sondern immer nur eine neue Krankheitsform derselben entstehen kann. . .
>
> Die ganze Praxis der seelischen Wiederherstellung muß auf eine physiologische Grundlage zurückgestellt werden: der »Gewissensbiß« als solcher ist ein Hindernis der Genesung, – man muß alles aufzuwiegen suchen durch neue Handlungen, um möglichst schnell dem Siechtum der Selbsttortur zu entgehn. . .
>
> Man ist gesund, wenn man sich über seinen Ernst und Eifer lustig macht, mit dem irgendeine Einzelheit unsres Lebens dergestalt uns hypnotisiert hat, wenn man beim Gewissensbiß etwas fühlt wie beim Biß eines Hundes wider einen Stein, – wenn man sich seiner Reue schämt.[38]

Wenn man gegen diese Sätze den einleitenden Teil der Vita Sophias von Klingnau stellt,[39] läßt sich der religiöse Sinn der Reue, wie er die Nonnenviten prägt, deutlich erkennen.

Sophia von Klingnau tritt in jungen Jahren ins Kloster Töß ein. Schon bald nach ihrer Ankunft erhält sie die Gnade, ihre »gebresten« zu erkennen und die verlorene Zeit in der Welt zu beweinen. Ein ganzes Jahr lang vergräbt sie sich in Einsamkeit und weint, dann überkommt sie zu Weihnachten eine Lichtvision, nachdem sie noch einmal erwog, wie sie ihr Leben vertan und ihre Seele vernachlässigt hatte. Während der Vision ist sie in einem Zustand der Erleuchtung und Freude; sie vergißt allen Schmerz und erkennt ihre Seele als Licht im Licht, mit Gott geeint.

An dem Verhalten der Nonne ist zunächst auffallend, daß sie nicht einzelne Vergehen bereut oder mit einem traumatischen Erlebnis nicht fertig wird, sondern daß sie glaubt, mit ihrem Leben einen falschen Anfang gemacht zu haben. Einzelne Fehltritte oder Sünden könnte sie bereuen, das heißt, sie auf sich nehmen, als die eigenen anerkennen und dadurch aufheben;

aber ihre eigentliche Schuld ist gerade nicht punktuell, sie hält sie umschlossen. Sophia sitzt in ihrer Schuld fest und kann sich durch eigene Anstrengungen nicht daraus befreien. Ein Leben, so scheint diese Vita zu lehren, das seine ewige Bestimmung verfehlt hat, läßt sich nicht bereuen wie eine einzelne Sünde. Indem Sophia die unendliche Dignität ihrer Seele entdeckt und sich mit dem absoluten christlichen Maßstab mißt, erkennt sie, daß sie ihre Schuld nicht dadurch aufheben kann, daß sie sie als die ihre anerkennt, sie kann sie nur festhalten und nicht vergessen. Das Individuum kann sich in dieser Situation nicht, wie Nietzsche meint, einfach seelisch wiederherstellen, indem es neue Handlungen setzt, sondern muß seine moralische Selbstbehauptung preisgeben. In ihrer Reue vernichtet sich Sophia selbst und schafft Raum für Gott. Und erst als sie sich in der Reue vernichtet hat, erkennt sie, daß ihre Seele und Gott vereinigt sind.
Der Schmerz der Selbstvernichtung in der Reue gehört nach den Nonnenviten auch in dieser den gesamten Menschen einbeziehenden Form zur christlichen Existenz in der Welt. Die Selbstverurteilung mag vom Standpunkt absoluter menschlicher Selbstbehauptung als Krankheit erscheinen, für den Glaubenden ist sie ein notwendiges negatives Handeln, das das Bewußtsein der eigenen Nichtigkeit als Vorbedingung für die Einheit mit Gott hervorbringt.

Compassio: Mitleiden mit Gott

Die Passionsmystik der Nonnen steht ebenso wie ihre Brautmystik in der Tradition Bernhards von Clairvaux. Er ist der

> eigentliche Vater der Passionsliteratur der folgenden drei Jahrhunderte. Nicht nur im literarischen Sinne. . .: entscheidender ist, daß in ihm zum erstenmal in letzter Ausgeprägtheit und Ausschließlichkeit jener Frömmigkeitstypus Gestalt annahm, der das Hoch- und Spätmittelalter beherrschte und der im besonderen auch die Voraussetzung für die Passionsliteratur geworden ist. Diese Frömmigkeit wird bestimmt durch die Christuskontemplation . . . Nun rückt

Christus der Mensch – und das ist vor allem der leidende Mensch – ins unverrückbare Zentrum aller frommen Betrachtung und religiösen Uebung.[40]

Passionsmystik im eigentlichen Sinn prägt viele Lebensbeschreibungen in den Nonnenbüchern. Im folgenden wähle ich die Vita der Mechthild von Stans aus[41], um an ihr exemplarisch einige Grundzüge zu erörtern; ich will zeigen, wie das gesamte Leben Mechthilds sich als Prozeß der Selbstentäußerung und *conformatio* (Gleichgestaltung) mit Christus, gipfelnd in der Stigmatisation, vollzieht.

Der erste Teil der Vita beschreibt die Leidensfrömmigkeit Mechthilds als »üebunge«. »Sin liden« hatte »ir hertz und kreft also durchgangen«,[42] daß sie bei Tischlesungen aus der Passionsgeschichte das Bewußtsein verliert. In der Karwoche leidet sie so »innbrúnstigen« Schmerz, »das sy ungewaltig ward aller irer kreft«.[43] Ihre *compassio* ist also nicht bloßes Mitleid und Mitgefühl mit einem anderen, sondern Miterleiden, ein elementarer Anfall des Affekts, in dem der Jammer angesichts der Passion Christi ihre gesamte leib-seelische Existenz ergreift, Hunger und Durst zeitweise vergessen läßt und sie zur schmerzvollen Monade kontrahiert. Das Übermaß ihrer Gefühle verändert ihr Verhältnis zu sich selbst und zur Welt.

Der zweite Teil der Vita thematisiert das Miterleiden der Nonne unter dem Aspekt der *conformatio*. Er zeigt zugleich, daß das Fundament dieser Leidensmystik die augustinisch-bernhardische Lehre von der transformierenden Kraft der Liebe ist: »talis est quisque, qualis eius dilectio est« (Augustinus). Was jeder ist, hängt davon ab, was er liebt; denn der Liebende wird das Geliebte. Im Falle der Mechthild von Stans schlägt die Liebe zu Gott bis auf den Leib durch, der Höhepunkt dieser Gleichgestaltung ist die Stigmatisation. Die *compassio*-Erfahrungen im ersten Teil der Vita sind Stufen zu dieser *unio*.

Die Darstellung der Leidensfrömmigkeit im Tösser Nonnenbuch folgt einem Schema, das im Umkreis der Passionsmystik häufig begegnet: *contemplatio – compassio – imitatio – admiratio – exultatio – resolutio – quies*.[44] Es löst gewöhnlich das Drei-Stufen-Schema *vita purgativa* (Reinigung), *illuminativa* (Erleuchtung), *unitiva* (Vereinigung) ab. Auffallend anders ist im vorliegenden Zusammenhang der Sinn der *imitatio*. In der Tradition wird dieser Begriff gewöhnlich moralisch verstanden. »Mit den Begriffen imitatio und Christuskonformität . . . stoßen wir . . . auf den sensus moralicus.«[45] Das Leiden Christi soll für den Menschen eine *disciplina morum* sein. Die Passionsbetrachtung darf deswegen nach dem Verständnis der Tradition nicht bei der *affectio dilectionis* verharren, sondern muß zur *operatio dilectionis* weitergehen. Die Leidensgemeinschaft mit Christus soll also nicht im Genuß von Schmerzen enden, sondern die Alltagspraxis bestimmen.

Mechthild von Stans geht über diese Vorstellungen hinaus. Sie versteht die *imitatio* nicht mehr nur als moralische Nachfolge Christi, sondern auch als leibliche Gleichgestaltung. Da der Leib wesentlich zu Christus gehört, transformiert die Liebe zu ihm den Liebenden bis in die leibliche Sphäre hinein. Die Liebe will Gleichheit.

Das gesamte Leben Mechthilds strebt auf diesen Höhepunkt der Christuskonformität zu. Die eigentliche *unio* im Leiden folgt auf eine Phase außerordentlichen Glücks, die mit einer großen Vision beginnt, in der sich ihr Gott als Antwort auf ihre rückhaltlose Preisgabe der Welt selbst »mit allem trost und mit allen froden«[46] in ihr Herz gibt. Leib und Seele Mechthilds werden getröstet und von diesem Tag an lebt sie in einem Zustand göttlicher Gnade und Süße, ihres Heils gewiß. In diesem Glück bittet sie Gott, »das er ir geb liplichen ze enpfinden etliches siner V minzaichen, das sy das ser durch sin liebi trüeg«[47] (»er möge ihr eines seiner fünf Liebesmale leiblich zu empfinden geben, damit sie den Schmerz um seiner Liebe willen ertrüge«). Weil sie Gott liebt, will sie seinen Schmerz leiden und ihre Liebesgemeinschaft durch die Gemeinschaft im Leiden intensivieren. Liebe und Leiden gehören nach der Einsicht der Nonne zusammen, deshalb wünscht sie, die Wundmale Christi an ihrem Leibe zu tragen. Die zu Beginn ihres religiösen Lebens vollzogene Existenzverlagerung, durch die ihr die Welt zum fremden Lebensmedium wurde, versucht sie jetzt durch die leibliche Darstellung des Bruches mit der Welt in der Passionserfahrung zu steigern.

Den Zusammenhang von Leiden und Erfahrung der Liebeseinheit konstatiert die Vita ausdrücklich, indem sie den leiblichen Stigmatisationsschmerz und die »minnbewegung ires gemuetes«[48] miteinander verknüpft: je stärker der leibliche Schmerz ihres Herzens war, desto leidenschaftlicher war auch die Liebesbewegung ihres Gemüts. Zwischen der Intensität des leiblichen Schmerzes und der Intensität ihrer inneren »minnbewegung« besteht eine direkte Proportion. Tiefster Schmerz ist tiefste Liebe, der Schmerz ein Index der Nähe Gottes, »und also hat sy ain stetes infliesen in den ursprung dannen sy geflossen was«[49] (»und so hatte sie ein stetes Zurückfließen in den Ursprung, von dem sie ausgeflossen war«). Dieser Satz legt die Vorstellung nahe, daß es Mechthild gelingt, der unio über ein bloß punktuelles Erlebnis hinaus Dauer zu verleihen.
Daß diese ekstatische Leidensmystik den Ordensoberen ambivalent erscheint, zeigt die Weisung des Provinzialpriors an Mechthild, sich gegen ihre Begnadung zu wehren. Er beurteilt ihre Erfahrungen wohl vor allem als Störung des Kommunitätslebens, im Gegensatz zum Nonnenbuch, das an der positiven Bewertung der *compassio* als Ausdrucks des ständigen Umgangs mit Gott festhält. Noch schärfer, auf die Prämissen dieser Religiosität zielend, kritisiert Meister Eckhart, der viele Jahre in der Schwesternseelsorge wirkte, die Leidensmystik der Frauen. Von einem theonomen Standpunkt ausgehend, ersetzt er im »Trostbuch« das Mitleiden des Menschen mit Gott durch das Mitleiden Gottes mit dem Menschen.[50] Denn wenn das eigentliche Leiden des Menschen im Wachstumsschmerz seines Sohn-Gottes-Werdens besteht, dann ist Gott als Ziel dieses Leidens im leidenden Menschen präsent, so wie immer das Ziel des Wirkens dem Wirkenden näher ist als das Mittel. Eckhart ethisiert den Leidensbegriff. Der Mensch soll nicht die Schmerzen Christi nachleiden, sondern um Gottes willen wirken. In diesem Wirken erhält er ein neues Sein, er wird Sohn Gottes.

Reinhard Schwarz

Mystischer Glaube

Die Brautmystik Martin Luthers

Es mag befremden, wenn von einer Brautmystik Luthers die Rede sein soll. Ist das überhaupt ein angemessenes Thema? Gibt es bei Luther so etwas wie eine Brautmystik, wenn man vom jungen Luther[1] einmal absieht? Wird da nicht etwas in ihn hineingetragen, was er gar nicht kennt oder was allerhöchstens am Rande bei ihm begegnet? Als ich dem Thema weiter nachging, war ich jedoch überrascht, wie sich in den Werken Luthers nach 1521 immer mehr Ausbeute ergab. Ob das, was hier zu finden ist, noch ein Erbe der mittelalterlichen Jesusminne bildet, das kann hier nicht untersucht werden.
Ich kann auch nicht vorweg erörtern, was wir unter Mystik verstehen dürfen und in welchem Sinne wir den Begriff der Brautmystik verwenden können. Mystik, so meine ich wenigstens allgemein sagen zu können, sucht eine Einigung des Menschen mit Gott; sie möchte einer Teilhabe des Menschen am Göttlichen innewerden. In der Brautmystik geschieht das unter dem Bild der Einigung von Braut und Bräutigam. Für ein theologisches Urteil über die Mystik ist dann von Belang, ob eine Teilhabe an der göttlichen Natur oder am göttlichen Willen oder an göttlichen Gütern gesucht wird.

Biblische Grundlagen

Es sind immer wieder Texte der Heiligen Schrift, die Luther dazu veranlassen, sich in das Bild von Bräutigam und Braut hineinzudenken. Wir möchten erwarten, es müßte vor allem die alttestamentliche Liebesdichtung des Hohenliedes gewesen sein, die anregend auf Luther gewirkt hat. Denn in der Geschichte der christlichen Frömmigkeit hat diese Schrift der Bibel die Grundlage gebildet für das meiste, was wir mit dem Namen Brautmystik bezeichnen können. Ganz besonders

Bernhard von Clairvaux hat im Mittelalter mit seinen Predigten über das Hohelied die Brautmystik befruchtet. Höchstwahrscheinlich hat Luther Bernhards Hohelied-Predigten gekannt. Auch Luther hat in seinen frühen Jahren für Gedanken der Brautmystik beim Hohelied angeknüpft. In späteren Jahren ist das nicht mehr der Fall. Dann hatte er eine andere Auffassung vom alttestamentlichen Buch des Hohenliedes gewonnen. Er meinte nicht mehr, daß Salomo hier unter dem Bilde der bräutlichen Liebe das Verhältnis zwischen Christus und der Kirche oder der gläubigen Seele beschreibe. Salomo habe vielmehr einen dichterischen Ausdruck dafür gefunden, wie glücklich das Verhältnis zwischen ihm, dem König, und seinem Volk sei[2]; das Hohelied also eine höfische Dichtung, in der die öffentlichen Angelegenheiten in poetischer Form in Vorgänge der Privatsphäre übertragen werden. Im Hohenlied hat Luther darum nun keine geistlich bildhafte Rede mehr finden können, die im Sinne der Brautmystik verstanden werden könnte.

Hingegen hat er den Psalm 45 zeitlebens für einen prophetischen Text gehalten, für eine »Weissagung vom Evangelium und Königreich Christi«[3]. Dieser Psalm weist auf Christus voraus unter dem Bilde eines Königs. Der König wird gepriesen in seiner wohltätigen Herrschaft (V. 5): »Zieh einher der Wahrheit zugut und die Elenden bei Recht zu erhalten, so wird deine rechte Hand Wunder vollbringen«; von diesem König heißt es (V. 10): »die Braut steht zu deiner Rechten in eitel köstlichem Gold«. Wir werden darauf achten müssen, wen Luther für die Braut dieses Christus-Königs gehalten hat: die Kirche oder einzelne Gläubige? Der Psalm war liturgischer Text im Römischen Meßbuch; vor allem in den Messen zu Ehren heiliger Jungfrauen wurden diesem Psalm jene Texte entnommen, die in fast allen Messen einem Psalm entlehnt wurden. Das ist schon ein Hinweis darauf, daß man die Vorstellung von Bräutigam und Braut vor allem auf das Verhältnis Christi zu heiligen Jungfrauen übertrug. Dabei repräsentierten die heiligen Jungfrauen selber die ideale Kirche oder waren Leitbild der gläubigen Seele. – Luthers Deutung des Psalms stellen wir noch zurück.

An biblischen Texten als Grundlage von Luthers Brautmystik muß nach Psalm 45 sogleich das Evangelien-Gleichnis vom Hochzeitsmahl in Matthäus 22,1–14 genannt werden: »Das Himmelreich ist gleich einem Könige, der seinem Sohn Hochzeit machte.« Das war der übliche Evangelien- und Predigttext am 20. Sonntag nach Trinitatis. Rund ein dutzendmal hat Luther im Laufe seiner langjährigen Predigttätigkeit diesen Text auf der Kanzel ausgelegt. Wenn man von diesem Evangelientext gerne gleich einen Bogen schlagen wollte zu der endzeitlich-himmlischen Vision der Offenbarung des Johannes von der Hochzeit des Lammes (19,7 und 21,2.9), so entspräche das nicht mehr ganz der Orientierung von Luthers Brautmystik. Denn diese apokalyptische Vision hat in seiner Brautmystik kein nennenswertes Gewicht. Das braucht uns nicht zu wundern; es entspricht durchaus einer Tradition der Brautmystik, sich ganz in das gegenwärtige Geheimnis eines Brautverhältnisses des Menschen zu Christus zu versenken[4].

Der wichtigste biblische Anhaltspunkt der Brautmystik sind für Luther die letzten Verse im 5. Kapitel des Epheserbriefes; dort werden die Ehemänner und die Ehefrauen in der christlichen Gemeinde ermahnt, sich gegenseitig so anzunehmen und zu lieben, wie Christus seine Gemeinde liebt. Es wird an das Wort aus der Schöpfungsgeschichte (1. Buch Moses 2,24) erinnert: »ein Mann wird (weil Gott Mann und Frau füreinander geschaffen hat) Vater und Mutter verlassen und seinem Weibe anhangen und werden die zwei ein Fleisch sein.« Dem entspreche, schreibt der Apostel, das geheimnisvolle, innige Verhältnis zwischen Christus und der Gemeinde (V. 32: »Das Geheimnis ist groß; ich rede aber von Christo und der Gemeinde«)[5].

Braut und Bräutigam

Nach dem Rundblick über die entscheidenden biblischen Texte fragen wir uns: Wen hat Luther unter dem Bräutigam und wen hat er unter der Braut begriffen? Für die christliche Frömmigkeit stand es immer fest, daß sie sich Christus unter dem Bilde des Bräutigams vorstellen dürfe. So gaben es die biblischen

Texte an die Hand, Paulus in Epheser 5 und in 2. Korinther 11,2, wo er sein pastorales apostolisches Engagement den Korinthern vorhält: »Ich eifere um euch mit göttlichem Eifer; denn ich habe euch vertraut einem Manne, daß ich eine reine Jungfrau Christo zuführte.«

Im Spätmittelalter könnte bei dem Mystiker Heinrich Seuse der Eindruck entstehen, als sähe er sich selbst in der Rolle des Bräutigams, wenn er sich als den Liebhaber der göttlichen Weisheit betrachtet. Die göttliche Weisheit scheint hier die Braut zu sein, der sich der Mystiker innig verbunden fühlt. Das Bild verwandelt sich jedoch gleich: Die göttliche Weisheit ist in Jesus Mensch geworden; sie ist nun der Bräutigam. Und der Liebhaber der göttlichen Weisheit hat sein ganzes Wesen in seiner Seele, in seiner anima; sie befindet sich in der Rolle der Braut[6].

Ganz im Einklang mit der überlieferten christlichen Frömmigkeit und vor allem mit den biblischen Ausgangspunkten bezeichnet Luther Christus als den Bräutigam. – Aber wer gilt ihm als die Braut? Dafür liegen zwei Antworten in der Geschichte der christlichen Mystik parat: Entweder wird die Kirche oder die einzelne gläubige Seele als die Braut Christi vorgestellt. Als die christliche Spiritualität in der Zeit der Alten Kirche am Anfang des dritten Jahrhunderts aufzublühen begann – dazu kam es zuerst bahnbrechend in Alexandrien durch den Theologen Origenes –, da wurde in der Auslegung des Hohenliedes die Braut mit der Kirche gleichgesetzt. Diese Auffassung behielt in der folgenden Zeit den Vorrang, obwohl man innerhalb dieses Rahmens auch auf die Einzelseele den Blick lenken konnte. In der abendländischen Kirche verlagerten sich die Gewichte im 12. Jahrhundert durch Bernhard von Clairvaux († 1153). Von ihm ging eine epochale Wirkung aus wie einst von Origenes. Bernhard gab der Einzelseele den Vorrang. Sie ist zuallererst die Braut Christi. Die Kirche verschwindet nicht aus der Brautmystik, doch tritt sie nun in den Hintergrund[7].

Luther setzt die Akzente wieder anders als Bernhard. Anfangs folgt er jedoch offenbar noch am ehesten den Spuren Bernhards. 1520 schreibt er: Der Glaube »vereinigt auch die Seele mit Christo als eine Braut mit ihrem Bräutigam«[8]. In späteren Jahren denkt Luther zuerst an die Kirche als die Braut Christi[9].

Das Wort »Kirche« ist ungeheuer vieldeutig. Deshalb müssen wir uns nun gleich darauf besinnen, was Luther mit der Kirche meint, wenn er sie als die Braut Christi versteht. Vorweg muß festgehalten werden, daß in der größeren Zeitspanne seines theologischen Denkens innerhalb seiner Brautmystik die Kirche als Gegenüber Christi vor dem einzelnen Gläubigen den Vorrang hat. – Die Kirche, das ist für Luther die Christenheit oder auch der Christenstand: »das ist unter allen Gleichnissen und Bildern, mit denen Gott dieses Reich Christi uns vorstellt, ein erlesenes und liebliches Bild, daß die Christenheit oder der Christenstand heißt eine Hochzeit oder eheliche Vereinigung, wo Gott selbst seinem Sohne eine Kirche erwählet, die er als seine Braut ihm zu eigen angenommen.«[10] Bei der Kirche denkt Luther also an die Vielzahl aller Christen, die in und durch Christus eine Gemeinschaft haben und auch nur wegen ihrer Verbundenheit mit Christus den Namen »Christen« verdienen. Luther sieht ab von den verfaßten Formen der Kirche. Die Rechtsgestalt der Kirche ist gewiß unentbehrlich, sie darf aber nicht bestimmend sein für die Verbundenheit der Christen mit ihrem Herrn. Dabei ist der Einzelchrist für Luther gar nicht auf sich selbst gestellt. Luther hat ein ungemein großes Gemeinschaftsbewußtsein. Die Christenheit ist für ihn kein Abstraktum, keine bloße Summe von Einzelchristen. Er denkt dabei konkret an die Vielzahl von Menschen, die je zu ihrer Zeit Christen sind, die Christus in seine Gemeinschaft ziehen möchte und die auch untereinander eine Gemeinschaft bilden. Christus sucht die Gemeinschaft mit der Christenheit wie der Bräutigam mit der Braut.

Statt von der Christenheit spricht Luther gerne von der Gemeinde oder Gemeine, wie man damals noch sagte. Er meint nicht bloß die einzelne Orts- oder Pfarrgemeinde. Wie auch beim Begriff »Christenheit« geht sein Blick darüber hinaus auf die Gemeinschaft der Christen. Die Ausdrücke Gemeine und Christenheit bevorzugt Luther vor dem Begriff Kirche, wie er denn auch in seiner Bibelübersetzung das Wort Kirche so gut wie ganz vermieden hat, um lieber das Wort Gemeinde zu verwenden.

Luther sieht die Christenheit oder die Gemeinde als Braut Christi nicht unter einer Repräsentationsgestalt. Er kennt keine Figur, durch die die Gemeinde oder die Christenheit als Braut Christi repräsentiert wird. Deshalb kann er auch sofort konkret an Christen der verschiedenen Stände denken, wenn er eben noch von der Christenheit oder Gemeinde gesprochen hat.

Wenn man Christus und die Kirche unter dem Bilde von Bräutigam und Braut betrachtet, so ist in der Geschichte der Brautmystik die Neigung zu bemerken, auf der einen oder anderen Seite, auf der Seite Christi oder auf der Seite der Kirche, eine Repräsentationsfigur einzuführen. Eine Repräsentationsfigur für die Kirche begegnet uns bei dem Ordensvorgesetzten Luthers, Johannes von Staupitz, dem Luther für viel geistliche Hilfe zu danken wußte. Wenn Staupitz Maria die Braut Christi nennt, repräsentiert sie die Kirche. Gedanken der Brautmystik benutzt Staupitz in seiner Predigt über die johanneische Passionsszene, wo Jesus zu seiner Mutter mit dem Hinweis auf seinen Lieblingsjünger Johannes sagt (19,26): »Weib, siehe das ist dein Sohn.« Für Staupitz ist es bedeutungsvoll, daß Jesus Maria mit dem Worte »Weib«, nicht mit »Mutter« anredet. Die Worte Jesu umschreibt er nun im Geiste der Brautmystik:

> »Weib – und nicht mehr Mutter – du wirst nun nicht mehr meine Mutter sein, sondern wenn mir mein Herz bricht, wirst du meine Braut sein. Ich bin der Vater, du sollst die Braut sein, aus der alle Welt geboren wird. Du trägst einen anderen Sohn, das ganze menschliche Geschlecht; du wirst bald gebären, du trägst so viele Kinder, dir möchte das Herz brechen, du trägst nicht im Bauch, sondern im Herzen.«[11]

Auf der anderen Seite war auch die Tendenz vorhanden, für Christus eine Repräsentationsfigur als Bräutigam der Kirche einzuführen. Luther erwähnt es, daß man den Bischof als den Bräutigam in der Vertretung Christi bezeichnet habe, dem dann die ihm zugewiesene Diözesangemeinde als Braut entsprechen sollte[12].

Luther verzichtet auf beiden Seiten auf jede Repräsentationsfigur. Denn sonst könnte die Unmittelbarkeit im Verhältnis zwischen Christus, dem Bräutigam, und der Christenheit als seiner Braut getrübt werden. 1522 sagt er in einer Predigt über das Gleichnis von den törichten und den klugen Jungfrauen (Matthäus 25,1 ff.):

»Seht, hier im Evangelium nennt Christus alle Christen zusammen ein Gespons oder Braut, und er ist der Bräutigam. Hier soll kein Mittel sein; was wäre das für eine Ehe, so eine Mittelperson sich müßte zwischen die Ehe stellen und die Braut bei ihrem Bräutigam etwas werben und erlangen? ... Also sollen wir hier wissen, daß Christus unser lieber freundlicher Gespons ist, und wir sind die Braut; da ist kein Mittel vonnöten, sondern wir sollen selbst mit solcher ganzer Zuversicht zu ihm treten, wie je eine geliebte Braut zu ihrem holdseligen freundlichen ehelichen Gemahl immer getreten ist; denn der christliche Glaube bringt zuwege, daß Christus ist der Bräutigam, ich bin die Gespons.«[13]

Ein erster Bereich von Luthers Brautmystik hat sich uns eröffnet: Wir Christen dürfen uns als Glieder der Christenheit in einem unmittelbaren Verhältnis zu Christus sehen, in einem so unmittelbaren und vertrauensvollen Verhältnis, wie es zwischen Bräutigam und Braut besteht. Wenn die Christenheit als die Braut Christi vorgestellt wird, dann gilt das sofort auch für jeden einzelnen Christen. Durch die Taufe ist dieses Vertrauensverhältnis jedem Christen eröffnet. Die Christenheit hat den Auftrag und die Vollmacht, durch die Taufe immer neue Menschen in dieses Vertrauensverhältnis hereinzuholen[14]. In einer Schrift von 1533, in der Luther wieder einmal sein Verständnis des Priestertums aller Glaubenden entwickelt, lesen wir: »Von diesem Bräutigam – nämlich Christus – und dieser Braut – nämlich der Christenheit – sind wir geboren durch die heilige Taufe und so erblich zu rechten Pfaffen in der Christenheit geworden, durch sein Blut geheiligt und durch seinen Heiligen Geist geweiht, wie uns S. Petrus nennt, 1. Petrus, 2,6 ›Ihr seid das königliche Priestertum zu opfern geistliche Opfer‹.«[15] Darin liegt der Kern im Gedanken des Priestertums, daß der Priester den unmittelbaren Zugang zu Gott hat, in der engsten Gemeinschaft mit Gott steht, wie sie dem Menschen möglich ist. Solch priesterlichen Zugang zu Gott, solche Unmittelbarkeit zu Gott, tut sich allen Christen in der Taufe in gleicher Weise auf. Das meint für Luther nun auch die Rede von Christus als dem Bräutigam und der Christenheit als der Braut. »So seht ihr nun« – sagt Luther in einer Predigt seiner Gemeinde[16] – »wie wir alle gleich sind durch den einigen Glauben, der gibt uns Christum gar zu einem Bräutigam, und wir alle in diesem Glauben sind eine Braut, eine christliche Kirche dieses Gesponses Jesu Christi.«

Verbindung von Ungleichen

Wollen wir weiter eindringen in Luthers Brautmystik, so müssen wir beachten, wie er das Verhältnis zwischen Christus und der Christenheit des näheren beschreibt. Die Brautmystik bietet einen beträchtlichen Spielraum für die Vorstellungen. In der schon zitierten Predigt des Johannes von Staupitz schob sich der Gedanke der geistlichen Zeugung in den Vordergrund. Christus und Maria als Repräsentantin der Kirche werden dort zu Stammeltern der neuen geistlichen Menschheit. Staupitz sieht das in einer Analogie zu Adam und Eva, den Stammeltern der ersten, in Sünde gefallenen Menschheit. In einer anderen Predigt sagt er darum[17]:

> »Als der Herr wollte wegscheiden, mußte zuerst die Braut Christi fruchtbar und schwanger sein, daß er nicht ohne Erben abschiede. [Ergänze: So] sah er an die reine Gebärerin Maria, sah in ihr den wahren Glauben, sah durch sie den großen Samen aller Erben und sah an den Jünger, sagte (Johannes 19,26 f.): ›Weib, siehe dies ist dein Sohn‹ und zu dem Jünger: ›Siehe, dies ist deine Mutter‹, als wollte er sagen: Siehe, meine Braut, meine liebe Kirche, ich bin der Gebärer und Vater der Erwählten aller, du bist die Mutter und Trägerin. Ich gebäre sie in der Liebe, die [ergänze: ich] ihnen jetzt erzeige, wenn in meinem Schlaf aus meiner Rippe [vgl. 1. Buch Mose 2,21 f.] wird eine große Sammlung meiner Kinder; aber du bist die Mutter, sollst mir sie tragen und [auf]ziehen im Glauben.«

Hier füllt sich die Brautmystik mit den Vorstellungen der geistlichen Hochzeit und Ehe.
Die andere Möglichkeit, die Akzente zu setzen, liegt bei der Vorstellung der Verlobung, wo Bräutigam und Braut durch ein Versprechen sich aneinander binden. In diesem Vorstellungsbereich hat Luthers Brautmystik eindeutig ihr Schwergewicht. Das zeigt sich schon an Luthers Vokabular. Von geistlicher Ehe oder Hochzeit spricht er äußerst selten. Die Begriffe Bräutigam und Braut, lateinisch sponsus und sponsa, meinen in erster Linie die Partner der Verlobung. In diesem Begriffs- und Vorstellungsfeld bewegt sich Luther, darüber geht er kaum hinaus, und wenn er von der Hochzeit und Ehe spricht, dann ist ihm für die Brautmystik die Liebe und Treue wichtig, die schon mit der Verlobung sich zu erkennen gegeben hat[18].
Das mittelalterliche Recht unterschied sehr genau den »Mahlschatz« von der »Morgengabe«. Der Mahlschatz (lateinisch: arra) war die Gabe, die der Bräutigam der Braut bei der Verlobung machte; meistens war das der Verlobungsring, zugleich ein Zeichen der versprochenen Treue. Die Morgengabe hingegen war das Geschenk des Mannes an die Ehefrau am Morgen nach der Brautnacht (lateinisch: sponsalitia largitas). So bleibt Luther ganz im Vorstellungsbereich der Verlobung, wenn er den Glauben als den Brautring oder den Mahlschatz bezeichnet[19].
Wie sich in dem Vertrauensverhältnis des Glaubens Christus und der Mensch zusammenfinden, das sprengt in der Sicht Luthers die gesellschaftlichen Vorstellungen von dem, was standesgemäß ist. In der Sprache der Brautmystik kann man sagen, Christus sucht nicht die standesgemäße »Gemahlschaft«, er läßt sich auf ein völlig unstandesgemäßes Gegenüber ein. Denn der Mensch in seinem Elend, in seiner Armseligkeit, in seiner Sünde gleicht dem »armen, verachteten, bösen Hürlein«, von dem Luther schreibt[20], daß »der reiche, edle, fromme [= gute] Bräutigam Christus ein solches verachtetes Wesen zur Ehe« nehme, um sie aus seinem Vermögen heraus von allem Übel zu »entledigen« und mit allen Gütern zu »zieren«. Ein anderes Mal rühmt Luther, daß Christus nicht nur »mit S. Peter und Paul« und »anderen großen Heiligen« Gemeinschaft

gesucht habe, daß wir vielmehr, wer wir auch seien, gewiß sein sollen, »er sei uns auch so, wie er diesen Heiligen ist gewesen«, und daß Christus zu jedem Menschen sagt: Ich will dein Bräutigam sein, du sollst meine Braut sein. »Ich will dich mir vertrauen durch den Glauben« (Hosea 2,20)[21].

Die Abkehr von den Ansprüchen des Standesgemäßen in Luthers Brautmystik steht in Spannung zu dem mittelalterlichen Bericht von der geistlichen Verlobung der hl. Katharina von Alexandrien. Die viel ältere Legende vom Martyrium der hl. Katharina ist im Hochmittelalter noch um dieses Stück erweitert worden. Katharina verschmäht die Werbung des Kaisers; denn sie ist sich ihrer eigenen Schönheit und Weisheit bewußt und sie fühlt sich darin dem Sohn des Kaisers überlegen, der sie gewiß an Adel und Reichtum überträfe. Sie möchte aber nur einen Mann haben, der ihr in allen vier Eigenschaften mindestens ebenbürtig ist: in Adel und Reichtum, Schönheit und Weisheit. Diesen Gemahl findet sie dann im Gottessohn, nachdem ihr ein Einsiedler einen Hinweis gegeben und sie nach dessen Rat sich um die Fürbitte der Maria bemüht, sich auch in Beten und Fasten geübt und sich schließlich hatte taufen lassen. So erfährt sie die Verlobung mit dem überirdischen, göttlichen Bräutigam in einem Traumerlebnis. Dieses Erlebnis hat die Qualität eines mystischen Erlebnisses im engeren Sinne und ist darin einem ekstatischen Erlebnis verwandt. Der Mensch ist – für das Mittelalter – im Traum der Sphäre des realen Erlebens entzogen; dem Irdischen entrückt, kann er Überirdisches erfahren, wenn er die nötigen Voraussetzungen dafür mitbringt. Diese Voraussetzungen waren mit Katharinas Hinwendung zur Gottesmutter, mit Fasten und Beten und mit der Taufe erfüllt. So hatten sich bei ihr Auszeichnungen höchsten Standes – Adel, Reichtum, Schönheit, Weisheit – verbunden mit religiösen Erfordernissen für ein mystisches Erleben der Verlobung mit dem Gottessohn. Freilich sollte ein solches mystisches Erlebnis auch wiederum in die Realität hineinragen, in der Welt des Irdischen erkennbar werden. Zum Zeichen dafür bemerkt die hl. Katharina nach der Legende beim Erwachen einen Verlobungsring an ihrer rechten Hand[22]. Die Eigenschaften, die in der Katharinenlegende an Christus als dem göttlichen Bräutigam gerühmt werden, nennt auch ein viel gelesener mittelalterlicher Autor[23] als Eigenschaften, die an jedem Bräutigam zu wünschen sind; sie sind hier noch um zwei Eigenschaften erweitert: Macht und Güte (potentia, bonitas).

Verglichen mit dem, was von der Katharina von Alexandrien als Erlebnis einer mystischen Verlobung erzählt wird, ist Luther gar nicht an derartigen mystischen Erlebnissen interessiert. Und wenn wir von Mystik im engeren Sinne nur dort reden wollten, wo es um Erlebnisse des Traumes, der Vision, der Ekstase geht, dann dürften wir überhaupt nicht von einer Brautmystik bei Luther sprechen. Aber wir tun es doch, weil wir die Mystik nicht von einer bestimmten Erlebnisform aus erfassen wollen, sondern von ihrem Interesse an einer Einigung des Menschen mit Gott. Dabei müssen wir uns darüber im klaren sein, daß Luther, angeleitet durch Bibeltexte, das Verhältnis zwischen Christus und der Christenheit oder zwischen Christus und dem Glaubenden als ein enges Vertrauensverhältnis wie zwischen Bräutigam und Braut beschreibt. Hier ist nicht von Erlebnissen in Traum, Vision oder Ekstase die Rede. Das innige Vertrauensverhältnis, an dem Luther so sehr gelegen ist, beruht auf dem Glauben. Es ist das Vertrauen selber, durch das sich der Christ mit Christus verbunden wissen soll. Der Glaube ist der Verlobungsring oder der Mahlschatz, die Gabe, mit der Christus sein Treueversprechen dem Menschen besiegelt. Nur der Glaube, nichts anderes, bezeichnet in Luthers Brautmystik die Erlebnissphäre. Es ist ein bedingungsloses Vertrauen. Hier gibt es für ihn keine Bedingungen einer Art Standesgemäßheit, auch nicht Bedingungen einer geistlichen Standesgemäßheit. Die Seele muß nicht erst geistliche Reinheit erlangen, um als reine Braut ihres Bräutigams würdig zu sein. Sie darf in ihrer Sündhaftigkeit zu Christus Zutrauen haben, um dann von ihm aus ihrer Sünde befreit zu werden.

Luther durchbricht die uralte, schon in der vorchristlichen Antike begegnende Ansicht, daß nur Gleiches mit Gleichem in ein enges Gemeinschaftsverhältnis eingehen darf, sei es ein Verhältnis des gegenseitigen Erkennens oder des Liebens. Das galt in der Antike auch im Religiösen. Als dieser Grundsatz ins Christentum eingedrungen war, konnte er sich leicht in der

Brautmystik des Mittelalters festsetzen, weil auch im weltlichen Eherecht der Grundsatz der Standesgemäßheit Geltung hatte.
Christus ist auch für Luther im Besitz aller göttlichen Eigenschaften; er ist »Gott und Mensch, welcher noch nie gesündigt hat, und seine Frommkeit – d. h. sein gutes Wesen – unüberwindlich, ewig und allmächtig ist«[24]. Aber er will sich alles dessen entäußern, zugunsten des Menschen[25], der auch nicht annähernd diese Eigenschaften aufzuweisen hat. Christus sucht nach Luthers Verständnis auch nicht einen geheimen Adel der Seele als Voraussetzung der Gemeinschaft mit ihm, so daß vom Menschen erst einmal zu erwarten wäre, daß er sich des geheimen Adels seiner Seele bewußt würde und bis zu einem gewissen Grade bemühte, die Schönheit der Seele von ihren Makeln zu befreien.

Gütergemeinschaft

Wenn wir uns noch weiter in Luthers Brautmystik umsehen, dann ist eigentlich nicht mehr so sehr von den Eigenschaften Christi als vielmehr von seinen Gütern die Rede. Das ist nun das nächste, was wir als einen eigentümlichen Zug seiner Brautmystik herausheben müssen: Das Verhältnis zwischen Christus und der Christenheit oder den Christen ist das Verhältnis einer Gütergemeinschaft. Dieser Bräutigam übereignet der Braut seine Güter, obwohl er bei der Braut keine entsprechenden Güter vorfindet[26]:

> »Das muß je eine große unergründliche und unaussprechliche Liebe sein Gottes gegen uns, daß sich die göttliche Natur so mit uns verbindet und senket sich in unser Fleisch und Blut, daß Gottes Sohn wahrhaftig wird mit uns ein Fleisch und ein Leib und sich so hoch unser annimmt, daß er will nicht allein unser Bruder, sondern auch unser Bräutigam sein und an uns wendet und zu eigen gibt alle seine göttlichen Güter, Weisheit, Gerechtigkeit, Leben, Stärke, Gewalt, daß wir sollen in ihm auch teilhaftig sein der göttlichen Natur, wie S. Petrus spricht (2. Petrus 1,4). Und will, daß wir sol-

ches sollen glauben, daß wir in diese Ehre und Güter gesetzt sind.«

Es sind die Güter, die unser Leben selbst erstrebt, um Leben sein zu können. Es sind die Güter, durch die der Mensch er selber sein möchte: Weisheit, Gerechtigkeit, Stärke, Gewalt. Und doch findet er sich selber nie in diesen Gütern, so lange er sie sich selber erwirbt, erobert, beschafft und sichert.

Luther bereichert die Brautmystik mit Begriffen aus der Sphäre des Hausstands. Der Hausstand wurde damals selber als eine »Wirtschaft« bezeichnet; einen Hausstand gründen hieß eine Wirtschaft anfangen. So kann er die rhetorische Frage stellen[27]: »Ist nun das nicht eine fröhliche Wirtschaft, wo der reiche, edle, fromme Bräutigam Christus das arme, verachtete, böse Hürlein zur Ehe nimmt und sie entledigt von allem Übel, zieret mit allen Gütern?« Christus räumt dem Christen durch den Glauben Rechte ein, wie sie der Bräutigam der Braut in seinem Hausstand einräumt: Es

»geht nicht anders zu, als wie es mit einem leiblichen Bräutigam und Braut zugeht. Der Bräutigam nimmt sich der Braut an, die Braut wiederum des Bräutigams und alles dessen, was sein ist, als sei es ihr eigen, nimmt die Schlüssel zu sich, macht und schafft damit wie mit ihrem eigenen Gute«[28].

»Eine schlechte Liebe, eine baufällige Ehe, so der Bräutigam seiner Braut nicht die Schlüssel und die Gewalt über Wein, Brot und was im Hause ist, gäbe. . . der christliche Glaube bringt zuwege, daß Christus ist der Bräutigam, ich bin die Gespons. Es ist sein Reichtum, seine Frommkeit, Gerechtigkeit, Reinigkeit, Weisheit, Demütigkeit, Geduld und dergleichen alle Tugend und Gnaden Gottes. So nun diese Dinge meines Bräutigams sind, wahrlich so sind sie auch mein, wie auch Paulus spricht Röm. 8,32 ›Da Gott uns einen Sohn hat gegeben, wie hat er dann nicht auch uns alle diese Dinge mitsamt ihm gegeben?‹ Darum muß es ja ein großes gewaltiges Ding um den Glauben sein, daß solche Güter mein eigen sein sollen und seine Gerechtigkeit mein eigen.«[29]

An dem Vertrauen, das Menschen zueinander haben, wenn sie sich verloben, wenn sie einen Hausstand gründen, sich in eine

Gütergemeinschaft begeben, daran können wir uns nach Luthers Meinung eine Vorstellung bilden für das Vertrauensverhältnis, das Gott mit uns in Christus eingehen möchte.
Das, was Luthers Brautmystik meint, ist eigentlich nicht künstlerisch darstellbar, wie das Mittelalter die mystische Verlobung der hl. Katharina von Alexandrien (oder der hl. Katharina von Siena) in Bildern darstellte. Denn Repräsentationsfiguren mochte Luther nicht gelten lassen. Ein Hochzeitsbild im Stile Brueghels könnte am ehesten nach dem Sinne Luthers sein. Er meinte ja, daß immer, wenn wir sehen oder hören, wie Bräutigam und Braut mit Freude ihre Gemeinschaft miteinander eingehen, wir dann auch uns an die ähnliche und doch noch unvergleichbar viel tiefere Gemeinschaft erinnern dürfen, die Gott mit uns in Christus durch den Glauben eingehen will[30].

Der »fröhliche Wechsel«

Welche unvergleichlich tiefe Gemeinschaft Christus mit uns im Glauben stiften will, spricht Luther aus, wenn er den Gedanken der Gütergemeinschaft weiter ausführt. Er redet dann gerne von dem »fröhlichen Wechsel« oder auch von dem Tausch[31]. Es ist ein Wechsel oder Tausch, wie er im menschlichen Leben völlig undenkbar ist: Höchste Güter werden gegen minderwertige Güter, ja gegen ihr krasses Gegenteil hingegeben: Gerechtigkeit gegen Sünde, Weisheit gegen Torheit, Stärke gegen Schwäche, Leben gegen Tod, Himmel gegen Hölle. Letztlich ist das gar kein Wechsel oder Tausch mehr, sondern ein Streit[32], in welchem Christus mit seiner Gerechtigkeit die Sünde überwindet, mit seinem Leben dem Tode die Gewalt nimmt, mit seiner Freiheitsmacht die Zwangsherrschaft des Teufels zerbricht, seine göttliche, himmlische Herrschaft in der Welt anbrechen läßt, wo der Mensch sich die Welt zur Hölle macht.
Luther hat häufig von einem solchen wunderbaren, erfreulichen und beseligenden Tausch zwischen Christus und uns gesprochen. Das zieht sich wie ein roter Faden durch sein ganzes Werk hindurch. Dieser Gedanke ist nicht unlöslich mit der

Brautmystik verknüpft. Gleichwohl besteht ein innerer Zusammenhang. Wenn Luther von dem Tausch spricht, muß er nicht zwangsläufig auch die Ausdrücke der Brautmystik aufgreifen. Eher scheint es umgekehrt so zu sein, daß Luther seine Brautmystik gar nicht anklingen lassen kann, ohne von dem Tausch zwischen Christus und dem Glaubenden, zwischen Bräutigam und Braut zu reden. Auch wenn die Begriffe Tausch, Wechsel, Streit dabei nicht immer fallen, ist doch die Sache im Gedanken der von Christus gestifteten Gütergemeinschaft enthalten.

Die Vorstellung vom Tausch oder Wechsel hat ebenso eine alte christliche Tradition wie die Brautmystik. Schon die Theologen der Alten Kirche bedienten sich des Vergleiches mit dem Geschäftsleben, um die Menschwerdung Gottes und den Opfertod Christi zu umschreiben. Der Schöpfer nimmt einen geschöpflichen Leib an, er wird Mensch, um uns an seiner Gottheit teilhaben zu lassen. Darin erblickte man vor allem den wunderbaren Tausch, das admirabile commercium. Daneben deutete man die Erlösung als einen von Christus erwirkten Loskauf des Menschen aus der Gewalt widergöttlicher Mächte[33]. Luther hat einen Gedanken der Tradition aufgegriffen, in den er besonders viel hineinlegen, den er mühelos seinen eigenen Intentionen anpassen konnte. Wir können den Gedanken des Tauschs bei Luther jetzt nicht weiter verfolgen. Wir wollen nur noch abschließend darauf achten, wo Luthers Rede vom Tausch im Bereich seiner Brautmystik ihr Zentrum hat.

Den Gütertausch dürfen wir nicht für einen formalen, gewissermaßen rechtlichen Vorgang halten. Luther weiß, wie sehr die Nöte und Freuden unseres Lebens verschlungen sind mit unserem persönlichen Bewußtsein, wie sie unser »Herz« berühren: das Bewußtsein unserer Schuld, das Bewußtsein unserer Vergänglichkeit, das Bewußtsein unserer Gottesferne, in der wir doch nicht unserer Verantwortung vor Gott entrinnen können. Diese Phänomene unserer Lebenserfahrung bewegen unser Herz; in ihnen steht unser Selbstbewußtsein auf dem Spiel. Hier ergreift uns Christus als unser Lebenspartner, er stellt unser Vertrauen auf einen festen Grund, wo es sonst ins Ausweglose gerät. Darum zielt der Gütertausch darauf ab, daß

Sünde, Tod und Hölle bei uns, in unserem Leben überwunden werden[34].

Das Vertrauen, das sich an Christus hält, befreit uns von den endlosen Rückfragen nach uns selbst und von den fragwürdigen Selbstvergewisserungen. Luther hat wiederholt betont, wir sollten Christus nicht einfach als Ursache und Vorstellungsobjekt unseres Heils betrachten; es käme hingegen darauf an, ihn als unser Heil selber, gewissermaßen als Lebensgestalt unseres Heils zu bejahen. Er eignet uns auch nicht nur seine Gaben und Werke zu, sondern sich selbst[35]. Damit meint Luther, daß wir uns von Gott selbst in seiner Zuwendung zu uns anrühren lassen. Hier erreicht Luthers Brautmystik ihren Gipfelpunkt, wo der Gütertausch zu einem Tausch oder einer Stellvertretung der Herzen wird, daß uns der Herzschlag eines neuen Lebens erfaßt[36].

Josef Sudbrack

Christliche Begegnungsmystik

Johannes vom Kreuz, Teresa von Avila, Ignatius von Loyola und Martin Luther

Es gehört zu den großen, weiterführenden Erfahrungen, wenn einem aufgeht – wie ein Blitz oder wie eine leise erhellende Morgendämmerung –, daß ein vermuteter Gegensatz kein Gegensatz, sondern nur ein Sprachverkennen war; wenn zwischen zwei Menschen oder auch zwei Geistesströmungen oder eben auch zwei Konfessionen Berührungsstellen sichtbar werden, die beiden zur neuen Einsicht in die eigene Tiefe verhelfen, und die dort Gemeinsamkeiten aufgehen lassen, wo man früher Trennungsmauern vermutete.

Genau das – so scheint mir – müßte geschehen und geschieht auch schon im Gespräch um die »Mystik«[1].

Das Interesse für das Thema »Gotteserfahrung und Mystik« liegt in beiden Konfessionen in der Luft. Früher hingegen war das Wort und die Sache »Mystik« ein Schibboleth zwischen katholischen und evangelischen Christen. Wir erinnern uns an Adolf von Harnacks Wort, daß nur ein Katholik wirklich Mystiker werden könne[2]. Heute werden gerade hier Brücken geschlagen.

Drei katholische Mystiker des sechszehnten Jahrhunderts sollen hier vorgestellt und mit einer lutherischen Grunderfahrung konfrontiert werden. Natürlich kann es dabei nicht um Vollständigkeit gehen. Aber Züge eines künftigen Gesprächs sind aufzuzeigen. Und diesem Gespräch dienen auch die zwei vorgeschalteten Überlegungen zur christlichen Gotteserfahrung.

Zugleich gerecht und Sünder

Einem evangelischen Leser wird folgendes Zitat vertraut klingen: »Wenn du dich (den Sünder) schaust, kannst du nichts derartiges aus dir. Wenn du aber auf Gott vertraust, wird dir Kraft vom Himmel zuteil.« Karl-Heinz zur Mühlen macht auf einen Luthersatz in der ersten Psalmenvorlesung aufmerksam (ich verdeutliche in der Übersetzung): »Es ist staunenswert, wie er (der Mensch) sich in Demut darniederliegend und zugleich im Überstieg hochstrebend erkennt. Aber gerade durch den Überstieg, den exessus, die Ekstase, versteht er sein Zu-Boden-Liegen und sein reines Elend.« Der Forscher meint dazu: »Mit solchen Formulierungen gerät Luther schon in unmittelbare Nähe der . . . zu Römer 4,7 explizit entwickelten Formel: simul justus et peccator, bzw.simul justus et injustus, welche präzisiert wird durch den Satz: Sancti intrinsece peccatores semper, ideo extrinsece iustificantur semper.« (Zugleich gerecht und Sünder, bzw. zugleich gerecht und ungerecht . . . Heilige sind innerlich immer Sünder, daher aber von außen immer gerechtfertigt.)[3]

Heiko Obermann findet in diesem Satz »simul justus et peccator« einen »allgemein anerkannten Grund-Satz der Theologie Luthers«[4]. Doch unser Zitat: »Wenn du auf dich schaust, kannst du nichts derartiges aus dir. Wenn du aber auf Gott vertraust, wird dir Kraft vom Himmel zuteil«[5], stammt aus den Vier Büchern der Nachfolge Christi, die in ihrem Grund-Bestand schon vor 1400 entstanden.

Es ist leicht zu zeigen, daß die »Imitatio Christi«, die »Nachfolge Christi«, durch und durch von diesem Geist geprägt ist, den man als das Proprium des Reformators Martin Luther ansieht. Die Intention des frommen Beters geht über alle Immanenz, über alle Erfahrungen und Erlebnisse hinaus auf denjenigen, den sie anschaut: »Neben dir hat kein Trost Gültigkeit.« Wie Karl Barth lehrt sie: »Wenn der Mensch auf sich steht, fällt er leicht . . .« Deshalb ergeht die Mahnung: »Stehe nicht auf dir selbst, sondern stelle deine Hoffnungen auf Gott.« Deshalb spricht der Fromme Jesus an: »Ich suche nicht deine Gabe, ich suche Dich.«

In all diesen Zitaten kommt das »reformatorische« Anliegen der »Extra-Dimension« zur Sprache; daß der Mensch nicht in sich Sicherheit sucht, sondern außerhalb seiner, in Gott. Am deutlichsten wird das in den Worten zur Anfechtung, die alle vier Bücher durchziehen: »Wenn du nicht dein Herz geradlinig auf Mich hin öffnest«, hört der Beter Jesus sprechen, »mit dem reinen Willen, alles zu erleiden wegen Meiner . . .« »Denn ohne Schmerz lebt man nicht in der Liebe.« Gewiß, die Sprache klingt anders als bei Luther, dialogischer, unmittelbarer; aber das Anliegen ist das gleiche: Der Mensch hat nichts vorzuweisen, sondern alles von Gott zu erwarten.

Diese Vier Bücher von der Nachfolge Christi waren bis in unsere Zeit das große Erbauungsbuch und gelten immer noch als geistliches »Grundbuch« katholischer Frömmigkeit – man denke an Papst Johannes XXIII. oder Johannes Paul I. Es ist also zu vermuten, daß auch die mystische Erfahrung im katholischen Raum nicht aus dieser dialogischen Spannung von »Schaue ich mich an, kann ich nichts – vertraue ich auf Gott, wird mir Kraft zuteil« herausfällt. Man muß eher im Gegenteil annehmen, daß die Anti-Mystik-Polemik evangelischer Theologen (schon des späteren Luthers) zum großen Teil ein Mißverständnis war; ein Mißverständnis dessen, was Mystik bedeutet, und ein Mißverständnis der Sprache, in der die katholische Mystik sich ausdrückt. Aber wie konnte denn das, was man im Christentum gemeinhin mit »Mystik« bezeichnet, in den Verruf kommen, dem Wort und dem christlichen Glauben zu widersprechen, wie Emil Brunner schrieb?

Erfahrungsweisheit

Eine zweite Bemerkung soll einen Hinweis dazu geben. In der Gestalt Luthers wie in den drei zu behandelnden katholischen Mystikern kommt etwas zum Tragen, was für die Zukunft des Christentums wie auch für die Zukunft der Menschheit von immer größerer Bedeutung wird: Die Reflexion und das Bewußtwerden von »Erfahrung«. Natürlich gab es immer schon »Erfahrung«; sie gehört zum Menschen. Aber die Reflexion von und das bewußte Bauen auf Erfahrung ist Merkmal der Neuzeit.

Die geistliche Theologie, als Besinnung auf die »Erfahrungsdimension« des Glaubens, wird erst seit dem sechszehnten Jahrhundert möglich. Die großen »mystischen« Schriften der Patristik sind typologischer Art; am Leben des Moses und in den Bildern der Schrift wird das geistliche Leben aufgezeigt. Pointiert gesagt: Man richtete damals das reflexe Augenmerk nicht auf die Innen-Erfahrung, sondern auf die Lehre, die Geschichten, die Bilder, die Sprache, die Spekulation – und darin erst, gleichsam im zweiten Ansatz, las man die eigenen Erfahrungen. Das Glaubensbewußtsein und die Erfahrungssicherheit waren so unbeirrbar, daß man kaum darüber nachzusinnen brauchte. Gewiß entdeckte man in den Bildern und Erzählungen auch viele Fakten der unmittelbaren Erfahrung – aber die Grundintention war eindeutig auf das »Objektive« gerichtet.

Ein kleines Beispiel: Bei Johannes Tauler[6] finden heutige Psychologen voll Staunen eine Entsprechung der midlife crisis[7], der Krise der vierziger Jahre, als der Entscheidungszeit. Doch Tauler schöpft zuerst aus der allegorischen Theologie, nicht aus der Erfahrung. In der christlichen Tradition haben die Zahlen vierzig und fünfzig als allegorische Wahrheit ihren angestammten Platz. Im Register eines der wichtigsten Nachschlagewerke des Mittelalters, bei Rhabanus Maurus[8], heißt es: »Quadrigenarius numerus semper afflicationem denotat – exemplis comprobatur. (Die Zahl vierzig bedeutet immer Anfechtung – was durch Beispiele erhärtet wird.)« Und zur Zahl fünfzig als Synthese nach der Anfechtung bringt Rhabanus Maurus in seinem Exodus-Kommentar das gleiche Beispiel, bei dem auch Tauler ansetzt: »Im Neuen Testament kommt die Gnade des Heiligen Geistes, wie wir wissen, am Pfingsttag, das ist der fünfzigste Tag nach der Auferstehung des Herrn, über die Apostel und heiligt den Anfang der werdenden Kirche durch seine Ankunft. Daher steht fest, daß durch diese Zahl die Gnade des Heiligen Geistes mit Recht bezeichnet wird, oder auch die Freude künftiger Herrlichkeit, wohin man ja durch die Gabe des Heiligen Geistes geführt wird, und wo man dann endgültig zur Ruhe und Freude gelangt.«

Sicher hat Tauler oder sonstwer vor ihm neue Akzente gesetzt; aber die Texte zeigen, daß er seine Theologie abliest an der allegorischen Bedeutung von 40 und 50 – und darin die Innenerfahrung eines Menschen zwischen 40 und 50 findet.

Genau diese Blickrichtung ändert sich mit dem auslaufenden Mittelalter und dem Beginn der Neuzeit: Erfahrung kommt nicht mehr aus dem objektiven Wissen und Glauben auf den Menschen zu, sondern wird in sich selbst wahrgenommen, analysiert und bewertet. Eine entsprechende Entwicklung kann man auf allen Gebieten feststellen; auch die Naturwissenschaft löst sich immer stärker von den theoretischen Spekulationen und wird zur Experimental-Erfahrungswissenschaft. Gerhard Ebeling[9] hat in wichtigen Aufsätzen gezeigt, daß auch Luther von hierher zu deuten ist. Das Lob, daß der Reformator Johannes Tauler spendet, weil er eine »sapientia experimentalis, et non doctrinalis« lehre, eine Erfahrungsweisheit und kein Schulwissen, trifft ihn, Luther, wohl viel stärker als den 200 Jahre älteren Dominikanermönch.

Das Thema »Erfahrung« wird im Laufe der Jahrzehnte immer vordringlicher – natürlich gerade bei den Christen, die sich in engagierter Weise um bewußtes christliches Leben mühten, also bei den »Mystikern«. Daß Luther manches an der christlichen Mystik – zweifelsohne nicht alles – zu Unrecht kritisiert hat, ist seinem Temperament und der Einseitigkeit jeden Neuansatzes nachzusehen; unverzeihlich ist allerdings, daß man auch heute noch die große christliche Mystik mit den Augen des Subjektivismus liest und damit Luther wie all die anderen verkennt.

Man isoliert dabei gleichsam das eine Element der »Erfahrung«, die »subjektive Innerlichkeit« vom Gesamtvollzug und scheidet alles andere als »dogmatischen Überbau« oder »kirchlichen Hemmschuh« aus dem Phänomen der reinen Mystik aus. Dann bleibt natürlich ein Bild von Mystik zurück, das der Lehre Jesu Christi und der Lehre von Jesus Christus entgegensteht. Eine solche »Mystik« läßt sich mit dem Hören auf das Wort nicht mehr vereinen. Sie ist reine Erfahrung, ohne Bezug, ohne Dialog.

Doch christliche Mystik bestand immer im Bezug, im Angesprochensein, im Von-sich-Wegblicken. Man kann auch bei den drei großen vorzustellenden katholischen Zeitgenossen Luthers entdecken, wie die Extra-Dimension der lutherischen Theologie mitten in der Erfahrung entdeckt und im Laufe der

Erfahrung immer bestimmender wird, wie also in einem anderen Sprachspiel eben das ausgedrückt wird, was ein christliches Herzensanliegen Luthers war. Wir müssen lernen, auf neue Sprachgestalten hinzuhören, wenn wir uns finden wollen.

Dunkle Nacht

Aufgrund seines Lebens wurde Johannes vom Kreuz, wie er sich nannte, am 26. Dezember 1726 heilig gesprochen; aufgrund seiner mystischen Schriften erklärte ihn Pius XI. zum Kirchenlehrer. Wir haben in dem spanischen Karmeliten, der von 1542 bis 1591 lebte, einen Kronzeugen katholischer Mystik. Über sein Leben sei nur berichtet, daß er sich von Teresa von Avila für das Reformwerk des karmelitischen Lebens begeistern ließ; daß er sich ein ganzes Leben lang für ein strengeres, mehr zurückgezogenes und innerliches Mühen um das kontemplative Leben einsetzte. Er wurde von seinen Gegnern erbittert bekämpft, kam in erniedrigende Klosterhaft – wo er seine großen Gedichte verfaßte – und wurde erst nach seinem Tode anerkannt.
Mit dem Stichwort »Gedichte« ist ein Erstes und Wichtiges gesagt: Man verkennt den Heiligen, wenn man ihn von seinen langen und oft langweiligen theologischen Erörterungen deutet – dort verstellt oftmals der theologische Überbau thomistisch-neuplatonischer Systematik die eigentliche Intention. In seiner Poesie, die Weltgeltung hat, zeigt der Heilige unmittelbarer und richtiger seine Erfahrung. Er selbst betont es in seiner Vorrede zu den Erläuterungen seines »Geistlichen Gesangs«: »Da nun diese Kanzonen aus überströmender mystischer Einsicht entsprungen sind, können sie nicht angemessen erklärt werden.«
Die Gedichte aber sind – abgesehen von dogmatischen Versen – Liebeslieder oder Verse über die Dunkelheit der Gottesbegegnung:

»Vergessend das Erschaffene
den Schöpfer erinnernd
auf das Innere achtend.
liebend den Geliebten lieben.«

In anderer Übersetzung:

»Vom Erschaffenen sich befreien,
des Erschaffers nur gedenken!
Wach ins Innere sich versenken,
Liebe dem Geliebten weihen!«

Es wäre also falsch – obgleich es oftmals geschieht –, die Gedichte von der theologisch-abstrakten Ausdeutung des Heiligen her zu interpretieren und damit das dialogisch-ekstatische Element abzuschwächen. Die theologischen Ausdeutungen müssen von der Erfahrung her verstanden werden, die sich zuerst in der Poesie der Gedichte niedergeschlagen hat – diese aber ist eine Erfahrung, die aus der Selbstversunkenheit zum Gegenüberstehenden hinausschreitet. Dieses »aus-sich-heraus«, also das lutherische »Extra« im dynamischen Vollzug, ist es auch, was »Nachterfahrung« ausmacht. Sie gilt als die typische Eigenart der mystischen Theologie und noch mehr der Erfahrung des Heiligen. Sein Mitbruder Lucien-Marie de Saint-Joseph schreibt dazu:

»Die geistige Nacht muß in ihrem ganzen Umfang verstanden werden als die Negativ-Seite einer positiven Wirklichkeit: der Glaube . . . So ist der Glaube das einzige Mittel, wodurch die Seele sich in ihrer Geistigkeit mit Gott vereinen kann . . . Diese Verehrung des Glaubens ist der Grund für die Askese, die so typisch ist in der Lehre des Heiligen; er will, daß alles abgelegt wird, das nicht im Range des reinen Glaubens steht; die Kraft dieser Negation aber kommt aus dem Hingerichtetsein auf die absolute Transzendenz Gottes. Diese Negation ist auch die Quelle der Dynamik, die durch die Seele zum Aufstieg auf den Karmelberg geführt wird; sie begründet die Abweisung von allem, was weniger ist als Glaube[11].«

Hören wir Johannes vom Kreuz selbst: »Denn wie schon gesagt: die Seele vereinigt sich mit Gott in diesem Leben nicht durch Verstehen, noch durch Genießen, noch durch Vorstellungen, noch durch irgend etwas Sinnenhaftes, sondern nur verstandesmäßig durch den Glauben, gedächtnismäßig durch die Hoffnung und willensmäßig durch die Liebe.«

Die »Extra-Dimension«, das »sola fide« (»allein durch den Glauben«), läßt sich wohl nicht radikaler ausdrücken – obgleich die Sprache scholastisch mit den drei Seelenkräften umgeht. Übersetzt in ein Sprachspiel der Moderne, das uns aber auch näher an die Poesie der Gedichte des Heiligen heranführt, zeigt sich diese »dunkle Nacht des Geistes« als ziemlich genau das Gegenteil von dem, was gewisse »Mystik«-Definitionen in den Raum stellen: Es ist kein Verschmelzen mit der Gottheit, keine Bewußtseinserweiterung in kosmische Dimensionen; kein methodisches Sich-Heranschleichen an Letzterfahrungen; kein Versinken in eigener Subjektivität. Alles, was man als Mensch Gott vorweisen könnte, muß beseitegelassen werden; nicht der Mensch, sondern Gott bewirkt die Reinigung, das Beseiteschaffen und Leerwerden – dies so sehr, daß M. Mallory im Anschluß an frühe Schüler des Johannes vom Kreuz geradezu von einer »Anti-Methodologie«[12] sprechen kann.

Je tiefer der Mensch in dieses Leerwerden hineingeführt wird, desto eindeutiger wird auch, daß Gott allein diese Reinigung wirkt. Johannes drückt das in der Terminologie des »Lichts« aus. »Das übernatürliche und göttliche Licht erzeugt um so mehr Finsternis in der Seele, je klarer und reiner es ist; . . . « Je mehr Gott als alleinwirkend erfahren wird, um so stärker geschieht das Leer- und Bloß-Werden des Menschen. Was sich zu Beginn noch wie eine Askese vom Menschen her ausnahm, zeigt sich als alleiniges Wirken des göttlichen Lichts, als »sola gratia« (»allein durch die Gnade«).

Die Dunkelseite entspricht der Helligkeit: Je heller Gott wird, desto dunkler wird die Reinigung erfühlt. Das ist das »simul justus et peccator« in einem anderen Begriffssystem.

Es ist schwer zu entscheiden, ob für den Heiligen die »dunkle Nacht« überstiegen werden kann zur Helligkeit; ob das »simul peccator« einmal überboten wird in ein reines Verzücktsein von Gott. Sicher aber meint es Johannes nicht so, daß der Glaube in seiner Dunkelheit überwunden werden könne durch mystisches Schauen.Im Gegenteil: Oft genug bekennt er, daß der Glaube die Krönung der Mystik sei und nicht umgekehrt. Denn alles fließt aus Gott. Johannes vom Kreuz schildert die Spitze der Erfahrung in seinem abschließenden Buch, »Die lebendige Flamme«:

»So wirkt die Seele in Gott durch Gott, was er in ihr durch sich selber wirkt; und sie tut es auf seine Weise. Denn der Wille der beiden ist eins; und so ist Gottes Wirken eins mit ihrem Wirken. Wenn Gott sich demnach mit freiem, gnadenreichem Willen ihr hingibt, so tut sie das gleiche, kraft ihres Willens, der um so freier und freigebiger ist, je mehr er mit Gott geeint ist: in Gott schenkt sie Gott an Gott selber ... Gott in seiner Huld gab sich selber hin. Und so kann sie ihn als ihr Eigen gemäß ihrem liebenden Willen verschenken und mitteilen: so gibt sie ihn ihrem Geliebten, gibt ihn an Gott selber, der sich ihr hingab. Nach ihrem Willen gibt sie ihm soviel zurück, wie sie von ihm empfängt; und so zahlt sie Gott zurück, was sie ihm schuldet.«

Im Schreiben des Textes bemüht sich Johannes vom Kreuz, alles in Gott hineinzuverlegen: von dort her geht alles aus und von dort her kommt alle Kraft; ja, Gott ist das einzige überhaupt, worüber zu sprechen sich noch lohnt.

Der Wortlaut der Ausführungen kann allerdings nur im Denk- und Lehr-Gebäude des Heiligen begriffen werden. Besonders die Auffassung von den Seelenkräften bereitet uns Schwierigkeiten. Was Johannes nämlich oben beschrieben hat, gehört zur Seelenkraft des Willens und nicht zu der anderen Seelenkraft, die er Verstand nennt; Verstand aber – in der damaligen Auffassung – beinhaltet alles das, was wir Fühlen, Erfahren usw. nennen würden – auch von Gott. Der Wille (mit dem Höhepunkt des Liebens) ist die Fähigkeit des Überstiegs, des »Extra«, während der Verstand die Fähigkeit des Hineinnehmens in die eigene Innerlichkeit meint, und dieser »Verstand«, also das Einsehen und fühlende Begreifen, bleibt dunkel.

Im »Geistlichen Gesang« vergleicht Johannes den Glauben unseres Lebens mit Silber, während dasjenige, was wir glauben, Gold sei:

»Diese Substanz, die von dem Silber des Glaubens überdeckt ist, sollen wir im anderen Leben erschauen und genießen, wenn der goldene Kern des Glaubens offen daliegt ... Der Glaube teilt uns Gott selbst mit, wie unter einer Silberhülle.

> Doch auch so gibt er uns Gott in Wahrheit, so wie jemand, der ein übersilbertes Goldgefäß verschenkt, in Wahrheit ein Goldgefäß verschenkt hat.«

Der Bereich der Erfahrung kann nach Johannes in diesem Leben niemals das Gold Gottes selbst anrühren.

> »Allein außer dieser Zeichnung des Glaubens gibt es eine andere, eine Zeichnung der Liebe in der Seele des Liebenden, im Bereich des Willens; dort ist die Gestalt des Geliebten abgebildet, und – wenn die Liebeseinigung vollzogen ist – so innig und lebendig festgehalten, daß wirklich der Geliebte in dem Liebenden lebt und der Liebende in dem Geliebten- . . . Denn in der Einigung und Umwandlung der Liebe gibt jeder sich dem anderen zu eigen; ein jeder gibt sich auf und gibt sich hin und wechselt in den anderen hinüber.«

Johannes vom Kreuz betont mit undiskutierbarer Eindeutigkeit den grundsätzlichen, bleibenden Abstand zu Gott in Einsicht und Erfahrung. Die Einigung mit Gott aber liegt im Willensbereich der Liebe; was Johannes Einheit mit Gott nennt, ereignet sich nicht dort, wo vielleicht ein Einheitserlebnis schwingt, sondern vor allem und entscheidend an der Stelle, wo der Wille aus der eigenen Subjektivität hinaussteigt und den dunklen Gott bejaht – eine Bewegung, die nach Johannes vom Kreuz in ihrem Höhepunkt den Namen Liebe trägt, die zusammenfällt mit der »dunklen Nacht« von Einsicht und Erfahrung. Was dann allerdings noch an Erfahrung, Erleben usw. geschenkt werden kann, ist sekundär gegenüber dieser Grundstruktur. Es ist nicht nötig darzustellen, daß dies mit monistischen Zügen nichts zu tun hat, sondern Luthers »Extra« meint.

Jesusfreundschaft

Wer das Freundespaar, Johannes und Teresa von Avila, charakterisieren wollte, müßte der Heiligen aus Avila den aktiven und schöpferischen Part zuweisen, während dem Johannes die stille und zurückgezogene Gelehrtenrolle zukäme. Man muß sich aber hüten, daraus nur eine Art von Geschlechter-Ideologie oder Anti-Ideologie zu machen.

Teresa, die eine Generation vor Johannes im Jahre 1509 geboren wurde, ist in ihren Erfahrungen und ihren Schriften ganz und gar sie selbst, als Frau. Man darf das Fehlen fachtheologischer Universitätsbildung als einen Glücksfall ansehen: So nämlich schrieb sie ihre Erfahrungen unmittelbar, ohne theologische Befrachtung, nieder. Als Heilige wurde die, 10 Jahre vor Johannes vom Kreuz, 1582 Gestorbene schon früh, als Kirchenlehrerin allerdings erst 1970 anerkannt. Es gibt nur wenige Menschen, denen die Einheit von Erfahrung und Leben, von Tätigkeit und Gebet so sehr geglückt ist wie Teresa von Avila. Ihre beiden selbstbiographischen Bücher sind durchzogen von der Lehre des Gebets; und ihre mehr systematischen Werke sind nur auf dem biographischen Hintergrund zu verstehen.
Auch ihre Mystik deckt sich weithin mit ihrer Biographie, was sie auch an ihrem vibrierenden schriftstellerischen Stil erahnen läßt. Leicht fällt es daher, sich von ihren Worten ergreifen zu lassen; schwer allerdings, sie in eine Systematik zu pressen.
Sie ging durch mehrere Wenden oder Bekehrungen: Der Eintritt ins Karmelitinen-Kloster von der Menschwerdung zu Avila, 1535. Etwa 20 Jahre später, 1554, eine erneute Wende, vor dem Bild des »schwer verwundeten Christus«, die Entscheidung für ein inneres Leben. 1560 wird eine Höllenvision zum Ausgangspunkt der reformatorischen Tätigkeit. Sie gründet Kloster um Kloster, reist umher, zeigt sich als vorzügliche Diplomatin und führt zuletzt ihre Sache zum Sieg: Es ist die Sache der Gottesbegegnung, des gemeinsamen Lebens, um darin die persönliche Gotteserfahrung zu pflegen. Zugleich ist es eine Sache des apostolischen, kerygmatischen Lebens. Teresa ist überzeugt, daß ihre Karmelklöster, wie die in strenger Abgeschiedenheit lebenden Schwestern-Gemeinschaften heißen, einen wichtigen Dienst für den Glauben der Kirche zu leisten haben, den Dienst des Gebets.
Man kann überhaupt ihr Anliegen, ihr Leben und ihr Werk kaum verstehen, wenn man nicht die ständig wechselnde Einsicht in die Einheit von Gotteserfahrung und Sorge für die Menschen, von Kontemplation und deren Ausgerichtetsein auf soziale Verantwortung vor Augen hat. Die Schriften der Teresa sind davon durchzogen. Schon dieser Zug der Kirchenlehrerin

zeigt, daß die einfache Typisierung in kontemplativ-mystisch-introvertiert und aktiv-sozial-extravertiert, die man nach C. G. Jung und anderen in vielen Darstellungen der Mystik findet, fehlgreift. Das Aufbrechen der Gotteserfahrung zur Aktivität für Gott und für die Menschen läßt auch vermuten, daß wir in Teresas Erfahrung das mit der »Extra-Dimension« Martin Luthers Gemeinte wiederfinden können.
Teresa beruft sich mehrmals auf ein Grunderlebnis, das ihr Leben änderte und das – was hier wichtig ist – den Angelpunkt ihrer Lehre von der Gotteserfahrung bildet. In ihrer Autobiographie beschreibt sie es folgendermaßen:

»Jene Lehrer (es waren hochangesehene geistlicher Meister, denen Teresa ihre Wende zur Innerlichkeit verdankt) . . . raten nun solchen Personen dringend an, sich von jeder körperlichen Vorstellung loszumachen und sich zur Beschauung der Gottheit zu erheben; denn, so sagen sie, die körperlichen Vostellungen, selbst jene von der Menschheit Christi nicht ausgenommen, würden diejenigen, die schon so weit vorangeschritten sind, an der vollkommenen Beschauung hindern . . . Jene Lehrer meinen also, es könne alles Körperliche die vollkommene Beschauung nur hemmen und hindern, weil diese ein rein geistiges Werk sei; man solle sich darum auf allen Seiten von Gott umgeben und ganz in ihn versenkt betrachten. . . Sobald ich . . . ein wenig das übernatürliche Gebet, ich meine das Gebet der Ruhe, kostete, suchte ich mich von allen körperlichen Gegenständen abzuwenden . . . (ich) befliß mich, da ich Gottes Gegenwart zu fühlen glaubte und auch wirklich fühlte, in ihm gesammelt zu bleiben. Diese Gebetsweise ist, wenn Gott dazuhilft, sehr schmackhaft und wonnevoll. . . Deshalb hätte mich auch niemand bewegen können, zur Betrachtung der Menschheit Christi zurückzukehren, da ich damals wirklich meinte, es wäre mir dies ein Hindernis. Wäre ich . . . dabei stehengeblieben, so würde ich, wie ich glaube, nie zu dem Stand gelangt sein, in dem ich mich jetzt befinde; denn nach meinem Dafürhalten ist jene Lehre ein Irrtum . . . Herr meiner Seele und mein höchstes Gut, du gekreuzigter Jesus! Nie denke ich ohne Schmerz an diesen von mir gehegten Wahn, der mir wie ein großer Verrat vorkommt, den ich, obgleich unwissend, an dir begangen habe. . .«

Zwei Weisen des Gebets, oder sagen wir der Gotteserfahrung und Mystik, werden geschildert. Die eine, das Ausruhen in einem undifferenziert genommenen Gegenwartsfühlen, entspricht der gängigen Vorstellung von Mystik; die andere, die Begegnung mit Jesus, wird von vielen Theoretikern der Mystik nur vorläufig, nur anfängerhaft, hingestellt. Für Teresa aber ist diese Begegnungserfahrung der Höhepunkt, ja sogar das eigentliche Kriterium dafür, daß die andere reine »ungegenständliche« Gegenwartserfahrung für sich alleine trügerisch ist . . . »Ich habe gesehen«, schreibt sie in der »Inneren Burg«, »daß Satan mich eben damit betrügen wollte . . . Und schaut, ich wage es zu sagen, daß ihr niemand glauben solltet, der euch darüber etwas anderes sagt. . .«

Für die Kirchenlehrerin der Mystik ist die Spitze der Gottesmystik die Begegnung mit Jesus – und sie schreibt zur innersten Wohnung »ihrer Seelenburg«, daß dieses Gegenüberstehen von Jesus, das für sie in dem Wort »Menschheit« mitgesagt ist, bleibendes Merkmal des Gipfels der mystischen Gotteserfahrung sei.

Anderswo beschreibt sie diese Erfahrung:

> »Es kann geschehen, daß die Seele, während sie mit keinem Gedanken daran denkt, ihr könnte eine solche Gnade widerfahren, ja sogar, wenn sie niemals der Meinung war, eine solche zu verdienen, plötzlich Jesus Christus, unseren Herrn, an ihrer Seite fühlt, obgleich sie ihn nicht sieht, weder mit den Augen ihres Leibes noch mit denen der Seele«.

Wir können es eine Begegnungserfahrung nennen; den anderen vor oder neben sich selbst sehen, spüren, erfahren – obgleich das Ganze sich im Innersten des Herzens abspielt. Zwei Züge zeigen deutlich, daß hier – in personalen Kategorien – das gemeint ist, was Luther mit »Extra-Dimension« des Glaubens wohl auch anzielte:

Einmal die Freiheit der Erfahrung – sie wird geschenkt und man »erfährt« den Schenker. Und dann die schwer zu beschreibende Eigenschaft, daß die Erfahrung nicht im eigenen Selbst eingeschlossen ist, sondern dieses übersteigt und im Anderen, im Begegnenden, in Jesus, wurzelt. Wiederum: das Sprachspiel ist das einer theologisch nicht gebildeten Frau. Aber was geschildert wird und was ein Mann wie Martin Buber nicht mehr Erfahrung, sondern nur noch Begegnung nennen möchte, entspricht dem von Luther Angezielten.

Kirchengehorsam[14]

In mancher Beziehung kommt die Mystik Ignatius' von Loyola, des Gründers des Jesuitenordens, dem Ansatz Luthers noch näher. Er gehört in eine Generation vor Teresa von Avila, wurde 1491 geboren und starb 1556. Erst seine Schüler traten mit Teresa von Avila in Verbindung. Und erst spät nach seiner Bekehrung kam er in Berührung mit der Reformation.

Daß sein Leben von mystischer Gotteserfahrung geprägt ist, zeigen nicht nur die Notizen seines Tagebuches und der von ihm diktierte Pilgerbericht; es zeigen auch die Verhöre vor der spanischen Inquisition, unter der er im Anfang seines Wirkens stand. Ignatius wurde verdächtigt, ein Alumbrado zu sein, also einer aus der Sekte des »freien Geistes«, wo man die Erfahrung von Gott im eigenen Selbst über und gegen äußere Gebote und Worte stellte. Das entspricht zum Teil demjenigen, wogegen Luther sich in seinem Kampf mit dem Schwärmertum wandte und das »äußere« Wort, das »Verbum externum«, herausstellte. Doch der Kern der ignatianischen Mystik ist ganz und gar nicht schwärmerisch, introvertiert, subjektivistisch. Und so entwickelte der Heilige aus den verkennbaren Uransätzen und Urerfahrungen das Buch der »geistlichen Übungen«, also eine Anleitung zur »Erfahrung« dessen, was Gott von »mir«, dem Exerzitanten, fordert, ähnlich wie auch Luther ständig fragt: »Quid ad me?« (»Was bedeutet es mir«?) Und so wuchs aus seiner Seelsorge die Ordensgemeinschaft der Jesuiten, der man vieles, aber kaum Schwärmerei und Introvertiertheit, nachgesagt hat.

Wie wurde aus dem der »Schwärmerei« Verdächtigten (und in einigen Punkten auch dazu Anlaß Gebenden) ein kluger Diener der Kirche? Wie entfaltete sich eine mystische Erfahrung, die

wie reiner Subjektivismus sich ausnahm, zur Gehorsamsmystik, die sich total dem Objektiven unterwarf? Mir scheint, die Antwort ist einzig und allein: Ignatius erfuhr von Anfang an den Anderen, Gott, in seiner Freiheit, Jesus in seinem Ruf. Und mag dieser Pol zu Beginn des mystischen Weges des Ignatius noch weniger bewußt gewesen sein, in ihm birgt sich, wie in einem Kern, das, was man Gehorsamsmystik nennt.
Bleiben wir bei dem Buch, wohinein Ignatius sich ganz gab, dem Buch der »Geistlichen Übungen«. Es ist eine spröde Schrift (Ignatius ist einer der seltenen Mystiker, dessen ungelenke Sprache seine hochpoetische Veranlagung so gut wie völlig verdeckt). Aber es bietet den genauesten Niederschlag der ignatianischen Mystik. Es hat zwei Komponenten: eine objektive, was der Betrachtende meditieren soll; und eine subjektive, was sich in ihm dabei ereignet.
Ignatius setzt seinen Exerzitanten auf die Gestalt des biblischen Jesus. Er soll nichts tun, als das Leben Jesu – von der Menschwerdung bis zur Himmelfahrt – meditieren. Er soll es aber in einer bestimmten Ausrichtung meditieren, nämlich als Anspruch, als Ruf. Modern gesagt: er soll es nicht ästhetisch oder intellektuell, sondern existentiell meditieren. Eine sogenannte »erste Woche« bereitet dies vor: Wer bis du Mensch? Das Geschehen der Exerzitien aber spielt sich in der zweiten bis vierten Woche ab. Im Text der Exerzitien stehen zwar auch einige andere Anweisungen; doch man hat ausgerechnet, daß Ignatius für keine von ihnen eine ausdrücklich benannte Zeit der Meditation einräumt – die gehört ganz und gar der Betrachtung des Lebens Jesu. Ignatius bemüht sich auch, diese Betrachtung möglichst persönlich und existentiell zu gestalten. Man soll sich in die Lage begeben, in der man am besten meditiert; man soll sogar die Atmosphäre des Ortes, wo man meditiert und betet, dem (frohmachenden oder schmerzlichen) Stoff der Meditationen anpassen.
Natürlich steht Ignatius auf dem Boden der damaligen Exegese. Auch er war trotz seines ihm aufgezwungenen Studiums kein Theologe – glücklicherweise können wir sagen, wie bei Teresa von Avila. Deshalb ist der Umgang mit der Heiligen Schrift nicht so, wie er im zwanzigsten Jahrhundert wohl vonstatten

gehen müßte, und wie es Luthers Genie oftmals erahnte. Aber gerade deshalb ist es erstaunlich, daß die Exerzitien – anders als andere ähnliche Übungsbücher und -anweisungen, die vorher geschrieben wurden – so ganz und restlos das Leben Jesu zur Meditation vorlegen. Das beruht auf der ignatianischen Gottes-Erfahrung – vielleicht einmal zu Beginn in einem überwältigenden mystischen Erleben geschenkt, aber sicherlich durch ein Leben von Erfahrung gereinigt und geformt.

Die subjektive Komponente ist noch interessanter für eine Strukturanalyse, der ignatianischen Mystik. Sie wird – wie schon gesagt – für den Exerzitanten kaum einmal ausdrücklich gemacht, sondern unterliegt einer vorsichtigen, gleichsam begleitenden Beobachtung. Die Frage lautet: Was geschieht, wenn einer sich bewußt in die Meditation des Lebens Jesu vertieft? Ignatius ist der festen Überzeugung: Gott wird ihm begegnen im Ruf – mag der Ruf vernehmbar sein oder auch nicht mehr in die Erfahrung eindringen. Wenn letzteres sich ereignet, dann – so sagt Ignatius – ruft Gott dich in deiner freien, verantwortlichen Entscheidung vor dem dunkel bleibenden Geheimnis. Hier ist der Wille Gottes. Auch das läßt wiederum die lutherische Extra-Dimension in einer allerdings typisch jesuitischen Sprachform erahnen.

Aber Ignatius war der Überzeugung, daß eine irgendwie geartete Erfahrung von Gott und seinem Willen die fast notwendige Frucht der Meditation des Lebens Jesu sei. Wie könnte man sich auch so intensiv mit dem lebendigen Jesus beschäftigen, ohne daß diese personale Begegnung als Begegnung erfahren würde? Die »reine« Form einer solchen Mystik geschieht nach Ignatius dann,

> »wenn Gott, unser Herr, den Willen so bewegt und anzieht, daß diese fromme Seele dem Gezeigten folgt, ohne zu zweifeln noch zweifeln zu können; so wie es der heilige Paulus und der heilige Matthäus getan haben, als sie Christus, unserem Herrn, nachfolgten«.

Hier also taucht eine Sicherheit der Erfahrung auf, die so stark ist, daß der Mensch nicht mehr zweifeln kann. – Mit solchem Anspruch traten die Alumbrados auf, die ihre eigene Erfahrung gegen Kirche und Bibel stellten. Eine solche Erfahrung in der eigenen Innerlichkeit, wo man die Stimme Gottes zu hören glaubt, ist genau dasjenige, was ein Emil Brunner als nicht-, ja sogar als antichristlich ablehnt. Das Wort der Schrift, die Überlieferung wird machtlos und belanglos vor diesem Göttlichen, was im Menschen lebendig wird.

Es wäre falsch, nun Abstriche zu machen, als habe Ignatius es doch nicht so direkt und unbezweifelbar gemeint. Wer diese seine Erfahrung verstehen will, muß sie aber mit der dialektisch-anders liegenden Überzeugung konfrontieren, die in den gleichen Exerzitien zu finden ist. Sie findet sich besonders in der berühmt-berüchtigten dreizehnten Regel zum »Gespür« für die kämpfende Kiche. Dort heißt es: »Wir müssen immer festhalten, um in allem das Rechte zu treffen: Von dem Weißen, das ich sehe, glauben, das es schwarz ist, wenn die hierarchische Kirche es so bestimmt.« Das klingt vom Wortlaut her wie das genaue Gegenteil zum vorher Zitierten. Vorher absolute Sicherheit aus der Innenerfahrung heraus; jetzt ebenso absolutes Vertrauen – sogar gegen die Evidenz der Erfahrung – auf ein Wort, das von außen herkommt. Das erste entspräche der Sicherheit der Alumbrados oder der Schwärmer; das zweite läge in Richtung der lutherischen Sicherheit auf das von außen kommende Wort, das Verbum Externum (das allerdings bei Ignatius sehr ausdrücklich nur im Raum der Kirche klingen darf).

Es ist gut, daß Ignatius nicht der scholastische Theologe war, der nun diesen offensichtlichen Widerspruch aufzulösen versuchte. Er ließ ihn in den Exerzitien stehen und dokumentierte damit eine Erfahrung, die nicht in reiner Begrifflichkeit, auch nicht in der der Theologie, aufgeht. In der zuletzt zitierten Stelle spricht er den Grund dieser widersprüchlich scheinenden Aussagen aus: »Wir glauben, daß zwischen Christus unserem Herrn, dem Bräutigam, und der Kirche, seiner Braut, der gleiche Geist ist, der uns leitet und lenkt zum Heil unserer Kirche.« Für ihn ist die Innenerfahrung, bei der manche Theoretiker der Mystik allein stehenbleiben, nur Teil, Brückenkopf der ganzen mystischen Erfahrung. Der andere Teil, der andere Brückenkopf, ist Christus, unser Herr in seiner Kirche.

Es ist also nicht nur einseitig, sondern in der Einseitigkeit falsch, wenn einer die Mystik von der Subjektivität, der Innenerfahrung her definiert. Der andere Pol, Jesus Christus – in seiner historischen Gestalt und fortlebend in seiner Kirche –, gehört mit in die Definition des mystischen Erlebens hinein. Ich erfahre – erlebe also nicht einen in-sich-stehenden Zustand, sondern ich erlebe ihn, Jesus Christus; und das Erleben in sich ist, wie Ignatius sagt: geleitet und gelenkt vom Geist Gottes.

Es wäre ein wichtiges Unternehmen, diese Grundspannung der christlichen Mystik, also eine Erfahrung, die sich übersteigt, die sich öffnet, die »ekstatisch« aus-sich-herausgeht, nun in das theologisch-dogmatische Denken einzubringen. Ignatius deutet den theologischen Ort an: es ist die dogmatische Wahrheit vom dreifaltigen Gott, die sich in der mystischen Erfahrung niederschlägt.

Das Unternehmen würde aber abenteuerlich aufregend, wenn man andere mystische Erfahrungen einbrächte in die christliche Grunderfahrung. Sicherlich würde sich bald der klare Unterschied herausschälen: Echte Mystik, die sich übersteigt oder demütig ihre Offenheit anerkennt; falsche Mystik, die in der eigenen Erfahrung ausruht und sich hypothetisch als endgültiges Kriterium hinsetzt.

Doch dies kann hier nicht mehr getan werden. Hier ist nur noch einmal festzuhalten, daß auch in der Mystik des Ignatius von Loyola die »Extra-Dimension« eine zentrale Rolle spielt. Das Bauen auf eine Sicherheit außerhalb des eigenen Denkens und Erfahrens wird bei Ignatius sogar noch potenziert, weil es nun der in der Kirche fortlebende Christus ist, auf den er baut. Wir müssen dabei bedenken, daß Ignatius in einer Kirche lebte, die der Idealform einer »Braut« des göttlichen Bräutigams Jesu Christi kaum ähnlich war. Ignatius war ein Realist mit offenen Augen; er kannte die Makel seiner Kirche. Aber daß er dennoch in ihr, als sichtbare Gestalt Christi in der Geschichte, die Sicherheit seiner Erfahrung verankerte, zeigt, wie sehr er sich der »Extra-Dimension« seiner Mystik bewußt war.

– · –

Zweifelsohne wurde im Vorangehenden der Akzent auf das katholischen und evangelischen Christen Gemeinsame gelegt.

Es kann – und das ist das wichtigste Ergebnis – recht verschiedene Namen und Gestalten tragen: Von einem kirchlichen Gehorsam über eine Liebes- und Braut-Mystik bis zur lutherischen Insistenz, daß die Sicherheit des Glaubens »außerhalb«, in Gottes Zusicherung durch Jesus Christus liege.
In den Erfahrungsbereich, in die Mystik übertragen, meint dieser Akzent: Erfahrung von Beziehung; Erfahrung, die sich übersteigt; Erfahrung, die in Gott hinein versetzt ist und nicht mehr im Menschen alleine bleibt.
Mir scheint, damit ist ein Anliegen ausgedrückt, das von Luther und der katholischen Mystik seiner Zeit in die Gegenwart hineinragt: Unser christlicher Glaube braucht Erfahrung – vielleicht ist mit diesem Anliegen die Grundaufgabe für das Christentum von heute umrissen.
Aber es muß eine Erfahrung sein, in der die lutherische »Extra-Dimension«, das teresianische Bezogensein auf Jesus bestimmend ist für alles weitere[15].
Ob es nicht eines der Hoffnungszeichen für die Zukunft ist, daß sich evangelisches und katholisches Suchen nach der Gestalt des Christentums für heute so deutlich in einem Punkt zu treffen scheinen, der früher einmal wie eine Mauer zwischen beiden Kirchen stand? Ich glaube, die Beschäftigung mit der Mystik – allerdings die christliche Beschäftigung – kann viel dazu helfen, daß unsere Kirchen zueinander kommen.

Walter Nigg
»Eine Blume zu Saron«
Gerhard Tersteegen

Im Hohenlied Salomons singt die Freundin »Ich bin eine Blume zu Saron und eine Rose im Tal.«[1]

Buxtehude hat diesen Text in einer Kantate wundervoll vertont; man wird ganz beglückt, wenn man diese Musik innerlich in sich aufnimmt. Aller Wahrscheinlichkeit nach stammen die erwähnten Worte aus einem profanen althebräischen Liebeslied, das voll glühender Sehnsucht und inbrünstigem Verlangen ist. Die Christenheit deutete freilich dieses herrliche Lied schon früh im mystischen Sinn, zuerst in Beziehung auf die Kirche, später trat an ihre Stelle die Seele.

In dieser Tradition stehend, möchte ich dem Leser auch eine solch mystische Blume aus Saron überreichen, die den Namen Gerhard Tersteegen trägt. Es ist dies keine gekünstelte Deutung. Tersteegen liebte Blumen, ja er dichtete sogar ein schmuckes »Blumengärtlein«, worin gar artige Verse blühen. Er selbst war ein Mystiker – einer der wenigen Mystiker, die der Protestantismus aufzuweisen hat. Zwar ist es nicht leicht, über Tersteegen zu schreiben, besonders nicht, wenn dies mit Worten geschehen soll, die ihm entsprechen. Man muß dies behutsam und auf liebende Weise tun. Seine einmalige Gestalt mahnt gleich zu Beginn zur Vorsicht. Er selbst lehnte stets entschieden ab, eine Lebensbeschreibung über sich zu verfassen und wünschte von ganzem Herzen, daß der Name Gerhard Tersteegen von allen Menschen vergessen würde. Wer also über Tersteegen schreibt, tut es gegen seinen Wunsch. Dies ist nicht gerade eine angenehme Situation. Da er jedoch auch vielen vorbildlichen Christen ein Lied von der Blume zu Saron gesungen hat, kann es nicht unstatthaft sein, ihn einmal ganz leise unter dem Gesichtspunkt einer »Rose im Tale« zu schildern.

Von wo soll man denn Ausgang nehmen? Das Tersteegenhaus in Mülheim wurde im Zweiten Weltkrieg zerstört, danach im alten Stil neu aufgebaut. Bei meinem Besuch roch alles nach frischer Farbe. Von der Tersteegen-Atmosphäre war wenig zu spüren. Es ist ein Museum, das nicht als Ausgang dienen kann. Sollten wir uns in ein Gemälde von Tersteegen vertiefen? Aber es gibt gar kein Bildnis von ihm. Er ließ es nie zu, daß man ihn malte. Wir kennen nur schriftliche Schilderungen seiner hageren Gestalt im braunen Rock mit blassem Antlitz und leuchtenden Augen.

Man kann sich Tersteegen nur aneignen, wenn man von der eigenen Weltanschauung zunächst absieht und die innere Bereitschaft aufbringt, eine ganz andere Sicht zu erleben. Tersteegen wirft sich uns niemals an den Hals. Er läßt sich auch nicht als »Aktion« im »Warenhaus der Christenheit« anpreisen, zumal er sich stets in einer gewollten Verborgenheit aufhielt. Man muß die »Rose im Tal« suchen, sie sogar leidenschaftlich und von ganzem Herzen suchen, und dies will im übertragenen Sinn heißen, man muß hungern und dürsten nach dem mystischen Leben. Wenn man darin nicht vorzeitig aufgibt, steht man plötzlich vor der Gestalt Tersteegens, ist ganz benommen vor Freude und kann es nicht fassen, daß es eine solche Persönlichkeit einmal in der evangelischen Christenheit gegeben hat.

Noch eine andere Voraussetzung ist auf dieser liebenden Suche zu beachten. Tersteegen sagte einmal: »Ich bin, wie bekannt, kein zunftmäßiger Theologe, und bin nie auf Universitäten gewesen.«[2] Deswegen kann er auch nicht auf theologische Weise bewältigt werden, indem man ihn in eine Dogmatik einbindet oder ihn systematisch plattwalzt. Stecken wir doch eilig alle unsere theologischen Ellenstäbe in die Taschen, sie helfen uns hier keinen Deut und erweisen sich als ganz untauglich. Ich sage es ungern, aber ich muß es doch aussprechen: Was die Theologen gewöhnlich über Tersteegen äußerten, ist in der Regel nichts wert. Schon zu Lebzeiten meinte ein Theologieprofessor in Duisburg: »Der gefährlichste Ketzer unserer Zeit ist unstreitig jener Gerhard Tersteegen in Mülheim.« Der selbstbewußte »Pietistenhammer« Ritschl bewertete Tersteegen als eine »unregelmäßige Erscheinung«.[3] Andere Theologen urteilten ebenso unverständig. Man muß wenig von Tersteegen gelesen haben, um solche Ungereimtheiten zu behaupten.

Diese Theologen reden über Tersteegen wie der Blinde von der Farbe. Bei den verfehlten Aussagen denkt man unwillkürlich an die Worte eines Athosmönches, der sagte: »Das Verderben ist durch die Gelehrten in die Welt gekommen. Studierte Leute bringen alles in Unordnung.«[4] Doch unterlassen wir alle Polemik! Tersteegen selbst ließ sie auch auf der Seite, weil dabei doch nichts herausschaut. Sagen wir ganz ruhig: Tersteegen war ein ausgesprochener Mystiker; es kann von ihm nur in mystischer Sicht richtig gesprochen werden. Alle anderen Worte führen nicht zum Ziel. Schauen wir uns Tersteegen an, ohne nach rechts oder links zu blinzeln, ihn, der ganz sicher eine zauberhafte Blume im Garten Gottes war. Schauen wir sie so lange an, bis wir ihr Bild ganz in unsere Seele aufgenommen, und zwar so tief aufgenommen haben, daß es nie mehr daraus entschwinden kann.

Weg in die Einsamkeit

Um Tersteegen zu verstehen, muß man sein Leben kennen. Matthias Claudius schrieb in seinem »Wandsbecker Boten«: »Existenz ist die erste aller Eigenschaften.«[5] Diese Aussage hat nichts mit dem Existentialismus zu tun, der in der Zwischenkriegszeit von sich reden machte. Es handelt sich bei Tersteegen auch nicht um eine Idee, die sich zufällig in dem Manne aus dem Wuppertal verkörperte. Das ist hegelianisch gedacht und hat nichts mit Tersteegen zu tun. Bei ihm kommt es auf das Leben an. Mystik ist Leben, und wenn sie das nicht ist, so haben wir es mit bloßem Geschwätz zu tun, das nichts Solides abgibt. Freilich kann von Tersteegens Leben nur in gedrängter Form gesprochen werden. Bald nach seinem Tod hat ein ungenannter, ihm nahestehender Freund, eine Vita geschrieben. Sie ist zuverlässig, wenn wir auch gerne noch mehr wüßten. Sie ist neben seinen Werken und Briefen die einzige Quelle, an die man sich halten kann.

Tersteegen wurde 1697 in Moers als Sohn eines Kaufmanns geboren. Er mußte wegen des frühen Todes seines Vaters ebenfalls diesen Beruf erlernen, brach seine Schulzeit vorzeitig ab und trat bei seinem Schwager in die Lehre, der jedoch kein Verständnis für den Jüngling aufbrachte. Tersteegen wurde bald von seiner Verwandtschaft verachtet, weshalb sich die Verbindung zu ihr löste. Schon als Lehrling erwachte in ihm das religiöse Leben. Er begann zu suchen und brachte ganze Nächte mit Lesen und Beten zu. Nach Beendigung seiner Lehrzeit übte er jedoch seinen Beruf nur kurze Zeit aus. Es schien ihm, die Bedienung der Kundschaft zerstreue ihn und sei seinem inneren Wachstum wenig förderlich.

Tersteegen zog sich in die Einsamkeit zurück. Damit betrat er den Weg des Außerordentlichen. Er berief sich auf die Anachoreten, die zu Konstantins Zeiten vor dem Massenchristentum in die Wüste flohen. Das Einsiedlerleben ist im Protestantismus nicht üblich, aber Tersteegen vertrat die Ansicht: »Die Einsamkeit ist die Schule der Gottseligkeit.« Auch später lebte er nach dem Grundsatz: »Freundschaft mit allem Guten, aber Gemeinschaft mit Wenigen.«[6]

Von einem Bekannten erlernte er das Weben und betätigte sich zunächst als Bandweber. Er schränkte seine Bedürfnisse auf das unumgänglich Notwendige ein, aß des Tages nur einmal und versagte sich alle Genußmittel wie Kaffee und Tee. Von seinem geringen Einkommen verschenkte er das meiste bei seinen nächtlichen Ausgängen an die Armen und führte selbst ein Leben in großer Bedürfnislosigkeit. Es verrät Größe und Unabhängigkeit, wenn ein Mensch fähig ist, völlige Einsamkeit auszuhalten. Tersteegen war dazu imstande. Ja, er bekannte: »Ich kann nicht aussprechen, wie vergnügt ich da gewesen bin, als ich allein wohnte, und ich dachte oft, kein König in der Welt könnte so zufrieden leben als ich damals lebte.«[7] Dabei hatte Tersteegen in seinem Eremitendasein auch allerlei Versuchungen zu bestehen, nicht anders als die Wüstenväter. Die alte Lebensbeschreibung führt aus: »Durch Nachsinnen über die mancherlei Sekten in der Christenheit geriet er einmal in eine so schwere Versuchung, daß er fast zweifelte, ob ein Gott sei.«[8] Die gespaltene Christenheit ist tatsächlich ein anormaler Zustand, über den man nicht leicht hinweggleiten darf, weil er eine schwere Anfechtung ist.

Mitten in seiner Einsamkeit widerfuhr Tersteegen »eine Mitteilung Gottes in seinem Inwendigen, die er nach eigener Aussage mit Worten nicht ausdrücken konnte«.[9] Auf das Unaussprechliche ist zu achten. Die tiefen Erlebnisse Gottes sind mit unseren Begriffen nicht einzufangen. Am Abend des Gründonnerstags 1724 setzte sich Tersteegen an den Tisch, griff nach der Feder, die er jedoch nicht in das Tintenfaß, sondern in das eigene Blut tauchte, und schrieb folgende Worte:

> Meinem Jesu: Ich verschreibe mich dir, meinem einigen Heiland und Bräutigam, Christo Jesu, zu deinem völligen und ewigen Eigentum. Ich entsage von Herzen allem Recht und Macht, so mir der Satan über mich selbst mit Unrecht möchte gegeben haben, von diesem Abend an, als an welchem du, mein Blutbräutigam, mein Erlöser durch deinen Todeskampf, Ringen und Blutschwitzen im Garten Gethsemane mich dir zum Eigentum und Braut erkaufet, die Pforten der Hölle zersprenget und das liebevolle Herz deines Vaters mir geöffnet hast. Von diesem Abend an sei dir mein Herz und ganze Liebe auf ewig zum schuldigen Dank ergeben und aufgeopfert! Von nun an bis in Ewigkeit nicht mein, sondern dein Wille geschehe! Befehle, herrsche und regiere in mir! Ich gebe dir Vollmacht über mich und verspreche, mit deiner Hilfe und Beistand eher dieses mein Blut bis auf den letzten Tropfen vergießen zu lassen, als mit Willen und Wissen in- oder auswendig, dir untreu oder ungehorsam zu werden. Siehe, da hast du mich ganz, süßer Seelenfreund, in keuscher jungfräulicher Liebe dir stets anzuhangen. Dein Geist weiche nicht von mir und dein Todeskampf unterstütze mich. Ja, Amen. Dein Geist versiegle es, was in Einfalt geschrieben dein unwürdiges Eigentum am Gründonnerstagabend, anno 1724. Gerhard Tersteegen.[10]

Diese Zeilen nennt man die Verschreibung Tersteegens, die ein ungewöhnliches Tun war. Es ist falsch, darin lediglich eine theatralische Geste zu sehen, wie sie den schauspielerischen Barockmenschen entsprach. Dies wäre eine gründliche Verkennung der schlichten Person Tersteegens, dem alles Posenhafte fernlag. Vielmehr kann man vor der Verschreibung Tersteegens nur mit Bestürzung stille stehen. Sie kann einzig mit dem nächtlichen Erlebnis von Pascal aus dem Jahre 1654 verglichen werden, das seinen Niederschlag in dem berühmten Memorial gefunden hat, das der große Christ stets eingenäht in seiner Kleidung auf sich trug. Einen ähnlichen und doch wiederum einen ganz anderen Vorgang erlebte Tersteegen. Er entsagte allem Eigenwillen und vollzog eine völlige Übergabe an seinen Blutbräutigam, der ihn im Todeskampf in Gethsemane erlöst hatte, und bat ausdrücklich: »Befehle, herrsche und regiere in mir.« Die Verschreibung bildet die Mitte von Tersteegens Leben. Sie kann an Bedeutung kaum überschätzt werden. Jedenfalls will ich einige Folgen dieses abendlichen Erlebnisses entfalten.

Tersteegen wird gewöhnlich den »Erweckten« zugeordnet. Das ist nicht falsch, und doch genügt es nicht. Sicher stand Tersteegen dem Pietismus nahe, ohne den Pietismus gäbe es ihn nicht, aber er überschritt dessen Grenzen. Ich sage dies nicht aus Abneigung gegen den Pietismus. Persönlich halte ich den Pietismus als die einzige Bewegung im Protestantismus, die von einer wirklich religiösen Kraft getragen war. Bei Tersteegen kommt noch ein Moment hinzu, das man gewöhnlich im Pietismus nicht findet und das ich mit den Worten »Eine Blume zu Saron« wenigstens anzudeuten versuchte. Er ist in erster und letzter Linie Mystiker.

Was Tersteegen in seiner Einsamkeit liebte, war die Stille. Er war der stille Mensch, dem auch alle Redseligkeit fremd war. Man spürt die wohltuende Stille förmlich bei ihm, worin auch das Schweigen einen bedeutsamen Platz erhielt. Mit seinem Schweigen hat Tersteegen die beständige Diskussionssucht überwunden, die heutzutage mehr wuchert als zuvor und die doch keine ernsthafte Hilfe bedeutet. Podiumsgespräche sind eine modische Angelegenheit, doch ist Tersteegens Parole »alles in uns schweige«, gewiß viel fruchtbarer. Dies haben schon die Quäker mit ihrem schweigenden Gottesdienst erkannt. Stille und Schweigen hängen eng zusammen, und beides müssen wir ganz neu erlernen, um zu einer vertieften Innerlichkeit zu gelangen. Sie allein führt uns aus der Sackgasse eines entleerten Christentums hinaus. Nach innen geht der wahre Weg, der von keiner bloß äußerlichen Betriebsamkeit aufgewogen werden kann.

Gott ist gegenwärtig

Mit der Verschreibung ist Tersteegen zu dem Bewußtsein der beständigen Gegenwart Gottes hindurchgebrochen. Damit stehen wir vor dem tiefsten Anliegen Tersteegens. Wir kennen sein Lied »Gott ist gegenwärtig, lasset uns anbeten und in Ehrfurcht vor ihn treten«[11], das oft zu Beginn des Gottesdienstes gesungen wird. Von der Allgegenwart Gottes ist auch in der Dogmatik die Rede, aber in abstrakten Sätzen, die den Leser kaltlassen. Ganz anders verhält es sich bei Tersteegen. Er erlebte die Gegenwart Gottes persönlich, sie bestimmte sein ganzes Leben und sein gesamtes Schrifttum. Für ihn stand fest: Gott ist da. Er befindet sich in den Himmeln, wie es im Vaterunser heißt, aber zugleich auch hier in diesem Raum und in meinem Inneren. Der Christ lebt und atmet in Gott. Tersteegen spricht nie vom abwesenden oder gar fremden Gott. Das sind Reden, die zu einer Gottentfremdung führen. Gott ist da! Gott ist nahe, ja er ist mir näher, als ich mir selbst bin. Der Bandweber wurde nicht müde, von der immerwährenden Anwesenheit Gottes zu reden, die bei ihm kein bloßer Gedanke ist, sondern ureigenstes Erlebnis. Da Tersteegen Gott seelisch dermaßen unmittelbar erlebte, waren für ihn alle Gottesbeweise überflüssig. Was der Mensch selbst erfahren hat, braucht er sich nicht noch zu beweisen. Das Erleben der Gegenwärtigkeit Gottes ist die Ursache der überaus wohltuenden Atmosphäre, die von Tersteegen ausging, eine Ausstrahlung, die alle Menschen empfanden, die mit ihm zu tun hatten, und die sogar noch heute den Leser seiner Schriften anhaucht. Die Gewißheit, Gott ist da, wenn ich in Not und Gefahr bin, wenn ich Schmerzen und Qualen erleide, er ist einfach stets gegenwärtig, auch wenn ich gar nichts fühle. Die Gegenwart Gottes war bei Tersteegen von existentieller Ausstrahlung. Mit seinen eigenen Worten gesprochen: »Gott ist uns näher als unsere eigene Seele uns sein kann, Gott, in dem wir leben, weben und sind, dessen Augen unaufhörlich, Tag und Nacht, auf uns gerichtet und über uns offen stehen.«[12] Ich kenne in der Geschichte nur noch eine Persönlichkeit, die mit der gleichen Intenstität in der Gegenwart Gottes lebte, und dies war

Bruder Lorenz, der mit seinem bürgerlichen Namen Nikolaus Herrmann hieß. Bruder Lorenz lebte als Laienbruder in einem Karmelitenkloster in Paris. Von ihm haben sich einige Gespräche und Briefe erhalten, die Tersteegen kannte und überaus schätzte. Tersteegen und Bruder Lorenz sind Brüder im Geiste. Über alle konfessionellen und nationalen Gräben hinweg bezeugen sie die Einheit der wahren Christen.
Tersteegens Erlebnis von der beständigen Gegenwart Gottes schloß die Gewißheit in sich: ich lebe in der Liebe Gottes. Das Einmalige der Gottseligkeit erschöpft sich nach ihm nicht in einem äußerlich ehrbaren Leben, das Gottlose und Fromme gemeinsam haben können. Der Christ ist nicht nur von der Allmacht Gottes immerfort umgeben, sondern der Vater Jesu Christi liebt den Menschen, und der Mensch soll auch ihn lieben, wie es das vornehmste Gebot erheischt. Zwischen Gott und Mensch besteht ein Liebesverhältnis. Deswegen haben die Mystiker das »Hohelied Salomons« als Abbild so hoch eingeschätzt. Keineswegs hat Tersteegen diese innere Gottseligkeit zum erstenmal ausgesprochen. In der Weise haben alle Mystiker empfunden. Besonders auch Madame Guyon, deren Schriften Tersteegen kannte und schätzte. Man hat aus dieser Feststellung geschlossen, daß Tersteegen folglich ein Anhänger des Quietismus war. Diese Wahrnehmung bedeutet jedoch nichts anderes, als daß man ein ursprüngliches und überaus tiefes Erleben mit einer Etikette versehen hat. Von diesem Abstempelungsverfahren sollten wir absehen, denn es stört das wahre Erleben und hilft uns persönlich nicht weiter. Zum Quietismus selbst ist zu bemerken, daß ihm im katholischen Raum Unrecht getan wurde, weil man ihn als Irrlehre verurteilte. Die wahre Leidensgeschichte der edlen Frau Guyon hat Heinrich Heppe in seiner »Geschichte der quietistischen Mystik« ausführlich beschrieben. Der Protestantismus hat sich mit dem Quietismus nie unvoreingenommen auseinandergesetzt. Die Frage lautet nicht: War Tersteegen vom Quietismus abhängig oder nicht? – das wäre höchstens ein Thema für eine Doktorarbeit. Vielmehr geht es um das Problem: Enthält der Quietismus ein berechtigtes Anliegen? Tatsächlich vertritt er eine tief-religiöse Wahrheit, daß die Liebe zu Gott nicht

so sehr in Tätigkeit und im Genuß als im Erleiden der Dinge besteht. Auch vereinzelte Übertreibungen heben seinen Wahrheitskern nicht auf, der darin besteht, daß der Mensch Gottes Liebe real erfahren und an ihr unerschütterlich festhalten muß.

Dichten und Schreiben

Die Verschreibung entband ferner den *Dichter* in Tersteegen. Er besaß eine dichterische Seele, wenn er auch daraus kein großes Aufheben machte, sondern schlicht sagte, daß sich ihm zuweilen, ohne sein Zutun, ein Lied auf die Lippen gelegt habe. Gerade seine Unabsichtlichkeit bezeugt sein echtes Dichtertum. Er hat an seinen Versen nicht herumgefeilt, sie wurden ihm von oben geschenkt. Sie flossen wie von selbst in seine Feder, und deswegen sind sie auch frei von aller Künstlichkeit. Tersteegens Gedichte sind so natürlich und so schön wie eine rote Rose am Strauch. Sie entquollen einem überfließenden Herzen und stellen keine gehirnlichen Akrobatenkunststücke dar. Er hat wunderbare Verse gedichtet. Neben Paul Gerhards Liedern gehören sie zu den wertvollsten Bestandteilen unserer Gesangsbücher. Ich führe nur ein Beispiel an:

Nun schläfet man,
und wer nicht schlafen kann,
der bete mit mir an
den großen Namen,
dem Tag und Nacht
wird von der Himmelswacht
Preis, Lob und Ehr gebracht,
o Jesu, Amen.[13]

Tersteegens Dichtertum muß man hervorheben, gerade deswegen, weil religiöse Poesie oft viel zu wünschen übrig läßt. In Johann Sebastian Bachs Passionen fallen die vertonten Lieder – auf ihre dichterische Qualität hin betrachtet – oft gegenüber dem Evangeliumstext stark ab und sind als fromme Reimereien einzustufen. Daß wir das gewöhnlich übersehen, verdanken wir allein Bachs machtvoller Musik, die alle unbeholfenen Worte übertönt. Ganz anders bei Tersteegen: Nicht daß alle seine Verse auf gleicher Stufe stünden; es finden sich im »Blumengärtlein« auch Mauerblümchen, die man am besten schnell überliest. Gewisse Lieder von Tersteegen jedoch halten den höchsten dichterischen Ansprüchen stand. Sie dürfen mit Johannes vom Kreuz' mystischer Poesie verglichen werden. Die Blume von Saron duftet hier besonders stark.

Wer vom Dichter Tersteegen spricht, muß zugleich den *Schriftsteller* hinzufügen. Tersteegen ist als Bandweber in die Geschichte eingegangen; diese Vorstellung bedarf der Korrektur. Er hat diesen Beruf nicht sein Leben lang ausgeübt, sondern ist bald zur Schriftstellerei übergegangen. Wenn Tersteegen auch ein einfacher Mensch war, fern von aller Kompliziertheit oder gar Zerrissenheit, so verfügte er über eine ansehnliche Bildung. Er beherrschte die alten und auch einige moderne Sprachen. Er fällt auch hierin aus der Reihe der üblichen Pietisten, die gerne eine Geringschätzung des weltlichen Wissens zur Schau tragen. Von seinem reichen Schrifttum geben seine gesammelten Schriften in acht Bänden, die 1844 herausgegeben wurden, und die heute eine antiquarische Seltenheit sind, eine Vorstellung. Aus seinem Schrifttum erwähne ich nur drei Arbeiten.

Zunächst das Buch »Weg der Wahrheit«. Schon der Titel verdient Beachtung. Es geht bei Tersteegen weder um eine abstrakte Wahrheit, noch um die Forderung der Wahrhaftigkeit, die für den Christen eine unumgängliche Voraussetzung ist. Für Tersteegen war die Wahrheit ein Weg, den der Mensch zu gehen hat. Ich zögere nicht, sein Buch »Weg der Wahrheit« als das beste, tiefste und gedankenreichste Werk über die Mystik zu bezeichnen, das von protestantischer Seite geschrieben wurde. In unserer Gegenwart wurde die Mystik innerhalb des Protestantismus dem Wort entgegengesetzt und damit das auseinandergerissen, was doch zusammengehört. Das biblische Wort ist ein mit mystischen Kräften geladenes Wort, und deswegen wohnt ihm diese beispiellose Wirkung inne. Die Mystik darf nicht mit der Identitätsphilosphie verwechselt werden, und noch weniger sollte man über sie reden, ohne die Werke ihrer großen Vertreter gelesen zu haben. Mystik findet sich sowohl im Johannes-Evangelium als auch in den Briefen des Paulus; auch dem jungen Luther war sie nicht fremd. Tersteegen steht hierin wahrhaftig nicht allein da. Sein »Weg der Wahrheit« darf als Kompendium der Mystik bezeichnet werden. Dieses Buch ist bis heute unübertroffen, und wer Tersteegen kennenlernen will, muß unbedingt zu ihm greifen. Er antwortet deutlich auf die Frage, was man unter Mystik verstehe: »Das kann keiner recht sagen, oder er muß selbst ein Mystiker sein, und keiner gebührend verstehen, wo er nicht selbst auf dem Wege ist, ein solcher zu werden.«[14]

Noch eine zweite Schrift ist erwähnenswert: »Über die Werke Friedrichs des Großen«. Tersteegen verfaßte diese Arbeit nicht von sich aus, sondern die Werke des Königs wurden ihm mit dem Ersuchen vorgelegt, sich darüber zu äußern. Er las sie und legte seine Gedanken in einem ausführlichen Gutachten nieder. Tersteegen erwähnte den Namen des Königs nicht, aber er ließ durchblicken, daß er um den Verfasser Bescheid weiß, und stellte dann fest: »Eins aber hat mich stutzig gemacht, daß er gar sparsam vom Frieden, hingegen von der Kriegskunst so weitläufig schreibt.«[15] Das Gutachten wurde dem König in die Hände gespielt; der las es und rief dann erstaunt aus: »Können das die Stillen im Lande?«[16] Ja, die wirklich Stillen im Lande sind für eine Nation viel wertvoller als die politischen Schreihälse. Die Stillen bilden in aller Unscheinbarkeit den Kern eines Volkes. Als Friedrich II. in die Ruhrgegend kam, wünschte er, Tersteegen kennenzulernen; aber Tersteegen teilte den Wunsch nicht und erwiderte darauf: »Es ist ein bloßer Wunsch und kein Befehl.« Er verhielt sich hierin ähnlich wie Franziskus bei der Romfahrt des deutschen Kaisers. Auch bei Tersteegen imponiert die Unabhängigkeit gegenüber den fürstlichen Herrschaften, vor denen die Menschen sonst gerne so unwürdig kuschen. Gerade Friedrich II. verdient nicht jene unkritische Verherrlichung, die ihm das deutsche Volk zuteil werden ließ. Er war ein Spötter, er riß den Siebenjährigen Krieg vom Zaun und trieb die Menschen wie Vieh in die Schlachten. Tersteegen hat gegenüber dem »alten Fritz« den richtigen Blick besessen, nicht anders als Uli Bräcker, der arme Mann aus dem Toggenburg.

Doch das größte schriftstellerische Werk heißt »Auserlesene

Lebensbeschreibungen heiliger Seelen«, drei Bände umfassend, an denen er zwanzig Jahre lang gearbeitet hat. Die Ausgabe von Johannes Gossner aus dem Jahr 1814 ist stark gekürzt. Tersteegen stand die Bibliothek von Peter Poiret zur Verfügung, die seine hagiographischen Kenntnisse wesentlich vergrößerte. Er beschrieb zahlreiche Heiligenleben, vorwiegend in treuer Wiedergabe ihrer Schriften und fügte nur wenige kommentierende Worte hinzu. Es ist unbestreitbar das Hauptwerk Tersteegens und zugleich ist es das verkannteste. Aufrichtige Bewunderer Tersteegens, wie sein Biograph Max Goebel, sprachen von einem bedenklichen Werk, und andere Kenner übergehen es wiederum wortlos. Warum diese Ablehnung auf der ganzen Linie? Weil Tersteegen darin ausschließlich Menschen darstellte, die der katholischen Konfession angehörten; gerade deshalb fühlte sich das protestantische Selbstbewußtsein beleidigt. Die wahre Schwierigkeit von Tersteegens Werk »Lebensbeschreibung heiliger Seelen« besteht nicht in der konfessionellen Zugehörigkeit seiner Gestalten. Das Hemmnis ist anderer Natur. Jedes Heiligenleben hat eine äußere und eine innere Geschichte. In der Regel interessieren sich die Leser für den äußeren Ablauf, während Tersteegen ihn kaum erwähnt und alles Gewicht auf das Innenleben legt. Auch übernahm er viele Formulierungen aus den alten Viten, wodurch seine Darstellung in sprachlicher Beziehung schwer lesbar ist. Trotzdem steht dieses Werk wie ein erratischer Block da.

Fragen wir uns unvoreingenommen: Was hat Tersteegen mit seinem großen Werk »Heiliger Seelen« gewollt? Ganz sicher verfolgte er keine katholisierenden Tendenzen, wie die konfessionalistischen Geister in ihrer beschränkten Denkweise argwöhnten. Ihm lag aller Konfessionalismus fern; er war und blieb ein reformierter Christ. Seine heiligen Seelen schienen ihm evangelischer zu sein als die meisten Protestanten. Wir reden zwar viel von der Ökumene und sitzen doch auf unseren konfessionellen Voreingenommenheiten fest, von denen wir keinen Finger breit ablassen. Tersteegen brauchte das Wort »ökumenisch« nie, aber er hat nichts Geringeres als die Überwindung des Konfessionalismus vollbracht – nicht aus einer aufklärerischen Indifferenz, sondern aus einer verdichteten

Christlichkeit heraus. Das ist fürwahr eine große Tat, der vorbildlicher Charakter zukommt. Solange wir diesen evangeliumsgemäßen Schritt nicht mitvollziehen, solange bleibt das Wort »Ökumene« bloßes Gerede, dem keine ernsthafte Bedeutung zukommt. Mit seiner Darstellung heiliger Seelen wollte Tersteegen den Protestanten eine neue Dimension eröffnen. Sein Bestreben war, ihnen die unbekannte Sicht der Heiligen aufzutun. Die Kategorie des Heiligen ging im Sturm der Reformation unter, was sich als eine Verarmung des Protestantismus auswirkte, zumal die lutherische Konfession doch ausdrücklich die Verehrung der Heiligen als Exempel des Glaubens anerkennt. Tersteegen war keineswegs der einzige Mensch, der hierin Neuland betrat. Gottfried Arnold, der Verfasser der »Unparteiischen Kirchen- und Ketzerhistorie«, ist ihm mit seinem Werk »Das Leben der Gläubigen«, das Schilderungen von Antonius von Ägypten bis Thomas von Kempis enthält, auf dieser Bahn vorangegangen. Auch der großartige Gottfried Arnold verdiente eine Aufwertung, zumal wir ihm unter anderen auch die Werke »Das Geheimnis der göttlichen Sophia« und »Historie und Beschreibung der mystischen Theologie« verdanken. Auch Johann Heinrich Reitz' »Historie der Wiedergeborenen« und Johann Kannes »Aus dem Leben merkwürdiger Christen« verdienen in diesem Zusammenhang erwähnt zu werden. Sie alle kehrten sich von den unfruchtbaren theologischen Streitigkeiten ab und wandten sich Menschen zu, die das Evangelium verkörperten, und von denen lebendige Impulse ausgingen. In diese Reihe ist Tersteegens Hauptwerk einzuordnen. Es hat auf eine ganz andere Anerkennung Anspruch, als ihm bis jetzt zuteil wurde. An diesem Punkt entscheidet es sich, ob man Tersteegen wirklich verstanden hat oder nicht.

Bei diesem betonten Hinweis auf Tersteegens Hauptwerk ist ein eventuell aufsteigendes Mißverständnis abzuwehren. Bei aller Dankbarkeit gegenüber Tersteegen braucht man ihm keineswegs kritiklos gegenüberzustehen. Nicht alles, was Tersteegen getan hat, ist ohne weiteres zu übernehmen. Das wäre ein bloß schülerhaftes Verhalten. Tersteegen hat beispielsweise die asketische Haltung überschätzt und ist deswegen auch ehelos geblieben. Als Zölibatär fühlte er sich inkompetent, über den Ehestand zu schreiben; offen gesteht er, daß er hierin keine besonderen Einsichten habe, was wiederum für seine vornehme Bescheidenheit spricht. Gewiß hat eine zeitweise Askese ihre Berechtigung, aber man darf nicht übersehen, daß das tiefste Verlangen des Menschen auf Erfüllung ausgerichtet ist, und eine gewisse Weltzugewandtheit gehört zur Bejahung der Schöpfung. Tersteegen besaß eine Beziehung zur Natur, aber das Anliegen einer religiösen Kultur kannte er nicht. Kunst und Musik kommen bei ihm zu kurz, und auch sein ablehnendes Urteil gegenüber Zinzendorf scheint mir nicht ganz gerecht zu sein. Dies darf man sagen; trotzdem bleibt er eine köstliche Rose im Tale.

Wirken nach außen

Doch kehren wir in unserer Darstellung zu der Verschreibung zurück, die Tersteegens großes Erlebnis war. Es ereignete sich in seiner Einsamkeit. Seine Zurückgezogenheit war kein verfeinerter Egoismus. Tersteegen lebte zunächst in seiner Abgeschiedenheit; dann aber tat er den Schritt in die Öffentlichkeit. Tersteegen blieb nicht zeitlebens in der Verborgenheit; schon seine Schriftstellerei machte ihn bekannt, und er schritt auf dieser Bahn weiter.

Tersteegen richtete in seiner Wohnung eine kleine Apotheke ein. Woher er seine medizinischen Kenntnisse besaß, ist nicht bekannt. Er arbeitete mit Retorten und bereitete Pulver und Pillen. Er spielte sich nicht als Arzt auf, aber er verabreichte unentgeltlich Medikamente, namentlich vertraute er auf die Heilkraft der Kräuter. Auch diese Seite verdient Beachtung, zumal wir in unserer Zeit mit chemischen Produkten überschwemmt werden.

Dann gründete Tersteegen auf dem Gut Otterbeck eine kleine Gemeinschaft. Es war einer der ersten Klosterversuche auf evangelischem Gebiet seit der Reformation. Von einem Orden freilich darf man nicht reden, wenn auch Tersteegen dafür eine kurze Regel ausarbeitete und die Insassen sich Klosterbrüder nannten. Der Wortlaut der Regel ist bei Goebels »Geschichte des christlichen Lebens« abgedruckt. Er selbst blieb in seiner Wohnung, besuchte aber regelmäßig die Gemeinschaft, wo die Dinge nicht immer so liefen, wie er es gerne gehabt hätte. Die Gemeinschaft überdauerte ihn, löste sich aber später auf, und auch das Haus steht nicht mehr, weil es wegen einer neuen Verkehrsstraße abgerissen wurde.

Schließlich hielt Tersteegen in seinem Haus Versammlungen ab. Er übernahm sie von Kandidat Hoffmann. Die Besucher kamen in Scharen, wobei die Leute Leitern anstellten, um seinen Worten von außen zu lauschen. Tersteegens Ansprachen wurden nachgeschrieben und später unter dem Titel veröffentlicht: »Geistliche Brosamen von des Herrn Tisch gefallen, von guten Freunden aufgelesen und hungrigen Herzen mitgeteilt«. Für unser Gefühl sind sie etwas lang, aber die damaligen Menschen hatten noch Zeit zuzuhören, und zweifellos finden sich in ihnen tiefe Ausführungen. Tersteegen war alles andere als ein Rhetoriker; er sprach mit Ernst und Überzeugung. Seine Worte drangen in das Herz der Zuhörer. Die Pfarrer empfanden ihn unverständlicherweise als Konkurrenz und bewirkten bei der Obrigkeit ein Predigtverbot, was der evangelischen Kirche nicht zum Ruhm gereichte. Tersteegen fügte sich widerspruchslos dem Verbot. Er war der Meinung, sein Wort setze sich auch wortlos durch.

Die schönste Frucht seiner öffentlichen Wirksamkeit war jedoch Tersteegens Seelsorge. Er pflegte sie sowohl mündlich an den Menschen, die ihn aufsuchten, als auch in einem ausgedehnten Briefwechsel. Zahlreiche Briefe von Tersteegen sind erhalten, wurden in mehreren Ausgaben gedruckt, so daß wir uns ein Bild von seiner Seelsorge machen können.[17] Echte Seelsorge ist keine Lehre und kann auch nicht doziert werden, sondern sie ist ein Charisma. Tersteegen besaß diese Gnadengabe in hervorragendem Maße. Mit seinem außerordentlichen Einfühlungsvermögen erfaßte er die seelische Last des Menschen sofort, wußte er doch aus eigener Erfahrung um die Höhen und Tiefen des Gefühlslebens. Tersteegen ließ sich nie Seelenführer nennen. Er verbat sich diese Bezeichnung ausdrücklich, doch vermochte er Seelen zu leiten, wie wenige

Menschen. Oft beichteten die Menschen ihm freiwillig ihre Sünden, und Tersteegen verwies sie stets auf die Vergebung Jesu Christi. Seine Worte enthielten eine ungemein tröstliche Kraft. Bekanntlich ist die Seelsorge einer der wunden Punkte der gegenwärtigen Kirche. Die Gemeindemitglieder fühlen sich in dieser Hinsicht vernachlässigt und laufen deswegen mit ihren seelischen Schwierigkeiten scharenweise zu den Psychiatern, über deren Erfolge man sich am besten ausschweigt. Es ist zwecklos, die Nase in die uferlose psychologische Literatur der Gegenwart hineinzustecken, die zum größten Teil nur Verwirrung schafft. Viel sinnvoller ist es, sich in Tersteegen zu vertiefen, denn da wird es licht in der eigenen Seele. Es ist überaus heilsam, Tersteegens Briefe zu lesen. Sie entsprechen einer Seelsorge am Seelsorger, weil sie von einem bevollmächtigten Christen geschrieben wurden. Tersteegen selbst hatte die Gegenwart Gottes erlebt, darum vermochte er auch andere Menschen in dessen Namen zu trösten, und zwar so zu trösten, daß die seelische Last wirklich von ihnen genommen wurde.

Obwohl Tersteegen zeitlebens von zarter Konstitution war, erreichte er das für die damalige Zeit ansehnliche Alter von 72 Jahren. Dann trat eine Krankheit an ihn heran, die als Wassersucht diagnostiziert wurde und die ihm schwere Atemnot bereitete. Er schrieb noch ein eindrucksvolles Testament, brachte die letzten Tage auf einem Lehnstuhl sitzend zu, weil ihm das Liegen im Bett noch größere Beschwerden bereitete. Am 3. April 1769 ist Tersteegen sanft eingeschlafen; die anwesenden Personen meinten, eine Menge Engel um ihn zu sehen, die seine Seele mit Freuden aufnahmen. Er wurde von einer großen Trauergemeinde zu Grabe getragen, und Rektor Hasenkamp hielt ihm eine würdige Grabrede, worin er sich nicht scheute, Tersteegen als Heiligen zu bezeichnen, eine Charakterisierung, die ins Schwarze traf.

Obschon Tersteegen ein stilles Dasein führte, ging von ihm eine große Ausstrahlung aus. Sie reichte weit über die deutschen Grenzen hinaus. In Holland, wohin er sich mehrfach begab, besaß Tersteegen eine große Anhängerschaft. Aber auch in Skandinavien und sogar in Amerika wußte man um ihn. Als nach der Niederwerfung Napoleons russische Soldaten durch

Mülheim zogen, erkundigten sie sich nach Tersteegens Wohnstätte und suchten auch sein Grab auf. Man darf ruhig sagen: Tersteegen wurde innerhalb der evangelischen Christenheit nie vergessen; dafür sorgte eine zahlreiche Anhängerschaft. Deswegen handelt es sich hier um keine Neuentdeckung, sie ist nicht nötig, weil er stets mehr oder weniger deutlich anwesend blieb. Es ist auch nicht zufällig, daß die Bekennende Kirche zur Zeit des Nationalsozialismus in der Kirche zu Barmen gegründet wurde, in der man das Andenken Tersteegens besonders pflegte. Sie besitzt auch ein ansehnliches Tersteegen-Archiv.

Wenn wir nach seiner bleibenden Bedeutung fragen, so zählen wir Tersteegen vor allem zu den hagiologischen Gestalten des Protestantismus. Nur wenn Tersteegen als Heiliger erfaßt wird, hat man die seiner Bedeutung entsprechende Kategorie genannt. Es ist jedoch notwendg, dabei vom traditionellen Heiligenklischee bewußt abzusehen. Auch die evangelische Christenheit hat ihre Heiligen, von denen sie leider nur zu wenig Notiz nimmt. Zu ihnen zählt nicht nur Tersteegen, sondern auch der ältere Blumhardt und Bodelschwingh, Mathilde Wrede, Florence Nightingale und noch viele andere bekannte und unbekannte Personen. Ihnen sollte man eine viel größere Beachtung schenken, als wir es gewöhnlich tun, weil es Seinsgestalten sind, deren Austrahlung weit über ihren Tod hinausreichen. Die russisch-orthodoxe Kirche belächelt manchmal den Protestantismus als eine Professoren-Religion, bei der jeder seine private Lehrmeinung vertrete, und etwas ist an dieser Kritik berechtigt. Unsere Studenten werden auf den Universitäten vorwiegend mit den Auffassungen von Schleichermacher, Ritschl, Harnack, Barth, Bultmann usw. unterhalten, und deswegen geht ihnen im Predigtamt so schnell der Atem aus. Wir sollten über diese akedemische Meinungsfabrikation hinwegsteigen zur Bibel, zu den Kirchenvätern, den Mystikern und Heiligen, dann bekommen unsere Kandidaten wieder Boden unter den Füßen und werden befähigt, ein durchschlagendes Wort zu sagen.

Die zweite Bedeutung von Tersteegen sehe ich in kirchlicher Hinsicht. Tersteegen war kein Separatist, das ist ein ungerechter Vorwurf. Er hat sich nie von der Kirche getrennt, hat aber eine etwas reservierte Einstellung zu ihr eingenommen. Sein Gewissen verbot ihm die Teilnahme am Abendmahl. Man kann das verstehen,wenn man bedenkt, daß damals viele Pfarrer vom Geist der Aufklärung erfüllt waren und ein ganz verwässertes Christentum verkündigten, das dem Gottesdienstbesucher nichts gab. Deswegen hielt sich Tersteegen auf Distanz. Er hat sich auch mit der Reformation beschäftigt, aber nach seinem Dafürhalten ist sie wegen vieler Sünden und Undankbarkeiten nicht zum erwünschten Durchbruch und zur Vollendung gekommen. Tersteegen urteilte über das reformatorische Geschehen ähnlich wie der ältere Blumhardt. Wir sollten über ihre Einwände wenigstens ernsthaft nachdenken und uns nicht in einer unkritischen Verherrlichung gefallen, mit der uns wenig geholfen ist.

Nach meinem Dafürhalten geht der wahre Weg nach innen. Dies hat Tersteegen erkannt und gelebt. Wir dürfen Tersteegen nicht nachahmen. Alle Imitation wirkt lächerlich. Wir sollten Tersteegen als einen möglichen Wegweiser verstehen, der uns eindeutig sagt: »Ein jeder sein Gesichte mit ganzer Wendung richte, steif nach Jerusalem.«[18] Er gehört zu den überzeitlichen Zeugen, die uns in die wahre Richtung weisen, in die wir gehen sollten. Tersteegen kann uns helfen, unsere Ratlosigkeit zu überwinden. Er wußte um die wahre Quelle. Es geht weder um eine konservative noch um eine progressive Einstellung, sondern um eine lebendige Verkörperung, um die Neubelebung der Substanz. Auf die Verwirklichung des Evangeliums kommt es an. Doch warum noch viele Worte machen? Hören wir auf Tersteegens Mahnung:

Kommt, Kinder, laßt uns gehen,
Der Abend kommt herbei,
Es ist gefährlich stehen,
In dieser Wüstenei.
Kommt, stärket euren Mut,
Zur Ewigkeit zu wandern
Von einer Kraft zur andern,
Es ist das Ende gut.

Alois M. Haas
»Christförmig sein«

Die Christusmystik des Angelus Silesius

O Wunder! Christus ist die Wahrheit und das Wort,
Licht, Leben, Speis und Trank, Pfad, Pilgram, Tür und Ort.

Wenn nach der Christusmystik des Johannes Scheffler (25. Dezember 1624 bis 9. Juli 1677) oder, wie er sich selber gerne nennt, des Angelus Silesius (= schlesischer Himmelsbote, elysischer Künder)[1] gefragt werden soll, dann muß man wenigstens ungefähr wissen, was das Erfragte sein soll. So sind denn ein paar Vorbemerkungen notwendig:

Sicher ist mit »Christusmystik« nicht bloße Christologie gemeint, d. h. die systematisch exakte, theologische Erfassung der Bedeutung des einmaligen historischen Erscheinens Jesu Christi in dogmatischer Absicht, in seiner für den Glauben der Kirche über die Zeiten hin gültigen Relevanz. So darf an Scheffler nicht etwa der Vorwurf gerichtet werden, er hätte nicht genügend, d. h. systematisch verbindlich, die Doppelnatur Jesu Christi herausgestellt oder er hätte die vielen neutestamentlich verbürgten Worte und Taten Christi nicht erschöpfend genug zur Kenntnis genommen. Es geht offenbar um anderes als um Vollständigkeit im systematischen Erfassen christologischer Aspekte: es ist zunächst nach der für Scheffler typischen Christus*frömmigkeit*[2] gefragt, nach seiner ihn und nur ihn kennzeichnenden Glaubens- und Liebesbeziehung zu Jesus Christus, wie sie sich in seinen Dichtungen – also in einer literarischen Kunstform – oder in den überlieferten Zeugnissen über sein Leben darstellt. Das heißt wiederum aber nicht, daß die Christologie, wie sie Scheffler von der Kirche her verbindlich zur Kenntnis zu nehmen gewillt war, für ihn etwa belanglos geblieben sei. Im Gegenteil, seine Christusfrömmigkeit ist schon ein Resultat seiner persönlichen, subjektiven Einübung und Eingewöhnung in die objektive, d. h. systematisch christologisch geprägte Lehre der Kirche. Ob diese im Falle Schefflers zuerst lutherisch, dann katholisch war, tut zunächst nichts zur Sache. Wichtig ist die Tatsache, daß es bei Schefflers Christusfrömmigkeit nicht um ein schlicht subjektives Phänomen geht, sondern immer schon um ein subjektive und objektive Daten einschließendes Frömmigkeitsverhalten. Christologie – in welcher konfessionellen Formung auch immer – bleibt auch für den Dichter Scheffler die fundamentale Regelinstanz, selbst wenn die Frömmigkeit in großer Freiheit daraus zu schöpfen wagen darf. Das immer unter der Voraussetzung, es liegt demjenigen, der seine Christusfrömmigkeit kundtut, etwas an seiner Zugehörigkeit zu einer bestimmten Kirche. Daß Scheffler an seiner Zugehörigkeit zur katholischen Kirche nach seiner Konversion vom Jahre 1653 sehr gelegen hat, wird man nicht bezweifeln wollen.[3]

Im Grunde geht es bei dieser Differenz zwischen Christologie und Christusfrömmigkeit um ein die Geschichte des Christentums immer schon tief beschäftigendes, oft auch beunruhigendes Problem – um die Frage nämlich, wie sich das objektive Glaubensgut in der subjektiven Existenz des Menschen angemessen verwirklichen läßt, wie Theologie sich mit gelebtem Glauben, Frömmigkeit oder Spiritualität, vermitteln läßt. Scheffler steht schon an einem Punkt der Geschichte des Christentums, wo die beiden Bereiche – die systematisch-theologische und die aktuelle, spirituell-lebendige Durchdringung des Glaubens – wenigstens im Katholizismus unheilvoll auseinandergetreten sind und jeder Bereich oft eine vom anderen abgeschirmte Sonderexistenz führt.[4] Gerade in der Barockzeit ist der Umkreis konkreter Frömmigkeit mit seinen mannigfachen sinnlichen Ausformungen in Staatskirchentum, Ordenspiritualitäten (insbesondere der Jesuiten und Kapuziner) und kirchlicher Volksmission durch Predigt, Prozession, Wallfahrt, geistliche Spiele und äußerlich faßbare Gebetsformen zu einem von einer triumphalistisch in gewaltigen »Summen« kondensierten Theologie abgeschirmten Bezirk geworden, in dem sich Konkretisierungen frommen Lebens in farbiger und breiter Vielgestalt und Fülle auszuformen vermochten.[5] Kehrseite dieser gegenreformatorisch provozierten und geförderten »Religion populaire« ist die – wenigstens im deutschen Sprachraum

– eigenartig schwache Position einer eigentlichen Theologie. Chance dieses Überhangs konkreter Spiritualität vor aller Theologie ist allerdings die Möglichkeit einer reichen Ausgestaltung religiöser Gebets- und Glaubenspraxis. Was für den Katholizismus gilt, ist in ähnlicher Form im Luthertum als Spaltung zwischen starrer Orthodoxie und Schwärmertum greifbar.[6]
Es ist aber nicht nur nach der Christusfrömmigkeit des Angelus Silesius gefragt, sondern nach seiner Christus*mystik*.[7] Sofern im Begriff »Mystik« das Moment religiöser Erfahrung, ja ganz konkret das der Identifizierung und Vereinigung des Glaubenden mit dem Geglaubten, des Liebenden mit dem Geliebten, dominant ist, darf in diesem Begriff eine Steigerung gegenüber dem der bloßen »Frömmigkeit« gesehen werden. Frömmigkeit ist neben dem Subjektiven, das sie auch beinhaltet,eben zusätzlich ein bestimmtes gesellschaftliches Verhalten mit sehr sichtbaren Ausprägungen und symbolischen Zeichen. Man kann daher fromm scheinen, ohne es zu sein. Mystik meint dagegen die innerste Beziehung des Menschen zu Gott, zu Jesus Christus, jene verschwiegenste, intimste, öffentlich nur dann notierbare Erfahrungsdimension des Glaubenslebens, wenn der Erfahrene schriftlich oder mündlich davon Kenntnis zu geben gewillt ist. Auch hier ist natürlich die Gefahr des bloßen Scheins gegeben, aber nur dann, wenn die mystische Erfahrung öffentlich gemacht werden soll, weniger dann, wenn sie in ihrer Unausgesprochenheit verbleibt.
Wenn also von Schefflers Christusmystik die Rede sein soll, dann ist die spezifische Art gemeint, wie er seine Beziehung zu Jesus Christus, noch mehr: seine gelebte Einheit mit ihm zur Darstellung gelangen läßt. Oder paulinisch: Wie hat Scheffler seine »Einheit mit Christus« (Galater 3,28) formuliert, sein Bestreben, daß nicht mehr *er* lebt, sondern Christus in ihm? Diese Lebenswirklichkeit meldet Scheffler schon sehr früh als eine Grundforderung seines ganzen Daseins an , wenn er am 22. Juli 1652, etwa ein Jahr vor seiner Konversion und kaum einen Monat nach dem Tode seines so sehr verehrten Freundes Abraham von Frankenberg, Elias Major dem J. ins Stammbuch schreibt:

Summa Scientia Nihil Scire
nisi
Jesum Christum
et hunc quidem
Crucifixum et Resuscitatum

Morere
Aeternitas Esto et
Christo Conformare
Sic eris beatus

Johannes Schefflerius
Ph. et M. D. Archiater
et Physicus Olsnens,
Anno 1652, d. 22 Jul.
Olsna. mpp. . .[8]

Höhere Wissenschaft ist, nichts zu wissen,
es sei denn
Jesus Christus,
und diesen
als Gekreuzigten und Auferstandenen.

Stirb –
das sei dir Ewigkeit – und
lasse dich Christus gleichgeformt werden;
so wirst du selig sein.

Diese grundsätzlich gemeinte Lebensoption Schefflers gibt den Rahmen ab, in den es seine ganze Dichtung, wohl auch sein konfessionspolemisches Schrifttum zu stellen gilt. Das ist selbst dann so, wenn sich – wie das bei mystischen Intentionen öfter der Fall ist – neben eindeutig christozentrische in einem allgemeineren Sinn theozentrische Aussagen ähnlichen Gewichts rücken lassen.[9] Diese sind christlich das Resultat jener. Scheffler hat diese Rangordnung durch häufige Anerkennung immer wieder bestätigt.
Es sind vornehmlich zwei Werke, in denen Scheffler sich über seine Beziehung zu Gott und Jesus Christus mit aller notwendigen Deutlichkeit und dichterischen Anstrengung ausspricht. Die beiden Werke sind in ihrer Machart und ihrer Redeweise

dermaßen verschieden geartet, daß sie von verschiedenen Verfassern stammen könnten, wenn nicht der Rahmen, der sie zusammenhält, eine tiefe gegenseitige Zuordnung zur Gewißheit werden ließe. Was man gemeinhin von Scheffler kennt, sind die *Geistreichen Sinn- und Schlußreime* (Wien 1657) oder in der Zweitauflage: *Cherubinischer Wandersmann oder Geist-Reiche Sinn- und Schluß-Reime zur Göttlichen beschauligkeit anleitende* (Breslau 1675). Die Ruhmesgeschichte dieses Werkes ist bedeutend; zu seinen Verehrern gehören neben Gottfried Arnold, dem frühen Herausgeber des Werks (1701), Gerhard Tersteegen, Leibniz, Baader, Friedrich Schlegel, Schopenhauer, Hegel, Rückert, Droste-Hülshoff und Gottfried Keller – ganz abgesehen von seiner Beliebtheit auch heute noch.[10] Die intellektuellen Energien, der Scharfsinn und die blitzhaft aufbrechende Pointe, die diese Alexandrinerepigramme kennzeichnen, mögen es gewesen sein, die Dichter und Philosophen immer wieder zur bewundernden Lektüre gereizt haben. Daß bei solcher Bewunderung des *Cherubinischen Wandersmanns* auf recht einseitige Weise gerade die Absicht des Autors gründlich mißachtet wurde, ergibt sich aus der Tatsache, daß Schefflers anderes Werk, die *Heilige Seelen-Lust Oder Geistliche Hirten-Lieder Der in ihren JESUM verliebten Psyche* (Breslau 1657), das gleichzeitig mit dem »Cherubinischen Wandersmann« erschien, kaum oder dann von ganz anderen Verehrern – etwa den evangelischen Kirchgängern[11] – zur Kenntnis genommen wurde. Beide sind aber von Scheffler als zwar zwei nach ihrem dichterischen und denkerischen Verfahren verschieden konzipierte, letztlich aber als sich gegenseitig ergänzende Werke gedacht. Sie repräsentieren auf kunstvolle Weise die beiden Hauptkräfte des Menschen: Intellekt und Affekt, Verstand und Liebe. Beide sind nach Scheffler in Dienst genommen von der überwältigenden Fülle des im Menschen gegenwärtigen Gottes. Engelchöre sind es, die für die beiden Seelenkräfte des Menschen stehen, die Cherubin für die Erkenntnis, die Seraphin für die Liebe. Scheffler sagt es deutlich selber, daß beide Kräfte für ihn *capax Dei* sind, daß beide daher auch für die Gotteserkenntnis anzuwenden sind, daß der Mensch sich von beiden einnehmen lassen muß:

> Glückselig magst du dich schätzen, wann du dich beyde lässest einnehmen, und noch bey Leibes Leben bald wie ein Seraphin von himmlischer Liebe brennest, bald wie Cherubin mit unverwandten Augen Gott anschawest. . .[12]

Damit schließt sich Scheffler an eine alte mystische Vorstellung an, die Harphius – auch sonst wohl öfter ein Gewährsmann für Scheffler – einst folgendermaßen umschrieben hat:

> Der Mystiker nimmt in bildlicher Vorstellung an, er habe zwei geistliche Füße: den begreifenden Verstand und den liebenden Affekt. Es ist notwendig, auf beiden vorwärtszuschreiten, damit man die geheimen Wege der Beschauung glücklich bis ans Ende zu begehen vermag. Denn der Intellekt hinkt ohne den liebenden Affekt und käme nicht rüstig voran; die Liebesneigung ohne den Verstand aber ist blind; sie fände den Weg nicht und müßte sich verirren.[13]

Die mystologische Forderung ist bei Scheffler in ein poetologisches Verfahren umgesetzt: Cherubin und Seraphin vertreten zwei verschiedene poetische Verfahren.

Es wird nach all dem Gesagten als verfehlt betrachtet werden müssen, wenn die Arbeitsteiligkeit dieser beiden mystischen Sprachverfahren nicht anerkannt und nicht gesehen wird, daß *ein* Wille hinter der methodischen Absicht steht, cherubinisch *und* seraphinisch Gott dichterisch zu nahen.

Da der »Cherubinische Wandersmann« (wenigstens dessen erste fünf Bücher) mit einiger Gewißheit vor der »Heiligen Seelen-Lust« entstanden ist, nämlich in den Jahren 1651 bis (Sommer) 1653 – die »Heilige Seelen-Lust« muß in ihren ersten vier Büchern nach der Bekehrung Schefflers angesetzt werden, nämlich in die Jahre (Sommer) 1653 bis 1657 –, werden wir uns im Folgenden zunächst um die Christusmystik des »Cherubinischen Wandersmanns« kümmern, in einem zweiten Schritt dann um die »Heilige Seelen-Lust«, und schließlich mag ein Blick auf die konkrete Christusnachfolge geworfen werden, wie sie Scheffler in seinem Leben zu verwirklichen versuchte.

Der Cherubinische Wandersmann ist, wie der Titel anzeigt, als Aufzeichnung eines Wanderers zu verstehen. Das 17. Jahrhundert liebt die Gestalten, die gegenüber dem Etablierten, Bekannten und Fixierten von ihrem Wesen her das Moment des Wilden, Schweifenden, Fremden und Abenteuerlichen markieren[14], den Wanderer vor allem, den Fremden, den Hirten, den Illiteraten, den Einsiedler, den Toren und Narren, den verkleideten, maskierten oder sonstwie entfremdeten Menschen. Es ist, wie wenn die Gestalt des »wilden Mannes« – eine mystische Erfindung des 15./16. Jahrhunderts vor dem Horizont der Entdeckung fremder Länder und Kontinente – im Bereiche der religiösen Dichtung, insbesondere der Mystik des 17. Jahrhunderts eine seltsame Auferstehung feierte, darin von etwas Überwundenem die Rede ist, das die Menschen doch nicht aus ihrem Erinnerungsvermögen zu vertreiben vermögen. In der Figur des Wandersmanns ist ein Horizont eröffnet, der frei ist zu allem, was sich dem geistigen Blick darbietet. Ist die Perspektive cherubinisch umgrenzt, so ist insbesondere das Abenteuerliche denkerischer Vollzüge in religiöser Absicht auf eine eigentümliche Art und Weise eröffnet. Scheffler ist das natürlich bewußt: Wie jeder Mystiker in dieser Zeit weist er auf seinen *modus loquendi*[15] hin, der für manche Leser etwas Schockierendes haben könnte: »vil seltzame paradoxa oder widersinnische Reden, wie auch sehr hohe und nicht jederman bekandte schlüsse, von der geheimen Gottheit« (I, 307)[16], »nicht jederman Gemeine Reden und Sprüche« (313), sind es, die hier versammelt den Menschen »fremde« erscheinen könnten; sie sollten ihnen aber im Gegenteil »sehr Lieb und Angenehm seyn«, da sie dem Verfasser »ohne Vorbedacht und mühsames Nachsinnen in kurtzer Zeit von dem Ursprung alles guten einig und allein gegeben worden« (314) »in betrachtung der Göttlichen wunder« (314).

»Wunder«, »Paradox«, das sind die für Scheffler wichtigen Stichworte, die das zentrale Ereignis seiner religiösen, mystischen Erfahrung benennen. Und daß der Gegenstand dieser Erfahrung ein durchwegs christlicher ist, wer möchte das be-

zweifeln, wenn er, was nicht zu übersehen ist, in der Menschwerdung Jesu Christi Schefflers Skopus und Erklärungsgrund für alle göttlichen Wunder und Paradoxe erblickt.
Daß Gott Mensch geworden ist, wird als die die ganze Schöpfung durchherrschende Paradoxie erfahren:

Das unerhörte Wunder
Schaut doch ihr Lieben, schaut, die Jungfrau säugt ein Kind,
Von welchem ich und sie und ihr gesäuget sind.
(III, 10)

Die Gottesgeburt durch die Jungfrau Maria ist von so entscheidender Bedeutung, daß sie sich keinesfalls durch ihre geschichtliche Faktizität definiert oder erschöpft. Sie ist der Anfang einer neuen Existenzweise für jeden Christen. Denn Christus ist geheimnisvoll gegenwärtig, wird immer wieder geboren, ja muß immer wieder in jeder Christenseele wiedergeboren werden, wenn seine Sendung und Erlösung sich angemessen erfüllen soll. Mit Meister Eckhart fordert er daher:

In dir muß Gott geboren werden.
Wird Christus tausendmal zu Bethlehem geboren
Und nicht in dir, du bleibst noch ewiglich verloren
(I, 61)[17]

Die Erlösung durch die Menschwerdung Jesu Christi ist ein unabgeschlossener Vorgang, der je neu den Menschen zur Erfahrung der Gottheit führt. Das Augustinische »Per Christum hominem ad Christum deum«[18] (»Durch Christus den Menschen, zu Christus, dem Gott«), ist dabei wegleitend:

Durch die Menschheit zu der Gottheit.
Willst du den Perlentau der edlen Gottheit fangen,
So mußt du unverrückt an seiner Menschheit hangen
(I, 121)

Da können denn die Perspektiven, von denen her gesprochen wird, wechseln. Es kann gesprochen werden von einem Theozentrismus her, der den Menschen schon idealiter in seine Exemplarursache zurückgeführt sieht. Da ist dann der Mensch im Zustand der innersten »Verwandtschaft« mit Gott, der Vergottung als »Gott in Gott aus Gott durch Gotte« (III, 17) geschaut. Mit einem breiten Strom der christlichen Mystik kann auf paradoxe, aber nicht unfromme Weise aufgetrumpft werden:

Ich bin wie Gott und Gott wie ich.
Ich bin so groß wie Gott, er ist als ich so klein;
Er kann nicht über mich, ich unter ihm nicht sein.
(I, 10)

Schefflers Theozentrismus, der ihm den gelehrten Verdacht auf Pantheismus eingebracht und Generationen von Gelehrten irritiert hat, ist in seinem Kern nichts anderes als beste mystische Kühnheit, die in der Klammer des einen, alles durchherrschenden Wunders der Menschwerdung Christi seine Legitimation hat. Von hier her und darauf hin sind alle »Unverschämtheiten«[19], wie Karl Barth die sprachlichen Ausgriffe Schefflers nennt, relativ. Sätze wie die folgenden sind gebunden an diese historische Tatsache:

Der Mensch ist Ewigkeit.
Ich selbst bin Ewigkeit, wenn ich die Zeit verlasse
Und mich in Gott und Gott in mich zusammenfasse.
(I, 13)

Ein Christ ist so reich als Gott.
Ich bin so reich als Gott, es kann kein Stäublein sein,
Das ich (Mensch, glaube mir) mit ihm nicht hab gemein.
(I, 14)

Ein Christ ist Gottes Sohn.
Ich auch bin Gottes Sohn, ich sitz an seiner Hand:
Sein Geist, sein Fleisch und Blut ist ihm an mir bekannt.
(I, 17)

Alle diese Sätze sind und meinen »Wunder«, die in und an Scheffler geschehen sind, weil er die Menschwerdung Gottes ernst nimmt und sie als das betrachtet, was sie christlich sein soll: eine unabgegoltene und unabgeltbare Tatsache der Erlösung durch den im gläubigen Menschen ausblühenden Gott:

Gott blüht aus seinen Zweigen,
Bist du aus Gott geborn, so blühet Gott in dir
Und seine Gottheit ist dein Saft und deine Zier.

Die theozentrische Sicht ist offensichtlich durch eine christozentrische radikal und fundamental bedingt. In diesen Begründungszusammenhang, darin die Inkarnation Christi bedingende Ursache der Gottwerdung des Menschen ist, gehören jene großen, an patristische Aussagen sich anschließenden Tauschformeln, in denen die Perspektive der Ewigkeit dem Menschen spekulativ, cherubinisch eröffnet wird. *Deus homo factus est ut homo fieret Deus* (»Gott ist Mensch geworden, damit der Mensch Gott wird«). Augustinus und schon die griechischen Väter haben diesen Satz unermüdlich wiederholt.[20] Auch Scheffler steht in dieser Tradition, wenn er in Form einer Forderung sagt:

Du mußt hinwieder sein.
Gott ist dir worden Mensch; wirst du nicht wieder Gott,
So schmähst du die Geburt und höhnest seinen Tod.
(I, 124)

Das *admirabile commercium* (wunderbarer Tausch) – bis weit über Luther hinaus ein alle Frömmigkeit zeichenhaft prägendes Theologumenon – wird zum Gesetz aller individuellen Frömmigkeit:

Er mir, ich ihm.
Wißt, Gott wird mir ein Kind, liegt in der Jungfrau Schoß,
Daß ich ihm werde Gott und wachs ihm gleich und groß.
(III, 16)

Gott-Mensch.
Ja denkt doch, Gott wird ich und kommt ins Elend her,
Auf daß ich komm ins Reich und möge werden er.
(III, 20)

Mensch in Gott, Gott im Menschen.
Wenn ich bin Gottes Sohn, wer es dann sehen kann,
Der schauet Mensch in Gott und Gott im Menschen an.
(II, 3)

Alle mystischen Intentionen der Vereinigung mit Gott finden hier ihre Grundlegung. Es ist nicht einmal so, daß Scheffler etwa die Menschheit Christi gegenüber seiner Gottheit vernachlässigt hätte, eine Versuchung, der die abendländische Mystik in vielen Varianten – oft in der einer Nachfolge Christi selbst in die Himmelfahrt hinein, die Jesus, den Menschen, zugunsten der Geistsendung entschwinden läßt – nachgegeben hat.[21] Bei Scheffler ist die Mittlerschaft Jesu die einzig denkbare:

Der Mittler ist nur Jesus.
Ich weiß kein Mittel nicht als meinen Jesum Christ;
Sein Blut, das ists, in dem sich Gott in mich ergießt.
(II, 167)

Von daher sind denn auch die mannigfachen konkreten Bezugnahmen aufs irdische Dasein Christi kein bloßes Alibi, sondern Widerlager, in dem alle »Durchgöttung« (I, 216) des Menschen aufgehoben und getragen werden kann, anders nicht. Der Mensch ist durch die Inkarnation in einem Maße geadelt, wie es nicht einmal den Engeln widerfahren ist. Der Mensch ist zur Rechten Gottes hingestellt:

Ich auch zur Rechten Gottes.
Weil mein Erlöser hat die Menschheit aufgenommen,
So bin auch ich in ihm zur Rechten Gottes kommen.
(I, 220)

Der mögliche Vorrang des Menschen über die Engel hat seinen Grund in der Menschwerdung:

In Christo kommt man hoch.
Weil mein Erlöser hat die Engel überstiegen,
So kann, wo ich nur will, auch ich sie überfliegen.
(II, 23)

Die Würde und der Adel des Menschen – seine »Überengelheit« – besteht in der göttlichen Begnadung durch die Menschwerdung, die dem Menschen in wunderbarem Tausch die Chance der Vergöttlichung gewährt:

Du sollst das Höchste sein.
Die Welt ist eitel nichts, die Engel sind gemein;
Drum soll ich Gott und Mensch in Christo Jesu sein.
(II, 21)

Christus Jesus ist für Scheffler aber, wie gesagt, keine abstrakte Größe, sondern *die* wesenreiche, d. h. seinshafte und seinsvermittelnde Lebensquelle, deren Legitimation ganz realistisch und historisch im Kommen Jesu Christi geschah. Die Stationen des Lebens Jesu werden bei Scheffler immer wieder genannt und in ihrem Heilcharakter aufgewiesen. Das beginnt mit dem Sprung Gottes in die Niedrigkeit seiner irdischen Existenz – eine alte mystische Vorstellung –, mit der Geburt in Bethlehem und schließt mit Leiden, Tod, Auferstehung, Himmelfahrt und Pfingsten. Die Faszination des Kirchenjahres mit seinem Festkreis mag bei der Ausgestaltung dieser konkreten Seite des Lebens Jesu mitgespielt haben. Entscheidend ist aber die mystische Deutung all dieser Ereignisse von Christi irdischem Dasein.
Die irdische Existenz Christi ist für Scheffler eben Anlaß, die dadurch geschehene Erlösung und Begnadigung des Menschen zu preisen. Wenn auch im Ganzen der positive Aspekt der Gottesgeburt im Herzen des Gläubigen als die Verleihung der göttlichen Gnade der Sohnschaft sehr stark betont wird, ist doch der Erlösungsaspekt der Inkarnation immer auch angemessen berücksichtigt. Die Rechtfertigung des Menschen durch Gott ist eine »unerhörte Bekehrung«:

Es kehrt sich alles um: die Burg ist in der Höhle,
Die Krippe wird ein Thron, der Tag kommt in der Nacht,
Die Jungfrau bringt ein Kind; ach Mensch! sei auch bedacht,
Daß sich verkehre wohl dein Herze, Geist und Seele.
(III, 245)

Diese »wunderliche Umwechslung« meint den Umschlag von Freude zu Angst im Leben Jesu und den von Tränen zu Lachen in unserem Dasein:

Schaut Wunder! Gottes Sohn wird jung in lauter Freuden
Und muß mit lauter Angst von hinnen wieder scheiden.

Wir kommen auf die Welt mit Tränen und vergehn
Mit Lachen, wo wir recht in seinem Geiste stehn.
(III,243)

Das Leiden Jesu ist in einem exklusiven Sinne immer *pro me* geschehen:

Der verliebte Gott.
Gott liebet mich allein, nach mir ist ihm so bange,
Daß er auch stirbt vor Angst, weil ich ihm nicht anhange.
(III, 37)

Bei dieser Voraussetzung des in sein Geschöpf verliebten Gottes ist der Ruf nach der Umkehr naheliegend:

An den Sünder.
Wach auf, du toter Christ, schau her, unser Pelikan
Sprengt dich mit seinem Blut und Herzenswasser an.
(III, 42)

Irdische Pilgerschaft des Menschen führt daher in jedem Fall über den Kreuzweg des Herrn:

Der Weg zum Himmel.
Wenn du, mein Pilger, willst in Himmel dich erhöhen,
So mußt du nahezu grad übern Kreuzweg gehen.
(V, 60)[22]

Ist die Rechtfertigung durch Jesus Christus die Bedingung der Möglichkeit aller Vereinigung mit Gott, so ist umgekehrt die Vereinigung mit Gott in Jesus die notwendige Folge der Heilstat Christi. Schon durch die historische Geburt Jesu ist die Gottesgeburt dem Gläubigen gnadenhaft gewährt. Damit sie fruchtbar werde, muß sie sich immer wieder vollziehen. Ziel ist eine eigentliche »Vergöttung«, die in der Menschwerdung ermöglicht wurde:

Gott ist mein Geist, mein Blut, mein Fleisch und mein Gebein;
Wie soll ich dann mit ihm nicht ganz durchgöttet sein?
(I, 216)

Das so konstituierte Verhältnis ist das zwischen Vater und Kind (Sohn):

Das liebste Kind Gottes.
Sag, wie ich möge sein des Vaters liebstes Kind?
Wenn er sich selbst und alls und Gottheit in dir findt.
(I, 251)

Die göttliche Kindschaft.
Ist Gottes Gottheit mir nicht inniglich gemein,
Wie kann ich dann sein Kind und er mein Vater sein?
(I, 252)

Der Kinder ists Himmelreich.
Christ, so du kannst ein Kind von ganzem Herzen werden,
So ist das Himmelreich schon deine hier auf Erden.
(I, 253)

Grade und Nähe der verwandtschaftlichen Bezüge zwischen Gott und Mensch können sich aber auf paradoxe Art umkehren, wenn der Grundbezug – daß ich Gottes Sohn bin – hergestellt ist:

Die widergültige Kind- und Vaterschaft.
Ich bin Gotts Kind und Sohn, er wieder ist mein Kind:
Wie gehet es doch zu, daß beide beides sind?
(I, 256)

Oder in einer noch totaleren Fassung heißt es:

Am nächsten am besten
Mensch werde Gott verwandt aus Wasser, Blut und Geist,
Auf daß du Gott in Gott aus Gott durch Gotte seist.
Wer ihn umhalsen will, muß ihm nicht nur allein
Befreundet sondern gar sein Kind und Mutter sein.
(III, 17)

In diesem Vorgang, da mir zunächst die sohnhafte Existenzweise abgefordert wird, sodann aber die Kategorie dem, der sie mir spendet, zugeschrieben wird, spiegelt sich nicht bloß Schefflers Sinn für die paradoxe Brüskierung des gläubigen Alltagsdenken, sondern eine sprachliche Technik, die, indem sie zwei Möglichkeiten, die sich widersprechen, gleichzeitig als wirklich bezeichnet, eine übergreifende Einheit und Gleichheit auszusagen intendiert. Wenn ich Gottes Sohn bin, er aber gleichzeitig mein Sohn ist, dann heißt das doch nichts anderes, als daß wir gleich sind, ich Gott aus Gnade, Gott Gott von Natur. Oder mit Schefflers Worten:

Gott ist, er lebt nicht.
Gott ist nur eigentlich; er liebt und lebet nicht,
Wie man von mir und dir und anderen Dingen spricht.
(II, 55)

Das Sein Gottes ist jenseits aller Kategorien des Redens; daß trotzdem von ihm gesprochen werden kann, beruht auf der Menschwerdung Gottes. Gleichförmigkeit mit Gott heißt bei Scheffler Christusfrömmigeit:

Der höchste Gottesdienst.
Der höchste Gottesdienst ist Gotte gleiche werden,
Christförmig sein an Lieb, am Leben und Gebärden.
(IV, 150)

Hierin kommen Schefflers Theo- und Christozentrik zusammen und erweisen sich als zwei Aspekte einer Sache: Daß Gott alles hält, trägt und umfängt, wird in seiner Menschwerdung – gewissermaßen die paradox anmutende Probe aufs Exempel! – deutlich sichtbar. Gott ist ein »eingemenschter Gott«:

Gott trinkt der Menschheit Milch, läßt seiner Gottheit Wein:
Wie sollt er dann nunmehr nicht ganz durchmenschet sein.
(III, 11)

Und das Paradox folgt daraus:

Es trägt und wird getragen.
Das Wort, das alles trägt, auch selbst Gott, den Alten,
Muß hier ein Jungfräulein mit ihren Ärmlein halten.
(III, 12)

Die Formel, die alle Einheit zwischen Mensch und Gott trägt, ist die der Gottesgeburt, des dynamisch bewegten Seins in

Christus. Mit Gott ein »einges Ein« zu sein, ist eine Aufgabe, die Gott und Mensch gleicherweise engagiert. Gott *will* die Geburt seiner selbst, vermittelt durch Jesus Christus, im Menschen:

Was Gott am liebsten tut.
Das liebste Werk, das Gott so inniglich liegt an,
Ist, daß er seinen Sohn in dir gebären kann.
(IV, 194)

Das geht aber nicht ohne das Zutun des Menschen:

Wer will, wird Gott geboren.
Von Gott wird Gott geborn; soll er dich denn gebärn,
So mußt du ihm zuvor den Willn dazu gewährn.
(VI, 129)

Oder:

Du mußt vergöttet werden.
Christ, es ist nicht genug, daß ich in Gott nur bin;
Ich muß auch Gottessaft zum Wachsen in mich ziehn.
(II, 74)

Oder:

Der Sohn Gottes wird in dir geboren.
Mensch, schickst du dich dazu, so zeugt Gott seinen Sohn
All Augenblick in die gleichwie in seinem Thron.
(V, 252)

Diese geistliche Sohnschaft ist Gnade und gerade deshalb je neu »erstaunungsvoll«:

Verwunderung über die Gemeinschaft Gottes.
Es ist erstaunungsvoll, daß ich, Staub, Asch und Kot,
So freundlich und gemein mich machen darf mit Gott.
(IV, 177)

Oder in Formeln der Brautmystik:

Die wunderbarste Heirat.
Schaut doch die Heirat an, der Herr der Herrlichkeit
Hat eines Sklaven Magd, des Menschen Seel, gefreit.
(IV, 175)

Die Gottesgeburt vermittelt den Zugang zur Ewigkeit:

Die geistliche und ewige Geburt sind eins.
Die geistliche Geburt, die sich in mir eräugt,
Ist eins mit der, durch die den Sohn der Vater zeugt.
(V, 250)

So enthoben aller Konkretheit diese Gottesgeburt im Menschen scheint – sie findet im Geiste Gottes ja statt –, so eindeutig ist sie im marianischen Jawort historisch begründet:

Die dreierlei Geburt.
Maria, die gebiert den Sohn Gotts äußerlich,
Ich immer mir im Geist, Gott-Vater ewiglich.
(V, 249)

Vermittler zu dieser Einsicht in die dreifache Geburt ist wiederum und immer Jesus Christus, da er als einziger von Gott als solcher anerkannt wird.

Gott liebt nichts außer Christo.
So lieb Gott eine Seel in Christi Glanz und Licht,
So unlieb ist sie ihm, im Fall er ihr gebricht.
(I, 146)

Hier ist vorerst abzubrechen, wenn es auch ein Leichtes wäre zu zeigen, wie diese Einheit mit Christus gerade auch im »Cherubinischen Wandersmann« nach zwei wichtigen Seiten hin ausgeschritten wird: in Richtung auf eine Leidens-, Blut- und Wundenmystik, aber auch in Richtung auf eine Brautmystik. Beides findet sich gesteigert in seiner »Heiligen Seelen-Lust«, der wir uns noch zuwenden wollen.

Die »Heilige Seelen-Lust«

Wie schon gesagt, die »Heilige Seelen-Lust« muß als eine wesentliche Ergänzung des »Cherubinischen Wandersmann« gesehen werden: Wird hier cherubinisch-spekulativ das Geheimnis Gottes und seiner Menschwerdung angegangen, so wird dort seraphisch dasselbe begehrt, besungen, umworben und geliebt. Dem Schauen tritt so das Lieben adäquat zur Seite. Es spricht hier die Liebe der Seele »zur Ergetzlichkeit und Vermehrung ihrer heiligen Liebe/zu Lob und Ehren Gottes«[23], nicht mehr in der blitzhaft aufspringenden Pointe, die dem Alexandrinerepigramm eigen ist, sondern in der breit sich eröffnenden Beschwingtheit von Rhythmen, die dem Volkslied, der modischen Gesellschaftsdichtung, der Pastoraldichtung, der lateinischen Hymnik, dem katholischen und evangelischen Kirchenlied entlehnt wurden. Es sind im Grunde nicht Lesegedichte, sondern *Lieder*, die zu singen sind; ein Komponist, Georgius Josephus, hat sie denn auch mit Melodien versehen, die leider in den späteren Ausgaben fehlen.[24] Selbst wenn Scheffler in seinem Vorwort die Anwendung dieser Lieder jenen, die in der »Sing-Kunst« unerfahren sind, als Gebete gestattet, verlangt er darüber hinaus doch die Konnotation der sprachlosen Seufzer, die die fehlende Musik zu ersetzen haben.[25] Zugeschrieben wird das Werk

> JESU Christo / Dem Lieb-würdigsten unter allen / Menschen-Kindern, / dem Könige, dem Gotte dem Anfänger / und Vollender aller Liebe, / dem einzigen Ziel und Ende der / verliebten Herzen, / seinem höchsten Gutte und ewiger / Seligkeit.[26]

Schon im »Cherubinischen Wandersmann« war – punktuell – die Schönheit des in Jesus Christus Mensch gewordenen Gottes als Weg und Ziel des Wandernden in den Blick gerückt worden. Hier nun soll die ästhetische Faßbarkeit des »schönen Nazareners« in ihrer ganzen Fülle zum Prinzip der Nachfolge gemacht werden, nicht ohne die Nebenabsicht, der weltlichen Liebesdichtung ein konkurrierendes Modell zur Seite zu stellen, das jene »thörichte Welt-Liebe« in ihrer Nichtigkeit entlarvt und ausräumt. Der Dichter begibt sich zu diesem Zweck auf die Ebene, wo die weltliche Dichtung ihre Triumphe feiert, ins Kostüm der Schäferei. Dieser utopische Bereich der schönsten Wunscherfüllungen, da ein einfaches Hirtendasein erotische Tagträume dichterisch befriedigt, war in der Barockzeit außerordentlich modisch und beliebt. Ihm nähert sich Scheffler

durchaus mit parodistischen Absichten, da ihm klar ist, daß Jesus Christus als die wahre Liebe real alle Wunschträume des Menschen einlösen kann, denn »hier in dem unvergleichlichen Angesichte Jesu Christi, ist die allerfreundlichste Anmuttigkeit, die alleranmuttigste Lieblichkeit, die allerlieblichste Huldseligkeit, und allerhuldseligste Schönheit«.[27] Sie vermag »die gefrorne Erde eures Hertzens« aufzutauen und zu »erquikken«. Denn Jesus ist der »Schönste unter den Menschen-Kindern«. »Dessen seligmachender Umfahung« befiehlt Scheffler alle seine Leser.
Die Übertragung geistlicher Affekte in den Bereich einer abgeschirmten Hirtenwelt, darin idyllische Züge vorherrschen, erfolgt mit dem Ziel, in engstem Rahmen die glückhaft erlösenden Ereignisse einer Liebesbeziehung zwischen Mensch und Gott, zwischen Psyche und Jesus Christus, dichterisch ablaufen zu lassen. Stilmittel und seelische Energien einer dichterischen Bukolik schaffen sich einen arkadischen Umkreis, darin diese Liebe der Psyche sich ungehemmt zu entfalten vermag. Im Gegensatz zum »Cherubinischen Wandersmann«, wo die einzelnen Sprüche kaum in die Ordnung einer übergreifenden Architektur eingebunden sind, kommt in der »Heiligen Seelen-Lust« ein Ordnungsprinzip – wenigstens in den Büchern I–III – zum Zug, das den inneren Ergießungen der Psyche einen Halt zu geben vermag. Es ist das liturgische Kirchenjahr, von Advent bis Ostern und Himmelfahrt. Die Bücher IV und V(das erst 1657 ergänzend dazukam) dagegen verlassen diese Ordnung zugunsten einer freieren Feier einzelner Fest- und Glaubensgeheimnisse, etwa das Fest Trinitas oder das Sakrament der Eucharistie. Es mag in dieser Bezogenheit auf die kirchlichen Feste eine Attraktion gelegen haben, die bewirkte, daß über fünfzig Gedichte in das Gesangbuch des Pietisten Freylinghausen aufgenommen wurden; zusätzlich aber mögen diese Lieder den Ton getroffen haben, der in pietistischen Kreisen beliebt und begehrt war. Tatsächlich gelingt es Scheffler in der »Heiligen Seelen-Lust«, das altüberlieferte katholische und lutherische Kirchenlied mittels raffinierter rhetorischer Techniken in eine das Ekstatische und Gemüthafte pflegende Form des Liebesliedes über-

zuführen, dessen ästhetisches Vokabular einzig für eine – wie Held[28] versichert – »überschwengliche Behandlung der Christusliebe« fruchtbar gemacht wird. Mag der Ausdruck »Christologie« für den Sachverhalt auch unzutreffend sein – »Christusmystik« trifft ihn besser –, klar ist, daß das ganze Werk sowohl seiner Sprachform wie seinem Inhalt nach die innigste Beziehung zwischen dem Gottmenschen Jesus Christus und der ihm anhängenden Braut, der menschlichen Seele, meint. Es ist eine für die mystische Sprache altbekannte Tatsache, daß »die Intimität zur göttlichen Wahrheit« »in der Naturordnung vielleicht nur das Gleichnis der vereinigten Geschlechter« kennt.[29] So ist es denn im Rückbezug auf eine schon mit Origenes anhebende Tradition das alttestamentliche Hohelied[30], das als Liebeslied alle Modulationen des liebenden Begehrens und Erfülltseins für Scheffler bereitstellt. Er braucht sich in der Ausformung seiner braut- oder leidensmystisch gestimmten Texte bloß auf dieses Modell zu beziehen, um seiner Christussehnsucht angemessenen Ausdruck zu geben. Daß dabei gewisse sprachliche Verfahren heute störend wirken mögen – etwa der ungehemmte Gebrauch verniedlichender Diminutive (Jesulein u. a.) oder die schrankenlose Anwendung von Wörtern aus dem Erfahrungsbereich auf das Heilsgeschehen (»Ach wie voller Trost und Lust / Spritzet deine milde Brust«[31]; »Weil dirs aber so gefallen, / Daß du Teuerster von allen / Meinetwegen dies getan, / Wil auch ich mich zu dir strecken / Und dein teures Blut auflecken, / Weil mein Mund sich rühren kann.«[32]) –, ist auf das Konto des Zeitgeschmacks zu setzen, der gerade das Ausgefallene, das Exquisite und Verblüffende zu schätzen vermochte. Entscheidend ist die unerhörte Kraft und seelische Energie, die hier – im Sinne einer jesuitischen *applicatio sensuum* (Anwendung der Sinne)[33] – auf Jesus Christus als den Inbegriff des Heils der Menschheit sprachlich entladen werden. In zwei Beispielen mag das veranschaulicht werden; sie mögen auch die hauptsächlichen Bezugspunkte von Schefflers christozentrischer Mystik verdeutlichen. Das erste Beispiel gehört in den Bereich der Leidensmystik, die das zweite Buch der »Heiligen Seelen-Lust« insgesamt durchherrscht.

Das Gedicht versucht, den Tod Jesu im Licht einer *imitatio passionis* (Nachahmung der Passion) zu verdeutlichen: »Sie (die Psyche) will sterben mit ihrem Jesu« (Buch II, LVIII).

O Elend, Jammer, Angst und Not!
Seh ich doch meinen Jesum tot!
Er ist verstarret ganz und gar,
Der einzig meine Hoffnung war!
Nun nimm, nun nimm dies Leben hin,
Ich ruh nicht, bis ich auch fort bin.

Nichts ist nun auf der ganzen Welt,
Das mein Gemüt zufrieden stellt,
Mein Trost und Freude, Gottes Sohn,
Mein Lieb und Leben ist davon.
Ach nimm, ach nimm dies Leben hin,
Ich ruh nicht, bis ich auch fort bin.

Dein, Schönster, blasses Angesicht
Macht, daß mir Herz und Mut gebricht.
Dein ganz verblichner Rosenmund
Hat mir schon Leib und Seel verwundt.
Ach nimm, ach nimm dies Leben hin,
Ich ruh nicht, bis ich auch fort bin.

Ich weiß wohl, daß du mir zu gut
Vergossen hast dein teures Blut.
Drum, daß ich es vergelte dir,
So will ich wieder sterben mir.
Ei nimm, ei nimm dies Leben hin.
Ich ruh nicht, bis ich auch fort bin.

Gib mir dein Leiden, Kreuz und Pein
Die Nägelmale drück mir ein.
Verehre mich mit deinem Spott,
Mach mich ganz ähnlich deinem Tod.
Ach nimm, ach nimm dies Leben hin,
Ich ruh nicht, bis ich auch fort bin.

O Jesu, laß mich doch nicht hier,
Nimm mich nur in das Grab mit dir!

Laß deines süßen Herzens Schrein
Mein Grab und eigne Ruhstatt sein.
O Jesu, nimm dies Leben hin,
Ich ruh nicht, bis ich bei dir bin.

Die Sangbarkeit des Gedichts, das sechs Strophen à sechs Zeilen – je paarig gereimt – umfaßt, beruht auf dem vierfüßigen Jambus, der den einzelnen Vers leicht dahinschreiten läßt. Vergegenwärtigt wird der tote Jesus aus der Sicht dessen, der in ihm seine einzige Hoffnung erblickte. Dem Genre der Totenklage entspricht es zunächst, daß der Trauernde dem Toten nachsterben möchte. Gerade die Unersetzlichkeit des Verlusts des Geliebten läßt ihm keine andere Wahl, da sich die Einheit mit ihm nur daran bemessen läßt, wie sehr der Trauernde dessen Schicksal mitzugehen bereit ist. Die zweite Strophe sagt es deutlich: Der Verstorbene ist unersetzlich für das »Gemüt« des Verbliebenen. Warum? Weil er der Schönste war und der liebenden Seele »Leib und Seel« verwundete. Rekurriert wird auf ästhetisch-erotische Anziehung, Übermächtigung: Die Psyche bezieht sich darauf, weil sie bereits eine geschehene Liebesgeschichte an den Tod ihres geliebten Jesus zu knüpfen vermag. Dessen Tod ist der erschütternde Endpunkt dieser Geschichte, die mit Begehren und Suchen nach dem Geliebten begonnen hat. Man kann sich fragen, weshalb Scheffler in diesem und vielen anderen Gedichten so sehr das erotische Moment herausstellt. Sicher deshalb – wir haben es schon gesagt –, weil die irdische Liebe die tiefste Analogie zur himmlischen abgibt. Darüber hinaus aber auch deshalb, weil die erotische Anziehung das Moment einer Betroffenheit enthält, die sich gerade in der bestürzenden Art der Übermächtigung durch unerklärbare »Warumlosigkeit« definiert.[34] Scheffler möchte im Verhältnis der liebenden Psyche zum geliebten Jesus für die christliche Existenz als Grundkategorie der Erfahrung eine vorbildliche Widerstandslosigkeit und Wehrlosigkeit der sich schenkenden und entziehenden Gnade Gottes gegenüber gewinnen. Letzte »Warumlosigkeit« und Freiheit unmittelbarer Erfahrung ist gemeint. Zeichnet der »Cherubinische Wandersmann« den Weg des Christen als eine gewaltige und intensiv durch Spekulation gesteigerte Bewegung zur Gottessohnschaft hin, so zeigt die »Heilige Seelen-Lust« deren lustvoll, heilsam und hingerissen erlebte Dimension der Erfahrung. Das bedeutet nicht Verzicht auf die Reflexion christlicher Heilstatsachen, wie Strophe 4 – übrigens mit einer Fülle anderer, paralleler Aussagen in der »Heiligen Seelen-Lust« – klar macht. Die Rechtfertigung des sündigen Menschen durch das Blut Jesu ist im katholischen Bereich vielleicht nur noch durch Mechthild von Hackeborn, deren Werk Scheffler gekannt hat,in solcher Schärfe unermüdlich bekräftigt worden. Der Tod des Gottmenschen Jesus kostet den Menschen etwas, sein eigenes Leben. Im Nachsterben in Christi Tod – in der christlichen Taufe ohnehin ein Grundmotiv – meldet sich ein Nachfolgemotiv, das die Mystiker als »mystischen Tod«[35] schon immer gekannt haben. Es ist dies zunächst wohl weniger eine asketische Übung als Ausdruck einer Liebeseinigung, die die liebende Seele bis auf den Tod in die Liebe zum verstorbenen Christus verpflichtet. Wenn Nachfolge in den Tod, dann aber auch Nachfolge in dessen vorangehende Ereignisse des Heilsgeschehens, in Leiden, Kreuz, Pein und Verspottung (Str. 5). Die Schlußstrophe versucht das Unmögliche, eine Einheit mit dem Geliebten über den Tod hinaus zu stiften: Die liebende Seele möge und möchte ihre Ruhe im »süßen Herzens Schrein«, im Herzen Jesu finden. Die Herz-Jesu- und Wundenmystik Schefflers ist wohl einer der zentralsten christologischen Gedanken in der »Heiligen Seelen-Lust«: Das Herz Jesu ist für Scheffler der Ort letzter liebender Geborgenheit und Einheit mit dem geliebten Jesus. Theologisch mag man diese Vorstellung als unübersehbares Zeichen einer letztlichen Unüberschreitbarkeit des *Menschen* Jesus – er bleibt in jedem Fall *der* Vermittler zwischen Mensch und Gott – sehen, frömmigkeitsgeschichtlich ist das Herz Jesu ein außerordentlich kräftiger Anziehungspunkt für die religiöse Imagination.

Als nicht gegensätzliches, aber doch ergänzendes Prinzip stellt sich der erfahrungshaften *theologica crucis, mortis et cordis Christi* (Theologie des Kreuzes, des Todes und des Herzens Christi) die zwischen Verlangen, Begehren und Erfüllung bangende, hoffende und liebende bräutlich mystische Sprache zur Seite. In ihr wird die zentrale, ja einzige Bezugsperson der

»Heiligen Seelen-Lust«, Jesus, Gegenstand der äußersten seraphischen Anstrengungen der Psyche, die in wechselnden Gestalten – als Seele, Kind, Diener, Turteltaube, vor allem aber immer wieder als Braut – ihre Sehnsucht, Liebe und Liebeskrankheit, ihre Lust und Freude, d. h. auch die Erfüllung dieser Liebe, ausspricht. Alle Register der weltlichen Liebesdichtung werden gezogen, um dieser Christusliebe Raum und Gegenwärtigkeit zu verschaffen. Die Aktualisierung des Liebesbezugs zu Christus umschließt die höfischen Formen des Liebesaustauschs, die Herzentblößung, den Herzenstausch, die Liebesklage, die petrarkistische Evokation des Geliebten nach all seinen körperlichen schönen Eigenschaften, die Fernliebe, das Lob des Geliebten, vor allem seines Namens, das Spiel von Suchen und Finden, Gewähren und Entziehen, vor allem aber auch die Besiegelung dieser Liebe in Kuß und Umarmung. Die geistliche Sinnlichkeit, erer sich Scheffler bei dieser seraphischen Anstrengung ausgiebig bedient, ist dabei keineswegs etwa nur äußerer, rhetorisch und raffiniert angebrachter Schmuck, sondern das Vehikel der Glaubens- und Liebeskraft selbst; sie macht den Geliebten zu einem erfahr- und fühlbaren und damit in aller Ausschließlichkeit zu einem gegenwärtigen gottmenschlichen Partner, der alle geheimsten Wünsche und Absichten des Geschöpfs zu erfüllen vermag. Daß hier die Vorstellung der *Unio mystica* in ihren spielerischsten, das heißt für die Barockzeit gleichzeitig auch in ihren ernstesten Repräsentationsformen dominant werden muß, liegt auf der Hand. Einem Gedicht, das Scheffler besonders aus der Nähe zum Hohenlied geschrieben hat, wollen wir uns noch zuwenden: Buch III, LXXXV:

Sie schreit nach dem Kusse seines Mundes

Er küsse mich mit seines Mundes Kuß
Und tränke mich mit seiner Brüste Fluß,
Denn sie schmecken über Wein,
Und sein Mund
Macht zur Stund
Eine Seel voll Freuden sein.

Ach, ach, die Lieb ist strenge wie der Tod!
Er küsse mich, der süße Liebesgott.
Denn mein Herze flammt und brennt,
Dürst und lechzt,
Seufzt und ächzt
und das Leben naht zum End.

Wo ist sein Geist, der himmelsüße Tau?
Er laß ihn doch erkühln meines Herzens Au!
Oder nehme vollends hin
Meinen Geist,
Der schon meist
Sich verloren hat in ihn.

O Jesu, ists, daß ich dir bin vertraut,
so komm doch her und küsse deine Braut!
Denn dein Kuß, der ists allein,
Den mein Herz
Sucht mit Schmerz
Über Gold und Edelstein.

Der metrische Reiz des Gedichts liegt darin, daß nach den ersten beiden Zeilen einer Strophe – jeweils fünffüßige Jamben – ein Rhythmuswechsel stattfindet, der in den eher hart einsetzenden Trochäen der nächsten vier Zeilen als ein Kontrapunkt gegenüber den weichen Jamben spürbar wird, übrigens ganz konform zur Aussage: Während die ersten beiden Zeilen Wünsche und Sehnsüchte der liebenden Seele aussprechen, sind die folgenden vier Zeilen meist imperativisch oder bloß und hart feststellend.

Thema ist das *osculum spirituale*[36] (der geistliche Kuß); die erste Zeile der ersten und zweiten Strophe stellt jeweils ein Zitat aus dem Hohelied dar (1,2; 8,6). Befremdlich mag uns heute der Wunsch von Strophe 1, Zeile 2 anmuten: »Und tränke mich mit seiner Brüste Fluß«, da der Geliebte ja ein Mann ist. Ich sehe darin den Reflex einer Jesusverehrung, die Scheffler sicherlich aus dem Mittelalter übernommen hat[37] – allzu zahlreich sind die weiblichen Attribute des von ihm gezeichneten Jesus –, eine Verehrung, die in Jesus mütterliche Züge erblickte;

auch mag die alte Vorstellung der »flumina de ventre Christi« (Flüsse aus dem Schoß Christi), der Hugo Rahner nachgegangen ist[38], mitspielen.
Der Kuß ist hier als Besiegelung nicht nur der erotischen Sehnsüchte der liebenden Seele gesehen, sondern es geht um die Erfüllung und Besiegelung der Liebe zwischen beiden im Tode, wie es schon in der zweiten, vollends aber in der dritten Strophe gesagt ist. Der bei den Mystikern bekannte Liebestod wird hier im Horizont des Hoheliedes abgehandelt, allerdings mit einer leichten Nuancierung ihm gegenüber. Heißt es oder kann es dort heißen: »Die Liebe ist stark wie der Tod«, so wird hier die Aussage verschärft: »die Lieb ist strenge wie der Tod«. Das heißt, es ist eine tödliche Liebe, in die sich die Psyche eingelassen hat.
Man kann sich fragen, was an diesem Gedicht als besonderer Hinweis auf Christus empfunden werden kann. Zunächst weiß man aus den anderen Gedichten problemlos darum, daß der Geliebte in jedem Fall Jesus ist. Kommt dazu, daß Jesus als »der süße Liebesgott«, wie er hier genannt wird, d. h. als Pfeile verschießender Amor im Barock häufig versinnbildlicht wird.[39] In der letzten Strophe wird Jesus denn auch namentlich erwähnt.
Es mag heute allenfalls Hemmungen bereiten, den von Scheffler auf Jesus applizierten, seraphischen Gefühls- und Formüberschwang zu goutieren. Das ist ein Problem *unserer* ästhetischen Sensibilität; bei etwas historischem Verständnis lassen sich hier viele Hemmungen abbauen. Für eine gerechte Einschätzung von Schefflers Christus-Dichtung scheint mir aber die Tatsache bedeutsamer, daß hier ein Dichter mit allen ihm zur Verfügung stehenden Energien und Formkräften ästhetisch auf Jesus Christus setzt. Er ist ihm das Ideal seiner Dichtung im exklusiven Sinn. Er ist ihm der Inbegriff der Erfahrung des Schönen. Deshalb seine Leseanweisung in seinem Vorwort zur »Heiligen Seelen-Lust«:

> »Du aber verliebte Seele, gebrauche dich unterdessen dieser Lieder, und erhebe dein Gemütte zu dem Schönsten unter den Menschen-Kindern unserem Jesu. Dessen seligmachender Umfahung ich dich hertzlich befehle«[40].

Damit ist doch behauptet und gefordert, daß der ästhetische

Ort auch ein heilsgeschichtlicher sei, ja daß er heilsgeschichtlich zu begründen sei. Das ist keine Heimholung der ästhetischen Erfahrung in christlichem Geist, sondern hier geschieht eine auktoriale, mithin bloß im Heilsgeschehen selber begründbare, also »warumlose« Festlegung, daß alles Schöne durch das Wasserzeichen Jesu Christi geprägt zu sein habe, soll es überhaupt Rang und Namen haben, soll es überhaupt wirksam sein. Die Schönheit Christi ist wie gesagt »allerhuldseligst«. In ihr ist das Urbild von Schönheit zu sehen:

> Hier blühen die unverwelkliche Rosen und Lilien, seine Wangen; hier wachsen die unverbleichliche Corallen, seine Lippen; hier scheinet die unverfinsterliche Sonn und Monde, seine Augen; hier ist der anbetungs-würdige Thron dess Glantzes der Herrligkeit, seine Stirne; hier wehet der ewige West-Wind, sein huldseliger Athem, der die gefrorne Erde eures Hertzens kan auffthauen und erquikken; diese Schönheit liebet und beschreibet, und vertieffet euch ganz und gar in sie.[41]

Es erfüllt sich in solchen Worten eine Sehnsucht aller Dichter aller Zeiten, nämlich daß das Gedichtete das Heil an sich aufleuchten zu lassen vermöge. So ist denn Schefflers »Dichten« sicher so, wie er es seinen weltlichen Gefährten wünscht, »hochverdienstlich« und gleichzeitig durch seine seraphische Anstrengung auch »erbaulich«.

Die Christusnachfolge Schefflers

Es wäre eine böse Verirrung, Schefflers Dichtung als harmlos einzustufen, sie ist im Gegenteil – ermißt man ihre Konsequenzen – von höchster Tragweite und Bedeutsamkeit. Schon P. Daniel Schwartz S.J. verwahrt sich in seiner Grabrede auf Scheffler gegenüber der alten Ansicht, Dichter dürften nicht zum gültigen Zeugnis herangezogen werden[42], und behauptet aufgrund von Tagebuchnotizen Schefflers die Einheit von Leben und Werk:

> Es ist das gantze Buch nichts als ein Köcher, in welchem der Herr Doctor seines Hertzens lebendige Anmuttungen zu

> der Gottheit und Gottes Menschheit eingesteckt, als feurige Pfeiler aber und abermal auff den Bogen zu legen hinauff gen Himmel. Darzu er sich bekennet in dem geheimen Büchlein, mit dem Titul, Libellus Desideriorum Joannis Amati, so nach seinem Ableiben gefunden worden.

Das Büchlein ist heute leider verloren! Unter Punkt A heißt es hier:

> Ich bitte den HErrn JESUM von Grund meines Hertzens, er wolle doch nicht zulassen, daß ich mein Angesicht einen Augenblick von dem Seinen wende, damit ich nicht etwan eines von seinen Liebe wincken versehe![43]

Seine Dichtung nimmt sich dieser vertraulichen Notiz gegenüber als Resultat einer Lebensoption aus, die gerade auch im künstlerischen Bereich dessen Absolutheit einzuholen versucht. Wenn es wahr ist, daß der »Gedanke von der komplementären Bezogenheit von Gott und Mensch« »der Ausgangspunkt der mystischen Frömmigkeit des Barock« ist, wie Ernst Benz versichert[44], dann ist Johannes Scheffler der eindeutige Beleg dafür.

Im übrigen – und das sei der letzte Hinweis auf die Identität von Lebensoption und Wirklichkeit im Leben Schefflers – hat sich diese komplementäre Bezogenheit von Jesus Christus und Mensch auch im Leben Schefflers auf eine – gewiß nur im Rahmen des barocken Repräsentationsgedankens verständliche – Weise erfüllt, die zudem Ärger und Ungehaltenheit von seiten der alten Glaubensgenossen erregen mußte. Sein Entschluß, »mit einer brennenden Fackel in der Lincken, mit einem Crucifix in der Rechten, mit einer dörnern Cron auff dem Haupt, mit einem Seraphischen Eyfer und resolution im Hertzen«[45] am 22. August 1661 an einer Wallfahrt der Rosenkranzbruderschaft am Fest des unversehrten Herzens der Jungfrau Maria durch (das seit 135 Jahren protestantische) Breslau zu ziehen, mag seine politische Brisanz und Protestfunktion gehabt haben. Diese Resolution aber ist von weit her vorbereitet gewesen und hat – wie sehr sie auch als Herausforderung der Lutheraner zu werten ist – einen christologischen Charakter. In einem Entscheid, den Scheffler selber niederschrieb, hat er sein Vorhaben so umschrieben:

1. Ich wil das Creutz tragen durch die Stadt mit einer Cron auff dem Haupt, damit ich Christo gleichförmig werde, der das Creutz durch die Stadt getragen, mit der dörnern Cron auff seinem Allerheiligsten Haupt. 2. Damit ich in dem Werck und That Christo dancke, dass er umb meinetwegen das Creutz getragen. 3. Damit ich von allen, und vor allen zuschanden und verachtet worden, dann der meiste Theil wird mich einen Narren schelten, oder für Ehrsüchtig halten, als suche ich dadurch einige eitele Ehr; Und also werd ich viel verlieren, was man ehemal von mir gehalten. 4. Damit ich allen Frommen zum Exempel diene der Andacht. 5. Damit ich verdiene die Bekehrung der Stadt, und aller derer, so mich werden auslachen, welches meine sonderbare Meinung ist. Gebenedeyet sei Gott! [46] (9. September 1660)

Man möchte wünschen, diese Resolution für die Torheit der Nachfolge Christi hätte nicht im vergifteten Klima unter Christen verschiedener Konfession gefällt werden müssen. Historische Tatsache bleibt, daß Scheffler seine Konversion in diesem Klima vollzog, gewiß nicht unsymptomatisch zugunsten einer Kirche[47], die ihm den Spielraum für seine cherubinischen und seraphischen Bestrebungen offenhielt;[48] aber doch wohl auch im Zwielicht einer politischen Spekulation.[49] Ich meine, daß heute nur mehr der Entscheid Schefflers für Jesus und die damit gegebene ästhetische »Innigkeit« seiner Lieder zu zählen vermag.[50]

Dietrich Meyer

»Christus mein ander Ich«

Zu Zinzendorfs Verhältnis zur Mystik

Zinzendorfs Verhältnis zur Mystik ist vielschichtig. Gewiß kann man seine Heilandsfrömmigkeit als »Christusmystik« bezeichnen. Aber was ist damit gesagt? Eben um diese Frage bewegt sich die Zinzendorf-Forschung heute. In den zwanziger Jahren dieses Jahrhunderts, als man Luther neu entdeckte, wurde Zinzendorfs Frömmigkeit ganz im Lichte Luthers gesehen. »Kreuzes-Theologie«, so hieß das 1937 erschienene Buch von Samuel Eberhard. Nach 1945 vollzog sich ein Wandel. Der Herrnhuter Universitätsdirektor Otto Uttendörfer stellte 1950 seine letzte große Deutung der Schriften Zinzendorfs unter den Titel »Zinzendorf und die Mystik«. Er schreibt: »Man kann Zinzendorf nicht ohne Recht eindrucksvoll als Lutheraner, könnte ihn aber auch als radikalen Mystiker darstellen.«[1] Uttendörfer selbst sieht die Bedeutung Zinzendorfs in seiner Verbindung von Luthertum und Christusmystik. Die Forschung nach Uttendörfer hat Zinzendorfs Verbindungen zur Braut- und Passionsmystik, zu Jakob Böhme und der philadelphischen Bewegung herausgestellt.[2] Die letzte umfangreiche Interpretation von Zinzendorfs Theologie ist von 1970 und stammt von dem Franzosen Pierre Deghaye mit dem Titel »La doctrine ésotérique de Zinzendorf«. Hier wird Zinzendorfs Christosophie, die ihm durch die jüdische Mystik der Kabbala und die Theosophie Jakob Böhmes über den schwäbischen Theologen Friedrich Christoph Oetinger vermittelt wurde, nachgegangen. Das Aufhellen solcher Bezüge ist gewiß verdienstvoll, fraglich ist mir aber, ob so die Mitte von Zinzendorfs Frömmigkeit in ihrer unverwechselbaren Eigenart mit ihrer der Mystik so verwandten Sehnsucht nach Christi realer Gegenwart im Irdischen recht beschrieben werden kann.

Zunächst möchte ich Zinzendorfs Lebensführung nachgehen, um zu verhindern, daß unsere Sicht Zinzendorfs zu geradlinig und abstrakt und das heißt ohne Kontakt zu dem wirklichen

Leben gerät. Es gibt einen zweiten Grund. Als der reformierte Theologe Peter Poiret (1646–1719) die Seherin Antoinette Bourignon kennenlernte und damit die Mystik für den Protestantismus neu entdeckte, wußte er nichts Besseres, als schlicht ihr Leben und ihre inneren Erfahrungen zu schildern. So entwickelte er eine »narrative mystische Theologie«, wie es Professor Ernst Schering genannt hat.[3] Gerhard Tersteegen war eben darin sein Schüler. Gott legt mit jedem Menschen einen Weg zurück, der nicht zufällig ist. Zinzendorf denkt immer wieder den verschiedenen Führungen nach, und darum wird in der Brüdergemeine bis zum heutigen Tag der Lebenslauf und das heißt die geistliche Lebensführung eines Menschen festgehalten und bei seiner Beerdigung verlesen. Zinzendorfs Weg bis zur reifen Gestalt seiner Christusmystik war ein weiter Weg, den wir verfolgen müssen, um sein Urteil über die Mystik zu verstehen.

Zinzendorfs Lebensführung

Ich möchte zwischen vier Perioden seines Lebens, die ich unter dem Gesichtspunkt seiner Nähe zu mystischen Frömmigkeitsformen zu erkennen glaube, unterscheiden.

Lutherisch-hallescher Pietismus

Zinzendorf kommt aus der Tradition des lutherischen Pietismus, wie er von Philipp Jacob Spener und August Hermann Francke geprägt wurde. Das gilt sowohl für seine Eltern wie für seine Großmutter, in deren Haus er nach dem frühen Tod seines Vaters aufwächst. Die lebendige, durch Kirchenlied und Erbauungsliteratur genährte und von vielen wichtigen Gestalten des Pietismus angeregte Frömmigkeit der Großmutter Henriette Katharina von Gersdorf springt auf den Knaben über. »In meiner Kindheit zu Haus habe ich den lieben Heiland herzlich lieb gewonnen und viel Umgang mit ihm gehabt.«[4] Zinzendorf nennt hier das theologische Leitmotiv, das wäh-

rend seines ganzen Lebens von zentraler Bedeutung ist. Umgang (lateinisch *commercium*, französisch *commerce*) mit dem Heiland, das heißt bei Zinzendorf: Gemeinschaft mit Christus als dem Versöhner der Welt.
Vom zehnten bis zum sechzehnten Lebensjahr lernt Zinzendorf am Pädagogium in Halle und wird durch die starke Persönlichkeit von August Hermann Francke, seine kräftigen Predigten und seine missionarische Aktivität bestimmt. Sofern die Frömmigkeit des Knaben mystische Züge trägt, liegt sie in der Richtung Halles. Er liest mit Vergnügen Christian Friedrich Richters Traktat »Vom Ursprung und Adel der Seele«, und noch als Zwanzigjähriger schreibt er an einem »Versuch, mystische, erweckliche Lieder mit leichter Mühe zu retten« und setzt sich darin für die Lieder des halleschen, genauer Freylinghausenschen Gesangbuchs, die unter der Überschrift »Vom verborgenen Leben der Gläubigen« stehen, ein. Das Kirchenlied macht ihn mit der geistlichen Deutung des Hohenliedes, wie sie etwa durch Bernhard von Clairvaux geprägt wurde, bekannt. 1716 übersetzt er dessen Lied *Jesu dulcis memoria*. Er hat eine dichterische Begabung geerbt und spricht bereits als Knabe seine Frömmigkeit in Gedichten besonders lebendig aus. Das älteste erhaltene Lied vom 13. Oktober 1712 beginnt: »Schau, mein Jesus ist Rosen zu gleichen.« Darin heißt es: »Ewige Liebe, wär ich dir vermählet, sollte kein Dräuen der Hölle mich schrecken.«[5] Die Verszeile deutet auf die mancherlei Verstandeszweifel und Anfechtungen, die ihn angesichts der Majestät und Unerforschlichkeit Gottes bedrängten und die nach seinen eigenen Worten bis zur Versuchung des Atheismus führten. Aus diesen Nöten flieht er in die kindliche Gemeinschaft mit Christus. Der Höhepunkt dieser lutherisch geprägten Frömmigkeit ist das Abendmahl, und er dichtet anläßlich eines Abendmahlbesuches als Achtzehnjähriger:

Nun ists, o Herr! geschehen,
Ich habe Dich gesehen,
Du hast Dich eingefunden
Und mich mit Dir verbunden.[6]

Mit dem Begriff Philadelphia bezeichnete man im 18. Jahrhundert eine Einigungsbewegung unter den Christen im Anschluß an Offenbarung 3, die Sammlung der wahren Kinder Gottes zur Brautgemeinde des Lammes. In London hatte sich unter der Böhme-Schülerin Jane Leade eine »philadelphische Gesellschaft« gebildet, die auf den radikalen Pietismus eine starke Wirkung ausübte, insbesondere durch ihre Kritik an den »vom Verfall bedrohten« Konfessionskirchen. Auch auf Zinzendorf hatten diese Gedanken eine starke Wirkung, da er unter den Spannungen und Streitigkeiten der einzelnen Gruppen und Konfessionen litt. Auf seiner Bildungsreise nach Holland und Frankreich lernte er den französischen Kardinal Louis-Antoine de Noailles, Erzbischof von Paris, kennen und ging mit ihm ein Freundschaftsverhältnis ein. Beide fühlten sich verbunden in der »Einheit der Herzen« und der einen »universellen« Kirche, die sich auf den gekreuzigten Christus gründet. In Ebersdorf, Thüringen, lernte Zinzendorf nicht nur seine Frau Erdmuth Dorothea von Reuß, sondern auch eine von dem Gedanken der philadelphischen Bewegung gespeiste überkonfessionelle Schloßgemeinde mit einer ungesetzlichen, spiritualistisch beeinflußten Wundenfrömmigkeit schätzen. Uttendörfer urteilt in seinem Buch über »Zinzendorf und die Mystik«, daß die Briefe und Lieder des Grafen in dieser Zeit (1721/22) von einer »kindlich freudigen Christusmystik« geprägt sind »wie nachher nicht mehr«[7].

Seiner Familie, auch seiner Großmutter, war diese Begeisterung des jungen Grafen für die Religion suspekt, und man fürchtete um seine Karriere. Auf Veranlassung der Familie dürfte ein Aufsatz von 1720, der nach Uttendörfers Vermutung von dem halleschen Theologen D. Paul Anton stammt, zurückgehen[8]. Er trägt den Titel »Theologisches Sendschreiben betr. die Gebrechen der Mysticorum, die unter dem Papsttum gelebet, und insonderheit Tauleri«. Hier wird zwar Tauler anerkannt, aber auch auf Gefahren der katholischen Mystik hingewiesen, daß sie nämlich nicht aus der Rechtfertigung lebe, sondern auf eigene Übungen setze, um Gott durch die Stufen

der Reinigung, Erleuchtung und Heiligung näherzukommen. Daß dieser Aufsatz auf Zinzendorf nicht ohne Wirkung war, zeigte sich erst später.
Zinzendorfs philadelphische Neigungen wurden durch ein unscheinbares Ereignis 1722 empfindlich gestört. Mährische Auswanderer, die Österreich um ihres Glaubens willen verlassen wollten, baten um Land zur Niederlassung und Aufnahme auf seinen Gütern, was er ihnen gewährte. Die rasch wachsende, kirchlich gesehen ganz bunt zusammengesetzte Siedlung in Herrnhut forderte bald alle seine Kräfte als ihr Schutzherr. Der mährische Kirchenbegriff und Zinzendorfs philadelphische Sehnsucht standen fortan in einer gegensätzlichen, aber fruchtbaren Spannung. Er gab seinen Beruf als Jurist und Hofrat in Dresden auf und wurde der Seelsorger und Organisator dieser Gemeine. In ihrem Dienst standen seine Ansprachen, Gesangbücher, Katechismen, Instruktionen und Verteidigungsschriften. Auch seine Heilandsfrömmigkeit ist nun nicht mehr seine persönliche Angelegenheit, sondern wird immer mehr die Frömmigkeit dieser Gemeine. Zinzendorfs Pläne gehen allerdings über die Gemeine in Herrnhut weit hinaus. 1728 gibt er das »Christ-catholische Singe- und Betbüchlein« heraus, dessen erster Teil 78 Lieder aus Johannes Schefflers »Heiliger Seelen-Lust« enthält. Er wollte mit diesem Gesangbuch die Christen in dem benachbarten Schlesien erreichen. Dabei identifiziert er sich durchaus mit dem zur katholischen Kirche übergetretenen Angelus Silesius, was sich etwa daraus ergibt, daß das letzte Lied des ersten Teils unter der Überschrift: »Kurze Litaney der Heiligen« eine Nachdichtung Zinzendorfs nach einer alten Litanei zum Allerseelentag darstellt. Freilich ändert Zinzendorf gelegentlich, wo ihm die Schäferpoesie Schefflers den Bezug auf den leidenden gekreuzigten Christus nicht klar genug ausdrückt. Aber dieses Gesangbuch macht sehr deutlich, wie stark Zinzendorf die Tradition der Brautmystik übernehmen und zu seinem eigenen Anliegen machen kann.
Wie er mit dem »Christ-catholischen Singe- und Betbüchlein« die katholischen Christen erreichen wollte, so suchte er sich 1731 durch das »Marchesche Gesangbuch« den Inspirierten, wie er sie in der Wetterau kennengelernt hatte, zu nähern. Er

nimmt ihr Liedgut, soweit es ihm mit dem evangelischen Glauben vereinbar schien, auf und erregt damit sofort die Kritik der lutherischen Orthodoxie. In der Gemeine liest er mit einigen Vertrauten die Schrift *medulla animae*. 1731 hält er vor der ganzen Gemeinde kurze Vorträge über die Mystik der Madame Guyon, er setzt sich also mit den französischen Quietisten auseinander. Auch einzelne Schriften und Predigten des Erzbischofs von Cambrai, des bedeutenden Theologen Fénelon, hat er gekannt. Dabei fällt auf, daß er die spezifisch quietistische Begrifflichkeit vermeidet, einzelne Motive aber wie das völlige Angewiesensein auf Gott oder das kontinuierliche Gebet aufnimmt. Für Zinzendorf geht in diesen Jahren weder seine philadelphische Sehnsucht in Erfüllung, noch findet er theologisch zu völliger Klarheit.

Die Wendung zu Luther und die Abkehr vom Mystizismus

In der Auseinandersetzung mit dem Spiritualisten Johann Konrad Dippel, der kein Verständnis für den Begriff des Zornes Gottes hat und das stellvertretende Strafleiden Christi leugnet, erkennt Zinzendorf die Bedeutung Luthers und seiner Kreuzestheologie. Die Begegnung mit Dippel hat für Zinzendorf eine einschneidende Wirkung gehabt. Erst jetzt wird »das Versöhnopfer Jesu unsere eigne und öffentliche und einige Materie«[9]. In einer erstaunlichen Einseitigkeit setzt er nun alles auf den Gekreuzigten, auf das Verdienst seines Todes, auf sein Blut und seine Wunden. Denn in dem Gekreuzigten ist er sich der Rechtfertigung und Heiligung des Sünders gewiß. Jetzt meint er theologisch den rechten Grund gefunden zu haben.
Mit der Wendung zu Luther vollzieht sich gleichzeitig eine deutliche Abkehr von dem »Mystizismus«, wie ihn Zinzendorf versteht. Nun urteilt er kritisch über Madame Guyon und Jakob Böhme. Auch Gottfried Arnold ist ihm zu »sehr in der Mystik« »verliebt«[10]. Vom hohen Adel der Seele will er nichts mehr wissen. Die Mystiker, so erkennt er nun deutlich, suchen Gott in falscher Weise. Sie erstreben die »Unmittelbarkeit« des

Umgangs mit Gott, aber Gott handelt immer durch das Mittel seines Sohnes. Der mystische Weg führe zur »Einbildung von sich selbst«, zur »Selbstgerechtigkeit und überdies, daß man auf die letzte Zeit vom lieben Heiland darüber abkommt«[11]. »Darum ist der Mystizismus, die Idee von der Vergötterung der Kreatur, eine gefährliche und miserable Lehre, weil sie direkt gegen den Grund der Schöpfung angeht.«[12] Rückblickend auf sein Leben sagt er 1743: »Ich habe sehr lange und mehr, als es jemand nötig oder zu raten ist, in dem sog. dunklen Glauben gestanden, davon die Mystici sehr viel schreiben und ihn zu einem hohen Grade machen, ich aber nicht[13].« Denn nun habe er die »Materie vom Sattwerden, vom Kreuz, Blut und Gerechtigkeit« erkannt. Wir müssen also feststellen: Für Zinzendorf stehen sich Luther und die Mystik als Gegensätze gegenüber, und er schließt sich ganz bewußt an Luther an. Luthers Brautmystik allerdings hält er gerade nicht für mystisch, sondern für gut evangelisch[14].

Spielerischer Blut- und Wundenkult

Im Gegensatz zu dem von der Mystik erstrebten Ziel der Vergottung kommt der evangelische Christ nach Zinzendorf von der vollkommenen Gemeinschaft mit Gott her. »Denn unsere wahre Apotheosis. . . geht schon in diesem Leben an, indem man der Natur Gottes teilhaftig wird (2. Petr. 1, 4).«[15] Die Vergottung ist also nicht als der »letzte Grad der Vollkommenheit, der ein bißchen über die Ewigkeit hinausgeht (nach der Mysticorum Heilsordnung) anzusehen, sondern dabei hat unsere Seele angefangen«.[16] Dies Bewußtsein, aus der Fülle der Gnade leben zu dürfen, führte zu einem »Spielen« in der Gnade, zu einer kindlichen, bewußt naiven und provokativ formulierten Jesusbegeisterung. Man wollte mit Paulus »Narren in Christus« sein (»Närrchenorden«). Das Bild der Verlobung mit Christus wird zur Ehereligion ausgebildet und in spontanen, charismatischen Liedern in bewußt sensualistischer Sprache besungen. Zinzendorfs Braut- und Passionsmystik erlebt ihren Höhepunkt.

Theologisch ist bis heute eine umstrittene Frage, wieweit solche Bilder und Begriffe von Luthers Rechtfertigungslehre her zu verstehen sind oder auf das Konto eines mystisch spirituhas Konto eines mystisch spiritualistischen Einflusses gehen. Zinzendorf glaubte, Luther in die Sprache seiner Zeit zu übertragen. Hat Luther nicht gedichtet: »Ach mein herzliebes Jesulein, mach dir ein rein sanft Bettelein, zu ruhn in meines Herzens Schrein«, fragt er seine Widersacher.[17]

Der Graf mußte 1749 schlimmen Auswüchsen eines leichtfertigen Lebens mit Musik und nächtlichen Festen in den Gemeinden der Wetterau Einhalt gebieten und verbot bestimmte Ausdrücke und Redeweisen. Er selbst zog sich stärker zurück[18] und lebte mehrere Jahre in englischen Gemeinen. Die Erkenntnis, daß der spielerisch närrchenhaft ausgelebte Blut- und Wundenkult in die Schwärmerei führt, so daß der Protest aus den verschiedenen kirchlichen Lagern mit einer Fülle von Streitschriften überlaut wurde, muß Zinzendorf tief erschüttert haben. Ein Regierungswechsel in Büdingen führte zur Preisgabe der Gemeinen in der Wetterau. 1752 stirbt Zinzendorfs ältester Sohn Christian Renatus, der unter den jungen Theologen auf dem Herrnhaag eine führende Rolle gespielt hatte und den der Graf sehr liebte. Die Zeit des Blut- und Wundenkultes nannte er rückschauend nach Lukas 22, 31 »Sichtungszeit« (»Siehe, der Satan hat euer begehrt, daß er euch möchte sichten wie den Weizen.«).

Unter dem Eindruck der Sichtungszeit stehend, schildert Zinzendorf einmal Christus als den »wahren Mysticus«.

> »Wenns einen wahren Mysticum gibt, so ists der Heiland. Ein Mysticus ist ein Mensch, der ein geheimes Leben führt, das durch lauter contraria zu gehen scheint, so daß die Leute lauter falsche Urteile von einem solchen Menschen fällen. Einen solchen Zustand nennt man statum mortis, die Abgestorbenheit, da man sich nichts mehr kehrt an Lob und Tadel, da man verborgen in Gott lebt, dem man allein gründlich bekannt ist. Daß es in praxi solche Leute geben soll, ist kein Zweifel. Die Frage ist nur, obs eine solche Kunst geben soll, da die Leute dieselben practischen Wahrheiten auswendig lernen. Das letzte ist eine gefährliche Brücke; das erste ist

eine theure Wahrheit. Ihr seid gestorben, sagt der Apostel, und euer Leben ist verborgen mit Christo in Gott. Der Chef von diesen Leuten, der concentrirte mysticus, der das geheime Leben in der perfection hat, ist der Heiland selbst.«[19]

Der Begriff »mystisch« wird vom Zustand der Abgestorbenheit, letztlich von Christi Leidens- und Kreuzesweg her interpretiert. Das verborgene Leben in Gott ist die Gemeinschaft mit Christi Kreuzgestalt, indem der Mensch sich ganz Gott überläßt und so teil an seinem Leben gewinnt. Zinzendorf will fortan mit Christus ein verborgenes Leben führen.

In seinem letzten Lebensjahrzehnt faßt er seine Christusmystik in der Forderung des »täglichen Umgangs mit dem Heiland« bzw. der »personellen Konnexion mit dem Heiland« zusammen, die im folgenden systematisch entfaltet werden soll.

Die Christusmystik des reifen Zinzendorf

Der Zugang zur Theologie Zinzendorfs eröffnet sich uns nur über das Geheimnis der Menschwerdung Gottes in Christus: Gott in seiner Herrlichkeit und Größe ist dem Menschen verschlossen. Während Luther vor dem zornigen Gott erschrickt, ist es bei Zinzendorf und bei vielen Vertretern des 18. Jahrhunderts die barocke Erfahrung der Unermeßlichkeit des Raumes und der Unendlichkeit Gottes. So dichtete Ernst Lange: »O Gott, du Tiefe sonder Grund, wie kann ich dich zur Genüge kennen?«[20] Und in einem der bekanntesten Lieder Zinzendorfs mit dem Titel »Allgegenwart« heißt es: »Ich lasse dich, Du bist zu hoch, zu tief, o Gott!«[21] Das Gedicht führt den Leser dann zu Christus: »Ihr Menschen, kommt herbey, und seht die zugedeckten Abgrundsschlünde, die eingehüllte Majestät, in Jesu, dem geringen Kinde!« Gottes Herunterlassung, Kondeszendenz und Menschwerdung in Christus ermöglicht erst die Bekanntschaft und Erkenntnis Gottes für den Menschen. Das ist für Zinzendorf nun gar kein abstrakter Erkenntnisvorgang, sondern bedeutet Ergriffensein des Menschen mit all seinen

Sinnen, mit Gefühl und Anschauung, bedeutet vor allem Gemeinschaft und Teilhabe an Christi Art und Natur. Seine Menschwerdung und die innige Gemeinschaft mit ihm im Abendmahl gehören bei Zinzendorf zusammen.

> »Die Idee, die wir haben von Gottes Menschwerden, von seinem Theilhaftigwerden unseres Fleisches und Gebeines, und von unserem Theilhaftigwerden des seinigen, muß alle andre Materien, wenn sie auch noch so annehmlich und selig wären, weit übergehen.«[22]

Oder noch kürzer und prägnanter sagt er: »Durchs Geheimnis der Einleibung (= Abendmahl) werden wir peu à peu alter ille, Sein ander ich.«[23]

Christus mein ander Ich

Christus – unser ander Ich, wie ist das zu verstehen? Der Begriff »ander Ich« ist die Übersetzung des lateinischen *alter ille* bzw. des griechischen *allos ego*. So definierte der Stoiker Zeno nach Diogenes Laertius den Freund.[24] Der Ausdruck geht also auf die Antike zurück, wird aber in der deutschen Dichtung seit dem 17. Jahrhundert geläufig und meint den geliebten Freund. So schreibt Menantes: »Du bleibst mein ander ich, bis mir der Tod das treue Herze bricht.«[25] Bei Lessing findet man den Satz: »Pfriem ist nicht bloß mein Freund, er ist mein andres Ich.« Der Ausdruck steht also für ein besonders gefülltes Freundschaftsverhältnis, für die auch im Tode nicht endende Freundschaft. Bei Kleist kann er gar den Bräutigam bezeichnen: »die schöne Braut sieht hier ihr ander Ich«. Ganz in diesem Sinne eines intensiven Freundschaftsverhältnisses gebraucht Zinzendorf den Ausdruck im Zusammenhang mit Christus. So legt er in einer Rede seinen Hörern die Worte in den Mund:

> »Ich bin zu dumm oder zu klug dazu, ich kann nicht denken, daß Gott, der Alles geschaffen hat, soll ein Mensch sein wie ich, und daß ich mit Ihm leben soll in Zeit und Ewigkeit wie mit einem, das ich aus Liebe mein ander Ich nennen könnte.«[26]

Immer wieder entzündet sich die Christusliebe an dem unbegreiflichen Wunder, das Zinzendorf gern auf die Formel bringt: »Mein Schöpfer – mein Heiland.«
In den täglichen Homilien nennt Zinzendorf Christus meist kurz den Freund oder auch den Bräutigam und Geliebten, wofür folgende Beispiele genannt seien. Christus ist »dein Seligmacher, dein bester, dein erster und letzter Freund«.[27] »Redet mit Ihm wie mit eurem Nachbar und besten Freund, wie mit eurem Geliebten.«[28] »Um Ihn herum hört Alles, alle Umstände, Geschlecht, Stand, äußere Situation, Gemüthsbeschaffenheit, Gutes und Böses ganz auf. Da ist man eben eine Menschenseele, und Er ist der Menschenfreund.«[29]
Für Zinzendorfs Christusmystik von zentraler Bedeutung ist die Tatsache, daß Christus und der Mensch nicht austauschbar, sondern als personales Gegenüber aufgefaßt werden. Der Ausdruck vom »andern Ich« könnte ja so verstanden werden, als käme es in der »personellen Konnexion mit Christus« zu einer Identität beider Größen, als würde der Christ in die Natur Christi verwandelt. Und dort, wo Zinzendorf am Sakrament des Abendmahls anknüpft, gerät er gelegentlich in die Nähe dieser Vorstellung: wir werden peu à peu alter ille. Doch ist dies nicht als sakramentale Verwandlung oder Substanzänderung gedacht, sondern als das Ähnlichwerden bis ins Äußere, als die durch den täglichen Umgang mit Christus sich immer deutlicher realisierende Konformität mit Christi Art, Willen und Wesen. Personelle Konnexion heißt beides: der *einzelne*, das Individuum muß mit Christus bekannt werden, aber auch: der einzelne muß mit Christus als *Person*, als dem in der Bibel konkret beschriebenen historischen Menschen und heute gegenwärtigen Herrn Gemeinschaft haben. Die dialogische Struktur der Christusgemeinschaft ist für Zinzendorf zentral. Umgang mit dem Heiland vollzieht sich praktisch im Gebet, in der kontinuierlichen Unterredung mit Christus über die täglichen Aufgaben und Pläne, im »Sich-Ausreden« mit Christus, wie er gerne sagt.

Die Sünderscham

Man kann Zinzendorfs Heilandsfrömmigkeit nur recht verstehen, wenn man neben den starken Tönen des Verliebtseins und der Zärtlichkeit mit Christus auch die andere Seite, die Beugung und Scham, die seine Gnade und Nähe hervortreibt, mitbedenkt. Nicht der Unbekehrte, sondern das Kind Gottes »hat nichts zu tun, als sich zu schämen und zu beugen, und weint man und betrübt man sich, so weint man über die große Gnade und Barmherzigkeit, die einem widerfahren«.[30] Die Gnade Christi erst macht die Sündhaftigkeit des Menschen offenbar. Darum gehört Beugung und Scham als bleibender Ausdruck der Sündhaftigkeit des Menschen wesentlich zur Christusgemeinschaft. In der eben zitierten Rede heißt es später:

> »So hat der Heiland mein Herz gestellt, daß ich ein Sünder sein und bleiben muß bis in die Ewigkeit, und wenn die Ewigkeit da ist, so weiß ichs gewiß, daß ichs nicht werde dürfen ändern, sondern in meiner Sündergestalt, in meiner Sünderarmut, in meiner Sünderschande in den Ewigkeiten bleiben und gewiß zu den Leuten nie kommen, den Grad nie erlangen in der selgen Ewigkeit des Vollkommenseins, davon ich sehr viel gelesen und gehört habe.«[31]

Die Sünderscham ist natürlich nicht zu verwechseln mit Sündetun. Vielmehr steht ihr zur Seite der Kampf gegen den Satan und das Ernstnehmen des eigenen Unglaubens und Mangels an Liebe. In der christlichen Armut und Beugung wird der prinzipielle Unterschied zu dem Freund und Bruder Christus offenbar, der bei Zinzendorf ja zugleich der Schöpfer der Welt ist.

Umgang mit Christus, nicht Imitatio Christi

Wenn man die Lieder und Aufsätze des jungen Zinzendorf liest, springt der Begriff der Nachfolge Christi als ein für Zinzendorfs frühe Frömmigkeit entscheidendes Motiv in die Augen. Christus ist Vorbild und Exempel. Nur durch Leidensnachfolge hat der Mensch teil an Christi Tod und Auferstehung. Der

Streitergedanke als Kampf gegen die eigene Sünde und die Macht Satans wird in den ersten Jahren der jungen Gemeine in Herrnhut ausgebildet.

Bei dem reifen Zinzendorf liegt der Ton ganz auf der Verbindung mit dem Schmerzensmann, gar nicht auf dem eigenen Tun. »Der Umgang mit dem Schmerzensmann ist alles, was man machen kann, bis Leib und Seele scheiden«, so lautet eine immer wieder in den Reden zitierte Liedstrophe. Aus der im Verdienst des Todes Christi vorweggenommenen Heiligung des Menschen folgt eine erstaunliche Heiterkeit und Freude des christlichen Lebens. Dies wird z. B. in der Wundenlitanei plastisch ausgeführt: »Sein (= Christi) teurer Arbeitsschweiß mach uns alle Mühe leicht« usw. Christus ist in allem schon vorangegangen. Das Ziel ist auch jetzt, Christus immer ähnlicher zu werden; aber das geschieht eben dadurch, daß man sich in jeder Lebenssituation in seiner gnadenreichen Nähe birgt. Darum will Zinzendorf – nicht anders als Paulus – seinen Hörern nur Christus als den Gekreuzigten vor Augen stellen. Im Gegensatz zum Quietismus, der die Kreuzesnachfolge und das Durchleben der Stände Christi betont, redet er von der »verdienstlichen Menschheit Christi« und nimmt so alle Nachfolgeethik in das Verdienst des Todes Jesu hinein.

> »Der Unterschied zwischen den ernstigen Bedienern, die man in Teutschland Pietisten, in England Methodisten, in Frankreich Jansenisten, in Italien und Spanien Quietisten, in der alten lateinischen Kirche auch wol Asceten, und in den neueren Zeiten in allen Religionen Mystiquen nennt, an einem und zwischen unserer Oeconomie am andern Teil ist der: Jene dringen entweder auf die Veränderung des Wandels oder des Gemüts oder beides oder heben das Äußerliche alles auf; Wir predigen nichts als den gekreuzigten Christ fürs Herz und denken, ›wer den zu fassen kriegt, dem verschwindet alles, was nicht gut ist; und alles Gute kommt zugleich mit dem herzlichen Manne, der das Lamm Gottes heißt‹.«[32]

In der Gemeinschaft mit Christus ist der Mensch nach Zinzendorf schon heilig. »Die Heiligkeit der Seraphinen ist jedem Kinde Gottes naturell.[33] Die Heiligkeit der Engel oder Henochs ist »doch nichts gegen das, was man Ihm zu Liebe und in so seliger Gemeinschaft tun könnte und sollte«.[34]

Christi Gegenwart im Alltag

Die besondere Kraft von Zinzendorfs Frömmigkeit bewies sich in der Selbstverständlichkeit und Natürlichkeit, mit der er Christi Nähe überall voraussetzte. Zwar kann er sagen: Mit Jesus »alleine sein, das ist schon im Himmel«[35], aber das bedeutet nicht Zurückgezogenheit von der Welt, vielmehr ziehen die Brüder als Missionare mit diesem Wissen in die Welt. Im Haus, auf dem Feld, bei Tisch, im Bett, auf Wanderschaft, »in und außer allem Ort und Zeit«, der Christ lebt in beständiger Christusnähe.[36] Es gibt in der Schöpfung Gottes nichts, was Christus nicht auch und zuerst erfahren hätte und wo man nicht in seiner Gegenwart leben könnte.

> »Ihr müßt beweisen«, sagt Zinzendorf, »daß ein Heiland ist und daß Er mit Euch ist, Ihn nicht nur im Herzen fühlen, von seiner Nähe singen und spielen, sondern ihm auch arbeiten, schlafen und wachen, und eure Wohnung lieblich machen, damit Er Euch fleißig besuche, und wer zu Euch kömmt, was von Seiner Nähe und Dasein vermerke und Lust dazu kriege.«[37]

Zinzendorf hat diese Lebensweise auf die Formel gebracht: liturgisch leben. Weil alles in der Gegenwart Christi geschieht, ist alles Gottesdienst. Das soll man nicht nur mit dem Kopf wissen, sondern praktisch leben mit der Andacht und Festlichkeit, in der ein Gottesdienst geschieht.

Der Begriff Umgang mit Gott, lateinisch *commercium cum deo* ist seit Bernhard von Clairvaux terminus technicus für die *unio mystica*. Diese Lehre der mystischen Einung mit Gott ist auch Luther bekannt, sie dringt aber eigentlich erst über Johann Arndt und Philipp Nicolai in die lutherische Orthodoxie ein und bezeichnet dann den Höhepunkt im *ordo salutis* (Ordnung des Heils). Bei Zinzendorf nun ist der Umgang mit dem Heiland keineswegs eine oder etwa die letzte Stufe in der Heilsordnung, sondern der umfassende Begriff des Glaubens überhaupt. Damit hat Zinzendorf diese Lehre ausgeweitet und säkularisiert. »In dem Henochsleben, in dem Umgang mit Gott müssen wir keine Tiefen und erstaunliche Übernatürlichkeiten, sondern was ganz Einfältiges suchen.«[38] Entscheidend für Zinzendorf ist vielmehr, daß der Umgang mit dem Heiland täglich, stündlich, kontinuierlich fortgeht und sich im Alltag bewährt. Das drückt er freilich in der Sprache der Empfindsamkeit aus. Das Herz soll bleibend von der Liebe Christi verwundet, entzündet und angefacht sein. »Er ist dir ganz nahe. Wie dein Ruf aus der Zeit in die Ewigkeit alle Augenblick kommen kann, so kann auch in jedem Augenblick die Gnade, Seligkeit, der Besuch vom Heiland und die Umarmung deines Schöpfers kommen.«[39]

Wir müssen hier noch einen Gedanken hinzunehmen. Christus ist bei Zinzendorf nicht nur der ungesehen überall gegenwärtige Herr und Freund, sondern zugleich der Schöpfer der Welt. Darum müssen wir jetzt zugleich sagen: Die Gemeinschaft mit Christus ist das Ziel der Schöpfung. Die Liebe des Schöpfers zum Geschöpf ist so stark, daß er in den Tod geht, um seine Braut wiederzugewinnen. Immer wieder zitiert Zinzendorf in seinen Reden die Liedzeile: »Wir sind dazu geschaffen, in seinem Arm zu schlafen.« Er will damit nur den Sinn von Kolosser 1, 16 einprägsam wiedergeben (In der Lutherübersetzung: »Es ist alles durch ihn und zu ihm geschaffen.«). So ist das »In-Christus-Schlafen« ein beredter Ausdruck für die Gewißheit des Glaubens. »Daß wir in Ihm schlafen, in einem Glauben, der sich die Seligkeit nicht läßt rauben und lebt und liebt.«[40] Ähnlich sprach Zinzendorf in der Zeit des Wundenkultes vom Sich-bergen in der Seitenwunde Jesu. So ist der Mensch von der Schöpfung an für die Gemeinschaft mit Christus vorherbestimmt. In der Auslegung von Johannes 17, 23 (»Ich in ihnen und du in mir«) sagt Zinzendorf:

> »Wir müssen beisammen bleiben. Das ist so mit einer gewissen Versicherung (gesagt), daß es niemals mit Worten erreicht werden kann, das Gefühl, das Bleiben des Herzens in Connexion mit dem Lamm, mit seinem ewig prädestinierten andern Ich, oder wenn mans nach der deferenz, die wir dem Heiland schuldig sind, ausdrückt, das Er mit seinem andern

Ich in Connexion bleibt, denn wir sind sein ander Ich, weil er eher war als wir, weil all unsere Gleichnisse von ihm herkommen, weil wir all dieselben ausgesprochenen Seligkeiten von ihm hernehmen.«[41]

Aus dieser Stelle ergibt sich, daß die Redeweise von Christus als dem andern Ich – oder umgekehrt – zurückführt zu dem Gedanken der Gottesebenbildlichkeit des Menschen. So wie die Gottebenbildlichkeit durch den Fall des Menschen verloren wurde und durch Christus wiederhergestellt wird, so erkennt der Christ in Christus sein Bild, den Menschen, wie er von Gott gemeint war. Dadurch wird der Mensch nicht identisch mit Christus, sondern damit soll im Gegenteil die völlige Abhängigkeit des Menschen von Christus ausgesagt werden. Christus ist das Original, wir nur Kopien. Nur indem der gefallene Mensch Christus ähnlich wird, wird er wieder Mensch, das Kind Gottes.

Christi verborgenes Leben in uns

Kennt Zinzendorf die Vorstellung des »Christus in uns«? Als Schrifttheologe hat er selbstverständlich auch Galater 2, 20f. (»Christus lebt in mir«) ausgelegt, aber es fällt doch auf, daß der »Christus für uns« ganz im Vordergrund steht. Vielleicht sollte man zwischen zwei Formen der Christusmystik unterscheiden: der Rechtfertigungsmystik, die sich an den Christus für uns anlehnt, und der Heiligungsmystik, die um die Vorstellung der Wiedergeburt, auch der Geburt Gottes im Menschen, kreist. Zinzendorfs Frömmigkeit ist ganz eindeutig dem ersten Typus zuzuordnen. In dem umfangreichen Predigtband, der in seiner Londoner Zeit entstanden ist, findet sich eine Abteilung: Vom Leben im Glauben des Sohnes Gottes, die vier Predigten über Galater 2, 20f. enthält. Hier stellt sich Zinzendorf selbst die Frage: »Was ist nun das geistliche Leben?« Und er antwortet: »Es ist keine Luft, kein Äther, kein unformiertes, sondern ein formiertes Wesen, es wird ein vollständiger Mensch mit inn- und äußerlichen Gliedern in uns geformt.«[42] Der innere Mensch hat also innere Sinne, er empfindet, schmeckt, schaut an, hört und begehrt, er hat auch einen Leib. Aber Zinzendorf interpretiert dies in der genannten Londoner Predigt sofort von der Rechtfertigungslehre her:

»So lange wir hier sind, und in alle Ewigkeiten (setze ich hinzu), ist es nicht unser, sondern es ist und bleibt seine.« »Ich bin von Augenblick zu Augenblick absolut dependent von dem, der mir das Leben gegeben hat, kein detachiertes, isoliertes Leben für sich allein, sondern ein ewiglich geborgtes Leben von seinem Leben.«[43]

Eben von daher hat der tägliche Umgang mit Christus existentielle, die Existenz des geistlichen Menschen begründende Funktion. Der neue Mensch hat kein selbständiges Leben außerhalb Christus, ist kein *ens per se subsistens* (in sich bestehendes Sein). Das war ja der entscheidende Streitpunkt mit John Wesley, der sich den Herrnhutern anschließen wollte. Zinzendorf sagt ihm in London: »Wer eine innewohnende Vollkommenheit lehrt, der leugnet Christus.« Ein Christ ist »ein Heiliger in Christo, nicht in sich.«[44] Die neue Kreatur ist also ein »verborgenes Subjekt«, das nur im Glauben an Christus seine Realität hat.[45]

Aber nun müssen wir gleich eine für Zinzendorfs Denkweise sehr wichtige Eigenart hinzunehmen. Christus ist ihm nie nur eine innere Erfahrung, nie nur die Wirklichkeit des inneren Menschen. Er gestaltet immer auch den äußeren Leib, das Verhalten, die Gesichtszüge des Menschen.

»Die Wahrheit: Ich lebe, doch nicht nur ich, sondern Christus lebt in mir, müssen wir nicht nur aufs Herz und den Geist, sondern auch auf die Hütte, auf die inwendigen und auswendigen Glieder deuten.«[46] »Der Heiland muß einer Seele erscheinen... seine Marter-Person muß ihr vor den Augen des Gemüts stehen, ihre Imagination muß voll werden von Ihm ... Kurz der Heiland soll uns aus den Augen herausfunkeln, daß mans sehe, daß Er in uns lebt, und wie man Stephani Angesicht sahe, als eines Engels Angesicht, so soll man uns sehen, als sähe man ihn.«[47]

Bettermann hat darauf aufmerksam gemacht, daß »für Zinzendorf das Physische Kategorie der Realität« ist.[48] Darum hält er es für selbstverständlich, daß sich der Umgang mit dem Heiland bis ins äußere Verhalten des Menschen auswirkt.

Zinzendorfs Reden und Predigten, Gedichte und Lieder stehen im Dienst der Gemeine. Er hat seit Entstehung der Siedlung in Herrnhut darum gerungen, daß die Ansiedler zu *einer Gemeine* unter ihrem Haupt Christus werden. Diese Einheit wurde zum ersten Mal bei der Abendmahlsfeier am 13. August 1727 in Berthelsdorf erfahren. In unserem Zusammenhang noch bedeutsamer ist die Wahl Jesu Christi zum Generalältesten der Gemeine auf einer Synode im Jahre 1741 in London, als der bisherige Generalälteste Leonhard Dober von seinem Amt zurücktritt und man keinen geeigneten Nachfolger in diesem höchsten Leitungsamt der Gemeine findet. Zinzendorfs Mitarbeiter August Gottlieb Spangenberg meint dazu: »Unser Herz war gewiß, daß er so wahrhaftig bei uns wäre und unter uns wandelte, als Er seinen Jüngern gesagt hat: Ich bin bei Euch alle Tage bis an der Welt Ende.«[49] Aus diesem Satz wird das heimliche Ziel erkennbar, zu der unmittelbaren und vertraulichen Christusnähe der Urgemeinde zurückzukehren. Zinzendorf nennt sich der »Jünger« und glaubt mit seiner Gemeine in der Zeit der 40 Tage nach Ostern zu leben, als Christus, zwar unerkannt, aber doch jederzeit sichtbar, gegenwärtig sein konnte.

Vor diesem Hintergrund sind alle Aussagen Zinzendorfs nicht im Sinne der Individualmystik zu verstehen, sondern als Ausdruck der Gemeindefrömmigkeit. Der »Christussinn« soll die ganze Gemeine regieren, darum traf sich die Brüdergemeine täglich in den Versammlungen, wo man mit Christus »gemeinschaftlich umgeht«.[50] Höhepunkt der Versammlungen ist das Abendmahl, auf das die Gemeine vorbereitet wird. Das Abendmahl selbst ist Zinzendorf »die allerinnigste Konnexion mit der Person des Heilandes«, Jesu »sakramentliche Umarmung«. »Da fühlt die Rebe, daß sie am Weinstock ist, da geht der Saft in die Reben, wir werden ihm eingeleibt.«[51] So also wird die Gemeine zum Leib Christi geformt. Zinzendorf glaubt als Lutheraner, daß man im Abendmahl die »wesentliche Vereinigung unseres armen sündigen Wesens mit Gott, mit unserm wahren Bräutigam und Mann« erfährt und spricht vom »Sakrament der somatischen Vereinigung«.[52] Auch hier zeigt sich wieder, daß das »Somatische« Ausdruck für reale Gegenwart Gottes ist. »So wird durch die vielmalige Communication seiner Menschheit, durch das vielmalige Anwehen, durch das vielmalige Warmwerden ins Bräutigams Armen endlich sein Weib, die Gemeine, und jede einzelne Seele ein Geist mit ihm.«[53]

Zusammenfassung

Folgende Thesen möchte ich formulieren, die sich mir als Folgerungen von Zinzendorf her für den Zugang des evangelischen Christen zur Mystik ergeben:

1. Zinzendorfs Christusmystik ist Christusgemeinschaft als personale Begegnung und Freundschaft. Für den evangelischen Christen ist das personale Beziehungsverhältnis zu Christus im Gegensatz zu einer Verschmelzungsmystik unaufgebbar, weil nur so die Eigenart Christi als Herr seiner Gemeinde gewahrt bleibt.
2. Christusgemeinschaft ist bei Zinzendorf nicht nur Ausdruck der Heilszueignung und -aneignung des einzelnen, sondern zugleich des liturgischen und gottesdienstlichen Handelns und Erlebens der Gemeinde. Vielleicht verfügt die Brüdergemeine in diesem Punkte an Einsichten und Erfahrungsfeldern, die im Protestantismus zu lange verdeckt waren und die für ein heutiges Entdecken mystischer Frömmigkeit von ausschlaggebender Bedeutung sein könnten.
3. Christusgemeinschaft bedeutet für Zinzendorf nie Rückzug aus der Welt, sondern Rückführung und Öffnung der Welt für Christus. Zinzendorf geht von der selbstverständlichen Gewißheit der Gegenwart Christi in allen Situationen dieses Lebens aus. Diese Erkenntnis ist im modernen Protestantismus Allgemeingut, doch sollte sie nicht dazu verleiten, einen Gegensatz zwischen einer weltoffenen, gesellschaftsbezogenen und einer innerlichen, theozentrischen Theologie zu konstruieren. Die Unterschiede liegen vielmehr in der Art des jeweiligen Weltbezugs.

4. Zinzendorfs Christusmystik ist von Luther her entwickelt und gründet in Luthers Verständnis der Rechtfertigung des Sünders. Sie steht also im Gegensatz zu einem gesetzlichen, moralisierenden Glaubensverständnis oder einem von unten nach oben fortschreitenden Heilsweg. Die Gefahr, in eine spielerische, billige Gnade zu verfallen, tauchte zwar auf, konnte aber überwunden werden. Evangelische Christusmystik dürfte auch in Zukunft in Luthers Theologie ein kritisches Korrektiv zu einer anthropozentrischen Mystik finden.
5. Zinzendorfs Christusmystik ist nicht spekulativ, sondern auf Erfahrung der Gnade Christi, auf Anschauung seines Verdienstes, auf enge Fühlungnahme mit seiner Person, auf Einübung von Christi Art und Wesen aus. Darin ist sie dem realitäts- und erfahrungshungrigen heutigen Menschen nahe.

KNÜPFTE ES NEU

Von Johann Wolfgang von Goethe
bis Paul Celan

Wolfgang Frühwald

»Deklinierend Mohn und Rosen...«

Esoterik und Mystik in Goethes »West-östlichem Divan«[1]

Unter Goethes »Venetianischen Epigrammen« in Friedrich Schillers »Musen-Almanach für das Jahr 1796« erschien als Nummer 29 ein Epigramm, das Friedrich Gottlieb Klopstock sogleich zu einer heftigen Replik veranlaßte, so daß von diesem Jahr 1796 an die Kontroverse zwischen den Weimarer Klassikern und Klopstock datiert. Goethe nämlich hatte geschrieben:

Vieles hab ich versucht, gezeichnet, in Kupfer gestochen,
Öl gemahlt, in Thon hab ich auch manches gedruckt,
Aber unbeständig, und nichts gelernt noch geleistet;
Nur der Meisterschaft nah bracht ich ein einzig Talent:
Deutsch zu schreiben, und so verderb ich unglücklicher Dichter,
In dem schlechtesten Stoff, leider nun Leben und Kunst.[2]

Als Nummer 76 aber erschien im gleichen Almanach nochmals ein ähnlicher Ausbruch des Ärgers gegen den spröden Stoff der deutschen Sprache:

Was mit mir das Schicksal gewollt? es wäre verwegen,
Das zu fragen, denn meist will es mit vielen nicht viel.
Einen Dichter meint es zu bilden; es wär ihm gelungen,
Hätte die Sprache sich nicht unüberwindlich gezeigt.

Ein Besucher Klopstocks berichtet über dessen unwillige Reaktion gleich nach der Lektüre des Almanachs: »Mich, rief er einst aus, mag man nach Belieben angreifen. Ich werde mich nicht vertheidigen. Aber Schmähungen der deutschen Sprache kann ich nicht dulden. Dann tadelte er den Ausdruck *Talent, deutsch zu schreiben*, da zwar die Fähigkeit gut zu schreiben als Sache des Talents angesehen werden könne, nicht aber die Fähigkeit deutsch zu schreiben.« So schrieb Klopstock als Antwort, gleichsam im Auftrag und mit der Stimme der deutschen

Sprache, jenes Epigramm, das im Vergleich mit Goethes geschmeidigeren Versen dessen Klage zu bestätigen scheint; die deutsche Sprache ist bei der Bildung von Distichen den antiken Sprachen weit unterlegen:

»Göthe, du dauerst dich, daß du mich schreibest? Wenn du mich kenntest;
Wäre dieß dir nicht Gram: Göthe, du dauerst mich auch.«[3]

Daß Klopstock so empfindlich auf alle Angriffe reagierte, welche das von ihm gehegte und gepflegte Pflänzchen eines deutschen Nationalbewußtseins aus der Wurzel einer gemeinsamen Sprache und Kultur bedrohten, ist nicht verwunderlich. Im Grunde hatte erst Klopstock die Poesie in seinem Vaterlande aus den Fesseln rationalistischer Bevormundung befreit; er wurde zeitlebens nicht müde, die Konkurrenzfähigkeit der deutschen Sprache mit den antiken Sprachen und der Sprache der Gebildeten, dem Französischen, zu betonen, die Entstehung einer deutschen Literatursprache der Moderne wird zu Recht mit seinem Namen verknüpft.[4]
Der Sprachstreit zwischen den beiden für die Entwicklung der deutschen Dichtersprache und damit für die Entwicklung einer deutschen Nationalkultur bedeutendsten Autoren ist nicht zufällig im letzten Drittel des 18. Jahrhunderts entbrannt. Die Jahre seit etwa 1770 sind ja die Jahre, in denen, nach Reinhart Kosellecks berühmter These, die Sprache zum Indikator eines ungemein raschen Erfahrungswandels der Menschen wurde; dies waren die Jahre, in denen sich das Erfahrungs-Wissen explosionsartig aus tradierten Sinnhorizonten zu entfernen begann und allein die Literatursprache, nicht die Standardsprache, nicht die Fachsprachen und nicht die politische Sprache mit dieser Entwicklung Schritt halten konnte. Der Versuch des mit Klopstock beginnenden und mit der späten Romantik endenden Zeitalters des Glaubens an eine autonome Kunst, einen neuen Sinnhorizont aus Sprache und Poesie zu schaffen, nachdem Philosophie und Theologie, auch in ihren letzten universalen Systemen, versagt hatten, endete in den Jahren um Goethes Tod (1832) mit dem »horror plenitudinis«[5], dem Erschrecken vor der Fülle des Wissens, dem Entsetzen vor der nicht mehr zu

greifenden und zu begreifenden, damit die Welt dem Menschen entfremdenden, empirischen Wissens; er endete, literarisch gesprochen, in Sprachzweifel, Sprachverzweiflung und sogar in Sprachverfluchung. Der Dichter und Anatom Georg Büchner, dessen Dramen-Gestalten den »horror plenitudinis« (Danton) oder sein Pendant, den apokalyptischen Schrecken einer sich der Erfahrungswelt verweigernden Sprache (Woyzeck), am deutlichsten erfahren, hat am Ende der Epoche, in seiner vier Jahre nach Goethes Tod in Zürich gehaltenen Probevorlesung »Über Schädelnerven« die vergebliche Suche seiner Zeit nach dem Gesetz dessen, was ist, scharfsinnig analysiert:

»Die Frage nach einem solchen Gesetze führte von selbst zu den zwei Quellen der Erkenntniß, aus denen der Enthusiasmus des absoluten Wissens sich von je berauscht hat, der Anschauung des Mystikers und dem Dogmatismus der Vernunftphilosophen. Daß es bis jetzt gelungen sei, zwischen letzterem und dem Naturleben, das wir unmittelbar wahrnehmen, eine Brücke zu schlagen, muß die Kritik verneinen. Die Philosophie a priori sitzt noch in einer trostlosen Wüste; sie hat einen weiten Weg zwischen sich und dem frischen grünen Leben, und es ist eine große Frage, ob sie ihn je zurücklegen wird.«[6]

Esoterik der Sprache

Was Goethe 1790 in den 1796 veröffentlichten »Venetianischen Epigrammen« geäußert, und was Klopstock als einen Angriff auf die eigene Sprachleistung aufgefaßt hat, war die Spracherfahrung eines Autors, der die Bildkraft der Sprache so entwikkelte, daß sie Eigenständigkeit, Eigendynamik und Eigengesetzlichkeit gewann, wobei erst Jean Paul und die Romantiker geerntet haben, was Goethe gesät hatte. Lessing, Klopstock und seine Anhänger (Hamann, Herder, Jacobi), die Weimarer Klassiker (Winckelmann, Wieland, Goethe und Schiller) und schließlich die Romantiker bilden zusammen die drei Generationen deutschen Autoren, welche jene Literatursprache geschaffen haben, deren wir uns im Grunde noch heute bedienen und ohne die es keinen Theodor Fontane, keinen Thomas

Mann, keinen Brecht und keinen Benn gegeben hätte. Die großen deutschen Dichter des 19. und noch die des 20. Jahrhunderts sind, in der sprachlichen Weiterentwicklung, in Affirmation und Destruktion, in Parodie und Ironisierung, Kinder jener autonomieästhetisch geprägten Kunstperiode, die in Deutschland wohl nur noch eine Parallele an der Wende vom 19. zum 20. Jahrhundert hat.

Als Klopstock mit seinen Angriffen auf die Jüngeren begann, hatten soeben die Frühromantiker mit der Mythisierung Goethes begonnen, indem sie ihn zum Vater der Poesie, zum eigentlichen Begründer einer Poesie in Deutschland, und dementsprechend Klopstock – in der parodistischen Auslegung seines Namens – zum Schulmeister dieser Poesie machten. Goethe wurde im letzten Jahrzehnt des 18. Jahrhunderts von seinen Schülern und Adepten, welche sich u. a. in der berühmten »ästhetischen Kirche« in Jena sammelten, zu jenem Standbild stilisiert, das sie wenig später selbst – vergeblich – zu zertrümmern versuchten. Sein Roman »Wilhelm Meisters Lehrjahre« erschien in Friedrich Schlegels bekanntem Fragment 216 (im ersten Band der Zeitschrift »Athenäum«) zusammen mit der Französischen Revolution und Fichtes Wissenschaftslehre als eine der »größten Tendenzen des Zeitalters«. Zugleich mit der Mythisierung Goethes und der Ausbildung eines neuen, alle Lebensbereiche umfassenden Poesie-Begriffes begann der Angriff der Romantiker auf den Zeitgeschmack. Sie setzten Goethes Postulat von der Eigengesetzlichkeit der Kunst, das heißt von der Verwandlung des Lebens in Poesie[7] absolut und attackierten insbesondere den an den Universitäten herrschenden Rationalismus und die von ihm verbreitete Langeweile einer scheinbar völlig transparenten Welt. Gegenüber dem zweckrationalistischen Zwang zur Verständlichkeit[8] setzten die Brüder Schlegel, ihre Frauen und ihre Freunde, vor allem Novalis und Tieck, auf die Unverständlichkeit und – die Provokation. Noch die späteren Romantiker (und ihr gelehriger Schüler: Thomas Mann) kultivierten diese Methode; denn der Privatdozent Joseph Görres konnte an der von den Rationalisten beherrschten Arbeitsuniversität Heidelberg nur dadurch die Aufmerksamkeit der zahlungskräftigen Studenten auf sich lenken, daß er im

Wintersemester 1806/07 eine »Ankündigung philosophischer und physiologischer Vorlesungen« publizierte, die völlig unverständlich und dithyrambisch stilisiert war, aber eben dadurch den Reiz der Neuheit verströmte. In diesen Trend der Jahrhundertwende, der ein Zeitalter der Poesie und des Glaubens gegen die kalte Mechanik des Vernunftdenkens prophezeite, der zugleich eine provozierende Esoterik der Literatur proklamierte, um die junge Kunstbewegung gegen die verhärteten Relikte des 18. Jahrhunderts durchzusetzen, wurde Goethe, fast unbemerkt, mit einbezogen. Auch wenn die Gründe für die Esoterisierung seines Alterswerkes (seit etwa 1805) andere sind als die, welche die romantische Esoterik ausgelöst haben, so hat sein Alterswerk doch ebenso wie das Œuvre der Romantiker an der verhängnisvollen Divergenz von Literatur- und Standardsprache teil, die für die Zukunft eine gegenseitige Beeinflussung der beiden aufeinander angewiesenen Sprachbereiche behindert hat. Eine der Ursachen dieser in Deutschland – im Unterschied zu den Nachbarsprachen – besonders starken Divergenz ist wohl in der raschen, der Explosion des Erfahrungswissens folgenden Entwicklung der Literatursprache zu sehen, so daß die Goethejahre (und auch die Schillerjubiläen) seit der Mitte des 19. Jahrhunderts (z. B. 1849–1899–1932–1949) immer auch Jahre waren, in denen diese Divergenz, das heißt die Trennung des Volkes der Dichter und Denker von eben diesen Dichtern und Denkern[9], öffentlich diskutiert wurde.

Unter den Alterswerken ist vor allem Goethes »West-östlicher Divan«, der zwischen 1814 und 1819 entstandene Gedicht-Zyklus, im 19. Jahrhundert dem Verdikt der Unverständlichkeit verfallen und von Goethes Zeitgenossen als ein schmerzlicher Abstieg von der Höhe seiner klassisch gewordenen Kunst empfunden worden. Heinrich Heines Lobpreis dieses Buches blieb trotz der vom »Divan« mit ausgelösten islamisierenden Mode in der Lyrik der Biedermeierzeit lange Zeit eine einsame Stimme. Heine nämlich hatte den unbeschreiblichen »Zauber dieses Buches« darin gesehen, daß es »ein Selam« sei, »den der Occident dem Oriente geschickt« habe. »Dieser Selam aber bedeutet, daß der Occident seines frierend mageren Spritualis-

mus überdrüssig geworden und an der gesunden Körperwelt des Orients sich wieder erlaben möchte.«[10] Ein »viktorianisches« Zeitalter konnte das von Heine an Goethes »Divan« gerühmte »Verlangen nach reellen Genüssen« nicht billigen, so daß August Wilhelm Schlegel Goethe deshalb »mit gläsernem Aerger: ›einen zum Islam bekehrten Heiden‹« genannt hat.[11] Erst um die Wende vom 19. zum 20. Jahrhundert, als die Esoterik zu einem spezifischen Kriterium des Poetischen zu werden begann, wurde die Alterskunst Goethes im »West-östlichen Divan« wiederentdeckt und das Buch seither so umfassend kommentiert, wie außer dem »Faust« kein anderes Werk Goethes. Und doch sind die sprachschöpferischen Fähigkeiten Goethes in diesem Werk noch immer zu wenig anerkannt. Zu Unrecht beruft sich die formkonservative Literatur der vierziger Jahre des 20. Jahrhunderts (Hauptmann, Britting, Carossa) auf die Vorläuferschaft des alten Goethe, der im »Divan« nicht traditionalistisch, sondern avantgardistisch und sprachexperimentell gearbeitet hat. Goethes Zeitgenossen waren an die Pflege antiker Stoffe, Themen und Formen so gewöhnt, daß sie sich willig jenem Untertanenverhältnis beugten, welches Eliza M. Butler »the tyranny of Greece over Germany« genannt hatte.
Schließlich ging im Großherzogtum Weimar der Kult der Antike so weit, »daß die Muschelkalkberge um Jena künstlich mediterranisiert wurden. Deren Wiederaufforstung im 19. Jahrhundert soll der Großherzog Carl Alexander von Sachsen-Weimar mit den Worten verhindert haben: ›Da können Sie auch der Venus von Milo Kleider anziehen.‹«[12] Das Bild einer solchen Landschaft entsprach eben »dem seit dem 17. Jahrhundert nachweisbaren Topos der idealisierten mediterranen Landschaft Arkadiens. Den geistigen Hintergrund bildet die Erklärung der Gestalt der griechischen Kunstwerke aus der plastischen, unverhüllten mediterranen Landschaft.«
Dem Phänomen des nachklassischen Goethe also standen dessen Zeitgenossen weitgehend verständnislos gegenüber. Goethe benützte die Zeit der Napoleonischen Kriege dazu, sich in sich selbst historisch zu bespiegeln. Inmitten der ersten nationalistischen Begeisterungswelle, die Deutschland in den Frei-

heitskriegen überflutete, stand Goethe abseits des allgemeinen patriotischen Enthusiasmus und flüchtete sich in die Weltliteratur, in persische Mystik und chinesische Weisheit. Er stimmte nicht in den Chor der selbsternannten Propheten ein, die in Napoleon – wie es die Kriegspropaganda der gegen ihn verbündeten Mächte wollte – den Antichrist der Apokalypse erstanden sahen, und auf die befremdete Frage, auf welcher Seite er denn stehe, soll er damals die Antwort gegeben haben: »Ich stehe immer auf meiner Seite.« Wer die Entfremdung der Zeitgenossen gegenüber diesem seit Schillers Tod immer mehr vereinsamenden Dichter verstehen will, muß sich verdeutlichen, daß hier inmitten einer mächtigen, asketisch-pietistischen Nachkriegsströmung ein Fünfundsechzigjähriger ein Bekenntnis zum Genuß des Lebens und der körperlichen Liebe, gefaßt in die Bilder des Weines, des Schenken und der Geliebten Suleika, ablegte, sich zu Verjüngung und Leidenschaft bekannte. Erst als in den dreißiger Jahren das Stichwort der bürgerlichen Emanzipation auch auf die »Empanzipation des Fleisches« übertragen wurde, entstand für kurze Zeit ein Klima, in dem Heine hoffen konnte, Resonanz für sein Lob des »berauschendsten« Lebensgenusses zu finden, den »hier Goethe in Verse gebracht«.[13] Auch Fortschrittstaumel und Maschinenseligkeit aber hatte der alte Goethe widerstanden und sich gegenüber dem fortschrittsbesessenen 19. Jahrhundert entschieden als ein Mensch des 18. Jahrhunderts gefühlt. In der Bewertung des Dampfwesens und des Geschwindigkeitsrausches stimmte er mit einem seiner Bewunderer, dem bayerischen König Ludwig I. überein, der an Martin Wagner 1854 schrieb: ». . . einer eingepackten, willenlosen Ware gleich schießt durch die schönsten Naturschönheiten der Mensch, Länder lernt er keine mehr kennen. ›Der Duft der Pflaume ist weg‹, äußerte mir bereits 1827 Goethe, und doch gab es damalen in Teutschland keine Dampfeisenbahnen!«[14] Goethe hat, als das für ihn »ewig verdammenswerte 19. Jahrhundert« soeben begonnen hatte, »die Enwürdigung des Menschen durch das Maschinentempo geahnt und den kommenden Menschentypus vorausgesehen – diese Teilmenschen, verflacht und ungesammelt, überanstrengt und humanitätslos, ganz nur auf Leistung und Effekt eingestellt, ohne Rücksicht auf den innern Wert – Menschen also, die nicht den Geist, sondern nur die Ausnützung des Geistes wollen, innerlich unfrei trotz der rechtlichen Freiheit und der Unabhängigkeit von der Natur.«[15] Den zunehmenden Reichtum, Eisenbahnen und Dampfschiffe und »alle möglichen Fazilitäten der Kommunikation« hat Goethe mit großer Skepsis betrachtet und »lebhaft bedauert, daß junge Leute ›viel zu früh aufgeregt und dann im Zeitstrudel fortgerissen‹ werden, so daß sie nur darauf bedacht sind, ›sich zu überbieten, zu überbilden und dadurch in der Mittelmäßigkeit zu verharren‹.« Reichtum und Schnelligkeit also waren für Goethe die Götzen der Moderne; dem Fortschrittsoptimismus hat er ein epochales Bewußtsein gegenübergestellt, welches sich als Unterton durch das Jahrhundert fortzog und erst in Nietzsche gipfelte. Im Juni 1825 schrieb Goethe an seinen Freund Karl Friedrich Zelter: »Laß uns soviel als möglich an der Gesinnung halten, in der wir herankamen; wir werden, mit vielleicht noch wenigen, die Letzten sein einer Epoche, die sobald nicht wiederkehrt.«[16]

Verführung zum Leben

Die Begegnung mit dem großen persischen Dichter des 14. Jahrhunderts, Mohammed Schemseddin, mit dem Beinamen Hafis, und seinem deutschen Übersetzer Joseph von Hammer-Purgstall, der den »Divan« des Hafis in deutscher Sprache 1812 ediert hatte, erschütterte Goethe im Frühling des Jahres 1814 in Bad Berka an der Ilm tief. Er sah nicht nur die eigene Zeit in der des Hafis gespiegelt, nicht nur die eigene Situation in der des persischen Vorbilds, wie überhaupt die Zeitgenossen das 14. Jahrhundert, in Parallele zur eigenen Spätzeit, als das Jahrhundert (auch der europäischen und deutschen) Mystik wiederentdeckten; Goethe sah sich, soeben aus der Erinnerung des eigenen Lebens, der Arbeit an »Dichtung und Wahrheit« und der »Italienischen Reise« aufgetaucht, nun auch neue Stoffe und Formen geschenkt; er sah die Möglichkeit erneuter Verjüngung, die Möglichkeit einer Flucht, wie es damals die nach Italien war, auch wenn sie ihn jetzt nur in die alte Heimat, an Rhein und Main, zurückführte. Im Medium des fremden Stoffes konnte er aus dem zersplitternden Europa in den »reinen Osten« flüchten, da er die Möglichkeit einer Leben und Lied erneuernden Orientierung an dem älteren Vorbild sah, nachdem er sich schon allzu statuarisch gerühmt und von der neuen Dichtergeneration gar als »ein selig Abgeschiedener« behandelt erkennen mußte.[17] ». . . Wolfgang Goethe trat von seinem Postamente herab und sprach das Verdammnißurtheil über die Herren Schlegel, über dieselben Oberpriester, die ihn mit so viel Weihrauch umduftet.«[18] Die weinerliche Poesie der novalisierenden Spätromantiker aber hat er unmutig als »Lazarett-Poesie« gekennzeichnet, die für ihn nicht in der Lage war, die Menschen mit Mut auszustatten, »die Kämpfe des Lebens zu bestehen«[19]:

Nicht so vieles Federlesen!
Laß mich immer nur herein:
Denn ich bin ein Mensch gewesen,
Und das heißt ein Kämpfer sein.

Schärfe deine kräft'gen Blicke!
Hier! – durchschaue diese Brust,
Sieh der Lebenswunden Tücke,
Sieh der Liebeswunden Lust.[20]

Literarisch gesehen tritt uns im »West-östlichen Divan« der alte Goethe als ein junger Autor entgegen, als ein Autor, der alle Stilmittel der Moderne glänzend meistert, sie jedoch, im Gegensatz zur Romantik, auch tatsächlich beherrscht, nicht sich von ihnen beherrschen läßt:

Und mag die ganze Welt versinken,
Hafis, mit dir, mit dir allein
Will ich wetteifern! Lust und Pein
Sei uns, den Zwillingen, gemein!
Wie du zu lieben und zu trinken,
Das soll mein Stolz, mein Leben sein.

Nun töne Lied mit eignem Feuer!
Denn du bist älter, du bist neuer.[21]

Der alte Goethe ist ein Autor, den ein langer Umgang mit der Spache und die Beobachtung der eigenen Person gelehrt hatte, Entsagung zu üben, wo die Leidenschaft übermächtig zu werden drohte, Maß und Norm nicht anarchisch zu verwerfen, sondern kontrolliert und reflektiert ins Mögliche zu erweitern. Er hat Rausch und Wahn, der Versuchung von Überrationalität und Irrationalität widerstanden, er hat die totale Hingabe der Romantik an die je verschiedenen Medien des Transzendenzbezuges, Liebe, Poesie und Konfessionalität, zu den Anzeichen einer »mittleren Kultur« gezählt, welche im Begriffe stand, das Zeitalter der Persönlichkeit, zu dem er sich selbst zählte, abzulösen. Den Romantikern hätte der »West-östliche Divan«, wenn sie sich nicht in der Restaurationszeit mit Riesenschritten von den Prämissen der Kunsttheorie ihrer Jugend entfernt hätten, mehr wert sein müssen als die spöttischen Bemerkungen im Briefwechsel zwischen den Brüdern Grimm und Achim von Arnim. Arnim nämlich kommentierte das Erscheinen des »Divan« mit den in der Tat »schlechten Versen«, die für ihn aber »doch etwas Wahres« hatten:

Patriarchenluft zu kosten
Geh ich nicht zu meiner Leila,
Ziehe nicht nach reinem Osten,
Daß ich in der Schenke spei da.[22]

Im Grunde hätte die Romantik diesen Gedicht-Zyklus als ein Ideal eigenen poetischen Wollens erkennen müssen, in dem alle ihre Stil- und Lebensideale erfüllt waren: der Zitatstil, der die literarische Maske für das eigene, neue Lied bereitstellt; die Projektion der Liebe, die Goethe in der Gestalt Suleikas gelang, ehe sie ihm in Marianne von Willemer leibhaftig neu begegnete; das Ideal, wonach die Geliebte durch die Liebe selbst zur Dichterin wird; es wurde in den Liedern des »Buches Suleika« erfüllt, denn Marianne von Willemer hat, ununterscheidbar von den Texten Goethes, am »Divan« mitgedichtet; die Antizipation der innigen Freundschaft, die Goethe in der Gestalt des Schenken gelungen ist, hinter welcher Günter Niggl Goethes jungen Freund Sulpice Boisserée entdeckte; schließlich die Schwellen- und Reisebildlichkeit, die Paradiesesthematik und, im »Buch des Timur«, mit der unüberhörbaren Anspielung auf das Ende von Napoleons Großer Armee im russischen Winter des Jahres 1812, auch die historisierende Bildlichkeit. Von Traditionalismus, Fideismus und Dogmatismus spätromantischer, christlicher Religiosität ließ sich der Nicht-Christ Goethe nicht beeindrucken. Auch im »West-östlichen Divan« zeichnete er ein »heiteres Bild« des Glaubens. Auf den Vorwurf des Heidentums hat er unmutig geantwortet: »Ich heidnisch? Nun, ich habe doch Gretchen hinrichten und Ottilien verhungern lassen, ist denn das den Leuten nicht christlich genug? Was wollen sie noch Christlicheres?«[23] Und schon am Ende der »Wahlverwandtschaften« (1809) hat er ein nazarenisch-heiteres Bild eines erlösenden Glaubens gezeichnet: »So ruhen die Liebenden nebeneinander. Friede schwebt über ihrer Stätte, heitere, verwandte Engelsbilder schauen vom Gewölbe auf sie herab, und welch ein freundlicher Augenblick wird es sein, wenn sie dereinst wieder zusammen erwachen.«[24] Im »West-östlichen Divan« aber hat Goethe, unter Anspielung auf ein Bild aus der Sammlung der Brüder Boisserée, seine innere Verwandtschaft mit Hafis, der ein Dichter des Koran gewesen ist, so dargestellt:

Und so gleich' ich dir vollkommen,
Der ich unsrer heil'gen Bücher
Herrlich Bild an mich genommen,
Wie auf jenes Tuch der Tücher
Sich des Herren Bildnis drückte,
Mich in stiller Brust erquickte,
Trotz Verneinung, Hindrung, Raubens,
Mit dem heitern Bild des Glaubens.[25]

Hier soll nicht der kleinbürgerliche Versuch unternommen werden, Goethe zum Christen zu machen, doch ist sein Verhältnis zum Christentum komplizierter als es die konfessionspolemischen und bildungsbürgerlichen Streitschriften des 19. Jahrhunderts glauben machten. Auch sollte deutlich werden, daß im Unterschied zur gleichzeitigen dezidiert christlichen Kunst der Spätromantik, die »ihrem innersten Wesen nach Verführung ist, und zwar Verführung zum Tode«[26], Goethes

»West-östlicher Divan« über die Zeiten hinweg ebenfalls Verführung ist, aber Verführung zum Leben.

Mystik als offenbares Geheimnis

Die Welt- und Lebenszugewandtheit Goethes hat das enge und ängstliche Christentum des 19. Jahrhunderts, dessen Erscheinungsform Goethe kritisierte, als Heidentum angeprangert. Goethe hat darauf mit einem neuen Begriff des »Mystischen« geantwortet, der dieses erst seit dem 18. Jahrhundert völlig in die deutsche Sprache eingebürgerte Wort von seinen pejorativen Bedeutungen zu befreien suchte. Immerhin saß die »Mystik«, wie noch Joseph Görres 1836 in der Vorrede zum ersten Band seiner »Christlichen Mystik« betonte, »auf der Bibliothek in Dresden unter der abschreckenden Rubrik: Philosophia falsa et fanatica, seit des seligen Adelungs Zeiten, im Zuchthaus«.[27] So ist es auffällig, daß unter den vier Belegen, welche der 1885 erschienene entsprechende Band des »Deutschen Wörterbuches« von Jakob und Wilhelm Grimm zu dem Stichwort »mystisch« verzeichnet, zwei den Werken Goethes entnommen sind. Im Gegensatz zum asketisch orientierten Begriff der Mystik bei den deutschen Spätromantikern, die sich auf Eckhart, Tauler, Seuse, auf Böhme und Angelus Silesius bezogen, aber auch im Gegensatz zu Rationalismus, Liberalismus und Junghegelianern, für welche »mystisch« ein bevorzugtes Schimpfwort war und das moderne Dunkelmännertum, den »Obskurantismus«, also den Ausschluß aus der Welt der Gebildeten meinte, betont Goethe in seinem Wort- und Begriffsgebrauch das »offenbare Geheimnis« der Welt und des Lebens. Er glaubte nicht an die völlige Transparenz einer uhrwerkartig, mechanisch funktionierenden Welt, die selbst der mächtigste Mann des damaligen Europa, der österreichische Staatskanzler Fürst Metternich voraussetzte, wenn er seine Gleichgewichtspolitik mit physikalischen Privatexperimenten zu fundieren suchte; es ging Goethe aber auch nicht um die Wundersucht und den Geheimniskult der Romantiker, die auf Stigmatisationsjagd gingen und den animalischen Magnetismus verehrten, welche die Lösung des Geheimnisses um Kaspar Hauser versäumten, weil sie am Geheimnis von dessen Herkunft, nicht an der Aufklärung dieser Herkunft interessiert waren. Goethe ging es um das offenbare Geheimnis der Welt, das nie ganz gelöst und doch in seinem Zusammenhang geahnt werden kann. »Offenbar Geheimnis« hat er so ein in Jena am 10. Dezember 1814 an Hafis gerichtetes Gedicht überschrieben, das im Erstdruck des »Divan« (1819) lautet:

Sie haben dich heiliger Hafis
Die mystische Zunge genannt,
Und haben, die Wortgelehrten,
Den Werth des Worts nicht erkannt.

Mystisch heißest du ihnen,
Weil sie närrisches bey dir denken,
Und ihren unlautern Wein
In deinen Namen verschenken.

Du aber bist mystisch rein
Weil sie dich nicht verstehn,
Der du, ohne fromm zu seyn, selig bist!
Das wollen sie dir nicht zugestehn.[28]

Den Streit um den Druckfehler in der achten Zeile (»deinen« statt »deinem«) und den Streit um das fehlende Komma in der neunten Zeile, ob es heißen soll »mystisch rein«, also Hafis ist auf geheimnisvolle Weise rein, oder ob es heißen soll »mystisch, rein« (im Sinne von »weil«, »nur«), hat Erich Trunz souverän entschieden, indem er das mehrfache »weil« des Gedichtes in Goethes Wortgebrauch nicht kausal (»weil« = »aus diesem Grunde«), sondern temporal (»weil« = »derweil, während, indes«) gedeutet hat.[29] Goethe spricht also von der geheimnisvollen Reinheit des Hafis, dessen Lob des Weines und der Liebe die frommen Interpreten, ähnlich denen des Hohenliedes Salomonis, das zu dieser Zeit aus den mythischen und allegorischen Interpretationsfesseln befreit wurde, nur allegorisch verstanden wissen wollten, ohne die Zeichenhaftigkeit des leibhaftigen Lebensgenusses und des realen Liebesvollzuges zu bedenken. All dies ist für Goethe Interpretament, Trübung von Hafis' lauterem Wein. Was die Wortgelehrten, die Ausleger, mystisch nennen, ist eine Interpretation, die sich selbst an die Stelle des Originals setzt: unlauterer Wein. In doppelter Frontstellung gegen seine Zeit und gegen die Zeit des Zwillingsbruders Hafis ist dies für Goethe die Perversion des Geheimnisbegriffes. In den »Noten und Abhandlungen zum besseren Verständnis des West-östlichen Divans« hat Goethe die mystischen Parabelgedichte Persiens definiert: sie treiben »den Menschen aus dem vorhergehenden Zustand, der noch immer ängstlich und drükkend bleibt, zur Vereinigung mit Gott schon in diesem Leben und zur vorläufigen Entsagung derjenigen Güter, deren allenfallsiger Verlust uns schmerzen könnte.«[30] Dies ist die uralte, klassisch gewordene Definition aller Mystik, doch ist für die Bewertung dieser Mystik entscheidend, wer denn dieser Gott ist, mit dem sich der Mensch schon in diesem Leben vereint. An seiner Bestimmung (persönlicher oder nicht-persönlicher Gott) scheidet sich die westliche von der östlichen, die christliche von der nichtchristlichen Mystik.

Goethe hat vermutlich auf die in seiner Zeit aktuellen Elementarmythen zurückgegriffen, ohne sie aber kabbalistisch oder psychologisierend, wie die gleichzeitige Romantik, einzusetzen. Die Zugehörigkeit des Menschen zum Element der Erde steht außer Zweifel; so heißt es im »Divan«:

Hans Adam war ein Erdenkloß,
Den Gott zum Menschen machte,
Doch bracht' er aus der Mutter Schoß
Noch vieles Ungeschlachte.

[. . .]

Doch mit Gebein und Glied und Kopf
Blieb er ein halber Klumpen,
Bis endlich Noah für den Tropf
Das Wahre fand, den Humpen.[31]

Ein trüber Gast ist der Mensch auf der dunklen Erde, wie es im Gedicht »Selige Sehnsucht« heißt, und doch ist er fähig, Licht in sich aufzunehmen, von der Sehnsucht nach Läuterung und Durchsäuerung des Erdenteiges bewegt. »Der Mensch ist ein

Zwischenwesen zwischen Licht und Finsternis. Wo die Materie sich steigert, wird sie lichtdurchlässig: Wasser, Wolke, Dunst, Luft, Äther.«[32] Wenn aber der Mensch ein Zwischenwesen zwischen der dunklen Erde und der Lichtwelt der Gottheit ist, fähig sich zu läutern und der Gottheit zu öffnen, so sind die Mittel zur Durchsäuerung des Erdenteiges, welche die Materie dem Lichte öffnen – bei Goethe wie bei Hafis –, der Wein, die Liebe, die Poesie. Damit sie nicht zu Rausch und zu Geschwätz verkommen, hat Goethe die esoterische Geste an den Anfang einer Verkündigung solcher Lehren gestellt:

> Sagt es niemand, nur den Weisen,
> Weil die Menge gleich verhöhnet,
> Das Lebend'ge will ich preisen,
> Das nach Flammentod sich sehnet.[33]

Das dunkle Element der Erde ist der Ursprung des Menschen, der mit seiner ganzen Existenz nach dem Lichte strebt. »Wenn Licht in Materie fällt, die nicht ganz rein ist, entwickeln sich die Farben, durch ein ›trübendes Mittel‹, ›das Trübe‹. Jahrzehntelang geübte ›Farbenlehre‹-Vorstellungen ergeben ›Divan‹-Symbole. ... Die Erde ist ›dunkel‹ (lichtundurchlässig); der Mensch ist ›trüb‹ (d. h. halb-durchlässig für das göttliche Licht); er kann aber sich steigern (›des Lichts begierig‹) und dem Göttlichen sich öffnen, so daß das Licht ihn durchdringt, wie reines Glas, wie reine Luft.«[34] Von solch mystisch-geheimnisvoller Reinheit ist der Sänger Hafis, den Goethe sich zu seinem Zwillingsbruder erkoren hat. Die Mittel zu dieser Lebenssteigerung – um es zu wiederholen – werden im »Divan« immer wieder thematisiert. Wein, Liebe und Poesie ergeben zusammen in der Steigerung der toten Materie zur lichtdurchfluteten Existenz »religio«, also Bindung an das Göttliche. So kann Hafis, auch ohne daß er die Regeln des Kultes beachtet, ohne der Gemeinschaft der Frommen anzugehören, »selig« genannt werden, da er des göttlichen Lichtes teilhaft wird. Ihm in »seliger Sehnsucht« nachzufolgen, ist der Schaffensimpuls des »West-östlichen Divan«. In der Unterscheidung von »fromm« und »selig« also hat Goethe die alte Unterscheidung von akzidentieller und habitueller Frömmigkeit aufgegriffen.

Hafis ist habituell fromm, das heißt fromm und auf mystische Weise rein, das heißt vom Licht der Gottheit durchdrungen, das er in der Gleichnissprache der Welt erblickt und beschreibt.
Ein solch mystisch-religiöser Grundzug, im Sinne der genannten, einem streng dualistischen System widersprechenden Weltfrömmigkeit Goethes, in dem auch die bedeutsame Mischung von Heiterkeit und Ernst, von fröhlicher Lust am sprachlichen Spiel und gelehrter Reflexion, von Maskierung und Fiktionsdurchbrechung im »Divan« ihren Ursprung haben, durchwaltet den ganzen Zyklus und erreicht im »Buch des Paradieses« seinen Höhepunkt. Der »Divan« ist als ein bewußt komponierter Zyklus ein Buch der Flucht, zumindest ein Buch der Reise. Die Kernsammlung der Gedichte ist auf Goethes Reisen in die alte Heimat, die Gegenden an Rhein und Main, entstanden, wovon noch zahlreiche Gedichte der Endfassung sprechen. 1814 z. B. nähert sich Goethes Reisewagen, von Weimar kommend, der Stadt Erfurt, im 19. Jahrhundert berühmt »durch seinen Gartenbau, seine Kunst- und Handelsgärtnerei, Gemüse- und Sämereihandel«, und der Reisende dichtet:

Was noch Buntes dort verbindet
Mir den Himmel mit der Höhe?
Morgennebelung verblindet
Mir des Blickes scharfe Sehe.

Ja es sind die bunten Mohne,
Die um Erfurt sich erstrecken,
Und, dem Kriegesgott zum Hohne,
Felder streifweis freundlich decken.

Noch vor dem 2. November 1814 aber paßte Goethe das Reisegedicht dem Kolorit des »Divan« an und fügte nach der ersten Strophe zwei östliche Vierzeiler in das westliche Gedicht ein:

Sind es Zelte des Vesires,
Die er lieben Frauen baute?
Sind es Teppiche des Festes,
Weil er sich der Liebsten traute?

Rot und weiß, gemischt, gesprenkelt
Wüßt' ich Schönres nicht zu schauen;
Doch wie, Hafis, kommt dein Schiras
Auf des Nordens trübe Gauen?[35]

Und die sechste Verszeile des ursprünglichen Textes wird bei der Überarbeitung ebenfalls vom Anlaß der Entstehung abgerückt:

Ja es sind die bunten Mohne,
Die sich nachbarlich erstrecken...

Das im Anschluß an dieses Gedicht entstandene Gedicht hat Goethe später aus dem »Divan« gestrichen; zu nahe schien es ihm den Gefühlen der Entstehung verhaftet, als daß er es hätte persisch maskieren und damit dem poetischen Grundzug seiner Sammlung einpassen können:

Sollt einmal durch Erfurt fahren,
Das ich sonst so oft durchschritten,
Und ich schien nach vielen Jahren,
Wohlempfangen, wohlgelitten.

Wenn mich Alten alte Frauen
Aus der Bude froh gegrüßet,
Glaubt ich Jugendzeit zu schauen,
Die einander wir versüßet.

So geht die in den Reise- und Fluchtgedichten sich spiegelnde tatsächliche Reise bei der Ordnung des Zyklus und der Herstellung der Druckfassung fast unmerklich ins Symbolische über: Goethe nimmt Hintergrund und Bild der Reise zum Anlaß, um in der Folge und der Gewichtung der Bücher die Lebensreise des Menschen und ihre bedeutendsten Stationen in den Erfahrungen des eigenen Lebens abzubilden. Nicht zufällig also steht das »Buch des Paradieses« am Ende dieses Zyklus einer mit dem irdischen Leben noch längst nicht beendeten Reise.

Wer von uns hätte noch nicht in Gedanken jenes harmlos-naive und doch so ernste Spiel gespielt, sich sein Paradies, seine Fortexistenz in einem Jenseits auszumalen und dabei zu bedenken, was wohl zu den Bedingungen der eigenen Seligkeit, dort, gehören könnte? Dieses Spiel gehört zu den Spielen der Hoffnung, welche das Leben erst erträglich machen. Daß es ein sehr persönliches, privates Spiel ist, aus dem keinerlei Glaubensverbindlichkeiten abzuleiten sind, hat auch Goethe gewußt, als er dieses Spiel in dem Gedicht »Höheres und Höchstes« im »West-östlichen Divan« spielte. Wieder beginnt er mit der esoterischen Geste, die dem Dichter auszusprechen erlaubt, was sonst in den Tiefen der menschlichen Seele verborgen ist, doch dann bekennt er sich unumwunden zur Subjektivität des Glückseligkeitstraumes, zum Traumort der Utopie und zählt all die Freuden auf, welche das Ich-Bewußtsein auch »dort« nicht missen möchte:

Daß wir solche Dinge lehren,
Möge man uns nicht bestrafen:
Wie das alles zu erklären,
Dürft ihr euer Tiefstes fragen.

Und so werdet ihr vernehmen,
Daß der Mensch, mit sich zufrieden,
Gern sein Ich gerettet sähe,
So da droben wie hienieden.

Und mein liebes Ich bedürfte
Mancherlei Bequemlichkeiten,
Freuden, wie ich hier sie schlürfte,
Wünscht' ich auch für ew'ge Zeiten.

So gefallen schöne Gärten,
Blum' und Frucht und hübsche Kinder,
Die uns allen hier gefielen,
Auch verjüngtem Geist nicht minder.[36]

Hier aber schließt sich der Bogen zur Sprachthematik der

»Venetianischen Epigramme«. Der Autor des »West-östlichen Divan« nämlich hat teil an der sprachthematischen und sprachskeptischen Bewegung seiner Zeit, die in Kleist, Brentano und Georg Büchner gipfelte. Zu den Paradiesesfreuden jenes Poeten, der nur das Talent, deutsch zu sprechen, zur Meisterschaft gebracht hat, gehört es auch, im Paradies deutsch zu stammeln. Zu den Paradiesesfreuden des Dichters gehört nicht die Sprache des Hofes, das Französische, nicht die Sprache der Gelehrten, das Lateinische, sondern die Sprache des Herzens, die Muttersprache, die er mit den Freunden und der Geliebten spricht:

Und so möcht' ich alle Freunde,
Jung und alt, in *eins* versammeln,
Gar zu gern in deutscher Sprache
Paradiesesworte stammeln.

Doch – und mit diesem »doch« beginnt die zweite Reflexionsstufe des Paradiesesspieles –, da die Sprache etwas zutiefst Menschliches ist, ein System von Zeichen, das die Erfahrung nur unvollkommen, eben »stammelnd«, die Realität nur bruchstückhaft wiedergibt, gilt dort, wo nicht der Mensch zum Menschen die Sprache der Liebe spricht, sondern sich »Mensch und Engel kosen«, eine andere Grammatik, durch die gelehrt wird, nicht mehr das unvollkommene Zeichen, sondern endlich das Bezeichnete, das Ding selbst, zu deklinieren. Dann freilich unterscheiden sich Sprachen und Dialekte nur noch voneinander wie das Rot des Mohnes vom Rot der Rose:

Doch man horcht nun Dialekten,
Wie sich Mensch und Engel kosen,
Der Grammatik, der versteckten,
Deklinierend Mohn und Rosen.

Eine Sprache, die schon auf Erden geübt werden kann, wird auch im Paradies noch gesprochen, die Sprache der Blicke, der Gesten, der Töne:

Mag man ferner auch in Blicken
Sich rhetorisch gern ergehen
Und zu himmlischem Entzücken
Ohne Klang und Ton erhöhen.

Ton und Klang jedoch entwindet
Sich dem Worte selbstverständlich,
Und entschiedener empfindet
Der Verklärte sich unendlich.

Die Sinne des Menschen werden dort, wo das Wort nicht mehr ein gesprochenes Zeichen ist, sondern mit dem Wort der Gegenstand, den das Wort auf Erden nur bezeichnet, existent ist, nicht mehr in die Fünfzahl des Sehens, Hörens, Riechens, Fühlens, Schmeckens unterteilt sein, so daß der Genuß sich in viele Einzelteile zerspaltet, sie werden in einen einzigen, allumfassenden Sinn gefaßt sein, der den Genuß der Seligkeit verbürgt:

Ist somit dem Fünf der Sinne
Vorgesehn im Paradiese,
Sicher ist es, ich gewinne
Einen Sinn für alle diese.

Auf der letzten Reflexionsstufe des Paradiesesspieles aber geht der Scherz in Ernst über, wie eben das Spiel, im Sinne Schillers, die vornehmste Beschäftigung des Menschen ist und zur völligen Entfaltung seines Selbst führt. So dringt in der Verwandlung der Körperlichkeit und der Überwindung der Sinnenhaftigkeit das Ich des Menschen, vergeistigt und durchgeistet, durch zu seinem Ursprung und zu seinem Ziel, zur »visio beatifica«, zum Anblick der ewigen Liebe, welche Gott ist. In diesem Anblick erst wird das Ich des Menschen von sich selbst erlöst, wird unser aller Ich – und Goethe setzt nun dem »Ich« der vorangehenden Strophen das »Wir« der letzten Strophe gegenüber – aufgelöst, im Sinne Goethes »erlöst«. In der paradoxen Sprache aller Mystik ausgedrückt heißt das: Der Gipfel der Seligkeit besteht darin, auch die Seligkeit nicht mehr zu empfinden, also sinnenhaft zu erfahren; der Gipfel der Seligkeit ist vielmehr, selig zu sein. Im Zustand der Schau des

Lichtes wird der Mensch nicht mehr (aktiv) Liebe geben oder (passiv) Liebe empfangen, er wird, in seinen Ursprung zurückgekehrt, Teil und zugleich das Ganze der Liebe und damit ewig *sein*:

Und nun dring' ich allerorten
Leichter durch die ewigen Kreise,
Die durchdrungen sind vom Worte
Gottes rein-lebendigerweise.

Ungehemmt mit heißem Triebe
Läßt sich da kein Ende finden,
Bis im Anschaun ewiger Liebe
Wir verschweben, wir verschwinden.

Gerhart Mayer
Der Heilspfad der Seele
Christentum und asiatische Mystik im Werk Hermann Hesses

Wie soll man das Weltbild eines Autors bestimmen, dessen Wesensart sich nur in Widersprüchen offenbart: traditionsbewußter Bürgersohn des 19. Jahrhunderts, entscheidend geprägt durch das Erbe der Goethezeit, zum andern aber der moderne Außenseiter der Gesellschaft, der seinen ganz persönlichen, einsamen Weg beschreitet; ein Mensch von asketischer Geistigkeit und sinnenhafter Weltlust in einem, der Gefahr rauschhafter Selbstzerstörung ausgesetzt und doch stets dem Ideal höchster Sittlichkeit nacheifernd. Ein Autor, der geistig nicht nur im Abendland beheimatet ist, sondern auf der Suche nach der Wahrheit auch die Brücke zur Weisheit Asiens schlägt. Offenbar dürfen wir bei diesem eigenwilligen Dichter keine bis ins letzte verifizierbaren Lösungen, keine beruhigend klaren Formeln erwarten, wenn wir uns anschicken, sein höchst komplexes Verhältnis zu den beiden religiösen Großmächten unserer Zeit – Offenbarungsreligion und Mystik – zu untersuchen.

Für unsere Fragestellung ist die erste Schaffensperiode nur von geringer Bedeutung. Sie erstreckt sich von der Jahrhundertwende bis zum Ersten Weltkrieg. Die frühesten Werke offenbaren eine morbide Schwermut, eine introvertierte Haltung, den Anforderungen des Lebens nicht gewachsen. Hesse erhob Protest gegen die seelische Verarmung seiner Zeit, im Namen einer neuromantischen Innerlichkeit. In »Hermann Lauscher« etwa schuf er sich ein traumhaft weltfernes Ideal ästhetischer Vollendung, das ihm eine schützende Zuflucht vor der andrängenden Wirklichkeit des Tages bieten sollte. In romantischer Sehnsucht erhoffte er sich von seiner Dichtung die traumhafte Gestaltung eines Glücks »irgendwo hinter dem Leben«. In den wesentlichsten Werken dieser Zeit (»Peter Camenzind« und »Roßhalde«) zeichnet sich Hesses Versuch ab, den geistigen Normen und

Verbindlichkeiten der bürgerlichen Existenz wenigstens im Werk zu entrinnen. Über sein persönliches Dasein in jener Zeit äußerte er später rückblickend: »Ich wollte zwar ein Dichter sein, aber daneben doch auch ein Bürger... Dies war mein Irrtum...«[1]

Der trotz literarischer Anerkennung zunehmenden persönlichen Isolierung entsprach im Bereich des Glaubens eine skeptische Relativierung der überkommenen christlichen Vorstellungen. Hesse entstammte zwar einem pietistischen Elternhaus, das ihm ein lebenslang nachwirkendes Erlebnis schenkte, nämlich die Mächtigkeit eines gelebten Glaubens, jedoch erfuhr er dort auch die drückende Last einer religiösen Tradition, die ihn in seiner eigenen geistigen Entwicklung beengte. Hesses Vater stand in stetigem Verkehr mit der Basler Mission. Dadurch kam der Sohn schon früh in engere Berührung mit der indischen und chinesischen Geisteskultur, ohne jedoch zu einer Lösung der ihn bedrängenden Probleme zu gelangen. Die endgültige Abkehr vom christlich-dogmatischen Bekenntnis veranlaßte ihn 1910 zu dem verzweifelten lyrischen Ausruf: »Ach, Gott ist tot!«[2]

1911 unternahm Hesse eine Reise nach Indien. Mit dieser Weltfahrt vollzog er nicht nur die Flucht aus einer zerrütteten Ehe und einer ihm nicht mehr gemäßen bürgerlich-konventionellen Lebensform; vielmehr hoffte er durch den Aufbruch nach Osten eine neue innere Heimat zu gewinnen. Resigniert kehrte er jedoch zurück, zutiefst von der Erkenntnis durchdrungen, daß die Überwindung seiner seelischen Krise nur aus eigenen Kräften zu leisten sei, nicht aber durch passive Hingabe an fremde Glaubensvorstellungen.

In den Jahren 1916/17 brach dann die lang angestaute verzweifelte Ratlosigkeit in Form einer Neurose durch, was Hesse veranlaßte, sich in ein Schweizer Sanatorium zu begeben. Dort lernte er durch einen Schüler C. G. Jungs die Psychoanalyse kennen. Sie vermittelte ihm die letzte Klarheit über seinen seelischen Zustand. Er erkannte die in ihm veranlagten polaren Spannungen zwischen weltüberwindender Geistigkeit und dionysischer Sinnenhaftigkeit, zwischen religiöser Glaubenssehnsucht und intellektueller Skepsis. Die Tiefen des Unbe-

wußten schienen ihm nunmehr den Zugang zum zeitlosen Urgrund des Seins zu erschließen. Er begann, den »Weg nach innen« zu beschreiten, was sich literarisch in dem Roman »Demian« niederschlug. Dieses Werk kennzeichnet in des Autors Entwicklung den entscheidenden Wendepunkt, der die zweite Schaffensperiode einleitet. Indem sich der Dichter durch die Psychoanalyse in seinem Vertrauen zu den irrationalen Tiefen des eigenen Innern bestärkt sah, wurden in ihm die bislang selbstkritisch unterdrückten religiösen Vorstellungsinhalte entbunden. Er begann zu seinem ureigenen Wesen zu erwachen, das ohne Überspitzung als ruheloses, leidenschaftliches Gottsuchertum bezeichnet werden kann. Hesses schizoides Ich, dessen Gespaltenheit in »Demian«, noch mehr jedoch im »Steppenwolf« sich rückhaltlos offenbarte, suchte sich nunmehr durch Integration zu retten. Die Möglichkeit dazu bot im religiösen Bereich die All-Einheitsmystik, wie er sie in den indischen Upanishaden und in der Bhagavad-Gita kennengelernt hatte. Hesse entnahm diesen Schriften letztlich nur solche Anschauungen, die aller Identitätsmystik zugrunde liegen.
Um der Klarheit willen sei eine kurze Definition vorangestellt. Die Identitäts- oder All-Einheitsmystik beruht auf einer irrationalen, monistisch gefaßten Gottesvorstellung. Jenseits aller bunten Vielfalt der Erscheinungswelt, aber doch sie schöpferisch durchdringend, existiert die All-Gottheit, die sich in ihrer überpersönlichen Namenlosigkeit dem Zugriff des menschlichen Geistes entzieht. Sie ist nur ahnend zu erspüren durch das Prinzip der coincidentia oppositorum, nämlich durch den Zusammenfall der raum-zeitlichen Gegensätze in einem allumfassenden numinosen Seinsgrund. Jede begrifflich-dogmatische Wesensbestimmung verbleibt hier notwendig im Vorhof des irrationalen Weltengeheimnisses. Der Mensch hat durch die participatio realis teil an der Wesensfülle des göttlichen Seinsgrundes. Der Mystiker pflegt dabei das erdgebundene empirische Ich von dem höheren Ich (oder Selbst) zu unterscheiden, welch letzteres das sogenannte göttliche »Lichtfünklein« in sich birgt. Sinn und Zweck einer mystisch strukturierten Existenz ist es nun, das potentiell veranlagte Fünklein zur hellen Flamme anzufachen, mit anderen Worten, das seinen Leiden-

schaften verfallene Ich mehr und mehr zu heiligen durch eine immer innigere Identifikation mit der Gottheit. Dieser Vorgang vollzieht sich auf dem dreigestuften Heilsweg der Seele: einmal der via purgativa, die das Ich durch Askese von allen egoistischen Strebungen läutert, dann der via illuminativa – der durch Meditation erlangten visionären Schau der kosmischen All-Einheit – und schließlich in dem beseligenden Erlebnis der Vereinigung mit der Gottheit, in der unio mystica. Es steht dahin, ob der Mystiker dieses Ziel seiner inneren Wanderschaft in allen Fällen erreicht. Entscheidend ist allein, daß er sich auf den Weg begeben hat und seiner inneren Berufung treu bleibt.

Der Ausweg der Mystik

Für Hesse bot die asiatische Identitätsmystik den rettenden Ausweg, konnte er doch durch den Glauben an einen numinosen Seinsgrund, der die widersprüchlichsten Lebensformen in sich beschließt, seine einander widerstreitenden Seelenkräfte in späteren Jahren weitgehend harmonisieren. Diese neuerrungene Gläubigkeit verschmähte alle dogmatischen Bindungen und legitimierte sich allein durch das meditativ gewonnene geistig-seelische Erlebnis. Wenn der Autor überhaupt eine religiöse »Lehre« als wahlverwandt empfinden konnte, dann war es die Mystik, die dem individuellen Erleben den weitesten Spielraum ließ. Sie brachte ihm die bisher nur sehnsuchtsvoll erahnten Entwicklungsmöglichkeiten der Seele zu vollem Bewußtsein. Das dynamische Streben des niederen zum höheren Ich, das beständige Ringen um die Verwirklichung letzter Möglichkeiten der Seele bildet wohl das wesentlichste Strukturelement der Werke von »Demian« bis zum »Glasperlenspiel«. Dieser polaren Zweiheit entspricht in der literarischen Ausformung einerseits die nach Vollendung strebende Hauptfigur, sei es Emil Sinclair, Siddhartha, Harry Haller, H. H. oder Joseph Knecht, und zum andern das symbolische Leitbild in Gestalt des weltüberlegenen, vollkommenen Menschen: nämlich Demian, Vasudeva, Pablo, Leo und der Altmusikmeister. Wenn etwa Joseph Knecht im letzteren seinen geistigen Führer erblickt, so liegt diesem Verhältnis die uralte asiatische Auffassung zugrunde, daß der Myste nur durch die beispielhafte Anleitung des Mystagogen zur Vollendung gelangen könne. Das eigentliche Thema der wichtigsten Werke der zweiten und dritten Schaffensepoche besteht demnach in dem seelischen Vorgang der »Selbstverwirklichung«, der Hesses mystisch strukturierter Grundanschauung entspricht, die durch Einwirkung der indischen Identitätsmystik in ihm entbunden wurde.

Dafür ein Beispiel. Die für sein Weltbild aufschlußreichste Erzählung der zweiten Schaffensperiode ist »Siddhartha«, eine indische Legende (1922), die die wesentlichsten Elemente seines Glaubens in sich vereinigt. Siddharthas Entwicklung vom gehorsamen Brahmanensohn zum weltüberwindenden Heiligen bedeutet nichts anderes als die literarische Vergegenwärtigung des vorhin skizzierten mystischen Heilswegs der Seele zur Vergottung! Hesse hatte um keines seiner bisherigen Werke so intensiv zu ringen wie um diese Erzählung. Die dichterische Gestaltung setzte ein gewisses Maß an eigener meditativer Erfahrung voraus. Der Autor bekannte, daß er »ein Stück asketischen und meditierenden Lebens« nachzuholen hatte, ehe die ihm »seit Jünglingszeiten heilige und wahlverwandte Welt des indischen Geistes. . . wirklich Heimat werden konnte«.[3]

Die erste Stufe der asketischen Läuterung führt den jungen Siddhartha, Sohn eines orthodoxen Brahmanen, zu einer Einübung in der Yoga-Technik, die er aber bald als Irrweg erkennt, da sie nach seiner Ansicht eine Auflösung der Persönlichkeit bezweckt. Die Begegnung mit Buddha bestätigt ihn in seiner Überzeugung, daß die Erlösung nicht durch eine dogmatisch gebundene Lehre, wie immer geartet, erreicht werden könne, sondern allein durch das eigene, selbstgewisse innere Erleben. Er beginnt nunmehr, die Tiefen seines Wesens bewußt zu erfahren. Die läuternde via purgativa endet mit dem Erwerb der Fähigkeiten des hellbewußten »Denkens, Wartens, Fastens«, Früchte einer ethisch-asketischen Selbstzucht des Geistes und der Sinne.

Aber der Weg zur menschlichen Vollendung führt bei Hesse niemals an der Welt vorbei, sondern stets mitten durch sie hindurch. (Hier distanziert er sich am klarsten von der indischen Mystik.) Sidhartha tut daher das, was ihm seine Natur gebietet: er geht in die Welt und genießt die Freuden, die ihm das materielle Leben zu bieten hat. Er sammelt Reichtümer und gewinnt die Liebe der betörenden Kurtisane Kamala. Tief verstrickt er sich in Samsara, den endlosen Kreislauf irdischen Geschehens. Als er aber eines Tages der Sinnentleertheit seines veräußerlichten Lebens voller Ekel inne wird, hat er die geistigen Voraussetzungen für die nächsthöhere Entwicklungsstufe, die via illuminativa, erworben. Was sich ihm früher nur durch gedanklich-theoretische Überlegung erschlossen hatte, das offenbart sich ihm nun in lebensvoller Evidenz: er erschaut in einer blitzartigen Vision das die Erscheinungswelt umspannende Absolute, das die Einheit des Seins konstituierende göttliche Weltprinzip, und erlebt ein »Untertauchen und völliges Eingehen. . . in das Namenlose, Vollendete«.[4] Die hier angedeutete mystische Einheitsschau bildet Hesses zentrale Glaubensvorstellung, die bis zum »Glasperlenspiel« unverändert gültig bleibt. Sie entspringt östlichen Quellen, und der Autor bekennt sich freimütig zu seiner indisch-asiatisch gefärbten Gläubigkeit, deren einziges Dogma der Gedanke der Einheit ist.[5]

Siddhartha gibt nun sein luxuriöses Dasein auf, läßt sich bei einem Fährmann nieder und teilt dessen schlichtes Leben. Er vervollkommnet sich in der Kunst der Versenkung. Im Laufe der Jahre wächst seine visionäre Erlebniskraft und gewährt ihm immer öfter die Offenbarung der mystischen Einheitsschau. Durch ständige Meditation gelingt es ihm, sein subjektives, von egoistischen Strebungen geleitetes Ich zu überwinden und dem überindividuellen Selbst Gehör zu verschaffen, wobei ihm der Fährmann Vasudeva als Mystagoge zur Seite steht. So erschließt sich ihm die höchste Stufe des Heilswegs der Seele, die unio mystica. Den Abschluß der Erzählung bilden zwei Visionen, in denen diese Einigung mit der Gottheit (im Sinn der vedantischen Identitätsmystik) Gestalt gewinnt.

Seitdem Hesse in »Siddhartha« den Aufstieg der Seele in die schwindelnde Höhe der mystischen Gotteinigung gestaltet hatte, erkannte er mehr und mehr die Unzulänglichkeit seines eigenen Daseins. Im »Steppenwolf« (1927) brach dann die lang gestaute Verzweiflung an sich selbst mit vehementer Wucht aus den seelischen Tiefen hervor. Die Darstellung der Entwicklung Siddharthas enthüllte sich vor dem Forum unbarmherziger Selbstkritik als ein weithin fiktives Wunschbild, das den Autor seiner inneren Zwiespältigkeit nicht entreißen konnte. Bald darauf bekannte er in einem Brief: »Ich bin ein Dichter geworden, aber ein Mensch bin ich nicht geworden. Ich habe ein Teilziel erreicht, das Hauptziel nicht. Ich bin gescheitert.«[6]

Der lange Weg der Menschwerdung

Was Hesse als Urbild echten Menschentums vor Augen stand, als er diese inhaltsschweren Worte schrieb, läßt sich genau bestimmen: Es war die Gestalt des homo religiosus, des Heiligen. Im Jahre 1932 skizzierte er die sogenannten »Stufen der Menschwerdung«, worunter er die zwar nicht notwendige, aber mögliche Entwicklung des Menschen in religiöser Hinsicht verstand.[7] Er wollte damit eine allgemeine Psychographie der wichtigsten Formen des Glaubenserlebnisses geben, die er in allen Religionen wiederzuerkennen meinte. Dieses dreistufige Schema bildet die Mitte seines Credos, und er steht nicht an, es für »Wahrheit schlechthin« auszugeben. Es bestimmt das Menschenbild seiner Werke von »Demian« bis zum »Glasperlenspiel«. Die erste Stufe manifestiert sich in dem Zustand einer naiv-unbewußten Glaubensunschuld, der die tragische Konfliktsituation menschlichen Handelns im wesentlichen erspart bleibt. Die sogenannten »Kindermenschen« leben im Bann ihrer triebbestimmten Illusionen. Sie erheben sich nicht zum Bewußtsein der Verantwortlichkeit für ihr Tun; sie sind nicht fähig, ihr Leben in einen größeren Zusammenhang, in ein Wertsystem einzuordnen und es aus ihm heraus in freier Entscheidung zu gestalten.

Die zweite Stufe steht vorwiegend unter dem Einfluß der Ratio, der Vernunft, und wird geprägt durch »die Forderungen der Kultur, der Moral, der Religionen, der Menschheitsideale«. Zu dieser Kategorie menschlicher Gläubigkeit zählt ein anthropozentrischer Humanismus genauso wie eine streng dogmatische Gesetzesreligion. Diese Stufe endet für das gereifte Individuum in der Verzweiflung an sich selbst, »nämlich mit der Einsicht, daß es ein Verwirklichen der Tugend nicht gibt, daß Gerechtigkeit unerreichbar, Gutsein unerfüllbar ist«. Hier enthüllt sich nun die Kluft, die Hesse von allem optimistischen Fortschrittsglauben, von allem naiven Vertrauen auf die menschliche Eigenkraft trennt. Die Wirklichkeit des Daseins findet sich nicht etwa glanzvoll bestätigt, sondern sie erfährt ihre völlige Unzulänglichkeit im Licht einer höheren Wahrheit. Die Fragwürdigkeit allen Tuns bricht auf, wenn jede selbstherrliche Bemühung des Individuums auf eine solche Zwischenstufe menschlicher Entwicklung verwiesen wird, die notwendig im Scheitern endet.

Die dritte Stufe schließlich, die nur einer kleinen begnadeten Minderheit vorbehalten ist, manifestiert sich im Erleben eines Zustands »jenseits von Moral und Gesetz«. Hier hat Hesses Nonkonformismus seine Wurzel. Der Mensch, der die Verzweiflung über die Erfolglosigkeit seines Tuns durchlitten hat, überantwortet sich gläubig einer höheren, numinosen Macht, die sich ihm einzig und allein in der Stimme des persönlichen Gewissens offenbart. Hier gilt kein moralisches Wertsystem, kein Gesetz einer positiven Religion mehr. Das vereinsamte Individuum distanziert sich von den Normen und Konventionen der Gesellschaft. Es beginnt, den nur ihm gemäßen Weg der Selbstverwirklichung zu beschreiten. Es hat erkannt, »daß wir uns selbst nicht regieren, sondern regiert werden«. Hesse deutet diesen Glauben im Sinne der Identitätsmystik als ein geheimes Wissen um die Wesenseinheit alles Seienden.

Die Chiffre, mit der die Höherentwicklung zur dritten Stufe umschrieben wird, lautet »Das Erwachen«. Emil Sinclair erklärt programmatisch: »Wir waren Erwachte, oder Erwachende, und unser Streben ging auf ein immer vollkommeneres Wachsein, während das Streben und Glücksuchen der anderen darauf ging, ihre Meinungen, ihre Ideale und Pflichten, ihr Leben und Glück immer enger an das der Herde zu binden. . . Für sie war die Menschheit etwas Fertiges, das erhalten und geschützt werden mußte. Für uns war die Menschheit eine ferne Zukunft, nach welcher wir alle unterwegs waren, deren Bild niemand kannte, deren Gesetze nirgends geschrieben standen.«[8] Josef Knecht äußert über das »Erwachen«: »Man geriet... in den Mittelpunkt der eigenen Person.«[9]

Die dritte Stufe menschlicher Entwicklung vollendet sich in der Gestalt des Heiligen (z. B. Siddhartha oder der Altmusikmeister im »Glasperlenspiel«). Seine Existenz ist irdisches Heilsziel, da er das Urbild echten Menschentums verkörpert. Der Heilige lebt im ständigen Bewußtsein der unio mystica und hat damit die höchste Stufe des irdischen Heilspfads der Seele erreicht.

In der Erzählung »Siddhartha« schien Hesse die Problematik des Daseins in überlegener Weise gemeistert zu haben. Die Blickrichtung verlief von oben nach unten; aus der Vogelperspektive des Wunschbilds der mystischen Gotteinigung schmolz die Welt der dissonanten Vielfalt zusammen in eine von der All-Gottheit umgriffene Einheit. Als sich der Autor nun zu der Einsicht durchgerungen hatte, daß er in seinem Bemühen um Erreichung höherer Stufen des Heilswegs gescheitert war, blieb zwar das Entwicklungsziel in Gestalt des Heiligen erhalten, aber es entzog sich dem sehnsüchtigen Verlangen in eine nahezu ungreifbare Ferne. Seit dem »Steppenwolf«, der die dritte Schaffensepoche einleitet, verläuft die Blickrichtung des Glaubens endgültig von unten nach oben. Hesse sah noch einen langen, vielfach gestuften »Weg der Menschwerdung« vor sich liegen. Der »Steppenwolf« endet daher mit der Aufforderung zur aktiven Selbstgestaltung der Persönlichkeit im Hinblick auf eine einstige Wesenserfüllung höherer Art, die Harry Haller zuvor im »Magischen Theater« visionär erfahren hat. Und auch Josef Knecht wird bis zu seinem Tode keineswegs sämtliche Entwicklungsmöglichkeiten erschöpft haben. Mit dieser etwas resignierten, desillusionierten Glaubenshaltung verband sich beim späten Hesse ein starkes Bemühen um ein engeres Verhältnis zur Lebenswirklichkeit. Bisher hatte er sich von dem Bereich bürgerlicher Kultur weitgehend ferngehalten und war nur seinem Glaubensbedürfnis gefolgt, das ihn auf den Weg nach innen verwiesen hatte. Nunmehr begann er sich mit den unabänderlichen

Gegebenheiten des Daseins auseinanderzusetzen und die Notwendigkeit der aktiven Seinsgestaltung bis zu einem gewissen Grade zu bejahen. Er gewann auch, nicht zuletzt durch Jacob Burckhardt, ein engeres Verhältnis zur politisch-sozialen Geschichte.

Diese veränderte Lebenshaltung brachte es mit sich, daß Hesse allmählich von der weltverneinenden indischen Mystik abrückte und sich den chinesischen Mystikern zuwandte, unter denen er Lao Tse den höchsten Rang einräumte. Er fühlte sich hier von einer Geistigkeit angesprochen, für die – wie er meinte – »Natur und Geist, Religion und Alltag nicht feindliche, sondern freundliche Gegensätze bedeuten und beide zu ihrem Rechte kommen«.[10] Damit hatte er zu derjenigen Form der Religiosität hingefunden, die ihm nicht nur als geistigem Menschen, sondern auch als gestaltendem Künstler gemäß war, da sie auf das erlösende Heilsziel hinwies, ohne dabei die Belange des sinnenhaften Lebens preiszugeben.

Asiatische Mystik und christliche Herkunft

Die entscheidende Wendung vollzog sich jedoch Anfang der dreißiger Jahre durch Hesses Rückbesinnung auf seine christliche Herkunft. Davon zeugt das Gedicht »Besinnung« (1933), in dem ein neues Verhältnis zwischen Gott und Mensch gestaltet ist:

Und wir fühlen: Ihn, den Gefährdeten
Liebt der Ewige mit besonderer Liebe.
Darum ist uns irrenden Brüdern
Liebe möglich noch in der Entzweiung,
Und nicht Richten und Haß,
Sondern geduldige Liebe,
Liebendes Dulden führt
Uns dem heiligen Ziele näher.

Der »Vater Geist«, der »Ewige«, liebt den Menschen mit »besonderer Liebe«. Darum ist uns also die Liebe möglich, weil Gott uns liebt. Hier liegt der Akzent dieser Besinnung auf seine christliche Herkunft: Hesse knüpft bewußt an die Idee der Agape an. Im Begriff des »väterlichen Geistes« erstrebt er eine Synthese von christlichem Theismus und asiatisch-überpersönlicher Gottesidee. Der »väterliche Geist« ist wie der christlich-personale Vatergott wesenhaft transzendent; er schafft und erhält die Welt in souveräner Zwecksetzung. Er liebt den Menschen, ruft ihn im »Erwachen« an und bleibt doch der deus absconditus. Andererseits wird aber dieser »väterliche Geist« von der namenlosen, überpersönlichen All-Gottheit umfaßt. Er ist nur deren Hypostase, trägt also in solcher Stellvertretung die Bestimmungsgründe seines Handelns letztlich nicht in sich. Seine Personalität bleibt daher fragwürdig.

Hesse bekannte sich in seiner Spätzeit zur »logozentrischen Anschauungsart« der Gottheit, d. h. er erfuhr das Numinose als lenkenden und zielsetzenden »Weltgeist«.[11] Anders in der zweiten Schaffensperiode, wo das Göttliche als allumfassendes, bergendes »Leben« vorgestellt wurde, als ewig gebärende und bewahrende »Urmutter« Natur. Hier ist Bachofens Einfluß spürbar, der die Vaterwelt des kriegerischen Gesetzes der heilenden, versöhnenden Mutterwelt unterordnete; aber auch an Klages wäre zu denken, der den bewußtseinsklaren Geist als »Widersacher der Seele« anprangerte. Nicht zuletzt wurde Hesse auch durch die analytische Psychologie C. G. Jungs darauf hingewiesen, daß die Gotteserkenntnis nur aus den unbewußten Tiefen der Seele geschöpft werde, wo die mythischen Urbilder und religiösen Ideen gespeichert seien.

Einen weiteren Versuch der Synthese von christlicher und mystischer Anschauung können wir in der eschatologischen Frage der Unsterblichkeit der Seele beobachten. Der Europäer Hesse deutet die Seele als unauflösbare Entelechie, als »innerstes Ich, das nie ein Tod zerstört«.[12] Aus solcher Hoffnung auf eine einstige personale Gemeinschaft mit der Gottheit entwarf er im »Steppenwolf« das mythische Wunschbild der sogenannten »Unsterblichen«, der schöpferische Genien der Menschheitskultur. Sie repräsentieren die vierte und letzte Stufe, das »Ziel des langen Weges der Menschwerdung« (Traktat vom Steppenwolf). Die Synthese zwischen indischer Identitätsmystik und christlicher Unsterblichkeitslehre besteht nun darin, daß zwar

– im Gegensatz zur indischen Lehre – die Unzerstörbarkeit der Person gesichert bleibt, daß jedoch das niedere, empirische Ich überwunden wird zugunsten einer wesenhaften Göttlichkeit: »Gottwerden bedeutet: seine Seele so erweitert haben, daß sie das All wieder zu umfassen vermag.« (Traktat) Selbstredend lehnt Hesse auch die christliche Voraussetzung des Eschaton ab, nämlich die Wiederkunft des Menschensohns, mit der der neue Äon einsetzt. Die »Unsterblichen« *sind* ja schon auferstanden! Sie bedürfen keines Mittlers.

Die Biographien des »Glasperlenspiels«

Man hat bisher noch nicht erkannt, daß Josef Knechts Entwicklungsgang der mystischen Grundüberzeugung Hesses von den oben skizzierten »Stufen der Menschwerdung« entspricht. Wir stoßen hier auf das gliedernde Bauprinzip des »Glasperlenspiels«. Es besteht im wesentlichen aus vier Lebensläufen. Die Biographie Josef Knechts nimmt den Hauptteil ein. Der junge Knecht schreibt nun selbst drei imaginäre Biographien, in denen er seine »Entelechie« in frühere Zeiten zurückversetzt. Er betrachtet diese Lebensläufe nicht nur als Wunschbilder, sondern gesteht ihnen auf Grund seines Reinkarnationsglaubens, den wohl auch Hesse teilte, einen gewissen Wahrheitsgehalt zu. Der Erzähler seinerseits hält diese drei Biographien »für den vielleicht wertvollsten Teil« des Buches. Die Reinkarnation führt also das »Ich« Josef Knechts durch die einzelnen, in den vier Biographien dargestellten Existenzformen hindurch.

Der erste Lebenslauf ist überschrieben »Der Regenmacher«. Knecht ist in prähistorischer Zeit als Zauberer und Regenmacher geachtetes Mitglied eines Stammes. Er lebt in völliger Einheit mit der Natur und deren Kräften; daher glaubt er, magische Beschwörung üben zu können. Als die Götter aber dem Zauberer eines Tages den erflehten Regen verweigern, opfert er sich selbst, um sie wieder zu versöhnen. Das entspricht im Prinzip der ersten Stufe des Weges der Menschwerdung. Eine ursprungsnahe Glaubenshaltung, die dem naiven Kindheitsstadium der menschlichen Entwicklung gleichkommt. Der Regenmacher opfert sich nicht in freier Gewissensentscheidung; er durchlebt keinen inneren Konflikt, ob er dem Gesetz seiner Religion folgen oder an seine Rettung denken solle. Indem er sich für das rituelle Opfer anbietet, kommt er nur der unausweichlichen Verurteilung durch seine Stammesbrüder zuvor. Als Regenmacher, der keinen Erfolg hat, ist sein Schicksal besiegelt, und er akzeptiert es widerstandslos. In dieser heilen Welt existiert kein Widerspruch zwischen dem allgemeinen Gesetz der Sozietät und dem der Individualität: der Mensch ist in die umgreifende Totalität des Daseins eingebettet.

Der zweite Lebenslauf, betitelt »Der Beichtvater«, versetzt Knecht als Josephus Famulus in die Zeit der altchristlichen Eremiten. Josephus, einer dieser frommen Männer, verzweifelt an sich selbst. Er entläuft seinem geistlichen Amt im Gefühl der eigenen sündhaften Unzulänglichkeit und wird von dem befreundeten Beichtvater Dion im Glauben gestärkt. Bezeichnend nun, daß auch Dion selbst von tiefer Unsicherheit heimgesucht ist. Über beider Leben steht die verzweiflungsvolle Einsicht in die unheilbare menschliche Sündhaftigkeit. Das entspricht der zweiten Stufe des Weges der Menschwerdung, gekennzeichnet durch die qualvolle Zerrissenheit des menschlichen Geistes. Auf der einen Seite die strenge Forderung des religiösen Gesetzes, des weltanschaulichen Ideals – auf der anderen die desillusionierende Erkenntnis der eigenen Unzulänglichkeit! Josephus überwindet bis zu einem gewissen Grade seine Anfechtung und verbleibt resignierend in seinem Amte. Diese Stufe endet also in der Einsicht, wie Hesse formuliert, »daß Gerechtigkeit unerreichbar, daß Gutsein unerfüllbar ist«.[13] Der Zwiespalt zwischen dem Gesetz und dem einzelnen ist nunmehr aufgebrochen und scheint unüberbrückbar.

Die dritte Biographie des kastalischen Schülers Knecht trägt den Titel »Indischer Lebenslauf«. Dasa (= Knecht), ein auf dem Lande aufgewachsener Jüngling, will in die Welt gehen. Ein Einsiedler läßt ihn seine Zukunft in einem magischen Traum weniger Minuten vorauserleben. Er wird König, führt einen Krieg und scheitert zuletzt. Voller Entsetzen erwacht er und erkennt: »Alles war Nichts – nein, nicht Nichts, es war

Maya gewesen.«[14] Dasa entsagt daraufhin den Forderungen und Idealen der Welt, die ihn nun illusionärer Schein dünken, und folgt dem Heiligen als dessen Schüler in das Erleben der kosmischen All-Einheit. Das entspricht dem Beginn der dritten Stufe des Weges der Menschwerdung, die, wie gesagt, durch das Erwachen zu sich selbst gekennzeichnet ist, durch eine radikale Distanzierung von den Normen und Konventionen der Tradition. Das spiegelt sich sehr akzentuiert in Dasas konsequenter Absage an die Welt. Bis zu dieser Existenzstufe war ja auch Siddhartha gelangt.

Nun aber zum vierten und letzten Lebenslauf, der vom kastalischen Chronisten dargeboten wird. Er spielt in der Gegenwart der Romanhandlung und beschreibt das Leben des späteren Glasperlenspielmeisters Joseph Knecht. Es steht wie der dritte Lebenslauf unter dem Leitbild des Erwachens zu sich selbst. Der Unterschied zwischen den beiden Biographien liegt vor allem in der Haltung zur Welt. Knecht lehnt diese nicht als wesenlose Maya ab, sondern er verehrt sie und sucht ihr, gemäß der Idee des Glasperlenspiels, eine wesenhafte, durchgeistigte Gestalt zu verleihen. Um es nochmals zu wiederholen: Der Weg zur menschlichen Vollendung führt für den späten Hesse nicht mehr an der Welt vorbei, sondern in sie hinein. Davon handelt jedoch erst der zweite Teil des Lebenslaufs. Zunächst – so beginnt das Buch – wird der junge Knecht in die Pädagogische Provinz Kastaliens berufen, deren geistige Mitte das Glasperlenspiel bildet. Daraufhin durchschreitet er Stufe um Stufe in der reich gegliederten Hierarchie dieses »weltlichen Klosters«, bis er als Magister Ludi das geisterfüllte Spiel vollendet beherrscht. Das entspricht der Entwicklung, die im sechsten Kapitel – der Mitte des Werks – abgeschlossen ist. Nun schildert ja der kastalische Chronist, Knechts Nachfahre im 22. Jahrhundert, das Glasperlenspiel keineswegs in idealer Vollkommenheit. Die Pädagogische Provinz krankt an einer gewissen Degeneration. Man schließt sich gegenüber der staatlichen und gesellschaftlichen Umwelt weitgehend ab, da sie der Esoterik des Spiels ja doch verständnislos begegnet. Das Verantwortungsbewußtsein des Kulturträgers gegenüber der Welt beginnt zu schwinden; Bildungsdünkel und Virtuosentum scheinen allmählich die Oberhand zu gewinnen. Knechts Freund Tegularius vertritt diese drohende Entartung des kastalischen Gemeinwesens am deutlichsten. Sie kommt dem Magister Ludi vor allem zum Bewußtsein durch die Begegnungen mit dem benediktinischen Historiker Pater Jakobus und dem hohen Staatsbeamten Plinio Designori, die beide die Rechte des völkischen und staatlichen Ganzen geltend machen gegenüber dem hybriden Absolutheitsanspruch Kastaliens. So wendet sich der Glasperlenspielmeister in der zweiten Hälfte seiner Biographie mehr und mehr vom kastalischen Orden ab und ringt sich schließlich zu der folgenschweren Entscheidung durch, die Pädagogische Provinz zu verlassen.

Die Ordensleitung sieht in ihm natürlich einen Deserteur an der Aufgabe des Geistes. Der Chronist betont jedoch zu Recht, daß *»die Idee«* des Glasperlenspiels »ihm stets unantastbar heilig blieb«. Die Glasperlenspieler suchen ja alles Seiende, insbesondere die Objektivationen des kulturschöpferischen Geistes – die Künste, Wissenschaften und Religionen – gleichsam auf einen Generalnenner zu bringen, sie postulieren einen universalen Sinnzusammenhang, in dem das religiös ergriffene Gemüt den Urgrund der namenlosen All-Gottheit erspürt. Das Spiel ist also durch seine theozentrische Perspektive durchgängig bestimmt. Die Idee des Glasperlenspiels bedeutet demgemäß die durch Meditation gewonnene »religio«, die Rückbindung des Menschen und der Dinge an das Prinzip der All-Einheit in Gestalt der kosmischen Gottheit. Wenn das magische Spiel diesen universalen Sinnzusammenhang nur in symbolischen Formeln beschworen hatte, so versucht nun Knecht, dieses Prinzip ins reale weltliche Dasein zu übertragen. Der Dienst am Geist, am Absoluten endet für ihn nicht an den Grenzen der Pädagogischen Provinz, die der vita contemplativa huldigt, sondern er fordert den aktiven, verantwortungsvollen Einsatz des einzelnen im Raume der Gesellschaft.

Die kastalische Idee bekundet sich also in einem Gestaltungswillen, der auf die verwandelnde Durchgeistigung der Gesellschaft gerichtet ist, der auf die Wiedergewinnung der religiösen Sinnmitte des Daseins zielt. Josef Knecht will die »kastalischen Grundsätze in jungen Weltmenschen zu Fleisch und Blut werden« lassen. Hesse selbst hält diese Art der Frömmigkeit »für die beste Tugend, die wir haben können. . . : Die Achtung des einzelnen vor dem Ganzen der Welt, vor der Natur, vor den Mitmenschen, das Gefühl des Einbezogenseins und Mitverantwortlichseins«.[15] So problematisch Knechts angeblicher Opfertod im kalten Bergsee auch sein mag (er schwimmt ja mit seinem Zögling um die Wette, wobei ihm sein bevorstehender Tod natürlich nicht bewußt ist), eines kann doch als sicher gelten: er ringt mit höchstem Einsatz um die Zuneigung des jungen Tito, für dessen Entwicklung er sich verantwortlich weiß. Hier vollzieht Hesse eine weitere Synthese zwischen christlicher und mystischer Lehre: einerseits fordert er die verantwortungsbewußte Gestaltung der Schöpfung in Richtung auf deren Wesens- und Werterfüllung. Er erklärte in einem Brief: »Gott hat mit jedem von uns etwas gemeint, etwas versucht, und wir sind seine Gegner, wenn wir das nicht annehmen und ihm helfen, es zu verwirklichen.«[16] Man fühlt sich an das paulinische Wort vom gläubigen Menschen als dem »Mitarbeiter Gottes« erinnert (1. Kor. 3, 9), zugleich aber ist die unterschiedliche Voraussetzung offenkundig: hier entsteht keine »Gemeinde« im christlichen Sinne, weil die Notwendigkeit eines göttlichen Mittlers nicht eingesehen wird. Vielmehr partizipieren die Gläubigen unmittelbar an der mystischen Gottheit. Aus dieser Teilhabe erwächst ihre Schöpfer- und Liebeskraft, entsteht die unsichtbare Gemeinschaft der »erwachten« Menschen.

Von der Transzendenz ergriffen

Man hat dem Autor des »Glasperlenspiels« vorgeworfen, er entwerte das Religiöse zu »einem rein innerseelischen Vorgang«, er gebe eine »dichterische Mythisierung des Humanismus«, predige den »idealistischen Optimismus« des 18. Jahrhunderts und damit die Selbsterlösung des Menschen.[17] Wer Hesse einen anthropozentrischen Humanismus vorwirft, mißt ihn am Anspruch der christlichen Offenbarungsreligion. Man kann jedoch diesem Autor nur unter der Perspektive der »All-

gemeinen Offenbarung« gerecht werden, von der der Theologe Paul Althaus sagt: Hier geschieht »die Selbstbezeugung Gottes... entscheidend nicht durch theoretische Nötigung, sondern in unmittelbarem Innewerden, in lebendiger Erfahrung an der Wirklichkeit unseres Lebens... in lebendigem Ergriffensein«.[18] Die religiöse Betroffenheit kann durch jeden Offenbarungsträger geweckt werden; auch das Glasperlenspiel besitzt ja »für die Gläubigen (!) die sakramentale Kraft echter Weihe«, ist »gleichbedeutend mit Gottesdienst«. Der Mystiker unterscheidet sich, wie Rudolf Otto erkannt hat, vom Theisten nicht in erster Linie durch ein anderes Gottesverhältnis, sondern durch eine andere *Vorstellung* von der Gottheit.[19] Während die christliche Vorstellungsweise ihre Begriffe aus dem sozialen Bereich entlehnt (Gott als »Herr«, »Richter«, »Vater«) und damit einen personhaften Charakter aufweist, trägt die Gottesvorstellung des Mystikers irrational-dynamische Züge (das Numinose als Kraft des Lebens, als flutender Geist).
Hesse bezeichnet sein Kastalien als »weltliches Kloster«. Es herrscht hier eine religiöse Haltung der Welthaftigkeit, nicht aber der Verweltlichung. Der höchste Wert der kastalischen Ethik ist das »Heilige, woraufhin alle Wertstufen geordnet sind«.[20] Damit ist die Abgrenzung gegen den Kulturidealismus humanistischer Prägung vollzogen. Dieser kennt niemals die Verzweiflung an sich selbst und seinem Fortschrittsglauben – er verbleibt stets auf der zweiten Stufe des »Weges der Menschwerdung«. Er vertraut nach wie vor darauf, »das Leben mit der Tugend, mit der Gerechtigkeit, mit der Vernunft zu bestehen und dessen Forderungen erfüllen« zu können. Der reine Humanismus kennt nicht die theozentrische Perspektive; der Mensch nimmt die Mitte seines Weltbildes ein. Er erfährt weder die echte religiöse Ergriffenheit noch das Erlebnis der rettenden Gnade. Sein Glauben ist Selbsterlösung.
Josef Knecht ist dagegen das Charisma des wahrhaft religiösen Glaubens geschenkt, die Einsicht, »daß wir uns selbst nicht regieren, sondern regiert werden, daß es über unserem Erkennen einen Gott oder sonst ein ›Es‹ gibt, dessen Diener wir sind, dem wir uns überlassen dürfen«.[21] Dieser »*Knecht* Gottes« – dies meint ja sein Name, im Gegensatz zu dem aus humanisti-

scher Autonomie lebenden Wilhelm *Meister*! – erreicht die höchste Stufe innerhalb der kastalischen Hierarchie, trennt sich dann aus Gewissensgründen vom Orden und beginnt ein neues, von Risiko und Verantwortung erfülltes Leben. Ein einmaliger Vorgang in der Geschichte Kastaliens! Nur die Tat eines eigenwilligen Individualisten, wie Meister Alexander, der Ordensvorstand, meint? Wir haben hier die Worte des Erzählers anzunehmen,

> »daß nämlich die Willkür seines Handelns in Wahrheit Dienst und Gehorsam war, daß er nicht einer Freiheit, sondern neuen, unbekannten und unheimlichen Bindungen entgegenging, nicht ein Flüchtling, sondern ein Gerufener, nicht eigenwillig, sondern gehorchend, nicht Herr, sondern Opfer« war. Knecht handelt »im Vertrauen auf oberste, nicht nennbare Mächte«.[22]

Bedürfte es noch eines Beweises, daß die Rede nicht von einem anthropozentrischen Humanismus sein kann, so läge er in Knechts Verhältnis zu dem greisen Altmusikmeister. Er erlebt diesen als einen von der Transzendenz ergriffenen und verwandelten Menschen, von einem inneren Leuchten, einer verklärten Heiterkeit erfüllt – »ein Heiliger und Vollendeter«, »einer anderen Welt mit anderen Gesetzen angehörig«.
Wir haben erkannt, daß die sogenannten »Stufen der Menschwerdung« die innere Mitte von Hesses Credo darstellen. Sie sind verbunden mit der Vorstellung vom mystischen Heilspfad der Seele, der im allbewußt existierenden Heiligen endet. Mit dieser Grundanschauung der asiatischen Mystik versuchte Hesse verschiedene christliche Glaubensvorstellungen zu verschmelzen, nicht ohne dabei in gewisse Widersprüche und Spannungen zu geraten. Solchen Synthesen begegneten wir vor allem im Bereich des Gottesbegriffs, des Verhältnisses von Mensch und Schöpfung sowie des eschatologischen Heilziels.

»Wir werden gelebt«

Hesses Schaffen kreiste um die uralten Fragen nach dem Wesen des Menschen, der Gottheit und der Welt. Immer wieder hat der Dichter sich als »Individualist« bezeichnet, der in seinen Werken die Freiheit der einmaligen, unverwechselbaren Persönlichkeit verteidigt habe. Er forderte die Befreiung des Menschen vom Druck politischer Systeme und religiöser Dogmen. Er war ein geschworener Feind jeglicher kollektivistischen Gesellschaftsform, aller normierenden Konvention. Er hielt nichts von alleinseligmachenden Lehren mit Absolutheitsanspruch; Siddhartha sagt: »Die Worte tun dem geheimen Sinn nicht gut, es wird immer alles gleich ein wenig anders, wenn man es ausspricht, ein wenig verfälscht... darum sind Lehren nichts für mich.«

Solch radikaler Individualismus fand in den sechziger Jahren, besonders in den USA, einen überwältigenden Widerhall: Zivilisationsmüde Hippies fühlten sich ermuntert, ihren eigenen, unkonventionellen Weg nach innen zu gehen; politisch rebellierende Gruppen beriefen sich in ihrem Protest gegen gesellschaftliche Verhältnisse auf Hesses Werk; Pazifisten mahnten in seinem Namen zur Ablehnung von Krieg und Gewalt.

Der Dichter predigte jedoch keinen anarchischen Subjektivismus, er stellte zügelloser Willkür keinen Freibrief aus; seine gläubigen Helden leben aus der freiwilligen Bindung an hohe sittliche Werte und Leitbilder. Freiheit also nur im Zeichen eines religiös verpflichteten Gewissens! Hesses Glaubensüberzeugung gipfelt in seinem Satz: »Wir werden gelebt, wir sind Fäden im Schleier, nichts weiter.«[23] Wir erinnern uns der berühmten Definition der Religiosität, die einst der protestantische Theologe Schleiermacher gab – eine Überzeugung, die er mit der zeitgenössischen deutschen Romantik teilte: das Gefühl der »schlechthinigen Abhängigkeit« des Menschen von einer höheren, göttlichen Macht.

Daraus entspringt bei Hesse ein neues Weltverständnis, ein von Grund auf verändertes Verhältnis zum Leben. Der Glaube an die mystische coincidentia oppositorum verwandelt die scheinbar unversöhnlichen Gegensätze des Daseins in notwendige Polaritäten, in sich wechselseitig befruchtende Kräfte, die auf einen gemeinsamen Sinngrund verweisen. So verkörperte der Einsiedler von Montagnola die Haltung eines lächelnd-gelassenen Einverstandenseins mit diesem so unbegreiflich-widerspruchsvollen Leben; er bewies nicht nur in seinem Werk, sondern auch in Tausenden von Briefen an ratsuchende Leser die Ehrfurcht vor jedem menschlichen Wesen, den Respekt auch vor dem Andersdenkenden. Er übte die hohe Tugend der kastalischen »Heiterkeit«, von der das »Glasperlenspiel« sagt: sie ist »weder Tändelei noch Selbstgefälligkeit, sie ist höchste Erkenntnis und Liebe, ist Bejahen aller Wirklichkeit, Wachsein am Rande aller Tiefen und Abgründe, sie ist eine Tugend der Heiligen und der Ritter. . .« Diese Aspekte von Hesses Schaffen fanden und finden vor allem in Asien – aus mystischer Wahlverwandtschaft – ein nachhaltiges Echo.

Hermann Hesse mag der vordergründigen Betrachtung lediglich als ein versponnener individualistischer Außenseiter der modernen Gesellschaft gelten. In Wahrheit jedoch wird an ihm und seinem Werk die folgenschwere geistige Auseinandersetzung zwischen christlicher und asiatischer Religiosität erkennbar, die sich in unserer Gegenwart vollzieht. Der Dichter hat die japanische Ausgabe seiner Gesammelten Werke mit den Worten eröffnet:

> »Die ernsthafte und fruchtbare Verständigung zwischen Ost und West ist nicht nur auf politischem und sozialem Gebiet die große, noch unerfüllte Forderung unserer Zeit, sie ist eine Forderung und Lebensfrage auch auf dem Gebiet des Geistes und der Lebenskultur. Es geht heute nicht mehr darum, Japaner zum Christentum, Europäer zum Buddhismus oder Taoismus zu bekehren. Wir sollen und wollen nicht bekehren und bekehrt werden, sondern uns öffnen und weiten; wir erkennen östliche und westliche Weisheit nicht mehr als feindlich sich bekämpfende Mächte, sondern als Pole, zwischen denen fruchtbares Leben schwingt.«[24]

Otto Pöggeler
Sein und Nichts
Mystische Elemente bei Heidegger und Celan

Martin Heidegger hat mit seinen Denkwegen wie kaum ein Philosoph sonst auf unsere Zeit gewirkt, und zwar weit über die akademischen Bereiche hinaus. Dabei wurde Heideggers Philosophieren freilich in der unterschiedlichsten Weise aufgefaßt. Für die einen sind Heideggers Arbeiten Fußnoten zu Aristoteles; ist Aristoteles der Klassiker, der dem Denken über die Jahrtausende hinweg so etwas wie Heimat gibt, so führt Heidegger die Aristotelische Metaphysik sowohl wie die Praktische Philosophie hin zu den Fragen unserer Umbruchszeit. Andere achten mehr darauf, wie Heidegger mit der Phänomenologie Husserls einen neuen Ansatz macht und dabei etwa zu zeigen versucht, daß das Gewissen-haben-Wollen mehr als »Theorie« ist, daß Kunst und Technik in einem Spannungsverhältnis stehen, usf. Georg Lukács hat Heidegger als extremen Exponenten einer irrationalistischen Tradition angegriffen; erstaunlicherweise konnte auch diese Deutung ins Positive gewandt werden: Die Welt ist heute so, daß gerade dieser Irrationalismus einen in sich geschlossenen Unsinnszusammenhang aufzubrechen vermag. Ist Heidegger, der einmal als Existenzphilosoph galt, mit seiner Logos- und Subjektivitätskritik nicht eher der Philosoph, der den Aufweis von Strukturen bereichert durch den Hinweis auf das Unfaßbare in der Bewegung solcher Strukturen? Heidegger kann mit Nietzsche zusammentreten, der – so in seiner »Genealogie der Moral« – durch eine Hermeneutik des Verdachts der Geschichte beizukommen sucht. Der Umschlag dieser gleichsam linken in eine rechte Deutung ist dann nicht weit, und so gilt Heidegger auch als Mystiker. Diese Kennzeichnung gilt oft – etwa bei Vertretern einer angeblich wissenschaftlichen Philosophie – als Abwertung, doch nicht immer. Bezeichnenderweise ist es ein amerikanisches Buch, das in abwägender Form über »The mystical element in Heidegger's thought« handelt. Zum mindesten seit Heideggers Rede

vom Nichts in der Freiburger Antrittsvorlesung »Was ist Metaphysik?« von 1929 führt man in Japan vom Zenbuddhismus her eine Auseinandersetzung mit dem Denken Heideggers, das man als wahlverwandt empfindet.[1]
Heidegger selbst verwies theologische Besucher gern auf Meister Eckhart. Als Bernhard Welte kurz vor Heideggers Tod mit Heidegger über die Grabrede sprach, kam das Gespräch auch auf Meister Eckhart, über den Welte Vorlesung hielt; Heidegger lenkte das Gespräch auf die Frage nach der Abgeschiedenheit. Welte hat sein Buch »Meister Eckhart. Gedanken zu seinen Gedanken« dann aus dem Gedenken an Freunde wie Heinrich Ochsner und Martin Heidegger geschrieben. In diesem Buch stehen Meister Eckhart und der Zenbuddhismus, aber auch Meister Eckhart und Thomas von Aquin, die metaphysische Tradition und Heidegger mit ihren entscheidenden Erfahrungen in einem großen Einklang; auch das Problem des Bösen, das sich uns in neuer Schärfe gestellt hat, soll von diesen Erfahrungen her angegangen werden. Müssen wir aber nicht an die Stelle des Einklangs zuerst einmal die Verschiedenheit der Grunderfahrungen stellen? Heideggers Denken hat auch in andere Bereiche hineingewirkt; so sagt der Lyriker Paul Celan in seinem Gedicht »Todtnauberg«, er habe in das Buch der dortigen Heideggerschen Hütte eine Zeile geschrieben »von / einer Hoffnung, heute, / auf eines Denkenden / kommendes / Wort / im Herzen«. Heidegger hatte 1954 einen kleinen Text publiziert (manchmal »Hüttenbüchlein« genannt), in dem einfache Todtnauberger Erfahrungen sich zu Gedichten und Sprüchen fügen. Dort wurde auch gesagt, das Denken glücke, wenn es die Sache vor den Augen und im Herzen das Gehör auf das Wort habe. Gehört dieser Text in das Zentrum des späten Denkens von Heidegger oder ist er mehr ein privater Schnörkel, der in bezug auf Heideggers Philosophieren nicht mitzählt? Ist vielleicht das Wort im Herzen, von dem dort wie bei Celan die Rede ist, das mystische Wort? Dieser Frage und damit auch der Frage, wie die Mystik uns heute begegnet oder wie es im Denken und Dichten mystische Elemente gibt, soll hier nachgegangen werden.

Zeit und Ewigkeit

Der junge Heidegger begann sein Studium in Freiburg seiner Herkunft gemäß mit vier Semestern katholischer Theologie. So hörte er im Winter 1910/11 bei Josef Sauer zweistündig »Geschichte der mittelalterlichen Mystik«. Als er sich 1915 in Philosophie mit einer Arbeit über ein Traktat habilitierte, der dem Duns Scotus (fälschlich) zugeschrieben wurde, versprach er auch Untersuchungen darüber, wie die Mystik Meister Eckharts ihre philosophische Ausdeutung und Wertung erhalten könne. Seinem Habilitationsvortrag stellte Heidegger ein Wort Eckharts voran: »Zeit ist das, was sich wandelt und mannigfaltigt, Ewigkeit hält sich einfach.« Dieser Satz stammt aus einer Predigt über einen Vers aus den Sprüchen Salomos. Der Spruch Salomos sagt von der Gattin und Hausfrau, sie habe die Stege (oder die Stiegen) ihres Hauses abgeleuchtet und das Brot nicht müßig gegessen. Da die Stelle am 19. November als Epistel zum Festtag der heiligen Elisabeth diente, kommt Eckhart auf diese und damit auf die wahre Armut und die Zuwendung zu den Armen zu sprechen. Doch für Eckharts allegorische Auslegung bedeutet das Haus die Seele; die Stege sind die Kräfte der Seele. Mit den obersten Kräften rührt die Seele an die wandellose Ewigkeit Gottes; so wird sie nach Gott gebildet, während Gott nur nach sich selbst gebildet ist: »Sein Bild ist, daß er sich durch und durch erkennt und nichts als Licht ist.« Mit den niedersten Kräften berührt die Seele dagegen die Zeit und wird dadurch dem Wandel unterworfen. Der Mensch kann aber alles, was Einlaß in seine Seele begehrt, zum Guten wenden, z. B. sich hüten vor dem Bösen, das er sieht. Mit ihren obersten Kräften erkennt die Seele Gott und will das, was Gott will; sie ergreift Gott mit ihrer begehrenden und zürnenden Kraft, und hier kann sie der Sünde des Hochmuts verfallen. Meister Eckhart sagt: »Sie kann nicht ertragen, daß irgend etwas über ihr sei. Ich glaube, sie kann sogar nicht ertragen, daß Gott über ihr sei; wenn er nicht in ihr ist und sie's nicht ebensogut hat wie er selber, so kann sie nimmer zur Ruhe kommen.« Daß die Seele zur Ruhe komme, indem sie in Gott und Gott in ihr ist, darum geht es Meister

Eckhart; er führt aber die Ausrichtung der neuplatonischen Überlieferung auf das Erkennen und Denken über sich hinaus zur Betonung des Strebens, und gerade darum kann er auf die Weisheitsliteratur zurückgreifen.[2]

Der Unterscheidung Eckharts zwischen Ewigkeit und Zeit liegt zugrunde, was die philosophische Tradition in zwei Jahrtausenden erarbeitet hatte. Nach Platons »Timaios« ist die Zeit Bild der Ewigkeit. Als im Ostgotenreich Italiens der Versuch zusammenbrach, die römischen Patrizier und die germanischen Eroberer zusammenzuführen, hat der Staatsmann und Philosoph Boethius im Kerker die philosophische Ausrichtung der Vernunft auf das Ewige und das christliche Heilsverlangen zusammengedacht und den Begriff der Vorsehung über den Begriff des Schicksals als der Verflochtenheit in die Zeit gestellt. Was in der Zeit zerstreut und isoliert ist, ist in der Ewigkeit oder aeternitas auf einmal da in einem geordneten Zusammenhang. Der junge Heidegger übernimmt diese metaphysische Tradition; ja er will sie von der modernen Philosophie her neu aufbauen: Mit der Tübinger katholischen theologischen Schule möchte er Hegels Zusammenschau von Geschichte und System zurückgewinnen und mit seinem Lehrer Rickert die Wertgestaltung in der Zeit zurückbinden an das Begreifen ewiger Wertgeltung. Nach dem Kriegseinsatz schrieb Heidegger jedoch am 9. Januar 1919 seinem Förderer, dem Theologen Engelbert Krebs (Verfasser wichtiger Arbeiten zur mittelalterlichen Philosophie und Mystik), er habe in den vergangenen zwei Jahren jede wissenschaftliche Sonderaufgabe beiseitegeschoben und um eine prinzipielle Klärung seiner philosophischen Stellungnahme gerungen. Diese Klärung sei so ausgefallen, daß er außerphilosophische Bindungen (wie sie der philosophische Unterricht für Theologen mit sich brachte) nicht mehr eingehen könne. Heidegger schrieb:

> »Erkenntnistheoretische Einsichten, übergreifend auf die Theorie geschichtlichen Erkennens, haben mir das *System* des Katholizismus problematisch und unannehmbar gemacht – nicht aber das Christentum und die Metaphysik (diese allerdings in einem neuen Sinne). . . Es ist schwer zu leben als Philosoph – die innere Wahrhaftigkeit sich selbst

gegenüber und mit Bezug auf die, für die man Lehrer sein soll, verlangt Opfer und Verzichte und Kämpfe, die dem wissenschaftlichen Handwerker immer fremd bleiben.«

Inzwischen war der Phänomenologe Edmund Husserl nach Freiburg gekommen und Heidegger hatte sich ihm angeschlossen. Im März 1919 verwunderte sich Husserl in einem Brief an den Marburger Theologen Rudolf Otto, daß unter seinen Schülern Evangelische katholisch würden und Katholiken (wie Heidegger) evangelisch, obwohl er im erzkatholischen Freiburg doch nicht als Verführer der Jugend gelten, sondern auf Katholiken, Evangelische und Juden zugleich wirken wolle. Durch Heidegger und dessen Freund Ochsner habe er Ottos Buch »Das Heilige« kennengelernt. Das Buch mache den Anfang einer Phänomenologie der Religion, doch erinnere es an das Bild der Engel, die mit ihren Flügeln ihre Augen decken: der Metaphysiker und Theologe trage auf seinen Flügeln den Phänomenologen fort, der zuerst einmal eine unvoreingenommene Analyse der religiösen Phänomene zu geben habe.[3] Eine solche Phänomenologie der Religion sollte Heidegger ausarbeiten. In anderen Briefen berichtet Husserl, daß Heidegger für seine Aufgabe sich z. B. auf den Galaterbrief beziehe. Was der junge Heidegger selber, im Ringen mit seinem Lehrer Husserl, unter Phänomenologie verstand, legte er im Winter 1919/20 in einer Vorlesung »Grundprobleme der Phänomenologie« dar. Für das gleiche Semester kündigte Heidegger eine Vorlesung »Die philosophischen Grundlagen der mittelalterlichen Mystik« an. Über diese Vorlesung sind aber bisher keine Zeugnisse bekanntgeworden; vielleicht ist sie gar nicht gehalten worden. Welche Bedeutung die Mystik für Heidegger hatte, bezeugt aber auch die andere Vorlesung: uns heute ist die Konzentration des faktischen Lebens auf die Selbstwelt selbstverständlich geworden; diese mußte aber erst in der christlichen Urgemeinde entdeckt werden und sich dann gegen die Verschüttung durch die antike Wissenschaft in gewaltigen Eruptionen – bei Augustin, der mittelalterlichen Mystik, Luther, Kierkegaard – wieder durchsetzen. Im Winter 1920/21 las Heidegger »Einleitung in die Phänomenologie der Religion«. Dabei ging es ihm auch darum, jenen Vorgriff beiseitezurücken, mit dem Rudolf

Otto sich dem Phänomen des Heiligen genähert hatte: die Unterscheidung zwischen Rationalem und Irrationalem. Im Religiösen geht es nicht um Irrationales, sondern um die faktische Lebenserfahrung als historische: Konzentriert das Leben sich im Selbstleben, dann ist dieses Selbst historisch; es ist immer schon in einen Kontext gestellt, muß die Bekümmerung um sich gegen den Abfall von sich durchsetzen und so aus der Unsicherheit der Zukunft den Augenblick oder Kairos ergreifen. Auf den Kairos als die Stunde des Heils habe der Apostel Paulus verwiesen, wenn er im ersten Thessalonicherbrief von der Wiederkunft Christi gesprochen habe, die plötzlich und unberechenbar über die Menschen hereinbreche. Im folgenden Semester hat Heidegger in einer Vorlesung über Augustin und den Neuplatonismus zu zeigen versucht, daß auch Augustin von dieser faktisch-historischen Lebenserfahrung ausgehe, daß er sie dann aber durch die Aufnahme der »ästhetischen« neuplatonischen Philosophie und der antiken Ontologie verfälsche. Augustin sagt, unser Herz sei unruhig, bis es in Gott ruhe; steht hinter diesem In-Gott-Ruhen nicht der Begriff der Ewigkeit als ruhender aeternitas? Wer aber sagt uns, daß Gott in dieser Weise Ewigkeit und Ruhe ist, nicht je und je die Stunde des Heils? Da die Exegese damals die befremdliche Eschatologie Jesu neu entdeckte, war die Theologie gehalten, die philosophischen Überformungen des neutestamentlichen Zeitverständnisses abzutragen und den Begriff der Ewigkeit neu zu überdenken. Zeigt sich aber nicht bei Meister Eckhart eine ähnliche Zweideutigkeit, wie Heidegger sie bei Augustin findet? In jedem Fall läßt Heidegger den traditionellen Versuch zurück, durch die Mannigfaltigkeit und den Wandel der Zeit durchzubrechen zur Einfachheit des stehenden Jetzt der Ewigkeit und so der Zeit und Geschichte ihren Ernst zu nehmen.

Wenn Heidegger im Jahre 1920 die »Nachfolge Christi« an Karl Löwith schenkte, so überrascht das nur auf den ersten Blick: dieses Buch führt ja die mystische Tradition auf die einfachen und praktischen Fragen des täglichen Lebens zurück. Über der Tür des Hauses, das Heidegger nach seiner Rückkehr von Marburg nach Freiburg baute, steht aus den »Sprüchen Salomos« (4, 23) in der Lutherschen Übersetzung der Vers: »Behüte dein Herz mit allem Fleiß; denn daraus geht das Leben.« Auch diese Tradition der Weisheitsliteratur hat Heidegger durchlaufen, ehe er in seinen späten Arbeiten Denken, Danken und Andenken zusammenbrachte. Heidegger kam zu einem neuen Bezug auf Spekulation und Mystik gerade in dem Augenblick, da er sich von seinen Lehrern und Freunden Husserl und Bultmann zugunsten des eigenen Weges trennte: Seit der Freiburger Antrittsrede »Was ist Metaphysik?« von 1929 sprach er in einer Weise von Nichts und Abgrund, die unmittelbar an die mystische Tradition erinnert. Damals entstand das Buch »Meister Eckhart« (1935) von Käte Bröcker-Oltmanns, das Eckhart von Heideggers Philosophieren her versteht. Was Heidegger in diesen Jahren selber über Eckhart sagt, scheint zwiespältig zu sein. In der Hölderlin-Vorlesung von 1934/35 spricht er vom Anfang der deutschen Philosophie bei Meister Eckhart und bezieht diesen Anfang dann auf das anfängliche Denken Heraklits, das in der Auseinandersetzung mit dem orientalischen Fatalismus das Schicksal neu bestimmt habe und von Hegel und Hölderlin wieder aufgenommen worden sei.[4] Ein Jahr später leugnet die Vorlesung »Die Frage nach dem Ding«, daß wir den Anfang der neuzeitlichen Philosophie bei Eckhart suchen müßten; dieser liege vielmehr bei Descartes. Resoluter als Heidegger ist Walter Schulz in seinem bekannten Büchlein »Der Gott der neuzeitlichen Metaphysik«. Er sieht zwei Hauptlinien, die zur neuzeitlichen Philosophie führen: die eine Linie bestimme Gott als reine Willensmacht und führe »von Occam über Descartes zu Luther«; die andere Linie fasse Gott »als intelligere und damit als Subjekt im modernen Sinn« und führe von Eckhart zu Cusanus und weiter zu Bruno und anderen. Wie eine Linie von Descartes, der 1596 geboren wurde, zu Luther führen kann, der 1546 starb, ist freilich nicht leicht einzusehen, wie denn überhaupt dieses Linienziehen fragwürdig bleibt. Heideggers scheinbare Zwiespältigkeit ist offener: Man darf Eckhart trotz seiner Diskussion über Sein und Intelligere nicht einfach für die neuzeitliche Philosophie reklamieren, die entscheidend vom cartesischen Ansatz der methodischen Sicherung des Denkens bestimmt ist.

In den dreißiger Jahren denkt Heidegger dem Satz Hölderlins

nach: »Es ereignet sich aber das Wahre.« Wahrheit, Unverborgenheit des Seienden, hatte sich für Hölderlin und seine Zeitgenossen in einer überwältigenden und vorbildlichen Weise in Griechenland ereignet; dann jedoch waren – wie Hölderlin in seinem Gedicht »Germanien« sagt – die Götter entflohen, Tempel, Statuen und Sitten zerfallen, und nur die Sage blieb wie ein Rauch aus Gräbern für Zweifelnde. Kann dieses Geschick gewendet werden, und kann das Denken diese Wendung mitvorbereiten helfen dadurch, daß es eigens zu denken sucht, wie Wahrheit sich ereignet? Noch 1942 sprach Heidegger in seiner Vorlesung »Hölderlins Hymnen« für Deutschland die Hoffnung aus, »daß den Göttern ein ›Gast-Haus‹ und Stift gestiftet und gebaut wird, dem die Tempel der Griechen nicht mehr nach kommen«.[5] Aber dann wurde die Schlacht bei Stalingrad geschlagen, wurde die Endlösung der Judenfrage und damit Auschwitz eingeleitet, beendete die Atombombe den Zweiten Weltkrieg. Zurück blieb ein Deutschland, auf dem die Namen der Vernichtungslager als Schuld und Schande lagen, und Heidegger mußte sich sagen, daß er diese Schuld und Schande mitzutragen hatte. In den folgenden Jahren hat Heidegger sich nicht nur auf Hölderlins große Hymnen bezogen, sondern auch auf jene kleinen Gedichte aus der Zeit nach Hölderlins Zusammenbruch, in denen ein einfacher Reim mit der Aussicht in eine Landschaft und dem Gang der Jahreszeiten spielt. Verstärkt tritt der Bezug auf Meister Eckhart hervor, dessen Predigten ja auch in eine Zeit des politischen Niedergangs und der religiösen Unruhe fielen, freilich auch in eine Zeit des neuen Aufbruchs in den Städten und den Gemeinschaften weniger. Es ist nicht so sehr der Lesemeister Eckhart, für den Heidegger sich interessiert, als der Lebemeister, der seine Hörer eben durch die Mystik zu einem neuen Leben führen will. In der kleinen Erzählung »Der Feldweg« spricht Heidegger von der Meßkircher Heimat und damit vom Einfachen, das das Rätsel des Bleibenden und Großen verwahre. »Im Unscheinbaren des immer Selben verbirgt es seinen Segen«, so fährt Heidegger fort. »Die Weite aller gewachsenen Dinge, die um den Feldweg verweilen, spendet Welt. Im Ungesprochenen ihrer Sprache ist, wie der alte Lese- und Lebemeister Eckehardt sagt, Gott erst

Gott.« Heidegger spielt hier auf die Predigt »Misit dominus manum suam« an. Darin sagt Eckhart, die Kreaturen möchten Gott sprechen in allen ihren Werken, und doch bleibe Gott ungesprochen. Es macht den »mystischen« Ansatz Eckharts aus, daß es ihm nicht um einen Gottesbeweis geht, der von der Geschaffenheit der Dinge oder deren Ordnung auf einen ewigen Schöpfer schließt. Der Mensch soll vielmehr auch dieses Schöpfergottes ledig und quitt werden, wie die Predigt »Beati pauperes spiritu« sagt: der Mensch, der wie Gott »Erkennen« ist, gehört mit seiner ewigen Bestimmung in das göttliche Sicherkennen selbst; in das Unfaßbare und Unsagbare, die Wüste der Gottheit soll der Mensch durchbrechen, aber er kann es nur in der Abgeschiedenheit, nicht durch den Ausgang von den Dingen. Heidegger bezieht sich in seinem Vortrag »Das Ding« jedoch kritisch auf Eckharts nivellierten Dingbegriff; ist das Ungesprochene im Sprechen der Dinge bei Eckhart und bei Heidegger dasselbe? Heidegger zitierte in den Jahren nach dem Kriege nicht nur immer wieder den Meister Eckhart; er übersetzte auch mit Hilfe eines chinesischen Bekannten Laotse. Sollte der Bezug zu Laotse den Bezug zu Eckhart verstärken oder zu einer anderen Form von »Mystik« führen? Wenn wir diese Frage entscheiden wollen, müssen wir von den Sachen her zu klären suchen, wie Heideggers Denken mystische Elemente aufnimmt.

Gelassenheit

In einem Gespräch von 1944/45 hat Heidegger eigens ein Grundanliegen der Mystik, die Gelassenheit, erörtert. Bei einem Gang auf dem Feldweg fragen ein Forscher, ein Gelehrter und ein Lehrer nach dem Wesen des Denkens, in dem man ja die Auszeichnung des Menschen findet. Der Lehrer, in dem wir am ehesten Heidegger selbst sehen dürfen, stellt die paradox klingende These auf, wir müßten vom Denken wegsehen, um das Wesen des Denkens erblicken zu können. Gewöhnlich nehmen wir freilich das Denken als ein Vorstellen; das Vorstellen ist als ein Vor-sich-hin- und Auf-sich-zu-Stellen dann ein Wollen und so eine Ausstattung des Menschen. Es stellt z. B. das Krughafte als die Aussicht (das eidos) zu, in der wir erst einen Krug als Krug ausmachen können. Die verschiedenen Aussichten gehören dann in den Gesichtskreis eines Horizontes. Wir übersteigen den Krug zum Krughaften hin und diese Aussicht des Krughaften zum Horizont hin; so waltet in diesem Vorstellen Transzendenz, ein Übersteigen. Mit dieser Rede von Aussicht, Horizont, Transzendenz faßt Heidegger zusammen, wie er selbst einmal um 1928 die Auseinandersetzung mit seinem Lehrer Husserl entwickelt hatte. Heidegger vollzieht aber die sog. »Kehre«, indem er fortfährt, dieser Horizont sei in Wahrheit das Andere seiner selbst: er sei der Horizont unseres Vorstellens nur, weil er für sich die Gegend sei, aus der und in der erst das, was sei, begegne. Diese Gegend sei eine Weite, deren Ferne und Unverfügbarkeit erst die Weile und damit Nähe erbringe. Wenn das Denken sich loslasse in diese Weite und Weile, wenn es eigens oder von vornherein alles Vor-sich-hin und Auf-sich-zu-Stellen verwunden habe und in das Begegnenlassen eingelassen bleibe, sei es gelassen. Zum Wesen des Denkens, nämlich der Gelassenheit, kommen wir also nur, wenn wir vom Denken als dem bloßen Vorstellen wegsehen und darauf achten, daß dieses Denken für die begegnenlassende Weite und Weile gebraucht ist.

Da sich in dem Gespräch ein Forscher, ein Gelehrter und ein Lehrender unterhalten, machen die drei darauf aufmerksam, daß die Dinge in der Neuzeit zu den Gegenständen der Physik geworden seien. Die begegnenlassende Weite hat also eine Geschichte; da die Physik dieser Geschichte entstammt, bleibt die methodische Zergliederung des Vorgehens der Physik »historisch«. In der Tat: wenn die Antike z. B. von dem Satz ausgeht »Kraft gleich Masse mal Geschwindigkeit«, dann kann man diesen Satz nicht unvermittelt neben den neuzeitlichen Satz »Kraft gleich Masse mal Beschleunigung« stellen und als falsch bezeichnen. Man muß sich vielmehr historisch auf den zugrundeliegenden Ansatz besinnen. Die Griechen gingen von einfachen Bewegungsphänomenen aus: Je schneller einer läuft, um so mehr Kraft gebraucht er. Die Griechen hatten offenbar eine Scheu, die Phänomene in Komponenten zu zerlegen, und so hatten sie ein Geschick für jene Ganzheiten darstellende Kunst, die unüberholbar geblieben ist. In der Physik der Neuzeit zerlegte man das Bewegungsphänomen, unterschied z. B. die Reibungskraft von der vorwärtstreibenden Kraft. Zieht man gegenwirkende Kräfte wie die Reibungskraft ab, dann kann man für idealisierte Verhältnisse in der Tat sagen, die Kraft sei nicht proportional zur Geschwindigkeit, sondern zur Beschleunigung. Auf diese Weise kann man schließlich sogar Raketen im nahezu schwerelosen Weltraum auf ihrer Bahn halten. Man kann aber keine griechischen Kunstwerke mehr schaffen. Es mag nun die Aufgabe der Physiker und Techniker sein, die genannten Raketen auf ihrer Bahn zu halten; der Mensch als denkender wird darüber hinaus fragen müssen, welchen Raum er in seinem Leben einerseits der Wissenschaft und Technik, andererseits der Kunst geben will. Dieses Denken muß eingelassen sein in jene Geschichte, in der Seiendes in ein unterschiedliches Sein findet, Kunst und Technik in wechselnde Konstellationen treten. Heidegger sagt: Das Denken muß »inständig«, mit dem »denkenden Herzen« eingelassen sein in das »Unvordenkliche«, das denkend nicht zu bewältigen ist, dem der Mensch dennoch vorausdenken muß. Zehn Jahre nach dieser Erörterung der Gelassenheit hat Heidegger in seiner Heimatstadt Meßkirch einen Vortrag über Gelassenheit gehalten und beide Texte dann unter dem Titel »Gelassenheit« publiziert. Der Meßkircher Vortrag handelt über unser Verhältnis zur technischen Welt oder zum Atomzeitalter. Heidegger geht davon aus, daß schon die philosophische Tradition von Platon bis Hegel und Nietzsche das Denken immer entschiedener als Vorstellen und so als Wollen genommen habe. Die Wissenschaften seien nur Nachläufer dieser sog. Metaphysik; sie seien von Anfang an technischen Wesens, nämlich auf Zugriff und Herstellung aus. Die heutige Technik kenne nicht einmal mehr Gegenstände, sondern nur noch auswechselbare und zu vernutzende Bestände. Auch der Mensch wird zu einem solchen Bestand; folglich kann er ebensogut in einer Wohlstandsgesellschaft wie in perfektionierten Vernichtungslagern oder im Atomkrieg landen. Die Intimitäten des Lebens – Zeugung, Geburt und Sterben – werden ebenso technologische Probleme wie das Gleichgewicht der Abschreckung zwischen den großen Imperien oder der wirtschaftliche Kreislauf zwischen den sogenannten entwickelten und unterentwickelten Ländern. Die Gelassenheit nimmt diese Welt, das Atomzeitalter, als Aufgabe an; doch sie ist Gelassenheit nur, wenn sie sich durch die Technologie nicht verzaubern läßt, die Technik in ihre Grenzen weist und offen für das Geheimnis bleibt.

Warum aber gibt es das: die Statuen der Griechen, die Experimente Galileis, die technischen Abenteuer und Bedrohungen unserer Zeit? Die klassische Philosophie und die Wissenschaft gehen davon aus, daß nichts ohne Grund sei: für die Vernunftwahrheiten wie für die Tatsachenwahrheiten kann man nach Leibniz den Grund angeben. So kommt das, was ist, in eine Offenheit, über die der Mensch sich durch die Angabe des Grundes Rechenschaft gibt. Für diese Offenheit selbst aber bleibt der Grund aus; die Frage, warum überhaupt etwas sei und nicht nichts, findet keine Antwort. Eckharts Predigt »Mulier, venit hora« spricht von dem Menschen, der hier in der Zeit zu seiner Stunde seine ewige Bestimmung in Gott findet, der so Sohn Gottes wird und im Vollzug der Einheit mit Gott auch Vater dieses Sohnes. Warum aber gibt es in Gott oder der Gottheit dieses, daß der Mensch seine Bestimmung findet? In mannigfacher Weise stellt Eckhart diese Frage, zuletzt in dem Zwiegespräch: »Warum lebst du? – Traun, ich weiß es nicht! Aber ich lebe gerne!«[6] Das Leben in der Gottheit ist ein Abgrund und ohne Warum. Heideggers Vorlesung »Der Satz vom Grund« nimmt Eckhart als Zeugen dafür, daß »zur echten und großen Mystik« die »äußerste Schärfe und Tiefe des Denkens« gehört. Sie zitiert den genannten Gedanken in der populären Form, die er in den Versen des Angelus Silesius erhielt: »Die Ros ist ohn warum; sie blühet, weil sie blühet.« Das »Weil« scheint einen Grund anzugeben, doch es sagt gerade, daß die Rose ohne Warum blühe. Sie blüht nicht, damit man sie sieht, sondern weil sie ihrer Bestimmung nach aus der abgründigen ewigen Gottheit kommt. Heidegger versteht das »Weil« zugleich als ein »Dieweilen«: die Rose blüht zu ihrer Zeit und an ihrem Ort in jener übergreifenden Geschichte, in der das ist, was ist. Nun kann man mannigfache Gründe dafür angeben, daß eine Rose blüht: das gute Erdreich, die passende Jahreszeit, das menschliche Bedürfnis nach schönen Gärten und die Arbeit des Gärtners. Wenn die Evolution des Lebens nicht einmal eine bestimmte Wende genommen hätte, dann lebten wir heute vielleicht in der düsteren und einfarbigen Welt von Ackerschachtelhalmen, nicht in diesem bezaubernden Zusammenspiel von Blütenpflanzen und Insekten, das seinerseits vom Menschen in der Rosenzucht in die Pflege genommen wird. Dem mystischen Durchbruch geht es jedoch darum, von der Rose wie von sich selbst die ewige Bestimmung aus einem letzten »Ohne Warum« zu erfahren. In diesem Sinne nimmt Heidegger die mystische Rede von Grund und Abgrund auf. Entscheidend aber ist, daß er diese Rede auf eine bestimmte Weise verändert: jene Weite und Weile, die uns Dinge zuspielt, ist nicht nur ohne Warum und abgründig; sie ist auch ungründig: indem sie eine bestimmte Offenheit gewährt, entzieht sie und verstellt sie eine andere. Uns z. B. entzieht sie im Zeitalter des analytischen wissenschaftlichen Experiments und der Technik eine Kunst, wie die Griechen sie hatten.

Macht man diesen Denkschritt mit, dann ist es nicht mehr möglich (wie der junge Heidegger es noch tat), in der Weise des Meisters Eckhart die Zeit auf die Ewigkeit zu beziehen. In Heideggers Erörterung der Gelassenheit heißt es deshalb, bei »älteren Meistern des Denkens« wie Eckhart sei »viel Gutes« zu lernen, doch denke gerade Eckhart Gelassenheit noch vom Willen her, nämlich als ein »Fahrenlassen des sündigen Eigenwillens zugunsten des göttlichen Willens«.[7] Liest man die »Reden der Unterweisung«, die der Erfurter Prior seinen ratsuchenden Mitbrüdern hielt, dann sieht man, daß Eckhart in der Tat von der genannten Weisung her die Gelassenheit angeht. Liest man aber die berühmte Predigt »Beati pauperes spiritu«, dann sieht man, wie Eckhart über diese Gedanken hinausgeht. Die Leute, die sich vordergründig mit Bußübungen abgeben, sind letztlich »Esel«, so heißt es in aller Schärfe. Wer arm ist im Geiste, darf nicht nur den Willen Gottes erfüllen wollen, sondern muß so nichtwollen, als ob er nicht geboren sei. Er muß auch noch des Gottes, den wir als Schöpfer der Natur suchen, quitt werden. So kann er sich selbst annehmen nach der Bestimmung, die er in der Einheit mit der Gottheit hat. Meister Eckhart nimmt zwar jenes Denken auf, das für alles einen Grund anzugeben sucht und ihn letztlich in Gott findet; aber er steigt über diese Metaphysik und Theologie hinaus in der mystischen Einung mit dem abgründigen Leben der Gottheit.

Doch diesen Weg kritisiert Heidegger: er will gleich die ersten Schritte anders tun! Die metaphysische Tradition, so sagt er in der Vorlesung »Was heißt denken?«, führt zu zwei unterschiedlichen Aufgipfelungen: ihr Letztes ist einmal Gott, der als Wille sich ewig selber will und so gesammelt bei sich ist, dann aber die Welt, die ewig wiederkehrend in sich selbst kreist; in beiden Fällen ist es jedoch der Geist der Rache, der die Vergänglichkeit nicht erträgt und sich so gegen die Zeit und ihr »Es war« wendet. In beiden Fällen stellt der Mensch die abgründig-ungründige Weite und Weile, aus der ihm etwas begegnet, zu Unrecht in einem Letzten still. Als Gelassenheit »verdankt« sich das Denken dagegen dieser Weite, die uns denken und damit begegnenlassen heißt. Vom Verdanken sprechen wir auch beim Abschluß und der Verabschiedung einer Verhandlung oder Sache; Heidegger erwägt, auch die Abgeschiedenheit von dieser Verdankung her zu fassen, das heißt vom endlichen Vollzug der genannten Weite her.[8] Solche Verdankung kann sich durchaus hervorbringen in das, was Heidegger in der Kritik von Eckharts nivelliertem Dingbegriff ein »Ding« nennt: in einen kultischen Vollzug, in ein Werk der Kunst oder der Sitte. Auch Heidegger stellt die Weite unter das Maß der Ewigkeit; Ewigkeit meint dann aber weder die Gesammeltheit in einem Höchsten noch die ewige Wiederkehr, sondern die Erfüllung im Augenblick, der in seiner Einmaligkeit die Freiheit des Abtretens hat. Hölderlin spricht, die Sprache religiöser Erfahrung aufnehmend, davon, daß alles Himmlische »schnellvergänglich« sei; im Anschluß an diese Rede spricht Heidegger in der Hölderlin-Vorlesung von 1934/35 von der »Vergänglichkeit«, nämlich dem »Vorbeigang« des Ewigen. In dieser Vorlesung glaubt Heidegger auch, Meister Eckhart mit Heraklit einerseits, Hölderlin andererseits auf eine Linie bringen zu können. Wenn er mit Heraklit die Weite als ein Spiel ohne Warum denkt, mit Parmenides die Identität von Sein und Den-

ken als Geheiß und so als ein Zum-Wort-Kommen, könnte er freilich am wirklichen vorsokratischen Denken vorbeigehen und durchaus Eckhartsche Erfahrungen in es hineintragen.
Das Spiel der Weite ist Ereignis, weil in ihm das, was ist, in sein Sein und sein Eigenes findet. Heidegger nennt in seinem Spätwerk dieses Ereignis auch »Enteignis«, weil die Weite enteignet wird in das Ding, das Ding enteignet in die Weite. Da Ding und Weite ineinander »gestillt« sind, spricht Heidegger auch vom Spiel der Stille. Zu dieser Redeweise kann man mannigfache Parallelen aus Meister Eckhart beibringen. Die Predigt »Beati pauperes spiritu« sagt ja von der Gelassenheit, daß sie nicht nur nichts weiß und nichts will, sondern auch nichts hat: wie die Ant-wort ganz aufgeht im Zuspruch, von dem sie lebt, so geht das Ereignis der Stätte der Gelassenheit im »Entwerden« der mystischen Stille ganz auf in dem, dem sie zugehört. Die Gelassenheit hat keine »Stätte«, und eben dieses »Jähe der brückenlosen Einkehr« nennt Heidegger »Enteignis«.[9] Heidegger denkt das wechselseitige Sichübereignen von Weite und Ding aber so, daß es mit der theologischen Ausgangsposition von Meister Eckhart unvereinbar ist. Dagegen zeigt sich eine Übereinstimmung mit dem Tao-te-king Laotses. Dessen siebter Spruch sagt ja, daß nur der sein Eigenstes vollende, der nicht sich selber lebe. Nach dem sechzehnten Spruch muß unser Untergang ein Untergehen in die genannte Stille sein; diese ist Tao, jener Weg, der allein in allem Wandel das Unwandelbare bleibt. Das chinesische Zeichen I für Wandlung soll in seiner Wurzel den Neumond bezeichnen – es ist undenkbar, daß griechische Denker (selbst Heraklit) sich am wechselnden Mond, nicht am Gesetz des immer gleichen Sternengangs orientiert hätten. Aber auch Heidegger sagt in »Unterwegs zur Sprache«: »Vielleicht verbirgt sich im Wort ›Weg‹, Tao, das Geheimnis aller Geheimnisse des denkenden Sagens.« Zum Tao treten Erde und Himmel: der offene Lichthimmel und die sich verschließende Erde zeugen alles, was ist. Wenn Heidegger diese Rede aufnimmt, so liegt auch darin eine Abwendung von Eckhart: Können wir voraussetzen, daß wir dann, wenn wir die Dinge im ganzen und noch den Schöpfergott übersteigen, zur reinen Offenheit, dem fließenden Licht der Gottheit kom-

men? Wer sagt uns, daß gerade dieses »Nichts« die reine göttliche Fülle sei? Ist es nicht so, daß uns Licht jeweils nur aus dem Dunkel trifft, daß dieses Ineinanderspielen von Dunkel und Licht, von Erde und Himmel die Weite ist, die Dinge erbringt? Das Nichts und die Leere in den Dingen macht sie brauchbar für dieses Ineinanderspielen und damit für das Tao, so sagt Laotse im elften Spruch, und Heidegger führt das Beispiel des Kruges in seinem Vortrag »Das Ding« aus. Fragen wir von unserem heutigen Wissensstand aus, was eigentlich ein Krug sei, dann dürfen wir uns erinnern, daß es vielleicht seit drei Milliarden Jahren eine Entwicklung des Lebens auf diesem Planeten gibt, daß menschenähnliche Lebewesen seit etwa zweieinhalb Millionen Jahre Steine gebrauchen. Erst kürzlich, vor nicht einmal zehntausend Jahren, hat man die Töpferei erfunden und seine Erfahrungen mit dem Krug gemacht: im Krug konnte man Knollen kochen und damit Nichteßbares in Eßbares verwandeln; den wunderbar verwandelnden Krug konnte man aber auch für den Opferguß verwenden und so die Stelle, an der man lebte, zum Ort für das Heilige und Göttliche machen. Dinge wie der Krug bringen gerade durch ihr Leersein Erde und Himmel, die Göttlichen und die Sterblichen zueinander.

Heidegger nennt dieses Ineinanderspielen und -spiegeln im »Ding« ein »Spiegelspiel«. Auch Meister Eckhart kannte dieses Sichspiegeln: der Vater spiegelt sich im Sohn (lehrt die trinitarische Theologie); der Mensch hat mit dem Ungeschaffenen in ihm, dem Lichtfunken, Teil am Licht der Gottheit. Für Heidegger dagegen ist der Mensch der Sterbliche, der eingelassen ist auf einen Weg, der Licht nur zusammen mit dem Dunkel zeigt, das Göttliche nur im jähen Vorbeigehen. Die Rede vom Göttlichen bekommt bei Heidegger freilich ein Gewicht, das sie bei Laotse nicht hat, und so zeigt sich, daß Heidegger bleibend von Hölderlin ausgeht und damit von dem Versuch, das, was einmal Mythos war, in einer kultisch gebundenen Kunst zurückzuholen. Doch der Aufbruch Hölderlins und der Aufbruch mit Hölderlin scheiterten; so wendet der späte Heidegger sich gerade den zerbrechenden Gedichten Hölderlins zu und dem Widerklang, den diese in den Dichtungen Trakls haben. War die

Rede von der Abgeschiedenheit ein Grundwort Eckharts, so bestimmt Heidegger die Abgeschiedenheit nun als den Ort des Dichters Trakl: die Abgeschiedenen sind nach Trakl jene, die in den Untergang gerufen sind, aber im Untergang den Neubeginn finden, nämlich die Verwandlung. Bei den Besuchen in der Provence identifizierte Heidegger sein Anliegen mit der Kunst Cézannes. Dessen Bilder zeigen uns die nächsten Dinge – nahe Menschen, eine Felswand, die Sainte Victoire; sie zeigen uns diese Dinge so, daß im Geheimnis des Begegnens die Weite, aus der sie kommen und in die sie zurücktreten, mit da ist.
Das Hüttenbuch »Aus der Erfahrung des Denkens« sucht durch die Erfahrung des Einfachsten – der Tageszeiten, der Jahreszeiten – ein verstörtes Denken wieder auf den Weg zu bringen. Weg und Waage (was im Wandel dasselbe bleibt und was ein Maß gibt), aber auch Steg und Sage (was der einzelne bauen kann, was alles einzelne Denken und Sprechen übergreift) sollen zusammenfinden in einen Gang, der das Fehlen des Göttlichen und die offene Frage austrägt. Nun mag man sagen: Ein Kranker kann sich in dieser Weise neu orientieren; wenn aber ein Philosoph nach dem Zweiten Weltkrieg von Erfahrungen des Denkens spricht, dann kann er Auschwitz und Hiroshima nicht auslassen. Heidegger hatte in »Sein und Zeit« vom »Gewissen-haben-Wollen« gesprochen; er hatte 1933 in Deutschland Verantwortung getragen. Durfte er 1944/45 in seiner Erörterung der Gelassenheit schreiben, in jenem Bereich, in den die Gelassenheit eingelassen sei, gebe es »nichts zu verantworten«, weil diese »Gegend des Wortes« sich selbst verantworte; dort sei »alles nur dann in bester Ordnung, wenn es keiner gewesen sei«.[10] Ist solcher Umgang mit Mystik etwas anderes als ein Ausweichen vor den wirklich gemachten Erfahrungen, eine Ausflucht vor der Schuld, Verblendung über die Wirklichkeit des Zerstörerischen und Bösen? In dem genannten Bereich erscheint nach Heideggers Humanismusbrief mit dem Heilen und Heiligen zugleich das Grimme, Zerstörerische und Böse, denn dieser Bereich ist ein Weg, zu dem der Übergang und folglich die Zerstörung gehört. Wenn es aber so ist, warum stellt Heidegger die Sterblichen dann nur den Göttlichen, nicht auch den Dämonen gegenüber? Nur das Verwinden

des Bösen in einen anderen Anfang scheint ein Ausweg zu sein; die Verurteilung des Bösen scheint alles nur noch schlimmer zu machen. Bei Meister Eckhart, in der ostasiatischen Meditation und bei Heidegger wird der Gegensatz von Gut und Böse letztlich zu etwas Sekundärem. Meister Eckhart nimmt auch die philosophische Lehre vom Sein und von der Erfüllung des Seins im Gut-Sein auf; dann aber sagt er: wer Gott ein Sein nenne oder Gott gut nenne, der täte so Unrecht, als wenn er die Sonne schwarz nenne. »Gott ist nicht gut noch besser noch allerbest.« Die Mücke, die Seele und der höchste Engel seien gleich in Gott, und unsere Schätzungen, die Wertordnungen aufstellen, täten dem Leben der Gottheit nur Unrecht. Wir könnten nur »Beiwort« zu ihrem Wort sein (nach Heidegger Antwort auf das Wort, das sich selbst verantwortet). Kann dann nicht auch das Böse zum Guten gewandt oder in der Gottheit verwunden werden? Von den Märtyrern wird gesagt, sie hätten ihr Sein in Gott; wir unsererseits sollten nicht um sterbliches Leben klagen: »Man soll bis auf den Grund tot sein, so daß uns weder Lieb noch Leid berühre.«

Nietzsche hat Gedanken dieser Art weitergeführt: wer das Wort »gerecht« im Munde führt, will allzuoft nur »gerächt« sein in der Rache des Unterlegenen, der die Fiktion eines guten Gottes oder einer Gerechtigkeit gegen das Leben aufruft. Der moralische Gott ist aber nach Nietzsche (und nach Heidegger) widerlegt durch den tragischen Gott. Ariadne soll nicht nur klagen um Theseus, der sie verließ; sie soll gerade in ihrem Leid selig sein und Göttliches erfahren. Will man aber diese Empfehlung auch den Toten von Auschwitz und Hiroshima geben?

Eingewohnt – entwohnt

Wenn Paul Celan in seinem Gedicht »Todtnauberg« vom »kommenden Wort im Herzen« spricht, dann fragt es sich, wie ein dem Holokaust Entronnener diese »mystische« Rede aufnehmen kann. Doch schon in Celans Jugendgedichten gibt es die »schwarze Schwester« – jene Schwester und Braut, die in einem der Grundbücher der Mystik, dem »Hohenlied«, »schwarz, aber gar lieblich« genannt wird.[11] Für Celan ist diese Schwester jedoch schwarz, weil sie verbrannt worden ist in den Vernichtungslagern. So formt Celan sich für das Verlorene, aber auch für das geschwisterlich Helfende und Liebende die Gestalt der Verbrannten, so aber »Königlichen«. Der Gedichtband »Niemandsrose« erinnert schon durch seinen Titel an die mystische Rose; in dem Gedicht »Mit allen Gedanken« geht der Dichter hinaus aus der Welt. Dort draußen, wo alles erstirbt und alles erwacht, empfängt ihn die Leise, die Offene, die an anderer Stelle auch die Wahre genannt wird. Die beiden, »Seele und Seele«, vermögen einer heranschwimmenden Sonne die Bahn vorzuschweigen. Die Sonne, das Himmelsauge, steht in der Tradition für Gott, der als in sich ruhende und selber unbewegte Klarheit der Welt Ordnung und Sinn gibt. Nachdem nun aber »die Sonne, und nicht nur sie« untergegangen ist (wie Celan im »Gespräch im Gebirg« sagt), vermag die Begegnung, von der unser Gedicht spricht, wenigstens »eine« Sonne wieder auf ihre Bahn zu bringen. Die Leise und Offene empfängt außerhalb der Welt nicht nur den Dichter, sondern sich und den Dichter; so gebiert sie einen sich wölbenden Hauch, der so gut wie ein Name ist, aber seine Gestalt von dieser Begegnung hat. Eine Wolke zeigte einst Israel den Weg durch die Wüste; der Name war der Name Gottes. Für diese Wolke und diesen Namen muß nun der Hauch stehen, dem Celans Gedichte sich verdanken. Wer aber ist diejenige, der der Dichter begegnet? Der Band »Fadensonnen« bringt in einem Zyklus mit mystischer Thematik auch das Gedicht »Aus Engelsmaterie«; dort heißt es: »Er, der Belebend-Gerechte, schlief dich mir zu, Schwester.« Die Kabbala unterscheidet zwischen dem En-sof, dem verborgenen Grund oder Ungrund der Gottheit, und den Sephirot, den Manifestationen und Logoi, in denen Gott erscheint und sich uns zuspricht. Die erste Sephira und höchste Krone ist das Nichts, die siebente ist der Belebend-Gerechte (Zaddik). Im Lebensbaum der Sephirot verbindet dieser Gerechte sich mit der Verlorenen, der zehnten Sephira: der Schechina. Er ist der Gerechte dadurch, daß er die Kräfte des Lebens in ihren Grenzen hält und wahrt. So kann Celan im Anschluß an den unbefangenen Gebrauch sexueller Bilder in der jüdischen Mystik den Gerechten die Schechina dem Dichter zuschlafen lassen. Die Schechina ist die Einwohnung Gottes unter den Menschen, die Gemeinde Gottes, aber auch das Exil, für Celan die verbrannte Schwester, die von den Überlebenden nicht wieder zum Leben erweckt werden kann, aber gerade über dieses Nicht und Nichts auf den Urgrund verweist. Dieser kann göttlich nur genannt werden, wenn die Gerechtigkeit eine seiner Manifestationen ist, wenn auch den Ermordeten Gerechtigkeit widerfährt. Celans Gedichte möchten in diesem Sinn ein Gedächtnis der Toten sein.

Die drei letzten Gedichte des Bandes »Lichtzwang« nehmen direkt mystische Wendungen auf. Das drittletzte Gedicht spricht mit Meister Eckhardts Predigt »Beati pauperes spiritu« vom Quittwerden auch des Gottes, mit der Predigt »Surge, illuminare Jerusalem« von der Enthöhung (nämlich Gottes), die eine »Innigung« sei. Von der letzten Predigt her findet das zweitletzte Gedicht einen neuen Bezug zu Jerusalem. Eckhart übernimmt aus der Liturgie das »Auf werde Licht, Jerusalem«, mit dem Tritojesaja die deuterojesajanischen Zionshoffnungen weiter führte, als die Exulanten hatten zurückkehren können: Gott wird einen neuen Himmel und eine neue Erde schaffen. Jerusalem wird die Seinen trösten wie eine Mutter. Von diesem Trost spricht ein Nachlaßgedicht aus dem Zyklus der Jerusalemreise im Band »Zeitgehöft«. Das Gedicht steht (wenn man von dem früher entstandenen Eingangsgedicht absieht) genau in der Mitte des Zyklus; vor allem steht in seiner Mitte (nach acht Versen und vor weiteren acht Versen) der beschwörende Vers: »Sag, daß Jerusalem *ist*.« Wie aber ist Jerusalem? Es soll die messianische Friedensstadt sein und ist doch die Stadt des Unfriedens. Der Messias soll durch das Tor des Erbarmens kommen (da nach der Auffassung der Christen der Messias in Jesus schon durch das Tor eingezogen ist, nennen sie dieses Tor das Goldene Tor, wobei das Gold für den Glanz der Ewigkeit steht). Die Moslems haben das Tor jedoch vermauert und als zusätzliches Hindernis Tote vor ihm begraben, denn über Tote darf der Messias nicht gehen. Drinnen und Draußen bilden so eine Polarität, die im Wachen unüberschreitbar bleibt; nur der Schlaf der mystischen Liebeseinigung führt vor das Tor des Erbarmens. So verliert der Dichter sein Du an es selbst, nämlich das mystische Jerusalem an das wirkliche. Auch er ist in Jerusalem getröstet, da Jerusalem sein »Schneetrost« ist. Zu Beginn des Jahres 1943 hatte Celan geschrieben:

> Was wär es, Mutter: Wachstum oder Wunde –
> versänk ich mit im Schneewehn der Ukraine?

Im Herbst 1942 war in den Lagern der Ukraine Celans Vater ermordet worden; sein Gebein war – wie das Gedicht »Schwarze Flocken« sagt – »schneeig« zerstäubt. Die Mutter sollte ihm bald in den Tod folgen. Der Schnee ist für Celan das gefrorene Lebenswasser, das Tote, das jedoch dann, wenn ihm Gerechtigkeit widerfährt, wiederauftauen kann. Weil im Gedächtnis Jerusalems den Ermordeten des Holokaust Gerechtigkeit zuteil wird, kann auch Celan in Jerusalem getröstet sein. Dann sind die Schneeflocken nicht mehr schwarz oder im Grauen nur zurückgestoßen; sie sind weiß, nämlich das angenommene Todesgeschehen, das zu der Verbrannten und Verlorenen ebenso gehört wie zum Dichter. Die Wirklichkeit (der Holokaust wie der faktische Unfrieden auch in Jerusalem) ist ohne Abstriche festgehalten; diese Wirklichkeit aber ist unter ein Maß gestellt, das von der mystischen und religiösen Tradition aufgebaut wurde und nun in der Dichtung aufgenommen wird: wenn es einen »Gott« gibt und Trost und Frieden von ihm her, dann muß er gerecht sein und so auch den Ermordeten Gerechtigkeit widerfahren lassen; nur von dieser Gerechtigkeit her begegnet jene geschwisterlich nahe Macht, die für das Verlorene und Verbrannte steht, aber auch für das Helfende.

Dieses Gedicht »Die Pole« steht nicht nur in der Mitte des ganzen Zyklus; es wird auch schon äußerlich an Größe durch kein anderes Gedicht übertroffen. Doch alle Gedichte des Zyklus beschwören von unterschiedlichen Ausgangspunkten aus die Wirklichkeit Jerusalems, so auch das unmittelbar vorausgehende kleine Gedicht:

DIE POSAUNENSTELLE
tief im glühenden
Leertext,
in Fackelhöhe,
im Zeitloch:

hör dich ein
mit dem Mund.

Dieses Gedicht wird – wie so viele andere der späten Gedichte Celans – durch einen Doppelpunkt in zwei Hälften (hier in zwei Strophen) geteilt. Die erste Strophe ruft eine bestimmte Situation auf; nach dem Doppelpunkt zieht die zweite Strophe in einem Imperativ daraus eine Schlußfolgerung. Kann man jedoch überhaupt mit dem Mund hören? Es geht darum, sich in den Leertext mit der Posaunenstelle einzuhören, in einen Text also, der nicht dieses oder jenes Bestimmte sagt, aber in einen Posaunenstoß übergeht. Was so angekündigt wird, muß trotzdem mitvollzogen werden; durch den Mund, der die Posaune bläst oder auch Gedichte spricht, muß man sich einhören in etwas, was über menschliches Verstehen und Sprechen hinausgeht.

Von welcher Posaunenstelle ist die Rede? Mit dem Wort »Posaune« übersetzt man seit Luther das Wort »Schofar«. Die Posaune ertönte, als der Herr am Sinai sein Volk in einen Bund berief und Moses die Gesetzestafeln erhielt; unten lagerte das Volk, oben spie der Berg Blitze (oder Fackeln), die Posaune aber zeigte mit ihrem Ton, daß die Offenbarung, in der Gott sich als Herr kundtut, alles Formulierbare übersteigt. Der Text bleibt also – auch wenn Gebote formuliert werden – letztlich ein Leertext.[12] Der Schofar oder die Posaune ist das Instrument, das überhaupt die heiligen Tage und das Jubeljahr und damit letztlich die messianische Zeit ankündigt. In die »Posaunenstelle« wird also die Geschichte im ganzen hineingenommen, die gerade in Jerusalem durch Aufstieg und Absturz, Neubeginn und bleibende Erwartung geprägt war und geprägt bleibt. Darf man jedoch bei Gedichten, die uns mit der Wirklichkeit Jerusalems konfrontieren, von einem Buch ausgehen (und sei es auch vom Buch der Bücher), wenn von einer »Stelle«

die Rede ist? Könnte nicht eine bestimmte Stelle in Jerusalem gemeint sein? Zwei Jahre bevor Celan nach Jerusalem kam, hatten jüdische Truppen nach langer Teilung der Stadt im Sechs-Tage-Krieg die Altstadt erobert. So wurde die Westmauer, der heilige Rest des Tempels, für die Juden wieder zugänglich; der Oberrabbiner der Armee, General Shelomo Goren, blies aus diesem Anlaß das Widderhorn – die Posaune, den Schofar. (Bei Ausgrabungen wurde später dort ein Stein gefunden, der anzeigte, daß von hier aus in alten Zeiten schon der Schofar geblasen wurde.)
Könnte Celan nicht – ganz »realistisch« – diese Posaunenstelle, damit den Tempelrest gemeint haben? Der erste und der zweite Tempel der Juden wurden zerstört, ebenso die hadrianischen Tempel und die christlichen Kirchen, und so kann in Wahrheit gesagt werden, daß der Mauerrest mit der Posaunenstelle tief in einem glühenden Leertext liegt. Die Schrift, die gelesen werden soll, ist bei Celan immer wieder nicht die Schrift eines Buches, sondern die Welt selbst. Der große Schluß des Bandes »Sprachgitter«, das Gedicht »Engführung«, sucht das Gelände eines Vernichtungslagers als Schrift zu lesen und als Spur zu gehen. Das Gedicht »Unlesbarkeit« im Band »Schneepart« meint die »Unlesbarkeit dieser Welt«, in der die »Spaltstunde« Recht bekommt, ein Du seinem »Tiefsten« und sich selbst »für immer« entsteigt. Das schon angeführte Gedicht »Aus Engelsmaterie« sieht die jüdische Mystik und das Ostjudentum mit seinem schrecklichen Schicksal »von Osten gestreut, einzubringen im Westen«, aber als brennende Schrift! Der Blick auf die Westmauer des Tempels zeigt, daß diese brennende Schrift in Jerusalem ein »glühender Leertext« ist: die Wirklichkeit spricht uns an, aber vom vernichtenden und verzehrenden Feuer her, aus der »Leere« heraus, die nicht etwas bloß Negatives bleiben darf. Die Posaunenstelle (am Mauerrest des alten jüdischen Tempels) ist tief eingebettet in diesen Leertext und trotzdem »in Fackelhöhe«: in jener Höhe, in der die erhobene Fackel Licht wirft und einen Weg zeigt. Diese Stelle liegt zugleich »im Zeitloch«. Philosophen wie Sartre haben Hegel für die Rede von einem »Loch im Sein« verantwortlich gemacht. Hegel hatte auf den Leibniz-

schen Gedanken verwiesen, daß der Bau der Welt im ganzen zusammenbreche, wenn in der Welt ein Atom zerstört werde. Diese Zerstörung, die ein Loch hinterläßt, scheint in der Negativität und Freiheit des Menschen jedoch aufgebrochen zu sein, so daß das eine, kompakte Sein aufgehoben ist. Bei Celan wird dieses Loch in erneuter Radikalisierung verbunden mit der Zeit: Zeit und Geschichte brechen immer wieder ihren Weg ab und weisen neu ansetzend auf eine andere Geschichte; auf den »toten Punkt« des Abbrechens, der das Andere herbeiruft, verweisen die Spaltstunden und die Schaltjahre, die als Halljahre die Befreiung aus den Fesselungen der Geschichte bringen sollen. Vielleicht kann man nirgendwo Geschichte in diesem Sinne besser sehen als in Jerusalem an der alten Westmauer des Tempels, diesem Nabel der Welt. Der Dichter unterscheidet in den Jerusalem-Gedichten immer streng das angesprochene Du vom Ich; doch wenn er in unserem Gedicht am Schluß sagt »hör dich ein«, dann scheint er sich selbst
einen Imperativ zu geben. Oder sollte auch hier das Du gemeint sein: Jerusalem, das irdische und das himmlische, sei eins als der ungeheure Leertext, wie der Rest der Tempelmauer ihn zeigt? Dann wäre das Gedicht des Dichters nichts anderes als das Echo auf diese Wirklichkeit, die erst noch gewonnen werden muß.

Der Gedichtzyklus ruft immer neu die Wirklichkeit Jerusalems auf. Gleich das erste Gedicht, das auf das Eingangsgedicht folgt, spricht von der überwältigenden Erfahrung, daß Jerusalem nun den Dichter und sein Du umsteht. Das Gedicht nennt auch Bestimmtes: das »Dänenschiff«, ein Denkmal auf einem Platz in Jerusalem, das daran erinnert, daß die Dänen Juden in der Zeit der Verfolgung mit Schiffen über den Sund retteten. Auch der Dichter und sein Du danken diesem Schiff dafür, daß es Rettung und die Überfahrt in ein anderes Land und eine andere Zeit ermöglichte. Absaloms Grab (das Mal im Kidrontal) und Gethsemane werden dann genannt. Schließlich sind der Dichter und sein Du in Abu Tor, einem Ortsteil südlich der Altstadt:

DAS LEUCHTEN, ja jenes, das
Abu Tor
auf uns zureiten sah, als wir
ineinander verwaisten, vor Leben,
nicht nur von den Handwurzeln her –:

eine Goldboje, aus
Tempeltiefen,
maß die Gefahr aus, die uns
still unterlag.

Auch dieses Gedicht ist durch einen Doppelpunkt (und zusätzlich noch durch einen Gedankenstrich) in zwei Strophen geteilt. Die erste Strophe gebraucht für die Beschreibung der Situation ein für sich stehendes Substantiv, das dann nur noch durch Apposition und Relativsatz erläutert wird: »das Leuchten«. Die zweite Strophe sagt, was dieses Leuchten bewirkt und was mit ihm geschieht.

Der Dichter ist in Abu Tor, einem arabischen Dorf. Blickt man dort den Hang hinab, so sieht man das Hinnomtal. Als der König Manasse den Molochkult aus Moab einführte, kaufte er (oder beschlagnahmte er) von einem Ben-Hinnom in diesem schluchtartigen Tal das Grundstück für den Kult, in dem nun Kinder als Brandopfer dargebracht wurden. So konnte man später aus dem Namen des einstigen Grundstückbesitzers den Namen für das Höllenfeuer bilden, in dem man die Verdammten brennen ließ. Auf der anderen Seite der Schlucht erhebt sich der Berg, den man heute Zionsberg nennt; so zeigt man dort das Grab Davids, doch steht dort auch die hochragende Kirche Dormitio Sanctae Mariae – nach einer der Überlieferung soll die Mutter Jesu an diesem Platz entschlafen sein. Hinter diesem Zionsberg steht die Südwestecke der Stadtmauer; schweift der Blick nach rechts, dann zeigt sich über der fernen Stadtmauer (und heute auch über den Fernsehantennen der nahen arabischen Häuser und Unterschlüpfe) das Leuchten der goldenen Kuppel des Felsendoms!

Der Dichter muß ausdrücklich noch einmal bestätigen, daß es »jenes« Leuchten der Kuppel der Moschee ist, das Abu Tor auf ihn und sein Du zureiten sah. Vom Pferd und vom Reiten

spricht der Dichter immer wieder. Nach dem Gedicht »Bei Wein und Verlorenheit« aus dem Band »Die Niemandsrose« reitet er gar Gott in jene Ferne, die allein Gottes Nähe sein kann. Ist nicht auch aufgenommen, was der Prophet Jeremia formuliert hat: selbst im Schnauben der Rosse der feindlichen Erobererheere, die über Jerusalem herfallen, dröhnt die Stimme des zornigen Gottes? In solcher Weise reitet das Leuchten der Moscheekuppel auf den Dichter und seine Gefährtin zu. Die beiden vergessen in dem arabischen Dorfe nicht, welche Fremdheit und Feindschaft (nach so vielen anderen Feindschaften) zwischen Arabern und Juden aufgebrochen ist und immer wieder aufbrechen kann. In dem Jerusalem-Zyklus spricht das Gedicht »Der Königsweg« vom Tor des Erbarmens und vom Löwentor in der Ostmauer, indem es das Löwenzeichen (das für Juda steht) »umtodet« sein läßt vom Gegenzeichen, dem kieloben schwimmenden und »umsumpften« Gestirn des islamischen Halbmonds. Das Gedicht schließt denn auch, indem es von der Wunde spricht, die vom Dichter und seinem Du auszuloten ist.
Abu Tor sieht (mit den vielen Augen seiner Kinder und all der Handwerker, die fleißig hämmern auch am Sabbat) das Leuchten von der Kuppel des Felsendoms auf die beiden zureiten, die »ineinander verwaisen«. Ein Kind verwaist, wenn es seine Eltern verliert (wie der Dichter es tat, als Vater und Mutter 1942 in Lagern am Bug ermordet wurden). Verwaisen meint aber auch: abgeschnitten werden von seiner Herkunft, deren bergende Nähe verlieren. So werden die beiden im arabischen Dorf beim Blick auf die Moscheekuppel abgeschnitten von ihrer jüdischen Herkunft. Verwaisen meint schließlich: die Schöpfung zeigt in sich keinen Sinn mehr, kann ihn allenfalls zurückgewinnen nach einem Bruch und in einem Neuansatz (davon spricht das Gedicht »Verwaist« im Band »Fadensonnen«). Im Gedicht »Das Leuchten« verwaisen der Dichter und sein Du ineinander. Die Gefährtin ist dem Dichter helfend nah und zugleich so allein gelassen wie er selbst. Damit zeigt sie die Züge jener Schechina, die die Menschen durch ihren Glanz mit dem verborgenen göttlichen Ursprung verbindet und zugleich die Ausgestoßene ist, die das Elend des Exils durchwandert. Die beiden

verwaisen ineinander »vor Leben, und nicht nur von den Handwurzeln her«. In der Handwurzel bildet sich die Aktivität der Finger, die Schreibfinger und Schwurfinger werden können; so können Hand und Finger bei Celan immer wieder für sein Schreiben und Dichten stehen. Was jedoch in unserem Gedicht geschieht, ist nicht Literatur und nicht erwirkt durch Lektüre und literarische Überlieferung. Es ist das Leben selbst, das hier den Dichter in seiner Einsamkeit und Vereinzelung ganz eins macht mit der Gefährtin, die auf die mystische Tradition des Judentums des Exils verweist.

Die zweite Strophe nennt das Leuchten von der Moscheekuppel eine »Goldboje«. Die Bojen zeigen den Weg hinaus ins Meer; jene, die im Gedicht »Inselhin« im Band »Von Schwelle zu Schwelle« hinausrudern auf das Meer, das morgen schon verdampft, sind »umläutet von sinkenden Bojen«. Ist das Wasser das Lebenswasser, so steht das Meer für das Alleben, das eins ist mit dem Tod – zugleich der Ursprung, aus dem alles Leben kommt, wie das Ende, zu dem alle Flüsse zurückfließen. Das Gedicht »Anabasis« aus dem Band »Die Niemandsrose« spricht von der Rückkehr zum Meer und zur Heimat: »Kummerbojen« weisen den Weg, doch das dumpfe Geläut ihres »dum, dun, un« löst sich in das »unde suspirat cor« von Mozarts »Exsultate, Jubilate«. In dieser Sopran-Motette wird die Sprache des Herzens geweckt in der Begegnung mit der Gestalt der Liebe: »Tu virginum corona, tu nobis pacem dona, tu consolare affectus, unde suspirat cor. Alleluja.« Bojen messen die Gefahr der Untiefen aus, sie zeigen aber auch den offenen Weg ins Freie. Die Boje des Gedichts »Das Leuchten« verbindet die Anzeige der Gefahr mit dem Gold, das für den Glanz der Ewigkeit steht. Die Boje der vergoldeten Moscheekuppel steigt am Hügel gegenüber auf »aus Tempeltiefen«. Die Bibel läßt Abraham bei Jerusalem dem dortigen König und Priester Melchisedek begegnen; dieser begrüßt den Patriarchen mit »Brot und Wein«. David eroberte dann die Stadt durch die List seines Feldherrn und machte sie zur Hauptstadt seines Reiches; so konnte sein Sohn Salomo dort den ersten Tempel bauen. Dann aber folgte die wechselvolle Geschichte der Zerstörung und des Bauens neuer Tempel – durch die

Babylonier und Juden, durch Hadrian, durch die Byzantiner, durch die Mohammedaner. Der letzte dieser Tempel, der Felsendom, steht nach der Überlieferung noch immer über dem Felsen Moriah, wo Abraham seinen Sohn Isaak opfern wollte, von wo Mohammed dann in den Himmel aufstieg. Die goldene Kuppel des Felsendoms erhebt sich so wahrhaftig »aus Tempeltiefen«.

Die zweite Strophe nennt die Kuppel des Felsendoms nicht nur eine Goldboje; sie sagt von dieser Boje auch, daß sie die Gefahr ausmaß, aber jene Gefahr, die den beiden in Abu Tor »still unterlag« (so daß nicht umgekehrt die beiden dieser Gefahr unterlagen). Wenn Heiliges durch das Gold, das auf Ewiges verweist, die Völker bindet, trennt es die Völker auch; jene Auseinandersetzungen gehören zu den schrecklichsten, die zu Religionskriegen und ideologischen Auseinandersetzungen werden. Mit dem Kampf der Völker verbindet sich auch immer die Auseinandersetzung der Religionen, so gerade in Jerusalem, dieser Drehscheibe für die Wege von Kleinasien nach Ägypten und von Kleinasien und Ägypten in das Innere Vorderasiens. Die Gefahr, die von den Tempeln ausgemessen und durch »Goldbojen« ausgegrenzt wird, kann zu einer Gefahr werden, die von einem Tempel ausgeht, durch seine einseitig bindende und fanatisierende Kraft gestärkt wird. Diese Gefahr aber unterliegt dem Dichter, der seinem Du begegnet, in ihm eine Lebensmacht findet, die das Ausgestoßensein und den Tod nicht scheut. Es ist der Gedanke des Friedens, der sich mit der »mystischen« Auffassung von Jerusalem verbunden hat: Die Bauten der Menschen ringen dem Chaos Ordnung ab und spiegeln so die Kosmogonie wieder; doch Zion, die vorderasiatische Stadt auf dem hohen Berg, ist mit ihrem Tempel Abbild des Himmelszeltes, das sich auf die Erde herabläßt und den Menschen das ganz Andere, den Frieden als Maß ihres Zusammenlebens, bringt.

Läßt man im Tempelbezirk von Jerusalems Altstadt die Schuhe vor dem Felsendom stehen und tritt in das Innere, dann befindet man sich nicht nur in dem Bauwerk, das als das größte Kunstwerk Jerusalems gilt; eine überwältigende Stille, die zur bildlosen Kontemplation zwingt, drängt auch alle Gedanken an anderes hinweg. So verwundert es nicht, daß der Islam, diese völlige Ergebung in den Willen des einen Gottes, auch – so in der neupersischen Dichtung – eine Lyrik hervorbringen konnte, die zugleich Mystik ist. Man mag – wie Rückert gegenüber Hafis – fragen, ob diese Dichtung über Sinnliches oder über Übersinnliches rede und schließlich von einem »unübersinnlichen« Geheimnis sprechen; Goethe hat auf seine Weise Hafis in seinen »West-östlichen Divan« übernehmen können. Celan blickt jedoch von einer völlig anderen Tradition her und so aus einer anderen Welt heraus, als sie uns durch Goethe vertraut ist, von Abu Tor zum Felsendom hinüber: als einer, der dem Holokaust entrann, dem das Exil nach so vielen Vertreibungen und Vernichtungsaktionen so nah und bedrängend bleibt wie etwa den jüdischen Mystikern von Safed. So kann das begleitende Du auch die Züge der Gestalt der Schechina annehmen, denn Celans Lyrik hat von ihren Anfängen an in der Zuwendung zum Nächsten und der Liebe die Überwindung von Haß und Feindschaft gesucht – jenen Frieden, den Jerusalem den Völkern versprochen hat. So kann das Leuchten, das von der goldenen Kuppel des Felsendoms herüberkommt, schließlich doch hineingenommen werden in das alte »Auf werde Licht, Jerusalem«.

Was aber soll man mit dem folgenden Gedicht anfangen, in dem das angesprochene Du zur »gleißenden Tochtergeschwulst einer Blendung im All« wird? Erinnert dieses Gedicht »Du gleißende« nicht eher an den Weltraumflug oder an Sciencefiction-Erzählungen vom Krieg der Sterne als an Mystik? Was sagt das Gedicht genauer? Im All gab es die Explosion einer Überfülle von Licht; eine Metastase dieser Blendung wurde von »überhimmlischen Suchtrupps« aufgegriffen und ins »sehende, gottentratene Sternhaufen-Blau« verschoben. Diese gleißende Tochtergeschwulst »wildenzt« nun vor den hungrigen Poren als »Mitsonne, zwischen zwei Hellschüssen Abgrund«. Läßt sich diese Rede noch verstehen? Gehen die »überhimmlischen Suchtrupps« über alle Sternsysteme und Milchstraßen hinaus? Vielleicht arbeitet die Rede hier nur mit einer sprachlichen Analogiebildung: das Überirdische ist das Himmlische, das Überhimmlische ist das Irdische. Hier ganz

im Irdischen haben (vermeintlich »überhimmlische«) Suchtrupps die Tochtergeschwulst einer Blendung aufgegriffen – so, wie Celans Gedichte das blendende Licht jüdischer Mystik aufgriffen. Diese Tochtergeschwulst wird dann in das Blaue (das Himmlisch-Transzendente) jener Haufen von Sternen verschoben, die das Leben ausrichten, die damit sehend sind, aber Gottes entraten im Sinne des Eckhartschen Quittwerdens von Gott um willen der Gottheit und der Einigung mit dieser. Auch diese bloße Metastase einer Blendung kann für uns »Mitsonne« sein, nämlich vor unseren Poren »wildenzen« (das heißt stark nach Wild riechen). Blendung und Licht werden durch die »Hellschüsse« auf den Abgrund bezogen, der nach der Eckhartschen Mystik das »Ohne Warum« der Gottheit ist, nach der jüdischen Mystik das En-sof. Celan bringt in seinen Gedichten Helle und Hall zusammen, und so können die Hellschüsse aus dem Abgrund auch verweisen auf den Ruf, der im Halljahr den Versklavten die Freiheit gibt.
Dürfen wir wirklich der Rede von der Blendung eine »mystische« Interpretation zuteil werden lassen? Das ist leichter möglich, wenn auch andere Gedichte diese Interpretation nahelegen. Die Wendung »ummuttert von Blendung« finden wir in den *Fadensonnen* im Gedicht »Eingewohnt – entwohnt«. Der Anfang dieses Gedichts ist offenbar ein Spiel mit Worten; er verbindet zwei Worte zu einem Wort: »Eingewohnt – entwohnt, einentwohnt.« Was soll das? Ist das nicht sinnlose Sprachzerstörung, allenfalls sogenannte »konkrete Poesie«? Doch die Einwohnung ist zuhöchst die Einwohnung Gottes unter den Menschen. Entwohnung meint: Verlust alles Wohnens und aller »Stätte«, Exil – vielleicht auch Aufgabe von Wohnung und Heimat so, wie die Antwort sich als ein Entwerden ganz dem Zuspruch des Wortes hingibt. Einwohnen und Entwohnen nimmt Celan zusammen und hat damit erst die zwei Seiten der Schechina. So kann die dritte Strophe von der »gehorsamen Finsternis« sprechen: die Finsternis ist mit ihrem Grauen voll und ganz da, und doch ist sie gehorsam, nämlich angenommen aus dem Bezug auf ein Letztes. Denken wir an die mittelalterlichen Pogrome, an die Vertreibung der Juden aus Spanien, an den letzten Holokaust, dann müssen wir Celan

Recht geben, wenn er innerhalb der mystischen Tradition von dieser Finsternis sagt, sie liege »drei Blutstunden hinterm Blickquell«. An diesem Ort gibt es kein Auge, das sehen könnte oder auch nur sehen dürfte, sondern nur »Kaltlicht-Ozellen, ummuttert von Blendung«. Ozellen sind Quasi-Augen niederer Tiere; diese Tiere haben den Lichtsinn: sie können wenigstens auf Licht reagieren und so Richtungen feststellen. Was in der ummutternden Blendung blendet, ist das Nichts. Die nächsten Strophen sprechen vom Nichts, das dreizehnlötig ist und so das vollkommene Unglück in sich hat. Dieses Nichts stülpt sich als Glückshaut über während der Auffahrt. Ist die Auffahrt des Dichters gemeint oder die Auffahrt der Schechina, die wieder eins wird mit der »oberen« Schechina oder gar mit dem »Belebend-Gerechten«? Dieses Entweder-Oder gibt es nicht: der Dichter lebt von und mit dieser Schechina, ist allein von ihr her Dichter.

Die Mystik lehrt, die Augen zu schließen und zu schweigen; so aber gewinnt sie in einem unabgesicherten Erfahren für das Leben dort noch eine Ausrichtung, wo andere Weisen der Orientierung versagen. Thomas von Aquin hat deshalb von einer cognitio dei experimentalis (versuchsweisen Gotteserkenntnis) gesprochen. Wenn es in Celans Lyrik mystische Elemente gibt, dann als ein Richtung-Gewinnen, das sich nicht dem gewohnten Sehen der Augen verdankt. So beruft Celan sich auf die einfachen Ozellen, die aber »ummuttert« sind von Blendung. Diese Blendung ist nicht die Selbstblendung des Ödipus, der zu wissen suchte, aber den Blick auf sein eigenes wirkliches Leben nicht ertragen konnte. Die Blendung geschieht von einem Nichts her, das Negatives in Überfülle enthält, aber schließlich doch nicht nur negativ bleibt, weil es den neuen Licht- und Richtungssinn aufzieht wie eine Mutter (so wie Jerusalem, dieser glühende Leertext, die Seinen tröstet wie eine Mutter). Wenn Celan von Kaltlicht-Ozellen spricht, dann denkt er offenbar an jene »Lumineszenz«, die im Gedicht »Wetterfühlige Hand« aus dem Band »Lichtzwang« mit diesem Fachterminus genannt wird: die Biolumineszenz im Bruchwald oder Moor wird ausgestrahlt vom Toten und Verwesenden. Dieses »kalte« Licht zeigt an, daß auch das Tote bleibt und noch einmal eine Botschaft geben will. Die Lebenden können die Toten nicht zurückholen in das Leben, aber sie können ihnen ein Gedenken bewahren; sie müssen den Ermordeten »Gerechtigkeit« widerfahren lassen – nämlich das Urteil, diese seien lebensunwertes Leben gewesen, umkehren. Nur so kann auch jene helfende Nähe bleiben, wie die Liebe sie gewährt – eine Nähe, zu der die Ferne des Anderen gehört, die uns verpflichtet.

Die Tradition der jüdischen Mystik lehrt, daß ein göttlicher Urgrund nur zugänglich ist über das »Nichts«, erreichbar nur über die immer bedrohte helfende Nähe und über die Gerechtigkeit. So ist dieser Urgrund nicht einfach das Himmlische als das Überirdische, sondern das Überhimmlische als das ganz und gar Irdische (als das Geheimnis des Unübersinnlichen, wie Rückert sagte). Konkret wirklich ist dieser Urgrund in unserem Zusammenleben als die messianische Forderung des Friedens, die gerade eine Stadt mit so viel faktischem Unfrieden unter ihr Maß stellt und Jerusalem mit einer Verheißung versieht. Celan konnte dieser mystischen Tradition Interpretamente für sein dichterisches Erfahren entnehmen, das doch ganz eigenständig und unserer Zeit zugehörig blieb. Gerade deshalb lag eine Erfüllung seines dichterischen Weges darin, daß am Ende dieses Weges die Begegnung mit Jerusalem stand.

ANHANG

Anmerkungen

Wolfgang Böhme, Zu dir hin

1 *S. Weil*, Das Unglück und die Gottesliebe, München 1953, S. 133.
2 *Johannes vom Kreuz*, Aufstieg zum Berge Karmel, [6]1967, S. 124.
3 Vgl. den Beitrag von *G. Mayer* in diesem Bande, S. 250.
4 *H.U. von Balthasar*, Die Wahrheit ist symphonisch, Einsiedeln 1972, S. 55 ff.
5 *O. Pöggeler*, in einem Brief an den Verfasser.
6 *B. v. Arnim*, Die Günderode, Leipzig 1925, S. 297.
7 *G. Ebeling*, Die Wahrheit des Evangeliums, Tübingen 1981, S. 207.
8 *M. Buber*, ICH UND DU, in: Werke, Band I, München und Heidelberg 1962, S. 128 ff.
9 Näheres dazu bei *J. Sudbrack*, in: *G. Ruhbach und J. Sudbrack* (Hg.), Große Mystiker – Leben und Wirken, München 1984, S. 10.
10 Das Leben der Heiligen Theresia von Jesu, hg. von *P. Aloysius Alkofer*, [6]1984, S. 210.
11 *K. Rahner*, Wissenschaft und christlicher Glaube, Schriften zur Theologie, Band XV, S. 379.
12 *E. Brunner*, Die Mystik und das Wort, Tübingen 1924, S. 387 f.
13 *K. Rahner*, In Sorge um die Kirche, Schriften zur Theologie, Band XIV, S. 375 f.

Willi Massa, Logos und Mysterium

1 Übersetzung nach *Th. Schäufele*, Tao. Umschreibung des Wegs nach Laotse, Reutlingen o. J.
2 Concilium, 14. Jg. 1978, S. 365.

Wolfgang Böhme, Christus in uns

1 *H.U. von Balthasar*, Theodramatik, Bd. II/2, Einsiedeln 1978, S. 226.
2 Ebd., S. 227.
Die Diskussion über die Frage, was Mystik und wer ein Mystiker sei, kann im Rahmen dieses Aufsatzes nicht geführt werden. Wenn wir hier diese Begriffe gebrauchen, stehen uns vor allem die Persönlichkeiten vor Augen, deren Leben und Werk in diesem Buch behandelt werden. Nähere Differenzierungen müssen Einzeluntersuchungen überlassen bleiben. In diesen wäre dann auch zu klären, welche biblischen Schriften auf die einzelnen Mystiker insbesondere einwirkten.

3 *Meister Eckehart*, Deutsche Predigten und Traktate, hg. von J. Quint, München 1955, S. 436.

4 Zitiert nach: *E. Lorenz*, Der nahe Gott, Freiburg 1985, S. 182.

5 *E. Biser*, Der Zeuge, Graz 1981, S. 51.

6 *G. Ebeling*, Die Wahrheit des Evangeliums, Tübingen 1981, S. 207.

7 *Jakob Böhme*, Sämtliche Schriften 1730, Faksimile-Neudruck 1957, Bd. IV, S. 135, in heutiges Deutsch übertragen.

8 *M. Dibelius*, An die Kolosser, Epheser, Philemon; Tübingen 1953, S. 77.

9 *H. Kleinknecht* (Hg.), Luthers Epistelauslegung, Bd. IV: Der Galaterbrief, Göttingen 1980, S. 110ff.

10 Vgl. dazu: *G. Theissen*, Psychologische Aspekte paulinischer Theologie, Göttingen 1983, S. 120.

11 *Bettina von Arnim*, Die Günderode, Leipzig 1925, S. 297.

12 *Teresa von Avila*, zitiert nach: *E. Lorenz*, a.a.O., S. 151.

13 Ebd., S. 152.

14 *E. Biser*, a.a.O., S. 51.

15 *Johannes vom Kreuz*, Aufstieg zum Berge Karmel, aus dem Spanischen übersetzt von B. Ambrosius a S. Theresia, München 1967, S. 345.

16 Zur Leidensmystik des Apostels Paulus vgl. insbesondere die Kommentare zu Kolosser 1, 24. *E. Lohse*, Die Briefe an die Kolosser und an Philemon, Göttingen 1968, lehnt Gedanken einer »mystischen Passionsgemeinschaft« ab, weist aber in einer Fußnote auf die zu seiner Auffassung gegenteiligen Deutungen bei A. Deißmann, O. Schmitz, J. Schneider und – zurückhaltender – Dibelius/Greeven hin; H. Conzelmann führt die mystische Deutung der Stelle als eine Möglichkeit unter mehreren an: »Oder spricht ›Paulus‹ von einer mystischen Verbundenheit mit dem Herrn, also davon, daß dieser in ihm ständig weiterleidet und daß auch dieses heutige Leiden, wie die geschichtliche Passion, stellvertretende Kraft besitzt?«, Der Brief an die Kolosser, Göttingen 1976, S. 187. Vgl. auch die Ausführungen des Verfassers zu Johannes 20, 24–29; 2. Korinther 12, 1–10; Galater 2, 26 und Epheser 3, 14–19, die die biblischen Grundlagen der in diesem Aufsatz geäußerten Überlegungen näher darlegen. (*W. Böhme*, Vom inwendigen Menschen – Predigten zur Zeit und zur Unzeit, Herrenalber Texte Bd. 50, Karlsruhe 1983).

17 *Heinrich Seuse*, Büchlein der ewigen Weisheit, hg. von P. Monz, Trier 1968, S. 81f.

18 Deutsche Mystik, hg. von *W. Zeller*, Düsseldorf/Köln 1967, S. 22f.

19 Ebd., S. 31.

20 *Christian Knorr von Rosenroth*, Evangelisches Kichengesangbuch, Lied 349.

21 *Martin Luther*, Vorlesung über den Römerbrief 1515/1516, Ausgewählte Werke, hg. von H.H. Borcherdt und G. Merz, München 1957, S. 296.

Johann Maier, Kabbala

1 *G. Scholem*, Die jüdische Mystik in ihren Hauptströmungen, Frankfurt a. M. ^{2}1967; weitere Literatur auch bei den entsprechenden Abschnitten in: J. Maier, Geschichte der jüdischen Religion, Berlin 1972.

2 Zur frühen Kabbala siehe *G. Scholem*, Ursprung und Anfänge der jüdischen Mystik, Berlin 1962.

3 *G. Scholem*, Jewish Gnosticism, Merkabah Mysticism, and Talmudic Tradition, New York ^{2}1965.

4 *J. Maier*, Vom Kultus zur Gnosis, Salzburg 1965.

5 Diese Vorstellungen im Rahmen der Kultfrömmigkeit werden durch einen neu edierten Qumrantext besonders gut bezeugt, vgl. *J. Maier*, Die Tempelrolle vom Toten Meer, München 1978 (UTB 829).

6 *G. Scholem*, Von der mystischen Gestalt der Gottheit, Zürich 1962, S. 7–47.

7 *G. Vajda*, Recherches sur la Philosophie et la Kabbale dans la pensée juive du Moyen Age, Paris 1962.

8 *G. Scholem*, Der Name Gottes und die Sprachtheorie der Kabbalah, in: Neue Rundschau 83, 1972, S. 470–495, auch in Ders., Judaica III, Frankfurt a. M. 1973, S. 7–70. Ferner Ders., Vom Sinn der Torah in der jüdischen Mystik, in: G. S., Zur Kabbala und ihrer Symbolik, Zürich 1960, S. 49–116.

9 *H. G. Enelow*, Kawwana: The Struggle for Inwardness in Judaism, in: Studies in Jewish Literature in honor of K. Kohler, Berlin 1913, S. 82–107; *G. Scholem*, Der Begriff der Kawwana in der alten Kabbala, in: Monatsschrift für die Geschichte und Wissenschaft des Judentums 78, 1934, S. 492–518.

10 Siehe *G. Scholem*, a.a.O. (Anm. 8): Vom Sinn der Torah...

11 *G. Vadia*, L'amour de Dieu dans la théologie juive du Moyen Age, Paris 1957; *J. Schirmann*, L'amour spirituel dans la poésie hébraique médiévale, in: Les Lettres Romanes 15, 1961, S. 315–325.

12 *G. Vajda*, La théologie ascetique de Bahya ibn Paquda, Paris 1947.

13 *G. Vajda*, Mystique juive et mystique musulmane, in: Les Nouveaux Cahiers 2/7, 1966, S. 34–38.

14 *G. Scholem*, Sabbatai Sevi. The Mystical Messiah 1626–1676, London 1973.

15 *H. Blumberg*, Theories of Evil in Medieval Jewish Philosophy, in: Hebrew Union College Annual 42, 1973, S. 149–168; *G. Scholem*, Sitra achra. Gut und Böse in der Kabbala, in: Von der mystischen... (vgl. Anm. 6), S. 49–82.

Karl Albert, »Das Sein ist Gott«

Abkürzungen der Werke:
Es gibt von Eckhart viele deutsche Predigten (= DW), die nur in Mitschriften erhalten sind. In deutscher Sprache ferner Traktate, das Trostbüchlein und die Predigt »Vom edlen Menschen«. Sodann aber hat Eckhart als Lehrer an der Universität Paris auch lateinische Werke (= LW) geschrieben. Die uns erhaltenen Werke sind vor allem:

1. Pariser Quaestionen (= LW V)
2. Lateinische Predigten (= LW IV)
3. Reste eines geplanten riesigen dreiteiligen Werkes (Opus tripartitum = LW I–III).
   Dieses sollte enthalten:
   A: Philosophische Thesen (Opus propositionum)
   B: Philosophische und theologische Probleme (Opus quaestionum)
   C: Schriftauslegungen (Opus expositionum)
      a. Bibelkommentare
      b. Predigten (Opus sermonum)
   Erhalten sind aber nur:
   3.1 Prologe zum Opus tripartitum (allgemeines Vorwort, Vorwort zum Werk der Thesen, Vorwort zu den Schriftauslegungen)
   3.2 Vom Opus expositionum:
   Genesis 1 und 2 (= LW I)
   Exodus, Sapientia (= LW II)
   Johannes-Evangelium (= LW III)
4. Eine Einleitungsvorlesung zu einer Kommentierung der Sentenzen des Petrus Lombardus.
5. Eine Rechtfertigungsschrift (erst 1926 entdeckt).

1 Prol. op. prop. n. 2, LW I 166, 6f.
2 Prol. op. prop. n. 3, LW I 166, 12–167, 1.
3 In Gen. I n. 77.
4 In Gen. I n. 5 u. Anm.
5 In Ioh. n. 60, LW III 49, 15–50, 1.
6 Studie 379.
7 Studie 387.
8 Q. 1. n. 12, LW V 47, 14f.
9 Pr. 9, DW I 146, 4–6.
10 Vgl. auch: *K. Albert*, Meister Eckharts These vom Sein, Kastellaun (St. Augustin) 1976, S. 91ff.
11 V 45, 3.
12 V 45, 14.
13 In Gen. I n. 11.
14 Predigt 8, DW I 131, 4.

15 Predigt 54 a, DW II 553, 10–554, 1.
16 Serm. n. 528.
17 Predigt 3, DW I 49, 1.
18 Predigt 37, DW II 216, 2–5.
19 Predigt 45, DW II 371, 8f.
20 Predigt 11, DW I 182, 9f.
21 Predigt 68, DW II 150, 1–3.

Josef Zapf, Die Geburt Gottes im Menschen

1 Vgl. zum folgenden: *H. Rahner*, SJ, Die Gottesgeburt. Die Lehre der Kichenväter von der Geburt Christi im Herzen der Gläubigen, in: Zeitschr. f. kath. Theol. 59 (1935), S. 333–418.
2 Vgl. *Johannes Tauler*, Predigten. Vollständige Ausgabe. Übertragen und herausgegeben von *Georg Hofmann*, Freiburg i. Br. 1961.

Roland Pietsch, Die innerste Geburt der Gottheit

1 Vgl. Mr Vorrede 96. Die Zitation erfolgt nach *Jakob Böhmes* Sämtlichen Schriften, Faksimile-Neudruck der Ausgabe von 1730 in elf Bänden, begonnen von *August Faust*, neu herausgegeben von *W.-E. Peuckert*, Stuttgart 1955–1961. Für die einzelnen Werke gelten folgende Abkürzungen: ep = Briefe; 3 P = 3 Prinzipien; 3 f L = Dreifache Leben; 6 Pk = 6 theosophische Punkte; Mr = Morgenröte; Mw = Menschwerdung; Mm = Mysterium Magnum; Gw = Gnadenwahl; Sg = De Signatura; Bsch = Göttl. Beschaulichkeit; 40 F = Vierzig Fragen; BgO = Betrachtung göttl. Offenbarung. Sog. 177 theosophische Fragen. Vgl. *H. Grunsky*, Jakob Böhme, Stuttgart 1956, S. 307f.
2 Mr 19, 10ff.
3 ep 12, 8f.
4 ep 10, 45f.
5 Mm 1, 2.
6 Mm 1, 2.
7 6 Pk 1, 21.
8 Gw 1, 4.
9 Vgl. Mm extr. 3.
10 Gw 1, 6.
11 Pk 1, 16.
12 *H. Grunsky*, a.a.O., S. 108.
13 Mm 3, 15f.
14 Mm 3, 20.

15 *E. Metzke*, Von Steinen und Erde und vom Grimm der Natur in der Philosophie, in: Coincidentia Oppositorum, Gesammelte Studien der Philosophiegeschichte, hrsg. v. *K. Gründer*, Witten 1961, S. 133.
16 Mm 4, 2.
17 *H. Grunsky*, a.a.O., S. 236f.
18 Mm 4, II.
19 Mm 6, 2.
20 Mm 4, 26.
21 Mw I, 5, 26.
22 Mr 23, 13.
23 Mr, Vorr. 96.
24 Mr, Vorr. 98.
25 Mr, Vorr. 98f.
26 Mr, Vorr. 100.
27 Mr 18, 39.

Otto Langer, Liebe und Leiden

1 Vgl. *M. Scheler*, Vom Sinn des Leides, in: Schriften zur Soziologie und Weltanschauungslehre, Bern u. München [2]1963, S. 55ff.
2 *Aristoteles*, Eth. Nic. 1105b20.
3 Ebd., 1105b 23.
4 Rhet., 1378a 31f.
5 Vgl. *E. Tugendhat*, Selbstbewußtsein und Selbstbestimmung, Frankfurt/M. 1979, S. 201.
6 *Aristoteles*, a.a.O., 1095a 18.
7 Ebd., 1098a 7.
8 *W. Schadewaldt*, Sophokles und das Leid, in: Hellas und Hesperien, Zürich und Stuttgart 1960, S. 246.
9 Vgl. *H. G. Gadamer*, Wahrheit und Methode, Tübingen [2]1965, S. 339.
10 *R. Bultmann*, Art. *lypä* in: Theologisches Wörterbuch zum Neuen Testament, hg. von G. Kittel, Bd. IV, S. 321.
11 *R. Bultmann*, Art. *lypä* (Anm. 10), S. 322.
12 *A. Wikenhauser*, Die Christusmystik des Apostels Paulus, Freiburg 1956, S. 104.
13 Vgl. *J. Quint*, Mystik, in: Reallexikon der deutschen Literaturgeschichte, Bd. II, hg. von W. Kohlschmidt und W. Mohr, Berlin [2]1965, S. 550.
14 Vgl. *F.-W. Wentzlaff-Eggebert*, Deutsche Mystik zwischen Mittelalter und Neuzeit, Berlin [3]1969, S. 60 u. 67.
15 *O. Pfister*, Hysterie und Mystik bei Margaretha Ebner (1291–1351), Zentralblatt für Psychoanalyse – Medizinische Monatsschrift für Seelenkunde 1 (1911) S. 485.

16 Vgl. *S. Ringler*, Viten- und Offenbarungsliteratur in Frauenklöstern des Mittelalters, München 1980, S. 4.

17 Ebd., S. 13.

18 Vgl. *H. Grundmann*, Religiöse Bewegungen im Mittelalter, Berlin 1935.

19 Vgl. *H. Wilms*, Das älteste Verzeichnis der deutschen Dominikanerinnenklöster, Leipzig 1928.

20 Das Nonnenbuch von Ötenbach wird nach der Ausgabe von *H. Zeller-Werdmüller* und *J. Bächtold* zitiert: Die Stiftung des Klosters Oetenbach und das Leben der seligen Schwestern daselbst, Zürcher Taschenbuch NF 12 (1889) S. 213–276 (= Öt).

21 Öt. S. 218f.

22 Vgl. auch Acta sanctorum junii tomus IV, 1707, S. 637ff.

23 Vgl. *S. Ringler*, Viten- und Offenbarungsliteratur (Anm. 16), S. 153.

24 Olivi, zitiert nach *E. Benz*, Die Kategorien des eschatologischen Zeitbewußtseins, Deutsche Vierteljahrsschrift 11 (1933), S. 201.

25 Zitiert nach *E. Benz*, Die Kategorien (Anm. 24), S. 214f.

26 *H. U. von Balthasar*, Herrlichkeit. Eine theologische Ästhetik, Bd. I, Einsiedeln 1961, S. 394.

27 *H. U. von Balthasar*, Erster Blick auf Adrienne von Speyr, Einsiedeln ^{3}1968, S. 82.

28 *H. U. von Balthasar*, Herrlichkeit (Anm. 26), S. 396.

29 Vgl. *H. R. Gehring*, The Language of Mysticism in South German Dominican Convent Chronicles of the Fourteenth Century, Diss. Michigan 1957, S. 194–198.

30 Das Nonnenbuch von Töß wird nach der Ausgabe von *F. Vetter* zitiert: Das Leben der Schwestern zu Töß, beschrieben von Elsbet Stagel samt der Vorrede von Johannes Meyer und dem Leben der Prinzessin Elisabeth von Ungarn, Berlin 1906 (= Töß).

31 Vgl. *Töß*, S. 22.

32 Vgl. *Töß*, S. 22.

32 Vgl. *Töß*, S. 23.

34 Vgl. *Töß*, S. 50.

35 Vgl. *Töß*, S. 53.

36 Öt., S. 263.

37 Öt., S. 264.

38 *F. Nietzsche*, Werke in drei Bänden, hg. von K. Schlechta, München 1954–1965, Bd. III, S. 725f.

39 Vgl. *Töß*, S. 55ff.

40 *K. Ruh*, Zur Theologie des mittelalterlichen Passionstraktats, Theologische Zeitschrift 6 (1950) S. 18.

41 Vgl. *Töß*, S. 60ff.

42 *Töß*, S. 62.

43 *Töß*, S. 62.

44 Vgl. *K. Ruh*, Passionstraktat (Anm. 40), S. 29. Ruh übersetzt ebd. die Begriffe folgendermaßen: »Unter contemplatio ist in diesem Zusammenhang das konkrete (nachdenkliche) Hinschauen zu verstehen; sie führt zur compassio (die ihrem Wesen nach bereits auf Identität beruht) und imitatio. Unter admiratio und exultatio sind zweifelsohne Formen des Außersichseins, der Ekstase, zu verstehen, unter resolutio die Loslösung vom eigenen Fleische, unter quies die Frucht dieses Absterbens: die unio mystica.«
45 Ebd., S. 29.
46 *Töß*, S. 63.
47 *Töß*, S. 64.
48 *Töß*, S. 65.
49 *Töß*, S. 65.
50 DW V, S. 51f.

Reinhard Schwarz, Mystischer Glaube

1 Für den jungen Luther vgl. *F. Th. Ruhland*, Luther und die Brautmystik nach Luthers Schrifttum bis 1521, Gießen 1938.
2 Vgl. WA 31 II, S. 586ff.
3 WA 38, S. 34, 25ff.; vgl. WA 31, I, S. 565–571, WA 40 II, S. 471–610.
4 Vgl. *Ludolf von Sachsen* (gest. 1377), Vita Christi p. 2 c. 34 zu Matthäus 22, 1–14.
5 Vgl. Hochzeitspredigt am 24. April 1536: WA 41, S. 547–563.
6 *Heinrich Seuses* Leben, Kap. 3; Büchlein der ewigen Weisheit, Kap. 5.
7 *D. Lerch*, Zur Geschichte der Auslegung des Hoheliedes, Ztschr. f. Theol. u. Kirche 54 (1957), S. 257–277; *F. Ohly*, Hohelied-Studien. Grundzüge einer Geschichte der Hohelied-Auslegung bis um 1200, Wiesbaden 1958.
8 Von der Freiheit eines Christenmenschen, 1520: WA 7, S. 25, 27f. Alle Zitate sind orthographisch modernisiert.
9 Vgl. WA 40 II, S. 555, 13ff./34ff.
10 Predigt am 14. Oktober 1537, 20. Sonntag nach Trinitatis, Matthäus 22, 1–14: WA 22, S. 335, 23ff.
11 *E. Wolf*, Staupitz und Luther, Leipzig 1927, S. 281 (aus einer Fastenpredigt von 1512).
12 Vgl. WA 40 II, S. 557, 8ff./25ff.; WA 50, S. 637, 29ff.
13 WA 10 III, S. 357, 28ff. Diese Predigt erschien 1522 in Einzeldrucken und wurde 1527 in die Festpostille aufgenommen (WA 17 II, S. 493ff.).
14 Vgl. Hochzeitspredigt am 24. April 1536: a.a.O. (Anm. 5), S. 550, 26ff.
15 Von der Winkelmesse und Paffenweihe, 1533: WA 38, S. 229, 29ff.
16 WA 10 III, S. 360, 25ff.
17 *Wolf*, a.a.O. (Anm. 11), S. 283.

18 Vgl. Predigt am 14. Oktober 1537: a.a.O. (Anm. 10), S. 335, 38ff.; Predigt am 2. November 1522, Matthäus 22, 1–14: WA 10 III, S. 415, 31ff.; Predigt am 14. Oktober 1526, Matthäus 22, 1–14: WA 20, S. 523, 13ff.

19 Vgl. Von der Freiheit eines Christenmenschen, 1520: WA 7, S. 25, 34ff.; ferner WA 21, S. 152, S. 25ff.; Predigt am 2. November 1522: a.a.O. (Anm. 18), S. 416, 24f.

20 Von der Freiheit eines Christenmenschen, 1520: WA 7, S. 26, 4; ferner Predigt am 14. Oktober 1526: a.a.O. (Anm. 18), S. 524, 20; Predigt am 2. November 1522: a.a.O. (Anm. 18), S. 416, 26ff.

21 WA 21, S. 152, 19ff. (Winterpostille, Palmarum, Matthäus 21, 1–9).

22 Ich stütze mich auf die Prosaerzählung der Katharinen-Legende in dem spätmittelalterlichen Werk »Der Heiligen Leben, Winterteil« (zum 25. November, dem Tag der Heiligen); Richard Benz hat diese Fassung in modernisiertem Deutsch auch in seine Auswahl »Alte deutsche Legenden«, Berlin [2]1958, S. 83–88 aufgenommen. In der Szene der Verlobung erscheint Christus als das Kind im Schoße der Maria. Ehe sich Katharina taufen läßt, verweigert sich ihr der Gottessohn in einer ersten Traumerscheinung: ». . . als sie sich etliche Tage geübt im Beten und Fasten, da hatte sie einen wunderbaren Traum: sie sah die Mutter Maria mit ihrem Sohn; aber er kehrte seinen minniglichen Anblick von ihr, so daß sie ihm nicht ins Angesicht schauen konnte. Da war sie sehr betrübt, denn sie hätte ihn gern gesehen. Und Maria bat ihren Sohn, er sollte sich zu ihr wenden. Er aber wollte es nicht tun und sprach: ›Sie ist mir nicht gleich in vier Dingen.‹ « Nach ihrer Taufe hat Katharina dann das mystische Traumerlebnis der Verlobung: »Da erschien ihr Unsere Frau mit ihrem lieben Sohn in königlicher Pracht und Klarheit. Sein Antlitz war wie der Mond so rein, und er sah sie liebreich an und tat ihr ein Ringlein an den Finger und verlobte sich mit ihr. Da erwachte sie und fand das Ringlein an ihrer Hand und merkte, daß das alles wahr gewesen war, was sie im Traum gesehen.« Bildliche Darstellungen der Verlobung der hl. Katharina von Alexandrien zeigen meistens, wie der im Schoß Mariens sitzende Gottessohn der Heiligen den Verlobungsring ansteckt. – Ein analoges mystisches Erlebnis der Verlobung mit Christus wurde im Spätmittelalter von der hl. Katharina von Siena (gest. 1380) berichtet.

23 *Ludolf von Sachsen*, Vita Christi, p. 1 c. 31 n. 13 zu Matthäus 9, 15.

24 Von der Freiheit eines Christenmenschen, 1520: Wa 7, S. 25, 34ff.; vgl. Predigt am 2. November 1522: a.a.O. (Anm. 18), S. 524, 13f.

25 Vgl. Predigt am 30. April 1525, Exodus 12, 5: WA 16, S. 217, 27ff.; S. 219, 22f.

26 Predigt am 14. Oktober 1537: a.a.O. (Anm. 10), S. 336, 24ff.; vgl. Predigt am 24. April 1536: a.a.O. (Anm. 14), S. 555, 11ff.

27 Von der Freiheit eines Christenmenschen, 1520: WA 7, S. 26, 4ff.

28 WA 21, S. 152, 32ff.

29 Predigt am 21. Oktober 1522, Matthäus 25, 1–3: WA 10 III, S. 357, 32ff./358, 4ff. Den Vergleich mit der Schlüsselgewalt der Hausfrau zieht Luther häufig, z. B. Hochzeitspredigt am 24. April 1536: a.a.O. (Anm. 5), S. 557, 32ff.

30 Vgl. Predigt am 14. Oktober 1537: a.a.O. (Anm. 10), S. 337, 1ff.

31 Vgl. *W. Allgaier*, Der »fröhliche Wechsel« bei Martin Luther. Eine Untersuchung zu Christologie und Soteriologie bei Luther unter besonderer Berücksichtigung der Schriften bis 1521, Diss. theol. Erlangen 1966; *Th. Beer*, Der fröhliche Wechsel und Streit. Grundzüge der Theologie Martin Luthers, Einsiedeln 1980 (ohne echtes Verständnis für Luther).

32 Vgl. Von der Freiheit eines Christenmenschen, 1520: WA 7, S. 26, 25ff.

33 Vgl. *M. Herz*, Sacrum Commercium. Eine begriffsgeschichtliche Studie zur Theologie der Römischen Liturgiesprache, München 1958. – Den altkirchlichen Vorstellungskontext erkennen wir aus zwei Augustin-Zitaten (Sermo 130 n. 2; MPL 38, 726 und Enarr. 2 in Ps. 30 Sermo 1 n. 3; CChr 38, 192) in der Legenda aurea des Jacobus de Voragine, Kap. 1 Von dem geistlichen Advent, nach der deutschen Übersetzung von *R. Benz*, Heidelberg ohne Jahr, S. 6: »Augustinus spricht von einem dreifachen Nutzen der Zukunft Christi und sagt: ›In dieser bösen Welt ist nichts denn geboren werden und arbeiten und sterben; das sind die Kaufwaren unserer Lande, und um solcher Ware willen ist Gott gleich einem Kaufmann zu uns herabgestiegen. Und wie der Kaufmann gibt, was er hat, und nimmt, was er nicht hat, so nahm Christus an sich von dem Menschen geboren werden und arbeiten und sterben, als woran hier Überfluß ist, und gab wiedergeboren werden und von dem Tode erstehen und ewiglich herrschen.‹ ›Er ist gekommen, der himmlische Kaufmann, daß er nähme Schmach und gäbe die ewige Glorie, daß er empfinge den Tod und gäbe das ewige Leben.‹ «

34 Predigt am 21. Oktober 1522: a.a.O. (Anm. 29), S. 358, 11ff.; S. 356, 9ff.

35 Vgl. Predigt am 14. Oktober 1526: a.a.O. (Anm. 18), S. 523, 21ff.; S. 524, 5f.

36 Vgl. Predigt am 14. Oktober 1537: a.a.O. (Anm. 10), S. 337, 23ff.

Josef Sudbrack, Christliche Begegnungsmystik

1 Der modische Umgang mit dem Wort in der Art »Entschleierte Mystik« (*J. Zeisel*, Freiburg 1984) entspricht weder dessen Herkunft, wie sie *L. Bouyer* aufgezeigt hat (»Mystisch« – Zur Geschichte eines Wortes, in: *J. Sudbrack*, Das Mysterium und die Mystik. Beiträge zu einer Theologie der christlichen Gotteserfahrung, Würzburg 1974, S.

57–75), noch dem Gewicht der Sache, die vielleicht das religiöse Thema der Zukunft sein wird.

2 Zur Situation nach der Jahrhundertwende vgl. *F.-D. Maaß*, Mystik im Gespräch. Materialien zur Mystik – Diskussion in der katholischen und evangelischen Theologie Deutschlands nach dem Ersten Weltkrieg, Würzburg 1972.

3 *K.-H. zur Mühlen*, Nos extra nos. Luthers Theologie zwischen Mystik und Scholastik, Tübingen 1972, S. 61 f.

4 Simul gemitus et raptus. Luther und die Mystik, in: Kirche, Mystik, Heiligung und das Natürliche bei Luther, Göttingen, 1967, S. 20–59; vgl. *R. Schwarz*, Martin Luther, in: Große Mystiker, Leben und Wirken, München 1984, S. 185–202; dort auch Monographien über Ignatius und Loyola (*P. Imhof*) und Teresa von Avila (*G. Hinrichter*).

5 II, 12, S. 38 f.; dazu *J. Sudbrack*, Das geistliche Gesicht der vier Bücher von der Nachfolge Christi, in: Thomas von Kempen, Beiträge zum 500. Todesjahr, 1471–1971, Kempen, 1971, S. 14–36; dort die weiteren Belege; vgl. in einfacherer Form *J. Sudbrack*, Personale Meditation. Die vier Bücher von der Nachfolge Christi – neu betrachtet, Düsseldorf 1973.

6 Von ihm schreibt Martin Luther: »Ich habe mehr in ihm von wahrer Theologie gefunden als in allen Doktoren aller Universitäten zusammengenommen; weder in lateinischer noch in deutscher Sprache habe ich eine Theologie gesehen, die heilsamer und mit dem Evangelium übereinstimmender ist.« Nach *zur Mühlen* (Anm. 3), S. 114.

7 Dazu *I. Weilner*, Johannes Taulers Bekehrungsweg. Die Erfahrungsgrundlage seiner Mystik, Regensburg 1961.

8 Nur zögernd wagt sich die moderne Theologie an die Quellen ihrer Geistigkeit hinein, wozu auch der große Benediktiner gehört; maßgebend bleibt – bis auf wenige Ausnahme – immer noch die Gesamtausgabe seiner Werke bei *J. P. Migne*, Patrologiae Cursus Completus, Servies II, CVII–CXII, Paris 1951 f.

9 Lutherstudien I, II, 1 u. 2 Göttingen 1971–1982; Martin Luther, Weg und Wort, Frankfurt 1983, Evangelische Evangelienauslegung. Eine Untersuchung zu Luther Hermeneutik, Darmstadt 1969.

10 Zitiert wird – mit einer Ausnahme – nach der Übersetzung in 5 Bänden von *B. Ambrosius* a. S. Theresia OCD, München 1925–1929.

11 *L.-M. de Saint-Joseph*, Jean de la Croix, in: Dictionnaire de la Spiritualité VIII, S. 408–447.

12 *M. M. Mallory*, Christian Mysticism – Transcending Techniques. A Theological Reflection of the Teaching of St. John of the Cross, Amsterdam 1977.

13 Zitiert wird nach der sechsbändigen Übersetzung von *P. Aloisius Alkofer* OCD, München 1933–1941; zur Gestalt vgl. *J. Sudbrack*, Erfahrung einer Liebe, Teresa von Avilas Mystik als Begegnung mit Gott,

Freiburg[2] 1979. Weitere Hinweise in: *J. Sudbrack*, Der Mensch im Überstieg. Teresas Gotteserfahrung in ökumenischer Besinnung, in: Der Weg zum Quell, Teresa von Avila, 1582–1982, Düsseldorf 1982.

14 Das Exserzitienbuch wird zitiert nach der Übersetzung von *P. P. Knauer*, Graz 1978; zum geistlichen Weg des Heiligen vgl. *J. Sudbrack*, Das Wagnis des Lebens aus Gott. Zur ignatianischen Lehre von der Geistesunterscheidung, in: Wagnis der Gnade, Regensburg 1975, 412–426.

15 *J. Sudbrack*, Wege zur Gottesmystik, Einsiedeln 1980.

Walter Nigg, »Eine Blume zu Saron«

Neuere Tersteegen-Darstellungen:

W. Nigg, Der Heilige im Protestantismus: Gerhard Tersteegen, in: Große Heilige, München 1966, S. 309–354.
A. Pagel, Gerhard Tersteegen, Bad Liebenzell 1955.
W. Nigg, Gerhard Tersteegen: Die dreifache Gegenwart Gottes, in: Heimliche Weisheit, 1959, S. 345–368.
Gerhard Tersteegen, Wir sind hier fremde Gäste, ed. Nigg, 1980.
F. Weinhandl, Gerhard Tersteegen, 1963.
Verkehrsverein Mülheim an der Ruhr: Macht der Liebe, Gerhard Tersteegen, 1969.
A. Löschhorn, Gerhard Tersteegens Auffassung von der Heiligung, 1969.
K.-H. Ehring, Die Gerhard Tersteegen-Konferenz, Neukirchen-Vluyn 1974.
C. P. van Andel, Gerhard Tersteegen, 1973.
E. F. Klein, Gerhard Tersteegen, o. J.
Gestalten der Kirchengeschichte, Orthodoxie und Pietismus: Gerhard Tersteegen, S. 331–346, Stuttgart 1982.
A. Klein, Gerhard Tersteegen, (unveröffentlichtes Manuskript).

Quellen-Nachweis:

1 Das Hohelied Salomo, 2, 1.
2 *M. Goebel*, Geschichte des christlichen Lebens, 1860, Bd. III, S. 292.
3 *A. Ritschl*, Geschichte des Pietismus, 1880, Bd. I, S. 491/92.
4 *R. Pabel*: Athos, 1940, S. 148.
5 *M. Claudius*, Werke, 1924, Bd. II, S. 369.
6 *M. Goebel*, a.a.O., S. 344.
7 *M. Goebel*, a.a.O., S. 312.
8 Gerhard Tersteegen, hg. von *T. Klein*, 1925, S. 25.
9 Gerhard Tersteegen, hg. von *T. Klein*, 1925, S. 25.
10 Gerhard Tersteegen, hg. von *T. Klein*, 1925, S. 26.
11 Gerhard Tersteegen, Gesammelte Schriften, 1844, Bd. I, S. 264.

12 Gerhard Tersteegen, Gesammelte Schriften, 1844, Bd. VIII, S. 222/23.
13 Gerhard Tersteegen, Gesammelte Schriften, 1844, Bd. I, S. 458.
14 Gerhard Tersteegen, Weg der Wahrheit, 1926, S. 270.
15 Gerhard Tersteegen, hg. von *T. Klein*, 1925, S. 360.
16 Gerhard Tersteegen, hg. von *T. Klein*, 1925, S. 16.
17 Vgl. Tersteegens Briefe in Auswahl 1889 und »Gerhard Tersteegen in niederländischer Sprache«, hg. von *van Andel*, 1982.
18 Tersteegens Gesammelte Schriften, 1844, Bd. I, S. 375.
19 Tersteegens Gesammelte Schriften, 1844, Bd. I, S. 375.

Alois M. Haas, »Christförmig sein«

1 Zu Leben und Werk des Angelus Silesius siehe die Arbeit von *L. Gnädinger*, Angelus Silesius, in: Gestalten der Kirchengeschichte, Stuttgart 1983; die Ausgaben von *Held* (wie Anm. 8) und *Ellinger* (wie Anm. 8), vgl. jetzt die neue »Kritische Ausgabe« von *Louise Gnädinger*: A. S., Cherubinischer Wandersmann, Stuttgart 1984 (= Reclams UB 8006 [5]); von ders., A. S., Cher. W., Zürich 1986 in textlich modernisierter Fassung (Manesse Bibl. der Weltliteratur). *B. Gorceix*, Flambée et agonie, Mystiques du XVIIe siècle, Sisteron 1977, S. 233–275.

2 Eine umfassende Geschichte der Christusfrömmigkeit über die Jahrhunderte hinweg fehlt leider. Vgl. vorläufig: Imitation du Christ, Dictionnaire de Spiritualité 7, Paris 1971, Sp. 1536–1601; *G. Pfannmüller*, Jesus im Urteil der Jahrhunderte, Leipzig 1908; *J. Huby* (Hg.), Christus, Manuel d'histoire des religions, Paris 1923; *G. Bardy/A. Tricot* (Hg.), Le Christ, Encyclopédie populaire des connaissances christologiques, Paris 1935; *L. Kösters*, Unser Christusglaube, Das Heilandsbild der katholischen Theologie, Freiburg i. Br. 1937, *C. Richstaetter*, Christusfrömmigkeit in ihrer historischen Entfaltung, Köln 1949; Jesus Christus, Das Christusverständnis im Wandel der Zeiten, Marburg 1963; *K. V. Truhlar*, Christuserfahrung, Rom 1964; *W. Kasper*, Jesus der Christus, Mainz [6]1977; AA. VV., Gesù Cristo Roma 1981; *H. Th. Wrege*, Wirkungsgeschichte des Evangeliums, Göttingen 1981; *R. Strunk*, Nachfolge Christi, Erinnerungen an eine evangelische Provokation, München 1981, *L. Scheffczyk* (Hg.), Christusglaube und Christusverehrung. Neue Zugänge zur Christusfrömmigkeit, Aschaffenburg 1982. Vgl. auch Anm. 7. Dazu vgl. die Dogmengeschichten und Darstellungen der Spiritualitätsgeschichte.

3 Vgl. das Nachwort von *H. U. von Balthasar*, Angelus Silesius, Cherubinischer Wandersmann, Einsiedeln 1980 (Christliche Meister 6), S. 95ff.

4 Vgl. *F. Vandenbroucke*, Le divorce entre théologie et mystique, Ses origines, Nouvelle Revue Théologique 72 (1950) S. 372–389; *H. U. von*

Balthasar, Theologie und Heiligkeit, in: Verbum Caro, Skizzen zur Theologie I, Einsiedeln 1960, S. 195–225; *ders.*, Spiritualität, in: a.a.O., S. 226–244.

5 *G. Schnürer*, Katholische Kirche und Kultur in der Barockzeit, Paderborn 1937; *L. A. Veit/L. Lenhart*, Kirche und Volksfrömmigkeit im Zeitalter des Barock, Freiburg 1956.

6 *W. Zeller*, Der Protestantismus des 17. Jahrhunderts, Bremen 1962 (Klassiker des Protestantismus, Bd. V.), S. XVII ff.

7 Vgl. dazu *A. M. Haas*, Jesus Christus – Inbegriff des Heils und verwirklichte Transzendenz im Geist der deutschen Mystik, in: *G. Oberhammer* (Hg.), Epiphanie des Heils. Zur Heilsgegenwart in indischer und christlicher Religion, Arbeitsdokumentation eines Symposiums, Wien 1982, S. 193–216.

8 Schefflers Werk wird zitiert nach der Ausgabe von *H. L. Held*, Angelus Silesius, Sämtliche Poetische Werke in drei Bänden, München [3]1949/52 (vgl. auch die Ausgabe von *G. Ellinger*, Angelus Silesius, Sämtliche poetische Werke und eine Auswahl aus seinen Streitschriften, Mit einem Lebensbild, 2 Bde., Berlin o. J.). Das Zitat hier: *Held* I, S. 127, Anm. 47.

9 Zur Unterscheidung Christo- und Theozentrismus vgl. *G. Moioli*, Christocentrismo, in: St. de Fiores/T. Goffi, Nuovo Dizionario di spiritualità, Roma 1979, S. 354–366; *A. Blasucci*, Christocentrismo, in: E. Ancilli, Dizionario enciclopedico di spiritualità, Roma 1975, S. 487–496.

10 Vgl. dazu *Gnädinger*, wie Anm. 1; Held I.

11 Vgl. unten S. 195 ff.

12 *Held* I, S. 314.

13 Theologia mystica 1. 3, c. 9; zitiert bei Maximilianus Sandaeus, Theologia mystica Clavis, Köln 1640, Nachddruck: Heerlee-Louvain 1963, 302 b. Auf die Stelle verweist *L. Gnädinger*, Die Rosen-Sprüche des *Cherubinischen Wandersmanns* als Beispiel für J. Schefflers geistliche Epigrammatik, in: Deutsche Dichter des 17. Jahrhunderts, Ihr Leben und Werk, hg. v. H. Steinhagen und B. von Wiese, Berlin 1983. Auf die Bedeutung des M. Sandaeus verwiesen schon *Richstaetter*, A. S., Mystiker und Konvertit (wie Anm. 50), S. 372 f., und in seinem Gefolge *H. Gies*, Eine lateinische Quelle zum »CW« des A. S., Breslau 1929; Ein Dichter und Mystiker des Barock, Lit. Wiss. Jb. der Görresgesellchaft 4 (1929) S. 129–142. *R. Schäfer*, Die Negation als Ausdrucksform mit besonderer Berücksichtigung der Sprache des A. S., Diss. Bonn 1959, hat diese Abhängigkeit des A. S. auch von der »Theologia mystica« (Mainz 1627) des Sandaeus ausführlich belegt.

14 Vgl. dazu *M. de Certeau*, La fable mystique, XVIe–XVIIe siècle, Paris 1982, S. 277 ff.

15 Auf die Emanzipation der Rede*weise* aus dem Zusammenhang des

Inhaltlichen verweist äußerst nachdrücklich *M. de Certeau*, wie Annm. 14, S. 156ff. Vgl. von dems., Politica e mistica, Questioni di storia religiosa, Milano 1975, S. 348ff. Auf die entscheidende Rolle rhetorischer *modi loquendi* in Schefflers Dichtung verweist *E. Meier-Lefhalm*, Das Verhältnis von mystischer Innerlichkeit und rhetorischer Darstellung bei A. S., Diss. Bonn 1957 (masch.). Vgl. auch *F. Bolgiani* (Hg.), Mistica e retorica, Firenze 1977.

16 Die Angaben in Klammern beziehen sich auf die Ausgabe von *Held*, wie Anm. 8; Ausgabe Gnädinger, wie Anm. 1, 13, 22.

17 Vgl. *Meister Eckhart*, Deutsche Werke 2, S. 98, 5ff. Vgl. dazu *Haas*, wie Anm. 7, S. 205.

18 Die Geschichte dieses Satzes siehe bei *Haas*, wie Anm. 7, S. 196, Anm. 18.

19 *K. Barth*, Die kirchliche Dogmatik, II. Bd., 1. Halbbd., Zollikon-Zürich [2]1946, S. 316.

20 Vgl. *Haas*, wie Anm. 7, S. 193f.

21 Ebd., wie Anm. 7, S. 197f. Vgl. *K. Rahner*, Die ewige Bedeutung der Menschheit Jesu für unser Gottesverhältnis, in: Schriften zur Theologie III, Einsiedeln [3]1959, S. 47–60; *W. Kasper*, Christologie und Anthropologie, Theol. Quartalschrift 162 (1982) S. 201–221.

22 Vgl. dazu die Sündersprüche V 53ff.

23 *Held* I, S. 66.

24 Auch andere Komponisten wie z. B. Buxtehude, haben sich der Lieder Schefflers kompositorisch angenommen.

25 *Held* I, S. 303.

26 Ebd. I, S. 302.

27 Ebd. I, S. 304.

28 Ebd. I, S. 66.

29 *H. U. von Balthasar*, Das betrachtende Gebet, Einsiedeln 1955, S. 69. Vgl. auch *E. Seeberg*, Zur Frage der Mystik, in: Menschwerdung und Geschichte, Aufsätze, Stuttgart o. J., S. 134ff.

30 *F. Ohly*, Hohelied-Studien, Grundzüge einer Hoheliedauslegung des Abendlandes bis um 1200, Wiesbaden 1958.

31 *Held* II, S. 117, 3.

32 Ebd II, S. 120, 9. Zu Schefflers Wortschatz vgl. *A. Langen*, Der Wortschatz des deutschen Pietismus, Tübingen [2]1968, S. 404–412.

33 *H. Rahner*, Ignatius von Loyola als Mensch und Theologe, Freiburg i. Br. 1964, S. 344–369; *F. Marxer*, Die inneren geistlichen Sinne, Ein Beitrag zur Deutung ignatianischer Mystik, Freiburg i. Br. 1963; *H. U. von Balthasar*, Herrlichkeit, Eine theologische Ästhetik, 1. Bd.: Schau der Gestalt, Einsiedeln 1961, S. 352ff. Vgl. Ignatius, Exerzitien, Nr. 121, 133, 227.

34 Zu diesem Motiv der Warumlosigkeit der Gottesliebe vgl. *L. Gnädinger*, Die spekulative Mystik im Cherubinischen Wandersmann des Joh.

A. Silesius I und II, Studi Germanici 4 (1966) S. 29–59, 145–190; dies., Rosenwunden, in: *M. Bircher/A. M. Haas*, Deutsche Barocklyrik, Gedichtinterpretationen von Spee bis Haller, Bern 1973, S. 97–133.

35 Vgl. *A. M. Haas*, Sermo mysticus, Studien zu Theologie und Sprache der deutschen Mystik, Freiburg/Schweiz 1979, S. 392–480; ders., Mort mystique, in: Mourir, Expérience et réflexion chrétiennes, Paris 1981, S. 89–116.

36 Der Kuß wurde – von der altchristlichen Übung der allegorischen Deutung her – im Barock umfassend erforscht. Vgl. das bedeutsame Werk von *M. Kempius*, De osculis, Frankfurt 1680, Dissertatio III, S. 26–57 (De osculo mystico). Vgl. auch *N. J. Perella*, The Kiss Sacred and Profane, An Interpretative History of Kiss Symbolism and Related Religio-Erotic Themes, Berkeley 1969.

37 *J. P. Heimmel*, »God is our mother«: Julian of Norwich and the Medieval Image of Christian Feminine Divinity, Diss. St. John's University New York 1980; *C. W. Bynum*, Jesus as Mother, Studies in the Spirituality of the High Middle Ages, Berkeley 1982. Zum patristischen Hintergrund vgl. *K. Bjerre-Aspegren*, Bräutigam, Sonne und Mutter, Studien zu einigen Gottesmetaphern bei Gregor von Nyssa, Lund 1977.

38 *H. Rahner*, Symbole der Kirche, Die Ekklesiologie der Väter, Salzburg 1964, S. 177–325.

39 Vgl. *E. Jacobsen*, Die Metamorphosen der Liebe und F. Spees »Trutznachtigall«, Studien zum Fortleben der Antike I, Kopenhagen 1954, S. 37ff.; *Th. Hyde*, The Poetic Theology of Love, Cupid in Renaissance Literature, Newark 1986.

40 *Held* I, S. 304.

41 Ebd.

42 Ebd., S. 346.

43 Ebd., S. 347.

44 *E. Benz*, Das Christusbild der protestantischen Mystik des 17. und 18. Jahrhunderts, in: Jesus Christus, Das Christusverständnis im Wandel der Zeiten, wie Anm. 2, S. 64.

45 *Held* I, S. 351f.

46 Ebd., S. 352.

47 Schefflers kämpferisches Engagement zugunsten der katholischen Kirche – bekanntlich stürzte er sich nach seiner Konversion in unabsehbare Streitigkeiten mit seinen ehemaligen lutherischen Glaubensbrüdern – wird von *K. Barth* (Die kirchliche Dogmatik, I. Bd., 2. Halbbd., Zürich ^{6}1975, S. 350) mit einigem Recht als notwendig komplementäres Verhalten zu seinen mystischen Bestrebungen gedeutet: »Es ist gerade die Genialität, die Umsicht und Ökonomie, mit der Angelus Silesius die mystische Sache vertreten und betrieben hat, darin zu erblicken, daß er sich – mit vielen Genossen in China, in Indien, in

Arabien und viel klüger als seine Verehrer im modernen Abendland! – zugleich als ›orthodoxer Fanatiker‹ betätigt hat!« Im Maße als der in der Deutung der Mystik immer wieder gehörte Topos, mystische Erfahrung sei eo ipso schon kirchenfeindlich und -abweisend, zur Platitüde zu erstarren droht, ist dieser Feststellung Barths volles Gewicht beizumessen.

48 Der Streit um die Edition eines Konvoluts mystischer Texte und die intransigente Haltung des lutherischen Hofpredigers Christoph Freytag hatten Scheffler ja bewogen, sich der lutherischen Kirche zu entfremden.

49 Die katholische Kirche hatte natürlich alles Interesse, einen so bedeutenden Mann wie Scheffler in ihre Reihen aufzunehmen. Auf der anderen Seite läßt sich – im Blick auf die mystische Überlieferung der katholischen Kirche – keinerlei Heterodoxie Schefflers nachweisen. Vgl. schon *C. Seltmann*, A. S. und seine Mystik, Breslau 1896.

50 Ich meine, daß die Scheffler-Forschung von den eingefahrenen Geleisen sowohl einer psychologisierenden wie konfessionsgeschichtlichen Interpretation einmal abrücken müßte, um dessen dichterische Gestalt voll in den Blick zu bekommen. So ist das Psychogramm, das *L. Kolakowski* (Chrétiens sans Eglise, La conscience religieuse et le lien confessionel au XVIIe siècle, Paris 1969, S. 567–639) von Scheffler zeichnet, wohl letztlich unzutreffend (schon im Vorwurf des Panteismus völlig überholt). Die Arbeiten von *Gnädinger* (siehe Anm. 1, 8, 13, 34), *Gorceix* (Anm. 1) und anderen haben hier bessere Wege gewiesen, als sie *Ellinger* (Angelus Silesius, Ein Lebensbild, Breslau 1927) – mit seinem Bestehen auf Schefflers Heterodoxie (aber mit dem richtigen Hinweis auf Eckhart als Quelle Schefflers) – und *K. Richstaetter* (A. S., Mystiker und Konvertit, Stimmen der Zeit 111 [1926] S. 361–381; Barocke Mystik bei A. S., Stimmen der Zeit 121 [1931] S. 326–340) – mit seinem allzu engen Beharren auf Schefflers streng dogmatisch abgestützter Rechtgläubigkeit – noch zu weisen vermochten. Die französische Forschung verhielt sich hierin klüger, Vgl. *J. Baruzi*, Création religieuse et pensée contemplative, Paris 1951, S. 97ff.; *H. Plard*, La mistique d'A.S., Paris 1953. – Eine Ästhetik Schefflers wäre aus seinen Liedern noch eigens zu deduzieren. Sie wäre eine mystisch vermittelte in dem Sinne, wie sie *R. Spaemann* für Fénelon erschlossen hat (Reflexion und Spontaneität, Studien über Fénelon, Stuttgart 1963, S. 79).

Dietrich Meyer, »Christus mein ander Ich«

1 *O. Uttendörfer*, Zinzendorf und die Mystik, Berlin 1950, S. 421.

2 *L. Aalen*, Die Theologie des jungen Zinzendorf, Berlin 1966. Zuletzt *H. Schneider*, Nikolaus Ludwig von Zinzendorf, in: Orthodoxie und

Pietismus, hg. v. *M. Greschat*. 1982, S. 347ff. (Gestalten der Kirchengeschichte, Bd. 7)

3 *E. Schering*, Pietismus und die Renaissance der Mystik, in: Pietismus-Herrnhutertum-Erweckungsbewegung, Köln 1982, S. 39–70 (Zitat S. 40).

4 R 20 A 1, 1 (1734), zitiert nach: *Uttendörfer*, a.a.O., S. 23.

5 R 20 E 3, 1, zitiert nach dms., S. 26.

6 R 20 E 3 a, 16, vgl. Teutsche Gedichte, Herrnhut 1735, Nr. 2.

7 *Uttendörfer*, a.a.O., S. 60.

8 Ebd., S. 36.

9 Büdingische Sammlung, Bd. I, Büdingen 1742 (Vorrede).

10 Siehe *W. Bettermann*, Vorläufiges über Zinzendorfs Stellung zur Mystik, in: ZKG 1933. S. 601. Das Zitat in: Theologische Bedenken. Büdingen 1742. S. 145.

11 Zitiert nach: *O. Uttendörfer*, Zinzendorfs religiöse Grundgedanken, Herrnhut 1935, S. 161.

12 Londoner Predigten, Bd. I, London und Barby 1756, S. 55f.

13 Büdingische Sammlung, Bd. III, Büdingen 1744, S. 193.

14 Vgl. *W. Bettermann*, Theologie und Sprache bei Zinzendorf, Gotha 1935, S. 37.

15 Homilien über die Wundenlitanei, [2]1747, S. 347. In der 1. Aufl. von 1747 heißt der Satz: »Darum werden wir nie falsche Mystici, denn unsere ganze apotheosis, unsere endliche Vergötterung geht schon in diesem Leben an, indem man der göttlichen Natur theilhaftig wird« (S. 382).

16 21 Diskurse über die Augspurgische Konfession, 1748, S. 70.

17 Aus dem Lied: Vom Himmel hoch, da komm ich her, EKG Nr. 16.

18 Zinzendorf bezeichnet sich in diesem Sinne eines zurückgezogen lebenden Menschen als »Mysticus«: »Etliche Jahre her hab ich als ein Mysticus gehandelt, habe mir gefallen lassen, daß die Geschwister selber gewirtschaftet, und habe gedacht: Es ist ja gut, still sein, und den Heiland allein alles tun lassen, ohne selber so activ dabei zu sein.« (Jüngerhaus-Diarium 16. September 1752).

19 Jüngerhaus-Diarium, 13. November 1750.

20 Siehe dazu: *W. Bettermann*, Theologie und Sprache bei Zinzendorf, Gotha 1935, S. 173.

21 Teutsche Gedichte, Barby [2]1766, Nr. 20.

22 Jüngerhaus-Diarium, 4. Januar 1752.

23 Jüngerhaus-Diarium, 25. Dezember 1758.

24 So *G. Büchmann*, Geflügelte Worte und Zitatenschatz, Verbesserte Neuausgabe, Zürich, o. J., S. 206.

25 Deutsches Wörterbuch, hg. v. *Jacob Grimm* und *Wilhelm Grimm*, Bd. 4, Abt. 2, Leipzig 1877, Sp. 2031 (zum Wort: Ich).

26 Berthelsdorfer Reden, [4]1848, S. 120.

27 Ebd., S. 86.
28 Ebd., S. 119f.
29 Ebd., S. 100.
30 Zitiert nach: *Uttendörfer*, Zinzendorfs religiöse Grundgedanken, S. 227.
31 Ebd., S. 228.
32 Barbysche Sammlungen, Barby 1760, S. 107f.
33 Berthelsdorfer Reden, S. 15.
34 Ebd., S. 103f.
35 Ebd., S. 14.
36 Ebd.
37 Ebd., S. 148.
38 Jüngerhaus-Diarium, 18. März 1755, zitiert nach: *Uttendörfer*, Mystik S. 371.
39 Berthelsdorfer Reden, S. 89.
40 Ebd., S. 19, die Berufung auf Kol. 1, 16 findet sich ebd., S. 154.
41 Hs. 18, 27. Mai 1749 (Unitätsarchiv Herrnhut).
42 Londoner Predigten, Bd. II, London und Barby 1757, S. 355.
43 Ebd., S. 358.
44 *H.-Ch. Hahn/H. Reichel* (Hg.), Zinzendorf und die Herrnhuter Brüder, Hamburg 1977, S. 425f.
45 Londoner Predigten, Bd. II, S. 359.
46 Zitiert nach: *Uttendörfer*, Mystik, S. 390.
47 Londoner Predigten, Bd. I, S. 352.
48 *W. Bettermann*, Theologie und Sprache (s. Anm. 20), S. 158.
49 *A. G. Spangenberg*, Leben des Herrn Nicolaus Ludwig, Grafen und Herrn von Zinzendorf und Pottendorf, Bd. 1–8, 1772–1775, S. 1350.
50 Vgl. dazu: *D. Meyer*, Der Christozentrismus des späten Zinzendorf, Bern 1973, S. 140ff.
51 Jüngerhaus-Diarium, 11. April 1751.
52 21 Diskurse über die Augspurgische Konfession, 1748, S. 294f.
53 Jüngerhaus-Diarium 25. Dezember 1753, zitiert nach: *Uttendörfer*, Mystik, S. 390.

Wolfgang Frühwald, »Deklinierend Mohn und Rosen«

1 Der vorliegende Aufsatz erschien zuerst in »Zeitwende. Die Neue Furche« 53 (1982) S. 209–223. Er wurde für den vorliegenden Druck überarbeitet. Da es sich ursprünglich um einen Vortrag handelte, ergeben sich Überschneidungen mit meinen Aufsätzen: Der »romantische« Goethe. Esoterik und Mystik in dem Roman »Die Wahlverwandtschaften« und im »West-östlichen Divan«, in: Vielfalt der Perspektiven. Wissenschaft und Kunst in der Auseinandersetzung mit Goethes Werk.

Dokumentation des Goethe-Symposions an der Universität Passau vom 17. bis 19. November 1982, hg. von *H.-W. Eroms* und *H. Laufhütte*, Passau 1984, S. 165–177; und: Die Idee kultureller Nationbildung und die Entstehung der Literatursprache in Deutschland, in: Nationalismus in vorindustrieller Zeit, hg. von *O. Dann*, München 1986, S. 129–141. Eine Auseinandersetzung mit der umfangreichen Literatur zu Goethes »West-östlichem Divan« führe ich wegen der essayistischen Fassung dieses Aufsatzes nicht.

2 Zur Kontroverse zwischen Klopstock und Goethe vgl.: *Friedrich Gottlieb Klopstock*: Epigramme. Text und Apparat, hg. von *K. Hurlebusch*, Berlin, New York 1982, hier bes. S. 233. Die folgenden Zitate ebd., S. 233 f.

3 Ebd., S. 39.

4 Vgl. dazu den in Anmerkung 1 genannten Aufsatz über »Die Idee kultureller Nationbildung und die Entstehung der Literatursprache in Deutschland«; vgl. auch *K. L. Schneider*, Klopstock und die Erneuerung der deutschen Dichtersprache im 18. Jahrhundert, Heidelberg [2]1965.

5 Diesen erhellenden Terminus verwendete *H. Timm* (Heidelberg) bei einer Diskussion über die deutsche Frühromantik.

6 *Georg Büchner*: Werke und Briefe in einem Band. Nach der historisch-kritischen Ausgabe von *W. R. Lehmann*, hg. von *K. Pörnbacher, G. Schaub, H.-J. Simm* und *E. Ziegler*, München o. J., S. 276 f.

7 Vgl. dazu *M. Wehrlis*, Artikel »Literatur und Ästhetik«, in: Reallexikon der deutschen Literaturgeschichte, 2. Aufl., Bd. 2, Berlin 1965, S. 81 f.

8 Vgl. *W. Frühwald*: Der Zwang zur Verständlichkeit. August Wilhelm Schlegels Begründung romantischer Esoterik aus der Kritik rationalistischer Poetologie, in: Die literarische Frühromatik, hg. von *S. Vietta*, Göttingen 1983, S. 129–148.

9 Vgl. *K. Kraus*: Die dritte Walpurgisnacht, hg. von *H. Fischer*, München 1967, S. 131: Platen »weiß wie Goethe um die Entfernung, die die deutsche Sprache von der Sprache der Deutschen trennt, das Volk der Dichter von eben diesen«.

10 *H. Heine*: Die romantische Schule, hg. von *M. Windfuhr*, Hamburg 1979, S. 161 (Düsseldorfer Heine-Ausgabe, Bd. 8, 1).

11 Ebd., S. 162.

12 *U. Zahn*: Die Landschaft der Walhalla im Wandel, in: Die Walhalla. Idee, Architektur, Landschaft, hg. von *J. Traeger*, Regensburg 1979, S. 94. Das folgende Zitat ebd., S. 93.

13 *Heine*, Die romantische Schule, S. 161.

14 Goethes Gespräche. Eine Sammlung zeitgenössischer Berichte aus seinem Umgang auf Grund der Ausgabe und des Nachlasses von *F. Freiherrn von Biedermann* ergänzt und hg. von *W. Herwig*, Bd. 3,2 (1972) S. 182.

15 Vgl. dazu und zum Folgenden: *F. Schnabel*: Deutsche Geschichte im 19. Jahrhundert. Die moderne Technik und die deutsche Industrie, (Herder-Bücherei 208), Freiburg i. Br. 1965, S. 264.
16 Der Briefwechsel zwischen Goethe und Zelter. Hg. von *M. Hecker*, Bd. 2 (1915) S. 340.
17 Goethe an Zelter am 12. Februar 1829.
18 *Heine*, Die romantische Schule, S. 148.
19 *F. Frhr. von Biedermann* (Hg.), Goethes Gespräche. Gesamtausgabe, Bd. 3 (1910) S. 450.
20 *Goethes* Werke, Bd. 2. Textkritisch durchgesehen und mit Anmerkungen versehen von *E. Trunz*, Hamburg [3]1956, S. 110f.
21 Ebd., S. 23.
22 *Achim von Arnim* und *Jacob und Wilhelm Grimm*, bearbeitet von R. Steig, Stuttgart und Berlin 1904, S. 483.
23 *Goethes* Werke. Bd. 6. Mit Anmerkungen versehen von *B. v. Wiese* und *E. Trunz*, Hamburg [3]1958, S. 623.
24 Ebd., S. 490.
25 *Goethes* Werke, Bd. 2, S. 20f.
26 *Thomas Mann*: Deutschland und die Deutschen, in: *ders.*: Politische Schriften und Reden, Bd. 3 (Fischer-Bücherei MK 118), Frankfurt 1968, S. 175.
27 *Joseph Görres*: Ausgewählte Werke, hg. von *W. Frühwald*, Bd. 2, Freiburg u. a. 1978, S. 459.
28 Vgl. *E. Trunz*: Goethes Gedicht an Hafis »Offenbar Geheimnis«, in: *ders.* (Hg.), Studien zu Goethes Alterswerken, Frankfurt 1971, S. 231.
29 Ebd., S. 239.
30 *Goethes* Werke, Bd. 2, S. 205.
31 Ebd., S. 12f.
32 *Trunz*, S. 236.
33 *Goethes* Werke, Bd. 2, S. 18.
34 *Trunz*, S. 236. Auch bei der Deutung von Goethes Unterscheidung zwischen »fromm« und »selig« folge ich Trunz.
35 *Goethes* Werke, Bd. 2, S. 14.
36 Ebd., S. 116. Die folgenden Zitate ebd., S. 116f.

Gerhart Mayer, Der Heilspfad der Seele

1 *B. Zeller*, H. Hesse in Selbstzeugnissen und Bilddokumenten, Reinbeck 1963, S. 81.
2 *H. Hesse*, Ges. Schriften, Suhrkamp 1958, Bd. 5, S. 523.
3 Weg nach Innen, Berlin 1940, S. 432f.
4 Gesammelte Schriften, Bd. 3, S. 684.
5 Ges. Schriften, Bd. 7, S. 373.

6 Ebd., S. 487 (Brief vom 9. August 1929).
7 Ein Stückchen Theologie, ebd., S. 388 ff.
8 Demian, 1919, S. 200.
9 Ges. Schriften, Bd. 6, S. 491.
10 *H. Hesse*, Ges. Schriften, Bd. 7, S. 340.
11 Briefe v. Hesse, 1951, S. 161 f.
12 Ges. Schriften, Bd. 5, S. 679.
13 *H. Hesse*, Ges. Schriften, Bd. 7, S. 389.
14 Ges. Schriften, Bd. 6, S. 682.
15 Briefe v. H. Hesse, 1951, S. 164 f.
16 Briefe v. H. Hesse, 1951, S. 219.
17 *W. Kohlschmidt*, Meditationen über H. Hesses Glasperlenspiel, in: *W. K.*, Die entzweite Welt, Gladbeck 1953, S. 146, 149 f., 154.
18 *P. Althaus*, Die christliche Wahrheit, Gütersloh 1947, Bd. 1, S. 75.
19 West-östliche Mystik, Gotha 1926, S. 180.
20 Briefe v. H. Hesse, 1951, S. 200.
21 Ges. Schriften, Bd. 7, S. 389.
22 Ges. Schriften, Bd. 6, S. 385.
23 Briefe v. H. Hesse, 1951, S. 35.
24 *H. Hesse*, Eine Werkgeschichte, hg. von S. Unseld, Frankfurt am Main 1973, S. 92.

Otto Pöggeler, Sein und Nichts

1 Vgl. *J. D. Caputo*, The Mystical Element in Heidegger's Thought, Ohio University Press, Ohio 1978. Zum folgenden vgl. *B. Welte*, Meister Eckhart. Gedanken zu seinen Gedanken, Freiburg, Basel, Wien 1979. Vgl. auch Weltes Bericht in: Erinnerung an M. Heidegger, hg. v. G. Neske, Pfullingen 1977, S. 249 ff.
2 Eckharts Predigt ist als Predigt Nr. 30 in neuhochdeutscher Übersetzung abgedruckt in: *Meister Eckehart*, Deutsche Predigten und Traktate, hg. und übersetzt von *J. Quint*, München 1963 und 1979, S. 295 ff. Zum folgenden vgl. *B. Casper*, Martin Heidegger und die Theologische Fakultät Freiburg 1909–1923, in: Kirche am Oberrhein. Beiträge zur Geschichte der Bistümer Konstanz und Freiburg, hg. von *R. Bäumer, K. S. Franz, H. Ott*, Freiburg 1980, S. 534–541.
3 Vgl. den Abdruck des Briefes in: Das Maß des Verborgenen. *H. Ochsner* zum Gedächtnis, hg. *v. C. Ochwadt* und *E. Tecklenborg*, Hannover 1981, S. 157 ff. Ochsner berichtet auch, daß Heidegger schon am 1. August 1917 im privaten Kreis einen Vortrag über Schleiermachers *Reden über die Religion* hielt (S. 92). Wenn Heidegger sich dabei vor allem auf die zweite Rede stützte, so zeigt sich, daß er Abschied nahm von der metaphysischen Theologie im Sinne des Aristotelismus und

Hegels. Das war ein wichtiger Schritt weg vom System des Katholizismus und vom dogmatischen Protestantismus zu einem freien Christentum, wie Heidegger in diesen Jahren sagte. Zum folgenden vgl. die Berichte über Heideggers Vorlesung Einleitung in die Phänomenologie der Religion in *O. Pöggeler*, Der Denkweg Martin Heideggers, Pfullingen, [2]1983, S. 36ff., vgl. ferner *Th. Sheehan*, Heidegger's ›Introduction to the Phenomenology of Religion‹, 1920–1921, in: A Companion to Martin Heidegger's ›Being and Time‹, hg. von *J. J. Kockelmans*, Washington D.C. 1986, S. 40ff.

4 Vgl. *M. Heidegger*, Hölderlins Hymnen »Germanien« und »Der Rhein«, Frankfurt a. M. 1980, S. 134; zum folgenden *M. Heidegger*, Die Frage nach dem Ding. Tübingen 1962, S. 76. Vgl. ferner *W. Schulz*, Der Gott der neuzeitlichen Metaphysik, Pfullingen 1957, S. 14.

5 Vgl. *M. Heidegger*, Hölderlins Hymne »Der Ister«, Frankfurt a. M. 1984, S. 155. Die im folgenden genannte Erzählung »Der Feldweg« (zuerst 1949) wurde wie das Hüttenbüchlein »Aus der Erfahrung des Denkens« (zuerst 1947) wieder abgedruckt in *M. Heidegger*, Aus der Erfahrung des Denkens, Frankfurt a. M. 1983, S. 87ff., 75ff. Der Vortrag »Das Ding« steht in: Vorträge und Aufsätze, Pfullingen 1954, S. 163ff. Zu Eckharts Predigt Beati pauperes spiritu vgl. Nr. 32 in der Übersetzung von *Quint* (vgl. Anm. 2, S. 303ff.).

6 Vgl. Nr. 49 in der Übersetzung von *Quint* (vgl. Anm. 2, S. 384). Zum folgenden vgl. *M. Heidegger*, Der Satz vom Grund, Pfullingen 1957, S. 70f.

7 Vgl. *M. Heidegger*, Gelassenheit, Pfullingen 1959, S. 36. Zum folgenden vgl. die Übersetzung von *Quint* (vgl. Anm. 2), S. 53ff., 303ff.

8 Vgl. *M. Heidegger*, Was heißt Denken?, Tübingen 1954, S. 54, 159. Zum folgenden vgl. Hölderlins Hymnen »Germanien« und »Der Rhein« (vgl. Anm. 4), S. 112, 134.

9 Vgl. *M. Heidegger*, Identität und Differenz, Pfullingen 1957, S. 24; Zur Sache des Denkens, Tübingen 1969, S. 23; Unterwegs zur Sprache, Pfullingen 1959, S. 28f. Zum folgenden vgl. Unterwegs zur Sprache, S. 198. Über Heideggers Versuch einer Laotse-Übersetzung vgl. Erinnerung an Martin Heidegger (vgl. Anm. 1), S. 119ff.

10 Vgl. *M. Heidegger*, Gelassenheit (vgl. Anm. 7), S. 49. Zum folgenden vgl. den Brief über den »Humanismus«, in: Wegmarken, Frankfurt a. M. 1967, S. 189. Zum folgenden vgl. Eckharts Predigten Nr. 10 und 9 bei Quint (vgl. Anm. 2), S. 197, 199, 193.

11 Vgl. *P. Celan*, Gedichte 1938-1944. Transkription der Handschrift. Mit einem Vorwort von *R. Kraft*, Frankfurt a. M. 1985, S. 40, 59, 92. Vgl. zum folgenden dort S. 112 das Gedicht »Winter«, das die »Schneewehn der Ukraine« nennt. Die Gedichte Celans werden sonst mit ihren Titeln zitiert nach *P. Celan*, Gesammelte Werke in fünf Bänden. Frankfurt a. M. 1983.

12 *St. Moses* hat das Gedicht in diesem Sinne ebenso eindringlich wie detailliert interpretiert; vgl. sein Referat »Deep in the glowing emptytext« vom Jerusalemer Kolloquium »Absence and Negation in Literature and Literary Theory« vom Juni 1986 (Druck in Vorbereitung). Daß die mystische Tradition die Offenbarung inhaltlich immer weiter reduziert, hat *G. Scholem* gezeigt; vgl. z. B. Zur Kabbala und ihrer Symbolik, Frankfurt a. M. 1977, S. 11 ff. Zu Celans Verhältnis zur Mystik vergleiche mein Buch Spur des Worts. Zur Lyrik Paul Celans, Freiburg/München 1986, S. 271 ff.

Verfasser der Beiträge

Willi Massa (1931), Dr. theol., Professor für Theologie, Leiter des ökumenischen Zentrums für Meditation und Begegnung in Neumühle, Mettlach-Tünsdorf/Saar; Veröffentlichungen u. a.: Schweigen und Wort. Ich-Findung, Du-Findung, Gott-Findung (²1977), Die Höhle des Herzens (Hg., 1981), Wagnis der Begegnung. Zen und Leben als Christ (Zus. mit W. Johnston, 1982), Kontemplative Meditation. Die Wolke des Nichtwissens, (Hg., ⁷1986), Der Weg des Schweigens (Hg., ⁴1984).

Wolfgang Böhme (1919), Dr. jur., Pfarrer und Direktor der Evangelischen Akademie Bad Herrenalb; Veröffentlichungen u. a.: Zeichen der Versöhnung – Beichtlehre für evangelische Christen (1956, ²1969), Die sieben Tage Gottes – über Grundfragen menschlicher Existenz (1959), Das Kamel und das Nadelöhr – über Wohlstand und Christentum (1964), Selbstverwirklichung und Liebe – der Weg der Frau zu sich selbst (1977), Weisheit und Erkenntnis – Predigten zum Mitdenken (1978), Gotteserfahrung – Neue Predigten (1980), Vom inwendigen Menschen – Predigten zur Zeit und zur Unzeit (1983).

Johann Maier (1933), Dr. theol., Dr. phil., Professor für Judaistik und Direktor des Martin-Buber-Instituts für Judaistik der Universität Köln; Veröffentlichungen u. a.: Geschichte der jüdischen Religion (1972), Literatur und Religion des Frühjudentums (Hg. zus. mit J. Schreiner, 1973), Das Judentum (²1976), Jesus von Nazareth in der talmudischen Überlieferung (1978), Die Tempelrolle von Qumran (1978), Jüdische Auseinandersetzung mit dem Christentum in der Antike (1982), Kleines Lexikon des Judentums (zus. mit P. Schäfer, 1981).

Karl Albert (1921), Dr. phil., Professor der Philosophie an der Bergischen Universität Wuppertal; Veröffentlichungen u. a.: Die ontologische Erfahrung (1974), Meister Eckharts These vom Sein (1976), Griechische Religion und Platonische Philosophie (1980), Vom Kult zum Logos (1982), Mystik und Philosophie (1986).

Josef Zapf SVD (1926), Dr. phil., Professor für Religionsphilosophie, Religionspsychologie, Religionssoziologie, Religionsphänomenologie und Geschichte der Philosophie an der Philosophisch-Theologischen Ordenshochschule der Steyler Missionare in St. Augustin; Veröffentlichungen u. a.: Die Funktion der Paradoxie im Denken und im sprachlichen Ausdruck bei Meister Eckhart (Diss. 1966).

Roland Pietsch (1942), Dr. theol., Präsident der Jacob-Böhme-Gesellschaft e.V., Lehrbeauftragter an den Universitäten Stuttgart und Innsbruck, Arbeiten in Vergleichender Religionsgeschichte und Philosophie, besonders im Bereich der Jacob-Böhme-Forschung.

Otto Langer (1937), Dr. phil., Privatdozent und Akad. Oberrat an der Fakultät für Linguistik und Literaturwissenschaft der Universität Bielefeld; Veröffentlichungen u. a.: Δύναμις. Untersuchungen zur Metaphysik Plotins (1967), Beiträge zur deutschen und niederländischen Predigt im Mittelalter (zus. mit K. O. Seidel u. G. C. Zieleman, 1982), Mystische Erfahrung und spirituelle Theologie. Zu Meister Eckharts Auseinandersetzung mit der Frauenfrömmigkeit seiner Zeit (1987).

Reinhard Schwarz (1929), Dr. theol., Professor für Kirchengeschichte an der Evangelisch-Theologischen Fakultät der Universität München; Veröffentlichungen u. a.: Fides, spes und caritas beim jungen Luther (1962), Vorgeschichte der reformatorischen Bußtheologie (1968), Die apokalyptische Theologie Thomas Müntzers und der Taboriten (1977), Luther (im Druck).

Josef Sudbrack SJ (1925), Dr. theol. habil., München. Dozent für Geistliche Theologie in Innsbruck, Visit. Prof. in Harvard, Cambridge; Veröffentlichungen u. a.: Die geistliche Theologie des Johannes von Kastl. Studien zur Frömmigkeitsgeschichte des Spätmittelalters (1966, 1967), Erfahrung einer Liebe (1979), Wege zur Gottesmystik (1980).

Walter Nigg (1903), Lic. theol., Dr. theol. h.c., Professor für Kirchengeschichte in Zürich, Emeritus; Veröffentlichungen u. a.: Große Heilige (1947), Das Buch der Ketzer (1949), Maler des Ewigen (1951), Vom Geheimnis der Mönche (1953), Was bleiben soll (1973), Bleibt, ihr Engel, bleibt bei mir (1978), Heilige ohne Heiligenschein (1978), Große Unheilige (1980), Heilige und Dichter (1982), Der Teufel und seine Knechte (1983), Die Hoffnung der Heiligen (1985).

Alois M. Haas (1934), Dr. phil., Dr. theol. h.c., Professor für ältere deutsche Literatur an der Universität Zürich; Veröffentlichungen u. a.: Nim din selbes war – Studien zur Lehre von der Selbsterkenntnis bei Meister Eckhart, J. Tauler u. H. Seuse (1971), Grundfragen der Mystik (zus. mit H. U. von Balthasar und W. Beierwaltes, 1974), Sermo mysticus – Studien zur Theologie und Sprache der Deutschen Mystik (1979), Meister Eckhart als normative Gestalt geistlichen Lebens (1979), Geistliches Mittelalter (1984).

Dietrich Meyer (1937), Dr. theol., Pfarrer, Leiter des Archivs der Evang. Kirche im Rheinland, Lehrer für Kirchengeschichte an der Near East School of Theology in Beirut (1967–1970); Veröffentlichungen u. a.: Der

Christozentrismus des späten Zinzendorf (1973), Pietismus – Herrnhutertum – Erweckungsbewegung (Hg., 1982).

Wolfgang Frühwald (1935), Dr. phil., Professor für Neuere deutsche Literaturgeschichte an der Universität München; Veröffentlichungen u. a.: Der St. Georgener Prediger. Studien zur Wandlung des geistlichen Gehaltes (1963), Das Spätwerk Clemens Brentanos. Romantik im Zeitalter der Metternichschen Restauration (1977), Ruhe und Ordnung. Literatursprache – Sprache der politischen Werbung (1976), Max Frisch, Homo Faber – Andorra – Wilhelm Tell (Mitverf., 1977). Gedichte der Romantik (Hg. 1984), Joseph von Eichendorff: Werke, Bd. 2 (Hg., 1985).

Gerhart Mayer (1926), Dr. phil. et sc. rel., Professor für neuere deutsche Sprache und Literatur an der Universität Mainz; Veröffentlichungen u. a.: Die Begegnung des Christentums mit den asiatischen Religionen im Werk Hermann Hesses (1956), Rilke und Kassner (1960), Die geistige Entwicklung Wilhelms Raabes (1960).

Otto Pöggeler (1928), Dr. phil., Professor für Philosophie, Direktor des Hegel-Archivs der Ruhr-Universität Bochum, o. Mitglied der Rheinisch-Westfälischen Akademie der Wissenschaften; Veröffentlichungen u. a.: Der Denkweg Martin Heideggers (1963 u. 1983), Philosophie und Politik bei Heidegger (1972 u. 1974), Hegels Idee einer Phänomenologie des Geistes (1973), Heidegger und die hermeneutische Philosophie (1983), Die Frage nach der Kunst (1984), Spur des Worts. Zur Lyrik Paul Celans (1986).

Quellenhinweise

Die nachfolgenden Beiträge wurden in der Schriftenreihe HERRENALBER TEXTE der Evangelischen Akademie Baden (Karlsruhe) erstmals veröffentlicht.

Willi Massa, Logos und Mysterium. In: Mystische Erfahrung Gottes, HT 15 (1979).

Johann Maier, Kabbala. In: Mystische Erfahrung Gottes, HT 15 (1979).

Karl Albert, »Das Sein ist Gott«. In: Meister Eckhart heute, HT 20 (1980).

Josef Zapf, Die Geburt Gottes im Menschen nach Johannes Tauler. In: Von Eckhart bis Luther, HT 31 (1981).

Otto Langer, Liebe und Leiden. In: Lerne leiden, HT 67 (1985).

Reinhard Schwarz, Mystischer Glaube. In: Von Eckhart bis Luther, HT 31 (1981).

Josef Sudbrack, Christliche Begegnungsmystik. In: Von Eckhart bis Luther, HT 31 (1981).

Walter Nigg, »Eine Blume zu Saron«. In: Christus in uns, HT 46 (1983).

Alois M. Haas, »Christusförmig sein«. In: Christus in uns, HT 46 (1983).

Dietrich Meyer, »Christus mein ander Ich«. In: Christus in uns, HT 46 (1983).

Wolfgang Frühwald, »Deklinierend Mohn und Rosen...« In: »Im Anschaun ewger Liebe«, HT 43 (1982).

Gerhart Mayer, Der Heilspfad der Seele. In: Suche nach Einheit, HT 1 (1978).

Otto Pöggeler, Sein und Nichts. In: Mystik ohne Gott?, HT 39 (1982).

Der Beitrag von *Roland Pietsch*, Die innerste Geburt der Gottheit, wurde erstmals in der Zeitschrift ZEITWENDE (47. Jahrgang 1976, Seite 100ff.) veröffentlicht.

Alle Beiträge wurden für die Veröffentlichung in diesem Band durchgesehen. Die Beiträge von Willi Massa, Karl Albert, Roland Pietsch und Otto Pöggeler wurden überarbeitet und ergänzt.

Das dem Buch vorangestellte Gedicht, dem die Kapitelüberschriften entnommen sind, stammt aus dem Gedichtband »Lichtzwang« von Paul Celan.